Paare und Ungleichheit(en)

GENDER
Zeitschrift für Geschlecht, Kultur und Gesellschaft |
Journal for Gender, Culture and Society
Sonderheft 2/Special Issue 2

Hrsg. von/edited by:
Netzwerk Frauen- und Geschlechterforschung NRW (Koordinations- und Forschungsstelle)/Women's and Gender Research Network NRW (Coordination Office)

Redaktion/Editors:
Dr. Beate Kortendiek, Prof. Dr. Sigrid Metz-Göckel, Dr. Sabine Schäfer, Prof. Dr. Anne Schlüter

Alle Beiträge werden im double-blind peer review begutachtet.

Alessandra Rusconi
Christine Wimbauer
Mona Motakef
Beate Kortendiek
Peter A. Berger (Hrsg.)

Paare und Ungleichheit(en)

Eine Verhältnisbestimmung

Verlag Barbara Budrich
Opladen • Berlin • Toronto 2013

Bibliografische Information der Deutschen Nationalbibliothek
Die Deutsche Nationalbibliothek verzeichnet diese Publikation in der Deutschen Nationalbibliografie; detaillierte bibliografische Daten sind im Internet über http://dnb.d-nb.de abrufbar.

Gedruckt auf säurefreiem und alterungsbeständigem Papier.

www.budrich-verlag.de

ISBN 978-3-8474-0109-4 (Paperback)
eISBN 978-3-8474-0375-3 (eBook)

Umschlaggestaltung: disegno visuelle kommunikation, Wuppertal – www.disenjo.de
Satz: Susanne Albrecht, Leverkusen
Lektorat (Deutsch): Dr. Mechthilde Vahsen, Düsseldorf; Judith Conrads, Essen
Lektorat (Englisch): Ute Reusch, Berlin
Druck: paper & tinta, Warschau
Printed in Europe

GENDER
Zeitschrift für Geschlecht, Kultur und Gesellschaft

Paare und Ungleichheit(en). Eine Verhältnisbestimmung

Paarbeziehungen und Elternschaft

GENDER

Journal for Gender, Culture and Society

Couples and inequalities. Determining the relationship

Couples and parenthood

Vorwort und Danksagung

Das vorliegende Sonderheft zum Thema „Paare und Ungleichheit(en)“ geht auf die gleichnamige Tagung der Sektion Soziale Ungleichheit und Sozialstrukturanalyse in der Deutschen Gesellschaft für Soziologie (DGS) zurück. Sie wurde von Alessandra Rusconi, Christine Wimbauer und Peter A. Berger organisiert und fand im Oktober 2011 am Wissenschaftszentrum Berlin für Sozialforschung (WZB) statt. Zugleich war die Tagung der Abschluss zweier Forschungsprojekte zu Ungleichheiten in Doppelkarrierepaaren: des Projekts „Gemeinsam Karriere machen – Realisierungsbedingungen von Doppelkarrieren in Akademikerpartnerschaften“, das von 2007 bis 2010 am WZB durchgeführt und durch das Bundesministerium für Bildung und Forschung sowie den Europäischen Sozialfonds gefördert wurde (im Rahmen des Programms „Frauen an die Spitze“, Förderkennzeichen 01FP0721 und 01FP0722), und der von der Deutschen Forschungsgemeinschaft (DFG) finanzierten Emmy-Noether-Nachwuchsgruppe „‚Liebe‘, Arbeit, Anerkennung – Anerkennung und Ungleichheit in Doppelkarriere-Paaren“ (Wi2142/2-1, 3-1), bis 2010 am WZB Berlin, ab 2011 an der Universität Duisburg-Essen.

Das Sonderheft versammelt eine Auswahl der Vorträge, die im Rahmen der genannten Tagung gehalten wurden, in überarbeiteter Form. An dieser Stelle möchten wir uns bei allen Tagungsteilnehmerinnen und -teilnehmern für ihre aufschlussreichen Beiträge und die spannenden Diskussionen bedanken. Unser ganz besonderer Dank gilt den Autorinnen und Autoren der vorliegenden Beiträge sowie den externen Gutachterinnen und Gutachtern im Rahmen des *Peer-Review*-Verfahrens der Zeitschrift GENDER.

Schließlich möchten wir uns bei den Personen bedanken, die diese Veröffentlichung sowie die zugrunde liegende Tagung ermöglicht und unterstützt haben. Der Deutschen Forschungsgemeinschaft (DFG) danken wir für die finanzielle und dem WZB Berlin für die finanzielle und infrastrukturelle Unterstützung der Tagung, der Sektion Soziale Ungleichheit und Sozialstrukturanalyse in der Deutschen Gesellschaft für Soziologie (DGS) für die Gelegenheitsstruktur. Bei Heike Solga bedanken wir uns für inhaltliche und finanzielle Unterstützung, bei Julia Teschlade für das organisatorische Geschick und die entsprechende Weitsicht bei der Vorbereitung und Durchführung der Tagung. Zudem haben an der Tagungsorganisation Anke Spura und Markus Gottwald mitgewirkt. Zuletzt danken wir der Redaktion der Zeitschrift GENDER für die Möglichkeit zur Publikation des Sonderheftes.

Berlin, Duisburg und Rostock, 13. Mai 2013

Alessandra Rusconi, Christine Wimbauer, Mona Motakef, Beate Kortendiek und Peter A. Berger

Einleitung

Alessandra Rusconi, Christine Wimbauer

Paare und Ungleichheit(en) – eine Einleitung

Zusammenfassung

Paarbeziehungen sind ein zentraler Ort, an dem Ungleichheiten zwischen den Geschlechtern (re-)produziert, kompensiert oder verringert werden – im Sinne eines *doing couple, doing gender* und *doing (in)equality*. Zudem spiegeln sich in und zwischen Paaren Klassen-, Schicht- und Milieuunterschiede, etwa in der PartnerInnenwahl (Homogamie bzw. Endogamie), in der Positionierung auf dem Arbeitsmarkt, in Bevorzugungen und Benachteiligungen durch sozial- und familienpolitische Regelungen oder in der Artikulation und praktischen (Nicht-)Einlösung von Egalitätsnormen. Die Ungleichheits- und die Paarsoziologie treffen sich dabei vor allem in den Dimensionen der Produktion und Reproduktion, womöglich auch in Kompensierungen oder Verringerungen sozialer Ungleichheiten innerhalb von Paaren und zwischen Paaren. Das vorliegende Sonderheft versammelt aktuelle Studien, die sich mit „Paaren und Ungleichheit(en)" befassen, dabei beziehen sie sich schwerpunktmäßig auf heterosexuelle Paare.

Schlüsselwörter
Paare, Gender, Ungleichheit, Soziologie, Doppelverdiener, (Erwerbs-)Arbeit, Familie

Summary

Couples and inequalities – an introduction

Couples are a central locus within which gender inequalities are (re)produced or diminished – in terms of 'doing couple', 'doing gender' and 'doing (in)equality'. Furthermore, (social) class and milieu differences are reflected both within and between couples, for example in regard to choice of partner, position on the labour market, advantages and disadvantages on account of welfare and family policies, or in the expression of and actual compliance with egalitarian norms. The study of social stratification and research on couples therefore above all come together in two dimensions: the production and reproduction and, possibly, also the reduction of social inequalities within and between couples. This special volume comprises current research studies on 'couples and inequalities', focusing mainly on heterosexual couples.

Keywords
couples, gender, inequality, sociology, dual-earner, labour markets, family

1 Paarbeziehungen und Ungleichheiten – ein Problemaufriss

„Warum Liebe weh tut" (Illouz 2011), „Fernliebe" (Beck/Beck-Gernsheim 2011) oder „Wenn Arbeit Liebe ersetzt" (Wimbauer 2012) – die (Un-)Möglichkeit von Liebe und intimen Paarbeziehungen unter heutigen gesellschaftlichen Bedingungen findet zunehmend öffentliche und wissenschaftliche Aufmerksamkeit. Nachdem Forschungen zu *personal relationships* in den 1960ern im US-amerikanischen Raum ihren Anfang nahmen, rücken auch in der noch relativ jungen deutschsprachigen Soziologie der Paarbeziehungen oder der „persönlichen Beziehungen" (Lenz 2009) (intime) Paarbeziehungen als eigenständige Analyseeinheit und als Realität *sui generis* (vgl. Simmel 1985; Berger/

Kellner 1965; Koppetsch/Burkart 1999; Lenz 2009; Wimbauer 2003, 2012) in den Mittelpunkt. Im Zuge des Wandels und der Pluralisierung von Familien- und Lebensformen, der Deinstitutionalisierung (Tyrell 1988) des „Normalfamilienmodells“ samt seiner geschlechterungleichen Komplementarität des männlichen Familienernährers und der weiblichen Hausfrau seit den 1960er Jahren steige, so eine Position, die Bedeutung intimer Zweierbeziehungen erheblich, ja die Liebe zwischen zwei PartnerInnen werde gar zur „Nachreligion der Moderne“ und zum individuellen „Heilsversprechen“ in einer individualisierten Gesellschaft (Beck 1990). Andere AutorInnen sehen dagegen das Ideal der romantischen Liebe – gekennzeichnet durch die Exklusivität zweier dauerhaft aufeinander bezogener einzigartiger PartnerInnen (Luhmann 1982; Tyrell 1987) sowie durch deren Zweigeschlechtlichkeit – im Niedergang begriffen: sei es durch gleichgeschlechtliche Beziehungen oder polyamoröse Lebensformen,[1] durch den Bedeutungsgewinn eines an Symmetrievorstellungen und Demokratie orientierten Leitbildes der Partnerschaft zweier gleichberechtigter, sich primär selbst verwirklichender PartnerInnen (etwa Beck/Beck-Gernsheim 1990; Giddens 1991, 1992; Leupold 1983), durch potenziell unerfüllbare Ansprüche an den anderen/die andere (Illouz 2011) oder durch eine „Ökonomisierung“ der Liebe und Nahbeziehungen und deren potenzielle (Z)Ersetzung durch Leistungsimperative aus der Erwerbssphäre (etwa Wimbauer 2012).

Fest steht aber, dass nach wie vor Menschen in Paarbeziehungen[2] leben – verheiratet, in eingetragener Lebenspartnerschaft oder ohne Trauschein, mit Kindern oder ohne Kinder, bis dass der Tod sie scheidet oder nur während eines mehr oder weniger langen Lebensabschnitts, heterosexuell, homo- oder bisexuell, an einem Ort oder in multilokalen Wohnformen, mit der gleichen Staatsangehörigkeit oder binational. Diese Paarbeziehungen sind aber nicht nur ein Ort möglicher „Liebes-“ und „Heilsversprechen“ (vgl. Beck 1990), sondern zugleich ein zentraler Ort, an dem Ungleichheiten zwischen den PartnerInnen – und damit bei heterosexuellen Paaren: zwischen den Geschlechtern – in alltäglichen Interaktionen und interaktiven Aushandlungen produziert, reproduziert und womöglich auch verringert werden – im Sinne eines *doing couple*, *doing gender* und *doing (in)equality*. Diese Aushandlungen und Herstellungen werden, entsprechend einem „relationalen“ Mehrebenenansatz (vgl. Wimbauer 2003, 2012), auch von individuellen Eigenschaften und Faktoren sowie von außerhalb der Paarbeziehung und jenseits der Einzelnen liegenden gesellschaftlichen, kulturellen, institutionellen und organisationalen Faktoren geprägt: Hier wirken Strukturprinzipien auf Makroebene, etwa die gesellschaftliche Arbeitsteilung und das hiervon maßgeblich bestimmte Geschlechter-

1 Gerade die *Queer Theory* kritisiert die Normativität der Zweierkonstellation, vor allem der heterosexuellen, aber auch generell, und verweist im Zuge der Kritik an einer „Paarnormativität" auf Formen des Begehrens auch jenseits von Paarkonstellationen.

2 Gemeint sind hier Paarbeziehungen im Sinne intimer Liebes-Beziehungen, nicht etwa andere Paar-Beziehungen wie zwei FreundInnen oder ein Geschwisterpaar, wie auch Stefan Hirschauer in seinem Beitrag in diesem Band betont. Anders als Hirschauer vermutet, sind damit jedoch nicht nur heterosexuelle, sondern auch gleich-, bi- und intersexuelle Paare bzw. PartnerInnen umfasst. In der Tat lässt sich in der Forschung und im Alltag oftmals von einer Zwangsheteronormativität (und auch einer Paarnormativität) sprechen, doch es werden zunehmend auch andere, z. B. gleichgeschlechtliche Lebensformen, in den Blick genommen (etwa Rupp 2010).

verhältnis, aber auch Institutionen wie rechtliche und (sozial-)staatliche Regelungen, handlungsbegrenzend und -ermöglichend. Daneben spielen, in wissenssoziologischer Tradition, institutionalisierte Wissensbestände, etwa gesellschaftlich gültige normative und kulturelle (Deutungs-)Muster, eine Rolle. Schließlich sind intermediäre Instanzen, vor allem Organisationen und hier besonders solche des Arbeitsmarktes, wesentliche Einflussfaktoren, da gerade dort die gesellschaftliche Arbeitsteilung ausgehandelt, rechtliche Regelungen umgesetzt und kulturelle Aspekte wirksam werden.

Zum anderen spiegeln sich innerhalb von und zwischen Paaren Klassen-, Schicht- und Milieuunterschiede, etwa in der PartnerInnenwahl (hinsichtlich bildungs- und schichtbezogener Homogamie bzw. Endogamie, aber auch mit Blick auf Attraktivitätsnormen und auf eine veränderte Bedeutung des Körpers), in der Positionierung auf dem Arbeitsmarkt (etwa weniger gut qualifizierte und/oder prekär beschäftigte Paare versus hoch qualifizierte Doppelkarrierepaare), hinsichtlich sozial- und familienpolitischer Regelungen oder in der Artikulation und praktischen (Nicht-)Einlösung von Egalitätsnormen. Weitere Determinanten für soziale Ungleichheiten zwischen Paaren stellt etwa ein Migrationshintergrund dar, der unter anderem oftmals Benachteiligungen der PartnerInnen und der Paare auf dem Arbeitsmarkt bedingt. Er kann zu weiteren Diskriminierungen führen oder auch innerhalb von binationalen Paaren Ungleichheiten nach sich ziehen, zum Beispiel in arbeits- und aufenthaltsrechtlicher Hinsicht oder aufgrund kulturell-hegemonialer Ausschlüsse. Auch die sexuelle Orientierung ist nach wie vor eine Ursache rechtlicher und kulturell-hegemonialer Ungleichbehandlungen, obwohl die Gleichstellung homosexueller und heterosexueller Paare in den letzten zehn Jahren einige Fortschritte verzeichnen konnte. Ähnliche Gleichstellungsfortschritte lassen sich jedoch bei Lebensformen im Sinne intimer Beziehungen jenseits der Paardyade – etwa polyamoröse Beziehungen – und jenseits des Systems der Zweigeschlechtlichkeit – etwa intersexuelle Menschen – nicht ausmachen.

Die Ungleichheits- und die Paarsoziologie treffen sich also vor allem in zwei Dimensionen: in der Produktion und Reproduktion, womöglich aber auch in einer Verringerung sozialer Ungleichheiten *innerhalb* von Paaren und *zwischen* Paaren. Eben deshalb erhalten bei der Analyse sozialer Ungleichheit(en) – ihrer Ursachen, Klassifikation, Messung und Beschreibung – Paarbeziehungen als eine aus Kommunikation und Interaktion hervorgehende Entität *sui generis* in letzter Zeit größere Aufmerksamkeit. Dies gilt besonders, aber nicht nur für Geschlechterungleichheiten. Umgekehrt wird von der – noch jungen – Paarsoziologie die (zweigeschlechtliche) Paarbeziehung häufig vor dem Hintergrund des Anspruchs auf Geschlechtergleichheit untersucht: Die Egalitätsnorm gewinnt für Paare als Beziehungsleitbild an Bedeutung, wird aber oftmals nicht eingelöst. Die von Angelika Wetterer (2003) konstatierte nur „rhetorische Modernisierung" der Geschlechterverhältnisse trifft also nach wie vor zu.

Im folgenden Kapitel wird der Forschungsstand zu Ungleichheiten in zweigeschlechtlichen Paarbeziehungen dargestellt, wobei das Hauptaugenmerk auf Ungleichheiten liegt, die im weiteren Sinne mit der Arbeitsteilung zwischen den Geschlechtern zusammenhängen. Die Forschungen stammen großteils aus dem Kontext der Doppelkarrierepaar-, Vereinbarkeits- und gendersensiblen Arbeits(markt)forschung. Anschließend bietet *Kapitel 3* einen Überblick über die Beiträge dieses Sonderheftes. Zuletzt werden in *Kapitel 4* einige Leerstellen und offene Fragen für die weitere geschlechtersensible ungleichheitssoziologische Forschung thematisiert.

2 Persistenz und Wandel von Ungleichheiten zwischen den Geschlechtern und in Paarbeziehungen

2.1 Das Ernährermodell und dessen Erosion

Frauen und Männer sind nach Artikel 3 Absatz 2 des Grundgesetzes gleichberechtigt, und rechtlich sind Frauen und Männer heute tatsächlich weitgehend gleichgestellt – nicht jedoch in sozialer und lebensweltlicher Hinsicht. Wesentliche Ursachen hierfür sind die Trennung und Hierarchisierung der Produktions- und Reproduktionssphäre samt der geschlechterdifferenten Arbeitsteilung sowie das männliche Ernährermodell, das in den 1960er Jahren in Westdeutschland am weitesten verbreitet war. Im Ernährermodell verdient der Mann das Einkommen für die Familie, die Frau kümmert sich unbezahlt um Haus und Kinder. Damit ist (nicht nur) die ökonomische, finanzielle Abhängigkeit der Frau von ihrem Ehemann besiegelt, sondern die Sphärentrennung ist auch mit vielfältigen Ungleichheiten verbunden: Da unbezahlte Haus- und Pflegearbeit nicht entlohnt und wenig anerkannt werden, können Frauen durch sie – anders als durch Erwerbstätigkeit – kaum eine eigenständige gesellschaftliche Stellung, Prestige oder Macht erzielen. Viele Lebenschancen bleiben so verschlossen oder von der Stellung des Ehemannes abgeleitet.

Die Geschlechterforschung und die gendersensible Wohlfahrtsstaatsforschung haben breit aufgezeigt, wie die Trias aus männlichem Ernährermodell, männlichem Normalarbeitsverhältnis und Wohlfahrtsstaat ein ungleiches Geschlechterverhältnis fest- und fortschreibt (etwa Aulenbacher 2009; Pfau-Effinger 2000; für einen Überblick siehe z. B. Dackweiler 2008; Wimbauer 2012). Gegenwärtig bricht diese Trias auf, wobei das Ernährermodell, das bis heute durch viele rechtliche Regelungen, etwa das Ehegattensplitting, als Normalmodell institutionalisiert ist, teilweise erodiert oder modifiziert wird. Durch die Angleichung der Bildungschancen und die steigende Erwerbsbeteiligung von Frauen treten neben das männliche Ernährermodell das modifizierte Ernährermodell mit der Frau als teilzeitbeschäftigter Zuverdienerin, das Zwei-Verdiener-Modell mit zwei Vollzeit erwerbstätigen PartnerInnen oder das Doppelkarrierepaar (etwa Solga/Wimbauer 2005; Rusconi/Solga 2007, 2011). Daneben kam es in den letzten Jahren auch zu einem Wandel der Lebensformen: Die Zahl der Eheschließungen ging zurück, eingetragene Lebenspartnerschaften wurden 2001 gesetzlich verankert (wenn auch nicht der heterosexuellen Ehe gleichgestellt), die Geburtenzahl verringerte sich und liegt seit einigen Jahren bei etwa 1,4 Geburten pro Frau (Pötzsch 2012). Hingegen steigt der Anteil an Einpersonenhaushalten, an nichtehelichen Lebensgemeinschaften und an Scheidungen (Peuckert 2008). Frauen wie Männer verfolgen heute eigene Lebensentwürfe, streben eine eigenständige Berufstätigkeit und gleichberechtigte Partnerschaften an. Junge Frauen haben hohe Erwartungen und Symmetrievorstellungen, die sich auf Beruf, Erwerbstätigkeit, Familie und Lebensformen beziehen (Allmendinger 2009). Auch sozialstaatlich – mit dem Wandel hin zum *Adult-Worker*-Modell – sollen Frauen dazu angehalten werden, erwerbstätig zu sein.[3] Schließlich müssen Frauen oftmals erwerbstätig sein, denn mit der Ausweitung atypischer Niedriglohn- und Teilzeitbeschäftigung verliert das Normalarbeitsverhältnis an Bedeutung, auf dessen Basis das Familieneinkommen besonders in Westdeutschland jahrzehntelang gesichert wurde.

So leben nur noch 23 Prozent der Paare in Westdeutschland und 8 Prozent in Ostdeutschland im klassischen männlichen Alleinverdienermodell (Bothfeld 2005: 178), Frauen partizipieren verstärkt am Arbeitsmarkt und sollen dies im Zuge der aktivierenden Sozialstaatswende auch. Daneben lässt sich seit einigen Jahren ein wachsendes Interesse von Männern an einer „aktiven Vaterschaft" (vgl. *Behnke/Lengersdorf/Meuser* und *Trappe* in diesem Band; Scholz 2012) und eine steigende männliche Beteiligung an Fürsorgetätigkeiten feststellen. In den neuen Bundesländern war das männliche Ernährermodell nicht leitend. Frauen sollten in Vollzeit erwerbstätig sein, männliches Engagement in der Familie war durchaus üblich (vgl. *Behnke/Lengersdorf/Meuser* in diesem Band) – wenngleich Frauen dennoch die Hauptverantwortung für den Haushalt und damit eine entsprechende Doppelbelastung trugen (Nickel 2009). Dieser Trend zur „aktiven Vaterschaft" lässt sich auch am steigenden Elterngeldbezug von Vätern in Gesamtdeutschland von 2,6 Prozent im Jahr 2003 auf 25,3 Prozent (2010) ablesen (Fendrich/Fischer/Schilling 2005: 28; Destatis 2012: 19). Doch diese Entwicklung ist noch zögerlich und im zeitlichen Umfang oft begrenzt, denn nach wie vor nehmen drei Viertel der Männer keine Elternzeit. Von dem Viertel, das in Elternzeit geht, beanspruchen 76 Prozent nur die zwei zusätzlichen Vätermonate (Destatis 2012: 22; vgl. auch *Trappe* in diesem Band).

Selbst wenn Paare ihre Paarbeziehung oder Ehe mit der Vorstellung starten, sich die Hausarbeit und Fürsorge partnerschaftlich zu teilen, ist die Gleichberechtigung über den Lebensverlauf nicht immer einzulösen: Oft kommt es im Lauf der Zeit zu einer Retraditionalisierung der Arbeitsteilung (Grunow/Schulz/Blossfeld 2012; Schulz/Blossfeld 2006; Rüling 2007), indem sich mit der Geburt von Kindern oder allmählich wieder tradierte Arbeitsteilungsmuster – und sei es unbewusst – herausbilden und Männer ihre Haus-, Frauen ihre Erwerbsarbeit reduzieren.

3 Allerdings ist eine Vollzeiterwerbstätigkeit oder gar Karriere im Sinne des *Adult-Worker-Modells* oftmals nur für Frauen möglich, die entweder keine Fürsorgeverpflichtungen haben, oder – als hoch Qualifizierte, beruflich gut Positionierte – über ein so hohes Einkommen oder Familieneinkommen verfügen, dass sie Fürsorgetätigkeiten an Dritte auslagern können, vor allem an Migrantinnen aus dem Osten oder dem globalen Süden im Sinne der „global care chain" (Hochschild 2000) und der „neuen Dienstmädchen" (Lutz 2007; ähnlich auch Rerrich 2006; Lutz/Shannon 2011). Hierbei entstehen neue Ungleichheiten nach Geschlecht und Ethnie, mit denen sich die Intersektionalitätsforschung beschäftigt. Die Gleichheitsgewinne dieser gut qualifizierten Frauen und Paare basieren somit auch auf der Verstärkung transnationaler Ungleichheiten.

Nach wie vor übernehmen Frauen mehr Haus- und Fürsorgetätigkeiten für Kinder und Angehörige und sind seltener erwerbstätig als Männer, sie unterbrechen vor allem nach der Geburt von Kindern häufig ihre Berufstätigkeit, denn Kinderbetreuung und die Vereinbarkeit von Beruf und Familie werden hauptsächlich als Verantwortungsbereich von Frauen betrachtet. Frauen sind wesentlich häufiger teilzeitbeschäftigt als Männer, besetzen niedrigere berufliche Positionen und verdienen – selbst bei gleicher Tätigkeit – deutlich weniger als Männer (Bundesministerium für Familie, Senioren, Frauen und Jugend 2011). 2010 betrug der bundesweite Verdienstunterschied zwischen Männern und Frauen bei vergleichbarer Qualifikation und Tätigkeit 7 Prozent (bereinigter *Gender Pay Gap*), der unbereinigte *Gender Pay Gap* betrug sogar 22 Prozent (Statistisches Bundesamt 2013). Der Arbeitsmarkt ist damit nach wie vor hochgradig vertikal und horizontal segregiert.

Damit entstehen vor allem für Frauen neue und widersprüchliche Anforderungen: Einerseits möchten und sollen sie einer Berufstätigkeit nachgehen, andererseits gelten sie weiterhin als Hauptzuständige für Familie und Kinder und haben beides zu vereinbaren (vgl. auch Behnke/Meuser 2003; Wimbauer/Teschlade/Motakef 2012). Doch auch Männer stoßen auf Schwierigkeiten, wenn sie sich im Sinne einer aktiven Vaterschaft stärker an familialen Tätigkeiten beteiligen wollen (vgl. Wimbauer 2012).

Die Arbeitsteilung zwischen den Geschlechtern ist damit weiterhin wirksam, wenngleich sie auch in Teilen aufgebrochen und durch weitere Ungleichheitskategorien wie etwa Bildung, Qualifikation, familiäre Situation und Migrationskontext innerhalb der Geschlechtergruppen überlagert wird. Es bestehen trotz mancher Gleichstellungsfortschritte nach wie vor große Ungleichheiten zwischen den Geschlechtern[4] und auch zahlreiche Hürden für eine geschlechteregalitäre Fürsorge- und Erwerbsarbeitspartizipation – auf der Ebene sozialstaatlicher Regelungen, auf dem Arbeitsmarkt, in den Arbeitsorganisationen und auf Paarebene (ausführlich hierzu Wimbauer 2012: 65–101).

2.2 Geschlechterungleichheiten in und durch Paarbeziehungen

Seit einigen Jahren rücken zunehmend Paarbeziehungen als eine für die Erklärung dieser Ungleichheiten zwischen den Geschlechtern wesentliche Ebene in den Fokus. Insbesondere im Kontext der Vereinbarkeits- und Doppelkarriere-Forschung wurden verschiedene Systematisierungen zur Ungleichheitsanalyse vorgeschlagen. Eine mögliche analytische Differenzierung liefert Wimbauer (2012) in ihrer Untersuchung der ungleichen Anerkennungschancen und des Verhältnisses von Erwerbsarbeit und Liebe/Paarbeziehung in Doppelkarrierepaaren: Ausgehend von der zentralen Ebene der Paarbeziehungen als Ort von Interaktionen, Aushandlungen und dem genannten *doing couple* und *doing (in)equality* werden die darunter liegende individuelle Ebene, die Meso-Ebene von Arbeitsorganisationen und schließlich die Makro-Ebene sozialstaatlicher Rahmen-

4 Weiterhin bestehende Ungleichheiten in den verschiedensten Bereichen sowie die höchst ambivalenten Wirkungen der derzeitigen sozial- und familienpolitischen Regelungen und betrieblicher Personalpolitiken zeigt anschaulich der Erste Gleichstellungsbericht der Bundesregierung (Bundesministerium für Familie, Senioren, Frauen und Jugend 2011).

bedingungen, kultureller Deutungsmuster und Vorstellungen von Geschlechternormen unterschieden. Auf all diesen Ebenen können (Aus-)Handlungen der Einzelnen und der Paare ermöglicht, aber auch beschränkt und Ungleichheiten konstituiert werden (vgl. Wimbauer 2003, 2012).

Eine andere Systematisierung liefern Rusconi/Solga (2008, 2010). In Anlehnung an Phyllis Moens (2003) „linked lives"-Idee diskutieren sie, wie die Verflechtung zweier Lebens- und Berufsverläufe sich gestaltet, welche Prozesse auf verschiedenen Ebenen eine Rolle spielen und wie diese Prozesse miteinander interagieren. Hierbei differenzieren sie zwischen der Individualebene, der paarexternen Ebene und der paarinternen Ebene. Sie stellen in ihren Untersuchungen von Doppelkarrierepaaren die innerpartnerschaftlichen Koordinierungsmuster in den Mittelpunkt, für die wiederum Einflussfaktoren auf der Individual- und der paarexternen Ebene die Rahmenbedingungen darstellen, innerhalb derer Frauen und Männer in Paaren ihre gemeinsamen oder individuellen familialen und beruflichen Entscheidungen treffen. Die innerpartnerschaftliche Koordinierung von zwei Karrieren und Familie gestaltet sich folglich in Abhängigkeit von Ungleichheiten auf dem Arbeitsmarkt, beruflichen Anforderungen (siehe hierzu auch Rusconi 2012 sowie *Diewald/Böhm/Graf/Hoherz* in diesem Band), den oftmals widersprüchlichen zeitlichen und räumlichen Anforderungen beruflicher Karrieren (siehe hierzu auch *Nisic/Melzer* und *Auspurg/Hinz/Amorelli* in diesem Band) sowie den institutionellen und organisatorischen Bedingungen von Erwerbsarbeit und Familie, aber auch von deren Be- und Verarbeitung im Paar. Ob und wie Paare diesen Gestaltungs- und Aushandlungsspielraum nutzen, ist jedoch unter anderem abhängig von den jeweiligen Geschlechterkonzepten der beiden PartnerInnen sowie von ihrer Interpretation der externen Bedingungen.

2.2.1 Paarinterne Ebene: Koordinierungsarrangement zweier Berufsverläufe

Bei der paarinternen Koordination zweier Karrieren bzw. Berufsverläufe unterscheiden Rusconi und Solga (2008: 15ff.) in einem Forschungsüberblick drei Modelle:

a) Das *hierarchische* Modell: Nach diesem am weitesten verbreiteten Modell ordnet eine Partnerin bzw. ein Partner die eigene Berufsentwicklung den Berufsanforderungen der anderen Partnerin bzw. des anderen Partners unter, stellt ihre/seine eigenen beruflichen Aspirationen zurück und kümmert sich um Kinder und Haushalt. Die Ratio dieses Modells folgt dem Mythos, aber zugleich auch der institutionellen Wirklichkeit, dass für eine Karriere und das Erreichen von Führungspositionen ein zeitintensives, oft über eine Vollzeiterwerbstätigkeit hinausgehendes Engagement und eine zweite Person, die sich der Reproduktionstätigkeit widmet, nötig sind (Beck-Gernsheim 1983; Moen/Roehling 2005). Auch aufgrund von beruflichen Segregationsprozessen, die sich auf der Individualebene auswirken, und den häufig daraus resultierenden besseren beruflichen Positionen und Aussichten für männliche Partner (vgl. Kap. 2.2.2) ist es meist der Mann, der die *leading career* hat; die Frau als *follower* setzt oft ihre Karrierebestrebungen nur im Rahmen der Erfordernisse *seiner* Karriere um. Hält ein Partner, bzw. meist: die Partnerin, dem anderen – in der Regel dem Mann – durch die Übernahme von Haus- und Betreuungsarbeit den Rücken frei, beeinträchtigt dies oft das eigene berufliche Fortkommen. So weisen Studien darauf hin, dass die berufliche Entwicklung der Frau im Zeitverlauf oft hinter diejenige des Mannes gestellt wird (etwa Solga/Wimbauer 2005; Moen 2003) und Frauen zugunsten einer Vereinbarkeit von Beruf und Familie oder dem Zusammenleben am selben Ort größere berufliche Abstriche in Kauf nehmen (etwa Becker/Moen 1999; Behnke/Meuser 2003, 2005; Boyle et al. 2001; Rusconi 2011). Beides führt häufig zu einer Akkumulation von beruflichen Nachteilen über den Lebensverlauf.

b) Das *individualistische* Modell: Hier verfolgen beide PartnerInnen ihre Karriere. Die Paarbeziehung ist vor allem für das Leben am gleichen Ort sekundär (z. B. Dettmer/Hoff 2005; Hirseland/Herma/Schneider 2005). Oftmals geht dieses Modell mit einer Fern- oder Pendelbeziehung einher, um beiden optimale Karrierechancen (Rhodes 2002) und damit quasi eine „Doppelung des ‚männlichen' Karrieremodels" (Bathmann/Müller/Cornelißen 2011: 131f.) zu ermöglichen. Hier stellt die Geburt eines Kindes die größte Herausforderung dar, denn es ist die Betreuungsfrage zu lösen. Die PartnerInnen können nach externen oder geteilten (egalitären) Kinderbetreuungsmöglichkeiten suchen – die Optionen hierzu sind jedoch wesentlich von den wohlfahrtsstaatlichen Rahmenbedingungen beeinflusst (vgl. Kap. 2.2.3). Gelingt dies nicht, werden temporäre Zugeständnisse, die langfristig negative Karrierekonsequenzen in sich bergen, meist von den Frauen gemacht, und die Organisation von Kinderbetreuung und Haushalt wird oft zu ihrer primären Aufgabe – auch bei einer Externalisierung dieser Aufgaben (vgl. Wimbauer 2012). Kommt es dadurch zu einer „Revitalisierung" traditioneller Geschlechterrollenzuschreibungen in der beruflichen Sphäre, wird langfristig zum hierarchischen Muster der innerfamilialen Arbeitsteilung in Beruf und Familie übergegangen (vgl. Levy/Ernst 2002; Schulz/Blossfeld 2006; siehe oben). Paare, und hierbei vor allem Frauen, die ein individualistisches Verflechtungsmodell langfristig aufrechterhalten wollen, verzichten möglicherweise auf Kinder oder verschieben den Kinderwunsch so lange, bis sie ihre Karriereabsichten als erfüllt oder nicht mehr gefährdet ansehen (vgl. Althaber/Hess/Pfahl 2011; Hess/Pfahl 2011). Dies deutet bereits an, dass sich Koordinationsstrategien im Verlauf der Partnerschaft verändern können, wenn sich die Aufgaben, Prioritäten und Berufsanforderungen in den verschiedenen Stadien der Beziehung und der individuellen Karrieren ändern (Moen/Wethington 1992; Levy/Ernst 2002). Strategiewechsel können wiederum die (relative) Position der PartnerInnen auf dem Arbeitsmarkt verschieben und dadurch die Opportunitätsstrukturen auf der Individual- und der externen Paarebene verändern, die ihrerseits die partnerschaftlichen Koordinationsarrangements beeinflussen.

c) Das deutlich seltener als die beiden anderen auffindbare *egalitäre Modell* oder *Gegenseitigkeitsmodell* ist dadurch charakterisiert, dass beide PartnerInnen der eigenen Berufskarriere und der Familie gleich viel Bedeutung beimessen, eine Gleichwertigkeit von Karriere, Partnerschaft und ggf. Elternschaft anstreben und unter entsprechenden äußeren Rahmenbedingungen bereit sind, Kompromisse oder Abstriche zugunsten der Familie oder einer optimalen Kombination der Karrieremöglichkeiten beider PartnerInnen zu machen (Bathmann/Müller/Cornelißen 2011; Behnke/Meuser 2005; Dettmer/Hoff 2005; Wimbauer 2012). Angesichts familienunfreundlicher Arbeitsbedingungen und arbeitsorganisationaler Verfügbarkeitserwartungen (etwa Wimbauer 1999, 2012; Koch 2008) kann sich der hier vorgenommene berufliche Kompromiss, besonders nach der Geburt von Kindern, aber für *beide* PartnerInnen negativ auf die Karriereentwicklung auswirken. Hierbei spielen auch die vielfältigen paarfeindlichen Anforderungen professioneller Karrieren sowie das institutionelle *doing gender* eine Rolle – bei einem gleichzeitigen Mangel an Vorbildern, wie ein Paar damit erfolgreich umgehen kann. Wegen der geschlechtertypischen Erwartungen von Arbeitgebern könnten jedoch Männer (egal, welcher Qualifikation), die keinem berufszentrierten Lebensstil folgen und ihr berufliches Engagement zugunsten der Familie – etwa im Sinne aktiver Vaterschaft – reduzieren wollen, sogar stärker als Frauen in ihrer beruflichen Entwicklung benachteiligt werden, da Arbeitgeber meist zwar von Frauen, nicht aber von Männern erwarten, dass sie ihren Beruf aufgrund familiärer Verpflichtungen einschränken werden (Cooper/Lewis 1993; Konrad/Cannings 1997; Wimbauer 2012).

Nachfolgend sollen einige Erklärungen für Ungleichheiten in Paaren angeführt werden, die sich zunächst auf die individuelle und dann auf die von Rusconi und Solga angeführte paarexterne Ebene beziehen.

2.2.2 Individuelle Ebene

Zahlreiche Studien auf der Individualebene belegen, dass Geschlechterungleichheiten – auch unabhängig von der Einbindung in eine Partnerschaft – häufig Resultat einer mehrfachen beruflichen Segregation auf dem Arbeitsmarkt sind. Erstens werden sie durch die horizontale Segregation nach Studienfächern und Berufen verursacht: Männer sind überproportional in den Natur- und Ingenieurwissenschaften, Frauen in den Sprach- und Kulturwissenschaften zu finden. Als Erklärung hierfür wird oft auf die geschlechtsspezifische Sozialisation rekurriert, die Stereotype darüber reproduziert, was als typisch „männlich" bzw. typisch „weiblich" gilt (etwa Jacobs 1995) und zudem Mädchen und Jungen mit ungleichen Erwartungen an Männer und Frauen bezüglich der familiären Arbeitsteilung aufwachsen lässt (etwa England/Li 2006). Vielfach belegt ist zudem, dass männerdominierte Fächer und Berufe oft höher entlohnt werden und längere Karriereleitern und bessere Beförderungschancen als frauendominierte Fächer und Berufe haben (vertikale Segregation) (vgl. Allmendinger/Podsiadlowski 2001; Anger/Konegen-Grenier 2008).

Aber selbst in männerdominierten Berufen haben Frauen und Männer nicht die gleichen Chancen, da aufgrund von Prozessen statistischer Diskriminierung (England 2005) Arbeitgeber oft Frauen (und nicht oder nur seltener Männern) eine geringere Karriereorientierung und eine höhere Bereitschaft unterstellen, aufgrund familiärer Verpflichtungen ihr berufliches Engagement zurückzustellen (Stroh/Reilly 1999), weshalb sie häufig(er) Männer (be)fördern. Als Resultat dieser Segregationsprozesse auf dem Arbeitsmarkt sowie der reduzierten Karrieremöglichkeiten durch Vereinbarkeitsprobleme von Familie und Beruf sind Frauen häufiger als Männer befristet und/oder nur in Teilzeit beschäftigt (vertragliche Segregation). Dies wird gegenwärtig auch unter dem Stichwort der „prekären Beschäftigungsverhältnisse“ diskutiert, von denen Frauen deutlich häufiger betroffen sind als Männer, wenngleich auch Männer zunehmend prekär beschäftigt werden. Aufgrund der teils geringeren Entlohnung und des höheren Arbeitslosigkeitsrisikos (Giesecke 2009) gehen diese Stellen oft mit einer einschränkten beruflichen Entwicklung einher (etwa Gash/McGinnity 2007).

Diese beruflichen Segregationsprozesse auf dem Arbeitsmarkt benachteiligen systematisch Frauen gegenüber Männern. Obwohl die daraus resultierenden ungleichen Arbeitsmarkt- und Berufschancen von Frauen und Männern unabhängig davon sind, ob Personen in einer Partnerschaft eingebunden sind oder nicht, können sie für die paarinterne Koordination zweier Berufsverläufe folgenschwer sein; vor allem für heterosexuelle Paare. Denn unterschiedliche Berufsaussichten und -positionen auf dem Arbeitsmarkt bringen für heterosexuelle Paare häufig eine ungleiche Verteilung der Berufschancen zwischen PartnerInnen mit sich, was Entscheidungen im Paar für oder gegen die Priorisierung der Berufsentwicklung des einen Partners oder der anderen Partnerin beeinflussen kann (Rusconi/Solga 2011).

2.2.3 Paarexterne Ebene

Arbeitswelten und arbeitsorganisationale Ungleichheitsursachen

Neben diesen an den Einzelnen ansetzenden Ausgrenzungs- und Benachteiligungsprozessen gegenüber Frauen im Erwerbssystem und der Einbindung der Einzelnen in Paarbeziehungen mit je spezifischen Beziehungskonzepten, Paar- und Familienkonstellationen spielen arbeitsweltliche und arbeitsorganisationale Bedingungen eine wichtige Rolle. Gerade hoch qualifizierte Beschäftigte müssen in vielen Bereichen allzeit verfügbar, mobil und flexibel sein (etwa Wimbauer 1999), was ein „Anderthalb-Personen-Konstrukt“ (Beck-Gernsheim 1983) voraussetzt, in dem Berufstätige „durch eine stillschweigende Hintergrundarbeit“ einer weiteren Person „an der Haushaltsfront“ entlastet werden (Moen/Roehling 2005). Auf diese partnerschaftliche „Ressource“ konnten sich Männer lange Zeit verlassen, da ihre Partnerinnen oft bereit waren, sich um Haushalt und Kinder zu kümmern und, wenn nötig, für die Arbeit des Partners umzuziehen. Diese partnerschaftliche Arbeitsteilung war und ist jedoch für Frauen, die selbst eine Karriere verfolgen wollen, in der Regel nicht gegeben und wird durch den Anstieg akademisch gebildeter und vollzeiterwerbstätiger Partnerinnen auch für Männer zunehmend infrage gestellt. Die Handlungsspielräume von Männern und Frauen in Doppelverdiener- und vor allem Doppelkarrierepaaren sind also durch die zeitlich-räumlichen, häufig konfligierenden Berufsanforderungen sowie durch familiäre Anforderungen geprägt (vgl. Rapoport/Rapoport 1969; Sonnert 2005).

Gerade Mobilitätsanforderungen stehen oft im Widerstreit zu den Bedürfnissen von Paaren und Familien nach Stabilität und regelmäßiger Kopräsenz, weshalb Paare, besonders solche mit Kindern, weniger mobil sind als Singles (etwa Kalter 1998). Wird dieses Mobilitätsdilemma mit einer Umzugsentscheidung zugunsten der Berufsentwicklung nur einer Partnerin/eines Partners gelöst, geht dies oft mit eingeschränkten beruflichen Chancen für den mitziehenden Partner – oder häufiger: die Partnerin als „tied mover" – einher (etwa Kalter 1998; Jürges 1998; Büchel 2000; vgl. auch *Nisic/Melzer* sowie *Auspurg/Hinz/Amorelli* in diesem Band).

Paare, die sowohl Karriere als auch Kinder wollen, sind zudem mit einem „Vier-Uhren-Problem" konfrontiert (Sonnert 2005: 101), denn es gilt, die zeitlichen Ansprüche zweier Karrieren und die Fertilitätsphasen beider PartnerInnen in Einklang zu bringen. Die kulturellen, arbeitsorganisatorischen und institutionellen Kontextbedingungen, unter denen diese Synchronisierung stattfindet, erschweren häufig diese bereits komplexe Zeitproblematik. Hierzu zählen etwa Altersgrenzen für berufliche Karriereschritte (etwa bei der Verbeamtung), die Erwartung eines zeitintensiven, oft über eine Vollzeiterwerbstätigkeit hinausgehenden Engagements und wesentlich auch eine ausgeprägte Anwesenheitskultur (Koch 2008; Wimbauer 2012), die die Vereinbarkeit von Beruf und Familie erheblich erschwert. Die Situation von berufstätigen Paaren mit Kindern – sowohl gut qualifizierten als auch weniger gut qualifizierten, oft flexibel, prekär oder mehrfach beschäftigten – wird zudem dadurch komplizierter, dass Arbeitszeiten und Öffnungszeiten von Betreuungseinrichtungen unterschiedlichen Logiken folgen und kaum an die Nachfrage von vollzeiterwerbstätigen Paaren angepasst sind.

Wohlfahrtsstaatliche Rahmenbedingungen und gesellschaftliche Ökonomisierungstendenzen

Schließlich sind auch sozial- und familienpolitische Regelungen sowie wohlfahrtsstaatliche Gender-Regime wichtige Faktoren, die Ungleichheiten zwischen Frauen, Männern und Paaren mit konstituieren. Deutschland gilt in der (feministischen) Wohlfahrtsstaatsforschung als konservatives Wohlfahrtsstaatsregime (Esping-Andersen 1990) mit starkem Familialismus (Esping-Andersen 1999) bzw. starkem Ernährermodell (Lewis 1992), das eine traditionelle Arbeitsteilung fördert und die (modernisierte) Hausfrauenehe begünstigt. Männer werden hierbei kommodifiziert, Frauen familialisiert – ihnen kommt die Verantwortung für Fürsorgetätigkeiten zu. Anders als etwa in den skandinavischen Ländern, die insbesondere durch eine ausgebaute Kinderbetreuungsinfrastruktur auf eine staatliche Defamilialisierung von Frauen setzen, kann in Deutschland (vor allem in den westlichen Bundesländern) nur von einer ansatzweisen Defamilialisierung von Frauen und kaum von einer Familialisierung von Männern gesprochen werden (vgl. auch Henninger/Wimbauer/Dombrowski 2008a, b; Wimbauer/Teschlade/Motakef 2012).

Mit der um das Jahr 2000 einsetzenden sozialstaatlichen Aktivierungswende lässt sich jedoch in Deutschland teilweise eine sozialpolitische Umorientierung vom traditionellen Ernährermodell hin zum *Adult-Worker*-Modell (Lewis 2002; Leitner/Ostner/Schratzenstaller 2004) beobachten, das nun von allen Erwerbsfähigen, auch von Müttern kleiner Kinder, eine Arbeitsmarktbeteiligung fordert. Die Abkehr vom „versorgenden“ hin zum „aktivierenden“ Sozialstaat (Lessenich 2008) zeigte sich nachdrücklich in den 2003 verabschiedeten Hartz-Gesetzen, die sich zunächst in der zeitgleich einsetzenden Debatte um eine „nachhaltige Familienpolitik“ (Rürup/Gruescu 2003; Bertram/Rösler/Ehlert 2005) und 2007 in der Einführung des einkommensabhängigen Elterngelds mitsamt zweier sogenannter „Partnermonate“ ausdrückt (vgl. auch Henninger/Wimbauer/Dombrowski 2008a, b). Mit der Elterngeldreform sollten unter anderem die Erwerbsbeteiligung von Frauen, die Geburtenrate sowie die männliche Beteiligung an Fürsorgetätigkeiten erhöht werden.

Mit Blick auf die Erwerbsbeteiligung von Frauen und die Fürsorgebeteiligung von Männern konnte das Elterngeld durchaus Erfolge verzeichnen (siehe auch *Trappe* in diesem Band), weniger jedoch bei der Geburtenrate. Vor allem aber bleibt die avisierte Erwerbsarbeitsaktivierung von Frauen und Müttern widersprüchlich und teils strukturell unmöglich, denn eine Defamilialisierung wie etwa in den skandinavischen Ländern, etwa durch staatliche Kinderbetreuungseinrichtungen, ist in Deutschland nur ansatzweise gegeben. Die Kinderbetreuungsquote liegt in vielen Bundesländern und Regionen weit unter 33 Prozent, und der entsprechende, im August 2013 wirksam werdende Rechtanspruch auf einen Kinderbetreuungsplatz für Kinder unter drei Jahren (bei einer geplanten Versorgungsquote von 39 %) scheint nach Meinung zahlreicher ExpertInnen und PolitikerInnen bis zum Stichtag uneinlösbar. Wimbauer (2012) arbeitet die Widersprüchlichkeit dieser sozialpolitischen Rahmenbedingungen mit Blick auf ideologische Aspekte beruflicher Anerkennungsversprechen für hoch qualifizierte Frauen in Doppelkarrierepaaren heraus: Diese wollen und sollen angesichts aktivierender Sozialstaatsbestrebungen erwerbstätig sein, aber dies wird ihnen strukturell – unter anderem angesichts fehlender und zeitlich nicht adäquater Kinderbetreuungsmöglichkeiten, aber auch durch strukturelle und vergeschlechtlichte Barrieren in den Arbeitsorganisationen – erschwert oder gar verwehrt, was Wimbauer als einen von zwei ideologischen Aspekten beruflicher Anerkennungsversprechen bezeichnet.

Doch nicht nur hoch qualifizierte Frauen, sondern auch weniger qualifizierte Frauen – und Männer – sehen sich bei der angestrebten aktiven Integration aller Erwerbsfähigen in den Arbeitsmarkt vor strukturellen Hürden, mangelt es doch an Arbeitsplätzen insbesondere im Niedriglohnbereich.

Schließlich liegt dem A*dult-Worker*-Modell ein spezifisches Gleichheitsmodell zugrunde, nämlich ein an gleicher (Voll-)Erwerbsbeteiligung orientiertes. Damit wird eine Angleichung weiblicher an männliche Lebensläufe avisiert, nicht aber eine Gleichwertigkeit und Gleichverteilung von Erwerbs- und Fürsorgearbeit zwischen Männern und Frauen. Zugleich entfaltet der Mangel an sozialen Dienstleistungen weiterhin familialisierende Effekte für Frauen. Frauen, insbesondere Mütter, sind also höchst widersprüchlichen (sozialstaatlichen) Anreizen und Bedingungen ausgesetzt: Ihre Kommodifizierung wird verstärkt – allerdings ohne eine umfassende Defamilialisierung. Umgekehrt ist für viele Männer, selbst wenn sie dies möchten, eine aktive Familientätigkeit nicht umstandslos umsetzbar.

Darüber hinaus finden sich gegenwärtig verschiedene Diagnosen einer Ökonomisierung von Paar- und Nahbeziehungen: So spricht etwa Illouz (2007) von einer Ökonomisierung der Gefühle in einem emotionalen Kapitalismus. Hochschild (2002) macht eine Umkehr der Logiken von Erwerbsarbeit und Hausarbeit aus. Wimbauer (2012) arbeitet schließlich anhand von Doppelkarrierepaaren aus einer anerkennungstheoretischen Perspektive (Honneth 1992, 2003, 2011) heraus, wie angesichts der arbeitsweltlichen und sozialstaatlichen Veränderungen und Bedingungen eine „Anerkennungsfalle" entstehen kann. Diese „Anerkennungsfalle" wird befördert durch die Versprechen subjektivierter Arbeit und durch berufliches Leistungsstreben und tritt als eine Variante ein, wenn die idealtypische Anerkennungsform Liebe von den Einzelnen ausschließlich in der Arbeitssphäre gesucht wird. Das ist selbst bei permanent gesteigertem Leistungseinsatz dauerhaft nicht möglich, kann aber zu gesundheitlichen Schäden bis hin zum Burnout führen. In einer zweiten Variante zählt in der idealtypischen Liebessphäre – also in Paarbeziehungen – nur noch Leistung, das Streben nach beruflicher Anerkennung gerät zum Selbstzweck und (z)ersetzt im Paar, in der Familie die Liebe. Wimbauer (2012) bezeichnet dies als einen zweiten „ideologischen" Aspekt beruflichen Anerkennungs-, Leistungs- und Karrierestrebens, denn diese können letztlich zur Selbst- und Sozialdestruktivität geraten.

Offen bleibt aus einer anerkennungstheoretischen Perspektive, wie sich prekäre Beschäftigungsverhältnisse auf Paar- und Nahbeziehungen auswirken: Womöglich kommt es auch hier zu einer Ersetzung von Liebe durch Arbeit, allerdings weniger aufgrund von Karriereaussichten und Selbstverwirklichungsversprechen subjektivierter Arbeit als aufgrund ökonomischer Zwänge.

3 Überblick über die Beiträge des Bandes

Der vorangegangene Überblick über den Stand der Paarforschung bezog sich vor allem auf Ungleichheiten zwischen den Geschlechtern und innerhalb von Paaren aufgrund der Trennung, Hierarchisierung und geschlechterdifferenten Zuständigkeitszuschreibung von Produktions- und Reproduktionstätigkeiten. Die Trennung und Ungleichbewertung von Erwerbsarbeit und Fürsorgetätigkeiten als eine wesentliche ungleichheitskonstituierende Ursache sowie die oben genannte, aus der Doppelkarrierepaar-Forschung stammende Differenzierung der individuellen Ebene, der paarinternen Ebene (Paarbeziehung) und der paarexternen Ebene (insbesondere arbeitsorganisationale und sozialstaatliche Rahmenbedingungen) waren Ausgangspunkte für dieses Sonderheft, mit dem Ziel, den Blick auf Doppelkarrierepaare und die (Un-)Vereinbarkeit von Erwerbsarbeit und Paarbeziehung/Familie auszuweiten sowie möglichst breit aktuelle Forschungen zu versammeln, die eine Perspektive auf *Paare* und Ungleichheiten verfolgen.

Die Beiträge sind nach inhaltlichen Schwerpunkten geordnet, wobei mehrere Beiträge verschiedene dieser analytischen Ebenen adressieren. Der erste Teil versammelt Beiträge zum Thema „Geschlechter(un)gleichheiten, Paarfindungen, Paarbindungen".

Hier macht ein theoretisches Essay zu Ungleichheiten und Paarbeziehungen den Auftakt, danach werden die Bedeutung „erotischen Kapitals" sowie die Versprechen neuer Paarfindungsmöglichkeiten im Internet untersucht. Der zweite Teil beschäftigt sich mit dem bereits adressierten Komplex „Paarbeziehungen und Erwerbsarbeit" und thematisiert die Auswirkungen beruflicher Anforderungen auf das Privatleben sowie Mobilitätsfragen. Der dritte Teil zielt auf „Paarbeziehungen und Elternschaft" und fragt nach der Elternzeitbeteiligung von Vätern, nach väterlichem Engagement in den alten und neuen Bundesländern sowie nach den biografischen Verarbeitungsmustern von Frauen, die sich in einer – durch Reproduktionstechnologie ermöglichten – Kinderwunschbehandlung befinden.

3.1 Geschlechter(un)gleichheiten, Paarfindungen, Paarbindungen

Stefan Hirschauer hinterfragt in seinem Beitrag „Geschlechts(in)differenz in geschlechts(un)gleichen Paaren. Zur Geschlechterunterscheidung in intimen Beziehungen" die soziologischen Kategorien, mit denen Ungleichheiten in Paarbeziehungen analysiert werden. Seine These lautet, dass die alltagsweltliche Prämisse, „der Begriff ‚Paar' bezeichne eine geschlechtsungleiche und nach Geschlecht unterscheidende Sozialbeziehung", in dieser Relation „geprüft, bestätigt und verworfen" (S. 41) wird. Um diese These zu entfalten, befragt er die Soziologie der sozialen Ungleichheit und der Paarbeziehung aus einer Perspektive der Geschlechterdifferenzforschung. Wenn von Paaren gesprochen werde, so sein Einwand, seien in der Regel zum Beispiel nicht Geschwisterpaare gemeint, sondern Männer und Frauen in dauerhaften Intimbeziehungen. Die Untersuchung von Ungleichheiten dürfe sich dann nicht auf sozialstrukturelle Merkmale wie Einkommen, Berufsprestige oder Hausarbeitsengagement reduzieren, sondern müsse mikrosoziologisch auch Ungleichheiten wie Wortgewalt, Lebenserfahrung, sexuelles Begehren oder Treue berücksichtigen (S. 39). Paare seien immer maßgeblich daran beteiligt, Geschlechterdifferenz zu reproduzieren, so Hirschauer weiter. Die Romantisierung der Paarbeziehung bedeute darüber hinaus jedoch auch eine Individualisierung, sodass die Geschlechterdifferenz im Paar auch an Bedeutung verlieren könne. Schließlich würden sich die Paare nicht nur über ihre Geschlechtszugehörigkeit wahrnehmen. Wenn Paare Geschlechterungleichheiten reproduzierten, dann vermischten sich das *doing gender* mit dem *doing (in)equaliy* und dem *doing heterosexuality*. Nur so sei erklärbar, warum Männer für Frauen als attraktiver gelten können, wenn sie mehr Einkommen als Frauen erzielen. Was somit häufig unberücksichtigt bleibe, sei die sinnstiftende Funktion von Ungleichheiten. Die romantische Liebe, so Hirschauer abschließend, habe jedoch das Potenzial, diesen ungleichen Beziehungssinn zu verändern. So könnte es unbedeutend werden, welches Geschlecht man hat und liebt, entscheidend könne vielmehr das „1 und 1 individualisierter Intimbeziehungen" (S. 54) werden.

In dem Beitrag „Gibt es ‚Erotisches Kapital'? Anmerkungen zu körperbasierter Anziehungskraft und Paarformation bei Hakim und Bourdieu" diskutieren *Andreas Schmitz* und *Jan Rasmus Riebling*, ob Catherine Hakims Konzept eines „erotischen Kapitals" tatsächlich einen „neuartigen wissenschaftlichen Zugang" für die Analyse der Paarformationsprozesse bietet. Zentral in ihrer kritischen Reflexion ist die Feststellung, dass, anders als von Hakim suggeriert, die unterschiedlichen Elemente des erotischen Kapitals sehr wohl von der Sozialstruktur abhängig sind. Hakims Fehleinschätzung bzw. Missverständnis, so die Autoren, beruhe auf einer fehlenden Differenzierung zwischen „körperlichen und stilistischen Eigenschaften einerseits und deren Wahrnehmung andererseits" (S. 61). Da sich jedoch „der Ressourcencharakter der Erotik [...] nicht von der sozialen Position der Bewertenden trennen lässt", könne die erotische Wirkung auch keine „gesamtgesellschaftliche, autonome Eigenlogik" entfalten (S. 61). Neben einer Kritik an Hakims theoretischer Konzeptualisierung erheben Schmitz und Riebling auch Bedenken gegen deren Forschungsmethodologie, die auf Sekundärinterpretationen von Umfragedaten und empirischen Einzelbeobachtungen basiert und dadurch nur „gelegentliche anekdotische Evidenzen" ermögliche (S. 62). Sie hinterfragen zudem die ideologischen Implikationen von Hakims „erotischem Kapital" und stellen dabei fest, dass sie die negativen gesellschaftlichen Folgen eines Einsatzes körperbasierter Anziehungskraft ausblendet. Dies geschieht vor allem hinsichtlich einer „Verschärfung weiblicher Konkurrenz" und eines damit einhergehenden „Entsolidarisierungspotenzial[s]" sowie einer steigenden weiblichen Abhängigkeit „von männlichen Gunstbezeugungen" und letztendlich der „Verschärfung eines ohnehin prävalenten Marktprinzips als Ordnungsrahmen der Geschlechterverhältnisse" und einer „Perpetuierung der Geschlechterverhältnisse" (S. 64). Hingegen könne, so Schmitz und Riebling, das Bourdieu'sche Instrumentarium gewinnbringend eingesetzt werden, um „die den Geschlechterverhältnissen zugrunde liegenden Macht- und Herrschaftsverhältnisse, genau wie die in ihnen wirksame geschlechtsspezifische Körperlichkeit", zu untersuchen und kritisch zu hinterfragen (S. 75). Die Autoren diskutieren eine Reihe für die Paarforschung fruchtbarer Bourdieu'scher Konzepte und kommen zu dem Schluss, dass Bourdieus Arbeit eine kritische Hinterfragung der Annahme der Verwirklichung weiblicher Gleichberechtigung durch die „Anpreisung" weiblicher „Reize" in PartnerInnenmärkten ermöglicht. Denn „männliche Herrschaft definiert den partnerschaftlichen Tauschwert weiblicher Attraktivität im Aggregat dergestalt, dass ein weiblicher Körper nicht ohne den Preis seiner symbolischen Entwertung generalisiert werden kann" (S. 73).

Die Frage, inwiefern bei der PartnerInnensuche selbst Möglichkeiten der Überwindung von Geschlechterungleichheiten entstehen, bildet den Mittelpunkt des dritten Beitrags. Ausgehend von der Beobachtung, dass die PartnerInnensuche im Internet im vergangenen Jahrzehnt zu einem Massenphänomen geworden ist, entfaltet *Kai Dröge* in „Transzendenzen – Ambivalenzen. Onlinedating und das Versprechen auf die Befreiung der Liebe im Netz" die Argumentation, dass sich im *Onlinedating* zwei „ähnlich gelagerte kulturelle Befreiungsnarrative der modernen Gesellschaft" (S. 82) begegnen: zum einen das romantische Liebesideal und zum anderen das Versprechen auf das befreiende Potenzial des Internets hinsichtlich Geschlechterkategorien und -ungleichheiten. Empirische Basis für seine Argumentation bilden 25 qualitative Tiefeninterviews mit Nutzerinnen und Nutzern von Dating-Seiten in der Schweiz sowie eine Ethnografie großer Portale. Frauen, so Dröge, nutzten seltener Online-Plattformen zur PartnerInnensuche als Männer, was aber nicht an einer vermeintlichen weiblichen Technikabstinenz liege, sondern daran, dass es vor allem Frauen seien, die sich einem Rechtfertigungszwang ausgeliefert sähen, warum es ihnen nicht gelungen ist, außerhalb des Internets einen Partner zu finden. Das Internet lade dazu ein, mit sozialen Identitäten zu spielen, schließlich sind körperliche Eigenschaften und materielle Statussymbole für andere Suchende hier nicht sichtbar. Darin bestehe eine besondere Chance für Frauen, so Dröge, da Frauen stärker als Männer Gefahr liefen, bei der PartnerInnensuche auf äußere Merkmale reduziert zu werden. Zudem stehen Frauen stärker als Männer unter dem gesellschaftlichen Druck, Attraktivitätsnormen zu entsprechen. Die Hoffnungen, die mit Onlinedating verbunden würden, seien jedoch höchst ambivalent, zumal der Selbstentwurf im Internet nicht frei von den Normen erfolge, denen Frauen vielleicht gerade entkommen wollten. Vielmehr bestimmten stereotype Körperideale den virtuellen Raum. Des Weiteren würden die Selbstinszenierungen permanent durch andere Nutzerinnen und Nutzer gespiegelt, wie etwa durch Flirtstatistiken, was wiederum eine ständige Arbeit am virtuellen Selbst verlange. Schließlich sei es eine offene Frage, ob sich die selbstbestimmte und von Geschlechterungleichheiten befreite Liebe, die im Internet vielleicht erfahren wurde, auch außerhalb des Netzes als beständig erweist.

3.2 Paarbeziehungen und Erwerbsarbeit

Martin Diewald, Sebastian Böhm, Tobias Graf und *Stefanie Hoherz* untersuchen in ihrem Beitrag „Berufliche Anforderungen und ihre Auswirkungen auf das Privatleben von doppelerwerbstätigen Paaren“, inwiefern individuelle Arbeitsbelastungen sowie deren Kombination in Doppelverdienerpaaren die Qualität und die Stabilität von Partnerschaften und Familien bedrohen. Durch eine Differenzierung zwischen *Work-Family*-Konflikten (WFC), belastendem Streit innerhalb der Partnerschaft und dem Trennungsrisiko können sie unterscheiden, „welche Bedingungen zwar alltägliche Schwierigkeiten heraufbeschwören, aber Partnerschaften nicht in ihrem Bestand bedrohen. Und umgekehrt, wodurch Partnerschaften in ihrer Existenz bedroht werden, ohne dass dies auf Konflikte im Alltag zurückzuführen wäre“ (S. 100). Darüber hinaus ermöglicht die systematische Berücksichtigung der Erwerbsmerkmale der PartnerInnen die Untersuchung von potenziellen „Crossover-Effekten“, aber auch von Entlastungsmöglichkeiten durch partnerschaftliche Adaptionsstrategien. Empirische Basis für ihren Beitrag sind die Daten der BEATA-Studie und des Sozio-oekonomischen Panels (SOEP). Hinsichtlich der zeitlichen Anforderungen stellen die AutorInnen fest, dass der Umfang der tatsächlichen Arbeitszeit bedeutsam ist, dessen Auswirkungen jedoch „sind in hohem Maße geschlechtsspezifisch wirksam und folgen traditionellen Mustern“ (S. 112). So erhöhten überlange Arbeitszeiten von Frauen das WFC-Risiko sehr und eine Vollzeiterwerbstätigkeit das Trennungsrisiko gar „drastisch“ (S. 112). Bei Männern hingegen verringerten eine Vollzeitbeschäftigung und überlange Arbeitszeiten das Konflikt- und Streitrisiko. Demnach, so Diewald et al., seien „Arbeitsbelastungen nicht nur direkt, sondern auch über deren Passung mit individuellen Präferenzen und partnerschaftlichen Lebensmodellen für Konflikte und Trennungsrisiken relevant“ (S. 113). Die Befunde zur Zufriedenheit mit der Hausarbeit bestätigen ebenfalls die Relevanz der Passung zwischen Wunsch und Wirklichkeit, denn mit wachsender Unzufriedenheit der Frau mit ihrer Hausarbeit steigen das Streit- und Trennungsrisiko. Dennoch kommen die AutorInnen zu dem Schluss, dass die „Befürchtungen eines ungehinderten Spillovers von Belastungen eingegrenzt werden [können]“ (S. 116), da belastende Arbeitsbedingungen das Konflikt- und Streitrisiko, jedoch nicht (immer) das Trennungsrisiko erhöhten. Schließlich sehen sie ihre These bestätigt, dass „der Verlust von Spezialisierungsvorteilen einer arbeitsteiligen Partnerschaft die Lebensform der Partnerschaft in ihrer Attraktivität umfassend bedroht“, was aber weiterer Forschungen bedürfe (S. 117).

In dem Beitrag „Unerwartete Verliererinnen? Überraschende Gewinnerinnen? Beruflich bedingte Umzüge ost- und westdeutscher Paare“ untersuchen *Natascha Nisic* und *Silvia Maja Melzer* die ökonomischen Rahmenbedingungen und partnerschaftlichen Strukturmerkmale, die die innerdeutsche Mobilität von Paaren beeinflussen, sowie deren Folgen. Ausgangspunkt ihres Beitrags ist die Beobachtung, dass entgegen gängiger Erwartungen hoch qualifizierte westdeutsche Frauen ihr Einkommen nach einem Umzug deutlich verbessern können; ostdeutschen Frauen gelingt dies nicht. Diese kontraintuitiven Befunde werden mithilfe eines verhandlungstheoretischen Modells erklärt, das innerpartnerschaftliche Merkmale mit den regionalen sozio-ökonomischen Rahmenbedingungen verknüpft. Zentrale Annahme dieses Modells ist die Notwendigkeit einer „Überkompensation“ der Verluste bei Umzügen, die mit einer deutlichen Schwächung der Verhandlungsposition einer Partnerin/eines Partners einhergehen können. Die Möglichkeit einer solchen Überkompensation, so das Argument der Autorinnen, „ergibt sich dabei primär zum einen durch (a) die *haushaltsinterne Erwerbs- und Einkommensstruktur* und zum anderen durch (b) *regionale Unterschiede von Herkunfts- und Zielort* im Hinblick auf Lohn- und Beschäftigungsniveau“ (S. 126). Aufgrund der für Männer besonders ausgeprägten Beschäftigungs- und Einkommensniveaugefälle zwischen den neuen und alten Bundesländern sei trotz höherer Erwerbsbeteiligung und -orientierung ostdeutscher Frauen die Überkompensation der individuellen Verluste der Frauen bei Ost-West-Umzügen in höherem Maß möglich als bei Umzügen innerhalb Westdeutschlands. Auf der Basis der Daten des Sozio-oekonomischen Panels zeigen Nisic und Melzer, dass West-West-Umzüge von den Erwerbsmerkmalen beider PartnerInnen bestimmt und „damit hochgradig selektiv“ (S. 134) sind, während Ost-West-Umzüge zwar weniger selektiv, aber dafür „deutlich asymmetrischer“ seien (S. 136), da die Merkmale des männlichen Partners die herausragende Rolle spielten. Darüber hinaus verzeichneten innerhalb Westdeutschlands vor allem hochgebildete Frauen Umzugsgewinne, während ebenso hochgebildete ostdeutsche Frauen in Partnerschaften ihr hohes Einkommenspotenzial nicht in Umzügen zu ihren Gunsten umsetzen könnten. Die echten Gewinner scheinen die ostdeutschen Männer zu sein, die nicht nur „enorme absolute“ Umzugsgewinne verzeichneten, sondern dadurch auch in der Lage seien, „den Mobilitätsprozess in der Partnerschaft zu dominieren“ (S. 139). Die Autorinnen kommen zu dem Schluss, dass „die eigentlich bessere Verhandlungsposition ostdeutscher Frauen [...] durch die ausgeprägteren westdeutschen Ungleichheitsstrukturen auf dem Arbeitsmarkt gewissermaßen neutralisiert [wird]" und „ökonomische Rahmenbedingungen eine Handlungsrationalität aufzuerlegen [scheinen], die normativ geprägte Grundhaltungen und Überzeugungen in den Hintergrund treten lässt" (S. 140).

Der Paarkontext von Mobilitätsentscheidungen steht ebenfalls im Mittelpunkt des Beitrags „Der Partnerschaftskontext als Bremse? Regionale Mobilität von Wissenschaftlerinnen in Doppelkarrierepaaren". Mithilfe eines faktoriellen Surveys zur Bereitschaft einer Stellenannahme und eines Umzugs von Wissenschaftlerinnen und Wissenschaftlern untersuchen *Katrin Auspurg, Thomas Hinz* und *Eva Amorelli*, ob Geschlechtsungleichheiten im Wissenschaftssystem eher durch Unterschiede im Stellenangebot (ungünstigere Nachfrageseite des akademischen Arbeitsmarktes für Frauen) oder durch ein geschlechtsspezifisches Entscheidungsverhalten (differente Angebotsseite aufgrund der geringeren Bedeutung der beruflichen Belange der Frauen bei paarinternen Abstimmungsprozessen) bedingt sind. Empirische Basis ihrer Analyse sind die Daten der Studie „Räumliche und institutionelle Koordination von Doppelkarrieren". Durch einen Vergleich zwischen alleinstehenden und in eine Partnerschaft eingebundenen Männern und Frauen stellen sie fest, dass „sich Wissenschaftlerinnen immer noch häufiger zwischen Partnerschaft und Karriere entscheiden (müssen) und sie eher der schwierigen Koordination von zwei Erwerbstätigkeiten ausgesetzt sind" (S. 153). Auch die Gründe für die aktuelle Wohnortwahl bestätigen, dass diese für Frauen in Partnerschaften häufiger aus einem Kompromiss zwischen den beidseitigen Berufsinteressen resultierte, während die Ortswahl der Männer öfter an den eigenen Interessen ausgerichtet war. Mit Blick auf fiktive Stellenangebote konstatieren die AutorInnen dagegen, dass kaum Geschlechterunterschiede existieren. Wissenschaftlerinnen würden genauso selten wie Wissenschaftler auf ein Stellenangebot verzichten, aber Frauen gingen seltener davon aus, dass es zu einem gemeinsamen Umzug kommen werde (also ihre Partner mitziehen würden). Demzufolge, so die Schlussfolgerung der AutorInnen, „[sind] die zuvor berichteten Geschlechtsunterschiede bei der tatsächlichen Ortswahl ganz wesentlich durch eine unterschiedliche Optionsstruktur an verfügbaren Stellen bedingt" (S. 155). Die Ursachen dieser Geschlechtsunterschiede in der Mobilitätsbereitschaft sehen sie in den Merkmalen der Paarkonstellation. Hierbei sei vor allem ein Altersvorsprung – und ein damit einhergehender Karrierevorsprung – relevant: Ältere PartnerInnen (zumeist Männer und nur sehr selten Frauen) gingen eher davon aus, dass sie einen gemeinsamen Umzug initiieren könnten. Es finden sich aber auch Hinweise darauf, dass traditionelle Rolleneinstellungen die Umzugsbereitschaft zugunsten der Karriereentwicklung der Wissenschaftlerinnen hemmen. Die Verzahnung von Familienskript und Laufbahnskript, verbunden mit der Notwendigkeit, sich mit einem Partner abzustimmen, führe dazu, dass „aus dem systembedingten *cooling out* ein vermeintliches *opting out* [wird]" (S. 160). Wollten Wissenschaftsinstitutionen ernsthaft dagegensteuern, so die Empfehlung der AutorInnen, müssten sowohl Möglichkeiten der Verbindung von Karriere und Familienleben als auch „wirklich attraktive Angebote für mitziehende Partner bestehen" (S. 160).

3.3 Paarbeziehungen und Elternschaft

Der Beitrag von *Heike Trappe* „Väter mit Elterngeldbezug: zur Relevanz sozialstruktureller und ökonomischer Charakteristika im Partnerschaftskontext“ eröffnet den letzten Teil dieses Sonderheftes mit der Frage, inwiefern die Neuregelung von Elterngeld und Elternzeit ihr Ziel einer stärkeren Einbeziehung von Vätern in die Kinderbetreuung erreichen konnte. Ausgangspunkt ist die Beobachtung, dass zwar mehr Väter Elterngeld beziehen, aber sie dies für eine kürzere Bezugsdauer tun. Mit einer zweistufigen Analysestrategie, die zuerst allgemeine Faktoren des väterlichen Elterngeldbezugs erklärt und dann auf Väter fokussiert, die für einen über die Partnermonate hinausgehenden Zeitraum Elterngeld beanspruchen, ist Heike Trappe in der Lage, sogenannte neue Väter und die „Avantgarde“ unter ihnen zu identifizieren und zu unterscheiden. Dabei fokussiert sie insbesondere auf die sozialstrukturelle Zusammensetzung der Väter, die Elterngeld beanspruchen, und nimmt den Paarkontext explizit in den Blick. Empirische Basis ihres Beitrages sind der Datensatz „Junge Familien 2008“ und Daten der Elterngeldstellen in Mecklenburg-Vorpommern und Schleswig-Holstein. Zentraler Befund ist, dass für die Entscheidung für bzw. gegen die Inanspruchnahme des Elterngeldes die ökonomischen Ressourcen des Paares von „überragender Bedeutung“ (S. 178) sind, während nur vereinzelte Hinweise in Richtung eines Wertewandels sprächen. Im Vergleich zur Situation bei Doppelverdienerpaaren ist laut Trappe der väterliche Elterngeldbezug unwahrscheinlicher, wenn nur der Mann erwerbstätig ist, und umgekehrt wahrscheinlicher, wenn nur die Frau erwerbstätig ist. Ebenfalls relevant sei die Einkommensrelation zwischen den PartnerInnen. Ost- und Westdeutschland unterschieden sich in dieser Hinsicht kaum. „[Ö]konomische Erwägungen [spielen] ebenfalls eine herausragende Rolle“ (S. 184) mit Blick auf den Determinanten einer über die Partnermonate hinausgehenden Elternzeit durch Väter, da nicht-erwerbstätige Männer eine längere Elternzeit beanspruchten als erwerbstätige. Nimmt man nur erwerbstätige Väter in den Blick, so kann Trappe aber auch zeigen, „dass Paare eben nicht nur Wirtschafts-, sondern auch Solidargemeinschaften sind“ (S. 185), etwa wenn eine längere Elternzeit durch Väter dafür benutzt wird, „die spezifische Lebenssituation der Partnerin […] abzusichern“ (S. 185). Dennoch habe sich gerade unter Doppelverdienerpaaren mittleren Einkommens, bei denen die Frau abhängig beschäftigt ist, eine traditionelle Norm mit zwölf Monaten für die Mutter und mit nur zwei Monaten für den Vater „besonders stark etabliert“. Neben den Paarkonstellationen seien auch die lokalen Opportunitätsstrukturen der Einkommenserzielung bedeutsam. So sei eine längere Elternzeit in Schleswig-Holstein bei Männern mit niedrigeren Einkommen wahrscheinlicher, in Mecklenburg-Vorpommern jedoch bei den besserverdienenden Vätern. „Vor dem Hintergrund der stark selektiven längerfristigen Nutzung der Elternzeit durch Väter“ kommt die Autorin zu dem Schluss, dass „weder die These einer ‚exklusiven Emanzipation‘ (Henninger/Wimbauer/Dombrowski 2008a) noch die einer Avantgarde der Geschlechtergleichstellung zutreffend“ (S. 184) ist.

Wenn sich Väter stärker in der Familie engagieren, ist das Paar vermutlich vermehrt an Egalität orientiert und es finden sich weniger Geschlechterungleichheiten – so eine verbreitete Annahme. *Cornelia Behnke, Diana Lengersdorf* und *Michael Meuser* arbeiten in ihrem Beitrag „Egalitätsansprüche vs. Selbstverständlichkeiten: Unterschiedliche Rahmungen väterlichen Engagements bei Paaren aus den westlichen und den östlichen Bundesländern“ Unterschiede zwischen ost- und westdeutschen Paaren bezüglich ihres Verständnisses von Vaterschaft heraus. Die Figur des Vaters als Familienernährer sei historisch betrachtet seit dem Zweiten Weltkrieg nur in Westdeutschland wirksam gewesen. Auf der Basis von 36 biografisch-narrativen Paarinterviews verdeutlichen die AutorInnen, dass die westdeutschen bildungsbürgerlichen Paare ihres Samples zwar eine Orientierung an Egalität vorweisen und auch väterliches Engagement für sich prinzipiell in Anspruch nehmen, aber dennoch ein traditionelles Familienarrangement weiterführen, in dem der Mann der Hauptenährer der Familie ist. Häufig stellten die Partnerinnen die prinzipielle Bereitschaft für väterliches Engagement der Männer lobend als egalitäre Orientierung heraus und äußerten auch Verständnis dafür, wenn diese ausbleibe. Das männliche Engagement für Familienarbeit werde bei den ostdeutschen Paaren hingegen als Selbstverständlichkeit vorausgesetzt und nicht als Ausdruck männlicher Emanzipation betont. Einige ostdeutsche Paare brächten zudem ihre Irritation über die Inszenierung von väterlichem Engagement zum Ausdruck, welche sie deutlich als westdeutsche Rahmung verstünden. Doch selbst diese „Abgrenzungsarbeit von westdeutschen Darstellungspraktiken“ (S. 204 f.), so die AutorInnen, stütze die „Hegemonie des Westens“ (S. 196), weil sie in Bezug auf westdeutsche Diskurse, hier die „Negation zum im Westen dominierenden Verständnis“ (S. 205) von Vaterschaft, erfolge. Damit bilde die diskursive Verhandlung aktiver Väter eine hegemonial westliche Perspektive, so das Fazit der AutorInnen.

Britt Hoffmann erörtert in „Extremfokussierung in der Kinderwunschbehandlung. Ungleiche biographische und soziale Ressourcen der Frauen“ die Bedeutung ungewollter Kinderlosigkeit für ostdeutsche Frauen, die sich einer erfolglosen reproduktionsmedizinischen Behandlung unterzogen haben. In zwei Fallporträts, die sie auf der Grundlage von 18 autobiografisch-narrativen Interviews rekonstruiert, sucht die Autorin nach den Prozessverläufen im Umgang mit der Technologie. Ihr Interesse gilt der Frage nach den Bedingungen einer „Extremfokussierung“, worunter sie den „Prozess der Intensivierung der Aufmerksamkeit auf den Kinderwunsch“ (S. 214) versteht. Hoffmann zeigt, dass die beiden Frauen den Belastungen der reproduktionsmedizinischen Behandlung ungleich ausgesetzt sind:

Marianne Stein, ihr erstes Fallporträt, hat bereits früh ihre biografische Orientierung auf die Gründung einer traditionellen Kleinfamilie ausgerichtet. Vor diesem Hintergrund entwickelte sie keine berufliche Orientierung, sondern ein pragmatisches Verhältnis zu Erwerbsarbeit. Mit dem Ausbleiben der Elternschaft verliert ihre Paarbeziehung grundlegend an Legitimation. Dem Paar gelingt es nicht, biografische Alternativen zur Elternschaft zu entwickeln. Frau Stein gerät in eine Extremfokussierung mit hohem Leidensdruck. Kontrastierend präsentiert Hoffmann das Fallporträt von Carmen Richter, bei der sie eine „ausbalanciert-kritische Haltung“ (S. 216) rekonstruiert. Auch Frau Richter orientiert sich in ihrem Lebensentwurf an der traditionellen Kleinfamilie und fokussiert diesen Entwurf zunächst auf Mutterschaft. Als ihr erster Ehemann sich von ihr trennt, gerät sie in eine psychische Krise, die sie mithilfe ihrer Familie und ihrer Freundschaften überwinden kann. Frau Richter nimmt ein Studium auf und entwickelt zusammen mit ihrem zweiten Ehemann schließlich einen partnerschaftlichen Entwurf, der auch ohne Elternschaft auskommt. Vorzeitig bricht Frau Richter die Kinderwunschbehandlung ab und überwindet die Fokussierung auf Mutterschaft. Anders als Frau Stein kann sie auf Ressourcen zurückgreifen – das partnerschaftliche Konzept ihrer Paarbeziehung und eine berufliche Orientierung.

4 Offene Fragen und Ausblick

Das vorliegende Sonderheft versammelt aktuelle Studien und neue Erkenntnisse zum Thema „Paare und Ungleichheiten", doch bleiben – nicht zuletzt angesichts des begrenzten Umfangs und der Notwendigkeit einer Auswahl – thematische Auslassungen. So konnten, auch wenn dies wünschenswert gewesen wäre, einige ungleichheitssoziologisch hoch relevante Paarkonstellationen und Themen nicht berücksichtigt werden, beispielsweise prekär oder flexibel beschäftigte Paare (etwa Jurczyk et al. 2009; Völker 2008) oder Paare, in denen Frauen die Familienernährerinnen sind (etwa: Klammer/Neukirch/Weßler-Poßberg 2012; Klenner/Menke/Pfahl 2012). Auch beschäftigt sich kein Beitrag mit gleichgeschlechtlichen Paaren. Dies wäre etwa mit Blick auf die Lebenssituation der PartnerInnen, auf Geschlechter-, Männlichkeits- und Weiblichkeitskonzepte, auf die paarinterne Arbeitsteilung sowie auf Ungleichheiten, etwa zwischen homo- und heterosexuellen Paaren vor dem Hintergrund einer heteronormativen Matrix, sehr aufschlussreich. Theoretisch wären dazu auch queertheoretische Perspektiven, intersektionelle Ansätze sowie anerkennungstheoretische Studien erkenntnisreich gewesen.

Geschlechter- und ungleichheitssoziologisch hoch relevant ist auch der Themenbereich Reproduktion im weitesten Sinne, zumal sich die Reproduktionssphäre nicht zuletzt angesichts neuer Reproduktionstechnologien erheblich verändert und zudem gegenwärtig eine „Reproduktionskrise" (etwa: Jürgens 2010) konstatiert wird. Hierbei wären auch Migration und globale kapitalistische Zusammenhänge in die Analyse einzubeziehen, nicht nur hinsichtlich der etwa von Lutz (2007), Lutz/Shannon (2011) und Rerrich (2006) untersuchten *global care chains* und der „neuen Dienstmädchen", sondern auch mit Blick auf die Auslagerung der biologischen Reproduktion an Frauen aus dem Osten und globalen Süden beim Phänomen transnationaler Leihmutterschaft – was wiederum neue Ungleichheiten und vollends neue Formen globaler Ausbeutung nach sich zieht. Bleibt all dies in diesem Sonderheft unthematisiert, so können wir doch immerhin weitere Forschungen zu diesen Themen in Aussicht stellen.

Zudem hoffen wir, mit diesem Sonderheft WissenschaftlerInnen, die sich bisher nur wenig mit Paarbeziehungen und ihren Implikationen auseinandergesetzt haben, etwa in der Arbeits-, Arbeitsmarkt- und Organisationsforschung, angeregt zu haben, systematisch zu reflektieren, dass sich Beschäftigte in vielen Fällen auf dem Arbeitsmarkt nicht allein bewegen.

Literatur

Allmendinger, Jutta. (2009). *Frauen auf dem Sprung. Wie junge Frauen heute leben wollen. Die BRIGITTE-Studie*. Hamburg: Pantheon.

Allmendinger, Jutta & Podsiadlowski, Astrid. (2001). Segregation in Organisationen und Arbeitsgruppen. In Bettina Heintz (Hrsg.), *Geschlechtersoziologie* (S. 276–307). (Kölner Zeitschrift für Soziologie und Sozialpsychologie, Sonderheft 41). Opladen: Westdeutscher Verlag.

Althaber, Agnieszka; Hess, Johanna & Pfahl, Lisa. (2011). Karriere mit Kind in der Wissenschaft: Egalitärer Anspruch und tradierte Wirklichkeit der familiären Betreuungsarrangements. Von erfolgreichen Frauen und ihren Partnern. In Alessandra Rusconi & Heike Solga (Hrsg.), *Gemeinsam Karriere machen* (S. 83–116). Opladen: Verlag Barbara Budrich.

Anger, Christina & Konegen-Grenier, Christiane. (2008). Die Entwicklung der Akademikerbeschäftigung. *IW-Trends, 35*(1), 1–16.

Aulenbacher, Brigitte. (2009). Die soziale Frage neu gestellt – Gesellschaftsanalysen der Prekarisierungs- und Geschlechterforschung. In Robert Castel & Klaus Dörre (Hrsg.), *Prekarität, Abstieg und Ausgrenzung. Die soziale Frage am Beginn des 21. Jahrhunderts* (S. 65–77). Frankfurt/M., New York: Campus.

Bathmann, Nina; Müller, Dagmar & Cornelißen, Waltraud. (2011). Karriere, Kinder, Krisen. Warum Karrieren von Frauen in Paarbeziehungen scheitern oder gelingen. In Waltraud Cornelißen, Alessandra Rusconi & Ruth Becker (Hrsg.), *Berufliche Karrieren von Frauen. Hürdenläufe in Partnerschaft und Arbeitswelt* (S. 105–149). Wiesbaden: VS-Verlag.

Beck, Ulrich. (1990). Die irdische Religion der Liebe. In Ulrich Beck & Elisabeth Beck-Gernsheim, *Das ganz normale Chaos der Liebe* (S. 222–266). Frankfurt/M.: Suhrkamp.

Beck, Ulrich & Beck-Gernsheim, Elisabeth. (1990). *Das ganz normale Chaos der Liebe*. Frankfurt/M.: Suhrkamp.

Beck, Ulrich & Beck-Gernsheim, Elisabeth. (2011). *Fernliebe. Lebensformen im globalen Zeitalter*. Berlin: Suhrkamp.

Becker, Penny Edgell & Moen, Phyllis. (1999). Scaling Back: Dual-Earner Couples' Work-Family Strategies. *Journal of Marriage and the Family, 61*(4), 995–1007.

Beck-Gernsheim, Elisabeth. (1983). Vom „Dasein für andere" zum Anspruch auf ein Stück „eigenes Leben". *Soziale Welt, 34*(3), 307–340.

Behnke, Cornelia & Meuser, Michael. (2003). Vereinbarkeitsmanagement. Die Herstellung von Gemeinschaft bei Doppelkarrierepaaren. *Soziale Welt, 54*(2), 163–174.

Behnke, Cornelia & Meuser, Michael. (2005). Vereinbarkeitsmanagement: Zuständigkeiten und Karrierechancen bei Doppelkarriere-Paaren. In Heike Solga & Christine Wimbauer (Hrsg.), *„Wenn zwei das Gleiche tun ..." – Ideal und Realität sozialer (Un-)Gleichheit in Dual Career Couples* (S. 123–140). Opladen: Verlag Barbara Budrich.

Berger, Peter L. & Kellner, Hansfried. (1965). Die Ehe und die Konstruktion der Wirklichkeit. Eine Abhandlung zur Mikrosoziologie des Wissens. *Soziale Welt, 16*(3), 220–235.

Bertram, Hans; Rösler, Wiebke & Ehlert, Nancy. (2005). *Nachhaltige Familienpolitik. Zukunftssicherung durch einen Dreiklang von Zeitpolitik, finanzieller Transferpolitik und Infrastrukturpolitik* [Gutachten im Auftrag des Bundesministeriums für Familie, Senioren, Frauen und Jugend]. Berlin.

Bothfeld, Silke. (2005). Arbeitsmarkt. In Silke Bothfeld, Ute Klammer, Christina Klenner, Simone Leiber, Anke Thiel & Astrid Ziegler (Hrsg.), *WSI-Frauendatenreport. Handbuch zur wirtschaftlichen und sozialen Situation der Frau* (S. 111–188). Berlin: Edition Sigma.

Boyle, Paul; Cooke, Thomas J.; Halfacree, Keith & Smith, Darren. (2001). A Cross-National Comparison of the Impact of Family Migration on Women's Employment Status. *Demography, 38*(2), 201–213.

Büchel, Felix. (2000). Tied Movers, Tied Stayers: The Higher Risk of Overeducation among Married Women in West Germany. In Siv Gustafsson & Danièle Meulders (Hrsg.), *Gender and the Labour Market. Econometric Evidence of Obstacles to Achieving Gender Equality* (S. 133–46). London: Macmillan Press.
Bundesministerium für Familie, Senioren, Frauen und Jugend (BMFSFJ). (Hrsg.). (2011). *Neue Wege – Gleiche Chancen. Gleichstellung von Frauen und Männern im Lebensverlauf. Erster Gleichstellungsbericht* (Bundestagsdrucksache 17/6240 vom 16. Juni 2011). Berlin.
Cooper, Cary L. & Lewis, Suzan. (1993). *The Work Place Revolution. Managing Today's Dual-Career Families*. London: Kogan Page.
Dackweiler, Regina-Maria. (2008). Wohlfahrtsstaat: Institutionelle Regulierung und Transformation der Geschlechterverhältnisse. In Ruth Becker & Beate Kortendiek (Hrsg.), *Handbuch Frauen- und Geschlechterforschung* (S. 512–523). Wiesbaden: VS-Verlag.
Destatis. (2012). *Elterngeld – Wer, wie lange und wie viel?* [Begleitmaterial zur Pressekonferenz am 27. Juni 2012 in Berlin]. Wiesbaden: Statistisches Bundesamt.
Dettmer, Susanne & Hoff, Ernst-H. (2005). Berufs- und Karrierekonstellationen in Paarbeziehungen: Segmentation, Integration, Entgrenzung. In Heike Solga & Christine Wimbauer (Hrsg.), *„Wenn zwei das Gleiche tun ..." – Ideal und Realität sozialer (Un-)Gleichheit in Dual Career Couples* (S. 53–75). Opladen: Verlag Barbara Budrich.
England, Paula. (2005). Gender Inequality in Labor Markets: The Role of Motherhood and Segregation. *Social Politics, 12*(2), 264–288.
England, Paula & Li, Su. (2006). Desegregation Stalled: The Changing Gender Composition of College Majors, 1971–2002. *Gender and Society, 20*(5), 657–677.
Esping-Andersen, Gøsta. (1990). *The Three Worlds of Welfare Capitalism*. London: Polity.
Esping-Andersen, Gøsta. (1999). *Social Foundations of Postindustrial Economies*. Oxford: Oxford University Press.
Fendrich, Sandra; Fischer, Jörg & Schilling, Matthias. (2005). *Erziehungsgeld und Elternzeit. Bericht des Jahres 2003* [Bericht der Dortmunder Arbeitsstelle Kinder- und Jugendhilfestatistik (AKJStat) im Auftrag des Bundesministeriums für Familie, Senioren, Frauen und Jugend]. Dortmund: AKJStat.
Gash, Vanessa & McGinnity, Frances. (2007). Fixed-Term Contracts – the New European Inequality? Comparing Men and Women in West Germany and France. *Socio-Economic Review, 5*(3), 467–496.
Giddens, Anthony. (1991). *Modernity and Self-Identity. Self and Society in the Late Modern Age*. Cambridge: Polity Press.
Giddens, Anthony. (1992). *The Transformation of Intimacy. Sexuality, Love and Eroticism in Modern Societies*. Cambridge: Polity Press.
Giesecke, Johannes. (2009). Socio-Economic Risks of Atypical Employment Relationships: Evidence from the German Labour Market. *European Sociological Review, 25*(6), 629–646.
Grunow, Daniela; Schulz, Florian & Blossfeld, Hans-Peter. (2012). What determines change in the division of housework over the course of marriage? *International Sociology, 27*(3), 289–307.
Henninger, Annette; Wimbauer, Christine & Dombrowski, Rosine. (2008a). Demography as a Push towards Gender Equality? Current Reforms of German Family Policy. *Social Politics – International Studies in Gender, State & Society, 15*(3), 287–314.
Henninger, Annette; Wimbauer, Christine & Dombrowski, Rosine. (2008b). Geschlechtergleichheit oder ‚exklusive Emanzipation'? Ungleichheitssoziologische Implikationen der aktuellen familienpolitischen Reformen. *Berliner Journal für Soziologie, 18*(1), 99–128.
Hess, Johanna & Pfahl, Lisa. (2011). „Under Pressure ...!?" Biografische Orientierungen von Wissenschaftlerinnen in Beruf, Partnerschaft und Familie. In Alessandra Rusconi & Heike Solga (Hrsg.), *Gemeinsam Karriere machen* (S. 117–145). Opladen: Verlag Barbara Budrich.

Hirseland, Andreas; Herma, Holger & Schneider, Werner. (2005). Geld und Karriere – Biographische Synchronisation und Ungleichheit bei karriereorientierten Paaren. In Heike Solga & Christine Wimbauer (Hrsg.), *„Wenn zwei das Gleiche tun ...“ – Ideal und Realität sozialer (Un-)Gleichheit in Dual Career Couples* (S. 163–186). Opladen: Verlag Barbara Budrich.
Hochschild, Arlie Russell. (2000). Global Care Chains and Emotional Surplus Value. In Will Hutton & Anthony Giddens (Hrsg.), *On the Edge: Living with Global Capitalism* (S. 130–146). London: Jonathan Cape.
Hochschild, Arlie Russell. (2002). *Keine Zeit. Wenn die Firma zum Zuhause wird und zu Hause nur Arbeit wartet.* Opladen: Leske + Budrich.
Honneth, Axel. (1992). *Kampf um Anerkennung. Zur moralischen Grammatik sozialer Konflikte* Frankfurt/M.: Suhrkamp.
Honneth, Axel. (2003). Umverteilung als Anerkennung. Eine Erwiderung auf Nancy Fraser. In Nancy Fraser & Axel Honneth, *Umverteilung oder Anerkennung? Eine politisch-philosophische Kontroverse* (S. 129–224). Frankfurt/M.: Suhrkamp.
Honneth, Axel. (2011). *Das Recht der Freiheit. Grundriß einer demokratischen Sittlichkeit.* Berlin: Suhrkamp.
Illouz, Eva. (2007). *Gefühle in Zeiten des Kapitalismus.* Frankfurt/M.: Suhrkamp.
Illouz, Eva. (2011). *Warum Liebe weh tut. Eine soziologische Erklärung.* Berlin: Suhrkamp.
Jacobs, Jerry A. (1995). Gender and Academic Specialties: Trends among Recipients of College Degrees in the 1980s. *Sociology of Education, 68*(2), 81–98.
Jurczyk, Karin; Schier, Michaela; Szymenderski, Peggy; Lange, Andreas & Voß, G. Günter. (2009). *Entgrenzte Arbeit – Entgrenzte Familie. Grenzmanagement im Alltag als neue Herausforderung.* Berlin: Edition Sigma.
Jürgens, Kerstin. (2010). Deutschland in der Reproduktionskrise. *Leviathan, 38*(4), 559–587.
Jürges, Hendrik. (1998). Beruflich bedingte Umzüge von Doppelverdienern. Eine empirische Analyse mit Daten des SOEP. *Zeitschrift für Soziologie, 27*(5), 358–377.
Kalter, Frank. (1998). Partnerschaft und Migration. Zur theoretischen Erklärung eines empirischen Effekts. *Kölner Zeitschrift für Soziologie und Sozialpsychologie, 50*(2), 283–309.
Klammer, Ute; Neukirch, Sabine & Weßler-Poßberg, Dagmar. (2012). *Wenn Mama das Geld verdient. Familienernährerinnen zwischen Prekarität und neuen Rollenbildern.* Berlin: Edition Sigma.
Klenner, Christina; Menke, Katrin & Pfahl, Svenja. (2012). *Flexible Familienernährerinnen: Moderne Geschlechterarrangements oder prekäre Konstellationen?* Opladen: Verlag Barbara Budrich.
Koch, Angelika. (2008). *Allzeitverfügbar? Rechtsansprüche auf Teilzeit in der betrieblichen Praxis bei Hochqualifizierten mit Kindern.* Münster: Westfälisches Dampfboot.
Konrad, Alison M. & Cannings, Kathy. (1997). The Effects of Gender Role Congruence and Statistical Discrimination on Managerial Advancement. *Human Relations 50*(10), 1305–1328.
Koppetsch, Cornelia & Burkart, Günter. (1999). *Die Illusion der Emanzipation. Zur Wirksamkeit latenter Geschlechtsnormen im Milieuvergleich.* Konstanz: Universitätsverlag.
Leitner, Sigrid; Ostner, Ilona & Schratzenstaller, Margit. (2004). Einleitung: Was kommt nach dem Ernährermodell? Sozialpolitik zwischen Re-Kommodifizierung und Re-Familialisierung. In Sigrid Leitner, Ilona Ostner & Margit Schratzenstaller (Hrsg.), *Wohlfahrtsstaat und Geschlechterverhältnis im Umbruch. Was kommt nach dem Ernährermodell?* (S. 9–27). Wiesbaden: VS-Verlag.
Lenz, Karl. (2009). *Soziologie der Zweierbeziehung. Eine Einführung* (4. Aufl.). Wiesbaden: VS-Verlag.
Lessenich, Stephan. (2008). *Die Neuerfindung des Sozialen. Der Sozialstaat im flexiblen Kapitalismus.* Berlin: transcript.

Leupold, Andrea. (1983). Liebe und Partnerschaft: Formen der Codierung von Ehen. *Zeitschrift für Soziologie, 12*(4), 297–327.
Levy, René & Ernst, Michèle. (2002). Lebenslauf und Regulation in Paarbeziehungen: Bestimmungsgründe der Ungleichheit familialer Arbeitsteilung. *Zeitschrift für Familienforschung, 14*(2), 103–131.
Lewis, Jane. (1992). Gender and the Depelopment of Welfare Regimes. *Journal of European Social Policy, 2*(3), 159–173.
Lewis, Jane. (2002). Gender and Welfare State Change. *European Societies, 4*(4), 331–357.
Luhmann, Niklas. (1982). *Liebe als Passion. Zur Codierung von Intimität.* Frankfurt/M.: Suhrkamp.
Lutz, Helma (unter Mitarbeit von Susanne Schwalgin). (2007). *Vom Weltmarkt in den Privathaushalt. Die neuen Dienstmädchen im Zeitalter der Globalisierung.* Opladen: Verlag Barbara Budrich.
Lutz, Helma & Shannon, Deborah. (Hrsg.). (2011). *The New Maids. Transnational Women and the Care Economy.* London: Zed Books.
Moen, Phyllis. (Hrsg.). (2003). *It's about Time. Couples and Careers.* Ithaca: ILR Press and Cornell University Press.
Moen, Phyllis & Roehling, Patricia. (2005). *The Career Mystique. Cracks in the American Dream.* Lanham: Rowman & Littlefield.
Moen, Phyllis & Wethington, Elaine. (1992). The Concept of Family Adaptive Strategies. *Annual Review of Sociology, 18*, 233–251.
Nickel, Hildegard Maria. (2009). Paternalistische Gleichberechtigungspolitik und weibliche Emanzipation – Geschlechterpolitik in der DDR. In Astrid Lorenz & Werner Reutter (Hrsg.), *Ordnung und Wandel als Herausforderungen für Staat und Gesellschaft* (S. 167–185). Opladen: Verlag Barbara Budrich.
Peuckert, Rüdiger. (2008). *Familienformen im Wandel.* Wiesbaden: VS-Verlag.
Pfau-Effinger, Birgit. (2000). *Kultur und Frauenerwerbstätigkeit in Europa.* Opladen: Leske + Budrich.
Pötzsch, Olga. (2012). *Geburten in Deutschland.* Statistisches Bundesamt Wiesbaden. Zugriff am 10. Mai 2013 unter www.destatis.de/DE/Publikationen/Thematisch/Bevoelkerung/Bevoelkerungsbewegung/BroschuereGeburtenDeutschland0120007129004.pdf?__blob=publicationFile.
Rapoport, Rhona & Rapoport, Robert N. (1969). The Dual Career Family. A Variant Pattern and Social Change. *Human Relations, 22*(1), 3–30.
Rerrich, Maria S. (2006). *Die ganze Welt zu Hause. Cosmobile Putzfrauen in privaten Haushalten.* Hamburg: Hamburger Edition.
Rhodes, Angel. (2002). Long-Distance Relationships in Dual-Career Commuter Couples: A Review of Counseling Issues. *The Family Journal, 10*(4), 398–404.
Rüling, Anneli. (2007). *Jenseits der Traditionalisierungsfallen. Wie Eltern sich Familien- und Erwerbsarbeit teilen.* Frankfurt/M., New York: Campus.
Rupp, Marina. (Hrsg.). (2010). Partnerschaft und Elternschaft bei gleichgeschlechtlichen Paaren – Verbreitung, Institutionalisierung und Alltagsgestaltung. *Zeitschrift für Familienforschung, Sonderheft 7.* Opladen: Verlag Barbara Budrich.
Rürup, Bernd & Gruescu, Sandra. (2003). *Nachhaltige Familienpolitik im Interesse einer aktiven Bevölkerungsentwicklung* [Gutachten im Auftrag des Bundesministeriums für Familie, Senioren, Frauen und Jugend]. Berlin.
Rusconi, Alessandra. (2011). Verflechtungsarrangements im Paarverlauf. In Alessandra Rusconi & Heike Solga (Hrsg.), *Gemeinsam Karriere machen* (S. 51–82). Opladen: Verlag Barbara Budrich.
Rusconi, Alessandra. (2012). Zusammen an die Spitze? Der Einfluss der Arbeitsbedingungen im Paar auf die Verwirklichung von Doppelkarrieren. In Sandra Beaufaÿs, Anita Engels &

Heike Kahlert (Hrsg.), *Einfach Spitze? Neue Geschlechterperspektiven auf Karrieren in der Wissenschaft* (S. 257–279). Frankfurt/M., New York: Campus.
Rusconi, Alessandra & Solga, Heike. (2007). Determinants of and Obstacles to Dual Careers in Germany. *Zeitschrift für Familienforschung, 19*(3), 311–336.
Rusconi, Alessandra & Solga, Heike. (2008). *A Systematic Reflection upon Dual Career Couples.* (WZB Discussion Paper SP I 2008-505). Berlin: WZB.
Rusconi, Alessandra & Solga, Heike. (2010). Doppelkarrieren – Eine wichtige Bedingung für die Verbesserung der Karrierechancen von Frauen. In Elke Gramespacher, Julika Funk & Iris Rothhäusler (Hrsg.), *Dual Career Couples an Hochschulen* (S. 37–55). Opladen: Verlag Barbara Budrich.
Rusconi, Alessandra & Solga, Heike. (Hrsg.). (2011). *Gemeinsam Karriere machen. Die Verflechtung von Berufskarrieren und Familie in Akademikerpartnerschaften.* Opladen: Verlag Barbara Budrich.
Scholz, Sylka. (2012). *Männlichkeitssoziologie.* Münster: Westfälisches Dampfboot.
Schulz, Florian & Blossfeld, Hans-Peter. (2006). Wie verändert sich die häusliche Arbeitsteilung im Eheverlauf? Eine Längsschnittstudie der ersten 14 Ehejahre in Westdeutschland. *Kölner Zeitschrift für Soziologie und Sozialpsychologie, 58*(1), 23–49.
Simmel, Georg. (1985 [1921/22]). Fragment über die Liebe. In Georg Simmel, *Schriften zur Philosophie und Soziologie der Geschlechter* (S. 224–282). Frankfurt/M.: Suhrkamp.
Solga, Heike & Wimbauer, Christine. (Hrsg.). (2005). *„Wenn zwei das Gleiche tun ...“ – Ideal und Realität sozialer (Un-)Gleichheit in Dual Career Couples.* Opladen: Verlag Barbara Budrich.
Sonnert, Gerhard. (2005). Geteiltes soziales Kapital oder innerpartnerschaftliche Konkurrenz in Dual Career Couples? In Heike Solga & Christine Wimbauer (Hrsg.), *„Wenn zwei das Gleiche tun ...“ – Ideal und Realität sozialer (Un-)Gleichheit in Dual Career Couples* (S. 101–122). Opladen: Verlag Barbara Budrich.
Statistisches Bundesamt. (2013). *2012 verdienten Frauen 22 % weniger als Männer.* Zugriff am 15. April 2013 unter https://www.destatis.de/DE/ZahlenFakten/GesamtwirtschaftUmwelt/VerdiensteArbeitskosten/VerdienstunterschiedeMaennerFrauen/Aktuell_Verdienstunterschied.html.
Stroh, Linda K. & Reilly, Anne H. (1999). Gender and Careers. Present Experiences and Emerging Trends. In Gary N. Powell (Hrsg.), *Handbook of Gender & Work* (S. 307–324). Thousand Oaks, CA: Sage.
Tyrell, Hartmann. (1987). Romantische Liebe – Überlegungen zu ihrer „quantitativen Bestimmtheit“. In Dirk Baecker, Jürgen Markowitz, Rudolf Stichweh, Hartmann Tyrell & Helmut Willke (Hrsg.), *Theorie als Passion. Niklas Luhmann zum 60. Geburtstag* (S. 570–599). Frankfurt/M.: Suhrkamp.
Tyrell, Hartmann. (1988). Ehe und Familie – Institutionalisierung und Deinstitutionalisierung. In Kurt Lüscher, Franz Schultheis & Michael Wehrspaun (Hrsg.), *Die „postmoderne“ Familie. Familiale Strategien und Familienpolitik in einer Übergangszeit* (S. 145–156). Konstanz: Universitätsverlag.
Völker, Susanne. (2008). Entsicherte Verhältnisse – (Un-)Möglichkeiten fürsorglicher Praxis. *Berliner Journal für Soziologie, 19*(2), 282–306.
Wetterer, Angelika. (2003). Rhetorische Modernisierung: Das Verschwinden der Ungleichheit aus dem zeitgenössischen Differenzwissen. In Gudrun-Axeli Knapp & Angelika Wetterer (Hrsg.), *Achsen der Differenz. Gesellschaftstheorie und feministische Kritik II* (S. 286–319). Münster: Westfälisches Dampfboot.
Wimbauer, Christine. (1999). *Organisation, Geschlecht, Karriere. Fallstudien aus einem Forschungsinstitut.* Opladen: Leske + Budrich.
Wimbauer, Christine. (2003). *Geld und Liebe. Zur symbolischen Bedeutung von Geld in Paarbeziehungen.* Frankfurt/M., New York: Campus.

Wimbauer, Christine. (2012). *Wenn Arbeit Liebe ersetzt. Doppelkarriere-Paare zwischen Anerkennung und Ungleichheit*. Frankfurt/M., New York: Campus.
Wimbauer, Christine; Teschlade, Julia & Motakef, Mona. (2012). Gleichheit oder Geschlechterkampf? Kommentar zu Volksheim oder Shopping Mall von Wolfgang Streeck. *WestEnd. Neue Zeitschrift für Sozialforschung, 9*(2), 180–193.

Zu den Personen

Alessandra Rusconi, Dr. phil., wissenschaftliche Mitarbeiterin am Wissenschaftszentrum Berlin für Sozialforschung (WZB), Abteilung Ausbildung und Arbeitsmarkt. Arbeitsschwerpunkte: Soziologie sozialer Ungleichheit, Lebensverlaufs-, Arbeitsmarkt- und Familienforschung, (Hochschul-)Bildung, vergleichende empirische Sozialforschung.
Kontakt: Wissenschaftszentrum Berlin für Sozialforschung, Reichpietschufer 50, 10785 Berlin
E-Mail: alessandra.rusconi@wzb.eu

Christine Wimbauer, Prof. Dr. phil., Professorin für Soziologie, Schwerpunkt Soziale Ungleichheit und Geschlecht, Institut für Soziologie der Universität Duisburg-Essen. Arbeitsschwerpunkte: Geschlechterforschung, Soziologie sozialer Ungleichheit, Paarsoziologie und Lebensformen, Erwerbs- und Reproduktionsarbeit, Sozialpolitik, Soziologische Theorie und qualitative Methoden empirischer Sozialforschung.
Kontakt: Institut für Soziologie, Universität Duisburg-Essen, Lotharstraße 65, 47057 Duisburg
E-Mail: christine.wimbauer@uni-due.de

Geschlechter(un)gleichheiten, Paarfindungen, Paarbindungen

Stefan Hirschauer

Geschlechts(in)differenz in geschlechts(un)gleichen Paaren. Zur Geschlechterunterscheidung in intimen Beziehungen

Zusammenfassung

Der Beitrag betrachtet, wie Paare in ihrer Binnensicht auf zwei Weisen mit Ungleichheit befasst sind: Zum einen sind sie Konvertierungsmaschinen für multiple inkommensurable Ungleichheiten, zum anderen rekurrieren sie alle auf eine (Un-)Gleichheit, die für sie konstitutiv ist: die ihrer Geschlechtskomposition, die sie einerseits ausbeuten, andererseits individualisierend ausblenden, um maximal persönliche Beziehungen sein zu können. Der Beitrag mündet in eine zeitdiagnostische Einschätzung: Auf der einen Seite sind die statistischen Ungleichheiten zwischen ‚Geschlechtern' ein Epiphänomen der Suche nach Beziehungssinn in Millionen mikrosozialer Einheiten, die in Zeiten des Bedeutungsverlusts der Geschlechterdifferenz versuchen, ihre geschlechtliche Ungleichheit noch aufrechtzuerhalten. Auf der anderen Seite sind die ehemals ‚homo- und heterosexuellen' Zweierbeziehungen dabei, ihren Sinn als Geschlechterbeziehungen zu verlieren.

Schlüsselwörter
Paare, Dyaden, Geschlechterunterscheidung, Geschlechtsindifferenz, Homosexualität

Summary

Gender (in)difference in gender (un)equal couples. Gender distinctions in intimate relationships

The article describes how couples deal with inequality within their relationship: First, they are conversion machines for multiple and incommensurable inequalities. Second, they refer to a kind of (in)equality which is constitutive for them: their gender composition which is, on the one hand, exploited by them, on the other systematically ignored in order to establish individualized personal relationships. The article leads to a sociological time diagnosis: On the one hand, statistical inequalities between men and women can be seen as an epiphenomenon of millions of small dyadic entities searching for relational meaning for themselves, for example how to reconstruct their sexual inequality in times of a loss of the relevance of gender? On the other hand, the former homosexual and heterosexual relations are losing their meaning as gender relations.

Keywords
couples, dyadic relations, gender distinction, gender indifference, homosexuality

Dieser Beitrag will die Ungleichheitsforschung und die Soziologie der Paarbeziehung mit der Geschlechtsdifferenzierungsforschung verknüpfen. Dabei zeigt er, was geschieht, wenn man die Geschlechtsklassifikation nicht naiv als alltagsweltliche Voraussetzung der Sozialstrukturanalyse hinnimmt, sondern als Teil der Sozialstruktur ernst nimmt. Dann nämlich wird die ‚heterosexuell' genannte Geschlechtskomposition von Paaren als konstitutive Ungleichheit dyadischer Beziehungen erkennbar. Beginnen wir mit einigen begrifflichen Klärungen.

1 Multiple Ungleichheiten in Dyaden

In einem Themenheft mit dem Titel ‚Paare und Ungleichheit(en)' sind gleich zu Beginn zwei Begriffe gesetzt, deren Sinn zunächst selbstevident scheint, der sich aber doch soziologisch zu klären empfiehlt. Wenn man von ‚Paaren' spricht, so macht man implizit zwei Prämissen: Zum einen denken wir meist an Menschen und nicht etwa an Paare von sprachlichen Äußerungen (die Paarsequenzen) oder von komplementären Rollen (wie Lehrer/Schüler, Ärztin/Patientin). Zum anderen sind – zumal in einer ‚Zeitschrift für Geschlecht, Kultur und Gesellschaft' – ganz selbstverständlich Geschlechterpaare gemeint, Männer und Frauen, genauer: dauerhafte Intimbeziehungen – und nicht etwa die Geschwisterbeziehungen, die manche Gesellschaften für wichtiger halten (de Castro 2004).

Wenn man das Thema ‚Paare' auf diese Weise vorab bestimmt hat, muss man auch den Begriff der ‚Ungleichheit' in drei Hinsichten soziologisch justieren, will man die Ungleichheit in Paarbeziehungen präzise fassen und diesen Gegenstand nicht von vornherein verfehlen.

Erstens ist festzustellen, auf welcher Emergenzebene eines Mikro/Makro-Kontinuums sich Paare befinden, will man die spezifisch von ihnen praktizierte Ungleichheit treffend einschätzen. Es gibt nicht nur eine Ungleichheit, sondern viele divergierende. So geht es in dyadischen Sozialbeziehungen nicht um Fragen der Verteilung von Gütern zwischen gesellschaftlichen Schichten und auch nicht um die formalen Hierarchien in Organisationen. Es geht auch nicht wie bei Gruppen um Autorität und das temporäre Vertrauen in Führungspersonen, aber auch nicht nur um einzelne Interaktionen mit ihren fragilen Dominanzgesten, sondern um etwas biografisch Dauerhaftes. ‚Ungleichheit' bedeutet auf all diesen Emergenzebenen etwas anderes[1] und viele dieser Ungleichheiten berühren sich kaum. Man kann interaktiv sehr leise Kündigungen aussprechen, kann trotz elitärer Herkunft inhaftiert werden, kann gerade durch interaktive Dominanz Autorität in Gruppen verlieren usw. Sicher gibt es „lose Kopplungen" (Goffman 1983) zwischen solchen Dominanzformen, aber ebenso sicher keine simple Deduktion – aus der sozialen Herkunft so wenig wie aus Körperkraft, Eloquenz oder Einkommen. Soziale Ungleichheit in Paarbeziehungen, so unsere erste Justierung, lässt sich nicht auf dem Wege statistischer Durchschnitte von Bevölkerungsgruppen feststellen, die von Beobachtern gebildet werden, sie muss vielmehr in kleinen sozialen Einheiten rekonstruiert werden, die sich selbst als solche definieren.

Zweitens ist zu fragen, in welchen Hinsichten Ungleichheit in Paarbeziehungen besteht. Eine in makrosoziologischer (und auch in politischer) Perspektive nahe liegende Simplifikation ist die Reduktion auf ökonomische oder machtmäßige Ungleichverteilung. Wir denken bei ‚Ungleichheit' schnell an sozioökonomische Abstände und nicht z. B. an die gewaltigen Altersdifferenzen, die Eheleute des Mittelalters voneinander trennten (Labouvie 1997). Wenn die Soziologie aber persönliche Beziehungen unter-

1 Zu einer Differenzierung von Ungleichheiten auf der Basis von Luhmanns Unterscheidung von Interaktion, Organisation und Gesellschaft siehe Kieserling (2013).

sucht, deren moderner Sinn in der uneingeschränkten Anerkennung von Individualität liegt (Luhmann 1982), dann wird sie auch mit deren ganzer Komplexität konfrontiert. Ungleichheit kann hier in multiplen Hinsichten herrschen: nicht nur in Einkommen und Berufsprestige oder Erziehungsengagement und Hausarbeitszeiten, auch in Alter und Lebenserfahrung, Körpergröße und Wortgewalt, Gesundheit und Attraktivität, sexuellem Begehren und Treue usw. Und wieder gilt: Auf Personen zugerechnet, können alle diese Parameter divergieren, und es ist auch wahrscheinlicher, dass sie dies tun und nicht, dass sie alle zugunsten eines Partners arrangiert sind. Entsprechende Statusinkongruenzen sind daher auch ein alter volkstümlicher Topos: etwa das Auseinanderfallen von öffentlicher Wortführerschaft und häuslicher Herrschaft. Teilnehmer von Paarbeziehungen unterhalten *Domänen*.

Nehmen wir zur Illustration Herrn und Frau Müller: Beim Zustandekommen ihrer Beziehung, im Werbungsverhalten, hatte er entschieden mehr Beziehungsarbeit zu leisten als sie (zumal sie ihn auffälligerweise körperlich einen Zentimeter überragte). Aber ihr Ideal von einem Mann und sein Ideal von einer Frau wollten es, dass er drei Jahre älter ist als sie, und aufgrund dieses kleinen zeitlichen Karrierevorsprungs (sowie seines Faibles für einen technischen Beruf) mehr Geld verdiente als sie, als sie schwanger wurde. An der Elternschaft der zwei Kinder ist er zwar beteiligt, aber sie führt die Feder und hütet ihr Mutterschaftsmonopol. Auch im Haushalt leistet sie nun deutlich mehr als er und entschädigt sich dafür, indem sie ihn sporadisch in ihre Dienste und unter ihr häusliches Ordnungssystem zwingt und ihn in seiner Inkompetenz vor Gästen bloßstellt. Er hingegen pflegt diese Inkompetenz, um sich von unangenehmen Arbeiten zu entlasten. Ferner erzählt er sich mit seinen Kumpels gelegentlich frauenfeindliche Witze, sie erörtert sein Intimleben mit ihrer besten Freundin. Beide sind sich weitgehend treu, ihr Affärenkonto ist ausgeglichen. Er hat kleine sexuelle Vorlieben, sie einen besonderen Trick, das macht ihn nicht hörig, aber sie dominant. Sie verfügt über die größere Potenz, was er auch ahnt, sie ihn aber nicht wissen lässt, da sie die Fiktion einer egalitären Leidenschaft braucht. Er hat sie einmal im Streit geschlagen, sie ihm ein Bierglas an den Kopf geworfen. Sozial ist sie dominant, weil er in ihren Bekanntenkreis eingeheiratet hat. Sie ist ihm verbal weit überlegen und fällt ihm laufend ins Wort, er ist der bessere Zuhörer und bringt sie zum Lachen. Er hat sich mit ihren Eigenheiten arrangiert, sie erzieht ihn auch noch nach 20 Ehejahren. Herr und Frau Müller verstehen sich insgesamt gut. Wenn man sie fragt, so sagen sie, zwischen ihnen herrsche Gleichheit. Und zwar unerbittlich.[2]

Wie kann so etwas sein? Angesichts der Multiplizität von Ungleichheiten in Paarbeziehungen sind auch die Verfahren, mit denen Paare ihre Ungleichheiten feststellen, komplex. So ist es schon eine offene Frage, nach welchen Maßstäben etwa allein die Hausarbeit paarintern bemessen wird und in welchem Rahmen sie überhaupt in Tauschrelationen eingeht. Jean-Claude Kaufmann (1994) und Cornelia Koppetsch

2 Dieses Fallbeispiel ist eine idealtypische (und dadurch auch anonymisierte) Konstruktion auf der Basis von Paarinterviews im laufenden DFG-Projekt „Pränatale Sozialität". Im Hinblick auf seine Theorieperspektive ist dieser Aufsatz die Auftaktpublikation des Folgeprojektes „Geschlechtliche Differenzierung und Entdifferenzierung pränataler Elternschaft", das wir ab 2013 im Rahmen der DFG-Forschergruppe „Un/Doing Differences" an der Universität Mainz aufnehmen werden.

(1998) haben darauf hingewiesen, dass hier nicht der Tausch äquivalenter Leistungen, sondern der ungleiche Gabentausch stilbildend ist. Die Liebesgabe hat einen symbolischen Wert, sie soll Dankbarkeit und Bringschulden erzeugen, auf den Beziehungssinn verpflichten und Bindungen erneuern. Ihre besondere Funktionsweise verlangt nicht nach Äquivalenz, sondern gerade nach Ungleichheit. Ein Geschenk wird entwertet, wenn es sogleich in gleicher Münze entgolten wird. Der Liebescode macht vieles konvertibel: Leistungen in Haus- und Erwerbsarbeit, aber eben auch Krankheitsfürsorge, Geschenke, Aufmerksamkeiten, Liebeserklärungen, Schuldgefühle, seelische Grausamkeiten und Streicheleinheiten. Während die objektivierend bemühte Beobachtung von außen – etwa anhand von Zeitbudgetstudien (z. B. Künzler 1994) – eine hartnäckige Ungleichheit in der Hausarbeitsverteilung feststellt, entwickeln die Paare in ihrer Binnensicht eine viel komplexere Wahrnehmung inkommensurabler Dimensionen von Ungleichheit. Für sie ist, gerade wenn sie sich vorbehaltlos an Egalität orientieren, *Vergleichbarkeit* ein notorisches Problem. Nach welchen Maßen – nach Zeit, nach Neigung oder nach Mühe – soll hier gemessen werden und wie sind sie zu kombinieren? Paarbeziehungen sind äußerst komplexe Verrechnungsarrangements, es sind Konvertierungsmaschinen (Hirschauer 2007) für multiple Ungleichheiten, die ganz idiosynkratische Leitwährungen hervorbringen. Bei deren Festsetzung sind sie ebenso autonom auf sich selbst verwiesen wie bei der laufenden Bilanzierung des Austauschs oder der Taxierung und Neujustierung von Bilanzen in Konfliktgesprächen. Entscheidend für ein Paar ist, ob in dessen Sicht die Konten ausgeglichen sind.

Unter dem Aspekt der Ungleichheit von Leistungen, so unsere zweite Justierung, bestehen Paarbeziehungen also wesentlich in fragilen Balancen, in denen ihre beiden ‚Enden' unvergleichbare Ungleichheiten hinnehmen oder Gerechtigkeitsfragen verhandeln. Misst man solche sozialen Gebilde von außen mit nur einer Leitwährung (etwa dem Einkommen oder der Arbeitszeit), hat man das sich selbst Nummerierende wegen seiner leichten Messbarkeit theoretisch überschätzt. Dafür hat man die Komplexität der *Selbst*beobachtung von Paaren bereits weit unterschritten.

Drittens schließlich, und dies ist das zentrale Thema dieses Beitrags, ist an Paarbeziehungen soziologisch hervorzuheben, dass sie alle auf *eine* Gleichheit oder Ungleichheit rekurrieren, die für sie konstitutiv ist: die der Geschlechtszugehörigkeit ihrer Teilnehmer. Diese (Un-)Gleichheit ist nicht akzidentell, nicht politisierbar und reformierbar, sie macht vielmehr im Verständnis der Leute die Paarbeziehung erst aus. Sie haben in Bezug auf Paare ein ausgeprägtes Geschlechtsklassenbewusstsein. Dies kann soziologisch nicht übergangen werden, muss aber auch von einer bloßen Ressource der Variablenbildung zum Thema gemacht werden (Zimmerman/Pollner 1976), wenn man verstehen will, welche Ungleichheiten Paare produzieren. An dieser Stelle wird es soziologisch erst richtig kompliziert – jedenfalls dann, wenn man die Zweisamkeit gerade von Frauen und Männern nicht einfach für eine Naturtatsache halten will. Zu verstehen ist nämlich eine höchst spannungsreiche Konstruktion: Die geschlechtsungleiche Paarbeziehung ist einerseits die zentrale Institution in der Reproduktion der Geschlechterdifferenz (sie produziert den primären Sinn der Geschlechterunterscheidung), andererseits kann die Geschlechterunterscheidung, im historischen Vergleich betrachtet, gerade in zeitgenössischen Paarbeziehungen „modern, das heißt als Nichtunterscheidung praktiziert werden" (Luhmann 1988: 66).

These dieses Beitrags ist, dass die alltagsweltliche Prämisse, der Begriff ‚Paar' bezeichne eine geschlechtsungleiche und nach Geschlecht unterscheidende Sozialbeziehung, aktuell in genau diesen Beziehungen geprüft, bestätigt und verworfen wird. Zur Erläuterung dieser These werde ich im Folgenden zunächst systematisch rekonstruieren, in welchen Hinsichten die Zweierbeziehung als Produktionszentrum der Zweigeschlechtlichkeit gesehen werden kann (2.). Dann werde ich darstellen, dass sie zugleich als Individualisierungsmotor ein entscheidender Ort der Entfaltung von Geschlechts*indifferenz* ist: Genau jene Beziehungen, die sich aufgrund der Geschlechterunterscheidung bilden, brauchen eigene (sich von formalen Organisationen unterscheidende) Formen der Absehung von Geschlecht, um maximal persönliche Beziehungen sein zu können (3.). Anschließend will ich in einem historischen Rückblick zeigen, dass die Geschlechtsdifferenziertheit des Paares auf prekäre Weise mit seinem elementaren Beziehungssinn verknüpft ist: Die Kategorie des ‚Homosexuellen' wurde im 19. Jahrhundert als ‚Anderes' der geschlechtsungleichen Beziehung entworfen (4.). Zu Anfang des 21. Jahrhunderts beginnt sich dagegen einerseits die Unterscheidung von homo- und heterosexuell aufzulösen, andererseits kommt es zu verschiedenen Rekonstruktionsversuchen der ‚Heterosexualität', darunter pornografischen und politischen Differenzbeschwörungen, zu denen auch die Ungleichheitsforschung gehört: Die statistischen Ungleichheiten zwischen den Bevölkerungsgruppen ‚Männer' und ‚Frauen' sind zum Großteil ein Epiphänomen der Suche nach Beziehungssinn in Millionen kleiner sozialer Einheiten, die in Zeiten des Bedeutungsverlusts der Geschlechterunterscheidung versuchen, ihre geschlechtliche Ungleichheit noch aufrechtzuerhalten (5.). Das Schlusskapitel widmet sich einigen hoffnungsvollen Indizien, dass sie darin scheitern: Zweierbeziehungen sind dabei, ihren Sinn als Geschlechterbeziehungen zu verlieren (6.).

2 Die Reproduktion der Geschlechterdifferenz durch Paare

Generell wird die Zweigeschlechtlichkeit wie andere soziale Klassifikationen kulturell reproduziert durch die Organisation von sozialen Beziehungen, die auf ihr selbst beruhen (Hirschauer 1994). Das gilt etwa für die geschlechtliche Segregation von Sportdisziplinen (Müller 2009) und Arbeitsmarktstrukturen (Wetterer 2002) und es gilt für Gesellungsformen wie das geschlechtsungleiche Paar. Wenn die Geschlechterunterscheidung für die Zuweisung von Tätigkeiten, die Bildung von Paarbeziehungen und die Zuteilung von Lebenschancen eingesetzt wird, dann regt das auch beständig zur Unterscheidung zweier Klassen von Personen an. Solche Einrichtungen halten die Geschlechtszugehörigkeit thematisch und verstärken den sozialen Sinn für die Unterscheidung von ‚Geschlechtern' (Hirschauer 2001). Die besondere katalytische Funktion der Paarbildung für die Geschlechterdifferenzierung liegt vor allem in fünf Aspekten begründet:

1. Da ist zunächst der ganz gewöhnliche Sexismus der Paarbildung. Zu den soziologischen Binsenweisheiten in diesem Zusammenhang gehört eine Kränkung des neuzeitlichen, an Individualität orientierten Liebesbegriffs. Die Forschung hat eine schöne Regelmäßigkeit aufgezeigt, die diesem Individualismus widerspricht: die Homogamie, also die ausgeprägte Neigung, innerhalb der gleichen Schicht, Hautfarbe, Bildungsgruppe, Religion usw. zu heiraten bzw. sich zu paaren. Kaum beachtet ist aber das staunenswerte Phänomen, dass diese Paarungsneigung vor der gleichen Geschlechtszugehörigkeit Halt macht. Heterosexualität bedeutet fundamentale Heterogamie der meisten menschlichen Paarbeziehungen. Erstaunlich daran ist, dass Gesellschaften bevorzugt jene Personen in sexuellen Kontakt und langfristige Beziehungen bringen, die ihr Begehren wechselseitig nicht verstehen. Es ist, als ob man ein vegetarisches Tier mit einer fleischfressenden Pflanze paart. Diese elementare Reziprozitätsstörung – ein konstitutives Bezugsproblem ähnlich wie das der doppelten Kontingenz von Interaktionen (Parsons/Shils 1951) – ist das paarinterne Movens für die Produktion von Beziehungssinn. Die kulturelle Reaktion darauf ist bekannt: Es ist die große mythische Erzählung von der ‚natürlichen Anziehungskraft' der Geschlechter.
2. Während das Paar intern an seiner konstitutiven Reziprozitätsstörung arbeitet, erscheint es von außen als jene Einrichtung, die das klassifikatorisch Geteilte wieder zu einer sozialen Einheit zusammenfügt: eine nachdrückliche Demonstration der gemeinschaftlichen Einheit des Unterschiedenen. Der offenkundigste Hinweis, dass die duale Geschlechterklassifikation in den intimen Beziehungen steckt, liegt schon darin, dass es überhaupt *Zweier*beziehungen sind, die viele (aber natürlich nicht alle) Gesellschaften anstelle von triadischen, polygamen oder polyamorischen Arrangements bevorzugen (Hillman 1975). Die Zweisamkeit, das paarige Auftreten von Menschen, ist eine Spur der Zweigeschlechtlichkeit, der kulturellen Teilung in zwei Geschlechtsklassen.[3] Sehr anschaulich ist dies in vielen einfachen Gesellschaften: Eine binäre Klassifikation, die eine Gemeinschaft in zwei Gruppen spaltet, wird in Zweierbeziehungen ‚geheilt'.
3. Auf der anderen Seite wirft die Geschlechtsdifferenzierung des Paares auch einen rudimentären Individualisierungsgewinn für dessen beide Enden ab. Das geschlechtsungleiche Paar ist ein Arrangement, in dem bereits aus Geschlechtszugehörigkeit eine primitive Individualität bezogen werden kann: durch eine Verkleinerung der sozialen Welt auf eine Beziehung, in der der Andere zugleich *das* Andere ist, also über eine exotisierbare Qualität verfügt. So sorgt geschlechtsungleiche Paarung für einen robusten Sockel von relativer Individualität, die beide voneinander und voreinander reklamieren können. Sie macht eine elementare Unterschiedenheit erfahrbar, an der man nicht weiter arbeiten muss, sondern die mit der Anwesenheit des An-

3 Wie der Verweisungszusammenhang von Zweisamkeit und Zweigeschlechtlichkeit genau beschaffen ist, wird noch zu erforschen sein. Denkbar ist jedenfalls, dass der soziale Sinn zweier Geschlechter im Sinn paariger Beziehungen sozial fundiert sein könnte (anstatt umgekehrt). Denkbar ist auch, dass im Maße abnehmender kultureller Geschlechterdifferenzierung Polyamorie wahrscheinlicher wird.

deren einfach gegeben ist. Umgekehrt, aus Sicht der Geschlechterdifferenzierung, weist die Stilisierung geschlechtlicher Unterschiedenheit auch der Paarung einen elementaren sozialen Sinn zu: Unvollständiges zu vervollständigen, Abhängigkeit und Komplementarität herzustellen.

4. Das geschlechtsungleiche Paar offeriert auf der Basis von Attraktivitätsnormen – Größen-, Alters- und Einkommensvorsprüngen der männlichen Seite (Buchmann/Eisner 2001) – Chancen der Differenzverstärkung der Geschlechterunterscheidung, der Produktion von mehr Ungleichheit. So wird etwa das abstrakte statistische Wissen von einem Größenunterschied zwischen männlichen und weiblichen Körpern durch die Paarbildung zu einem sozial signifikanten Wissen von einem ‚augenfälligen' Größenunterschied transformiert, der es erleichtert, bewundernd ‚aufzuschauen' bzw. beschützend ‚herabzuschauen' (Goffman 1977). Ebenso wird der konventionelle Altersabstand (von zwei bis drei Jahren) bedeutsam, weil er in der Regel mit einem Vorsprung bzw. Rückstand in Ausbildung und Einkommen verknüpft ist, der (wie bei Herrn und Frau Müller) für die Arbeitsteilung in Paarbeziehungen unmittelbare Folgen hat, vor allem für die Frage, wer Karriere macht und wer die Kinderbetreuung dominiert.
5. Auf der Basis dieser Paarbildungsregeln kann sich ein Paar als Geschlechterbeziehung beobachten und nach außen wie nach innen darstellen. Jede Verhaltensbesonderheit und jede Andeutung einer Spezialisierung kann mit geschlechtlichem Sinn versehen werden und den beiden Enden der Beziehung als ‚Geschlechtseigenart' zugerechnet werden. Das Paar ist eine hervorragende kulturelle Vergleichsgelegenheit, geschlechtliche Ungleichheit jenseits abstrakter Statistiken überhaupt zur Darstellung zu bringen und sehen zu können. Und es ist eine sehr viel ältere, weiter verbreitete und lebensweltlich besser verwurzelte Vergleichsgelegenheit als es Statistiken sind. Ein Großteil unseres Erfahrungswissens über ‚Männer und Frauen' entstammt dyadischen Arrangements mit einem hypertrophen Geschlechtsbewusstsein.

Die Sozialstrukturanalyse ist in diesem Spiel der Geschlechtervergleichung und der Zurechnung aufs Geschlecht nur ein sekundärer Mitspieler. Sie setzt das Geschlecht ebenso kategorial voraus und rechnet ihre Oberflächenbeobachtungen wie Paare aufs Geschlecht zu. Ihr methodologischer Sexismus besteht darin, sich vom Vollzug der Geschlechterdifferenz im Gegenstandsbereich eine bequeme, weil entscheidungsfreie Handhabung einer ‚unabhängigen Variable' spendieren zu lassen. Das anschließende Finden von ‚Geschlechtsunterschieden' gehört zum Programm einer Beobachtung mit dieser Unterscheidung (Hirschauer 2004). Ohne die vergleichende Untersuchung geschlechtsgleicher Paarbeziehungen ist aber gar nicht zu klären, was an dyadischem Geschehen überhaupt auf Geschlecht zuzurechnen ist und was nicht.[4] Das Versäumnis ist doppelt: Geschlecht wird als *Thema* der geschlechtsungleichen Paarbeziehung über-

4 Zu der zusätzlichen politischen Selektivität bei diesen Zurechnungsoperationen siehe Jens Albers Artikel Doppelstandards der Gleichstellung im FAZ.NET vom 25.3.2011.

sehen, und es wird als *Analysekategorie* hineingedeutet.[5] Die Sozialstrukturanalyse ist damit Teil des Feldes: Die Paare arbeiten an ihren geschlechtlichen Ungleichheiten, indem sie sie a) herstellen und b) laufend durch Vergleiche feststellen. Das ist die Sozialstrukturanalyse, die sie selbst betreiben. Die soziologische Sozialstrukturanalyse tut dasselbe nur in größerem Maßstab und sammelt dabei einige Effekte der Paaraktivitäten ein, allerdings ohne dass wir sicher sein können, dass ihr Geschlechtsklassenbewusstsein der Flexibilität von Paarbeziehungen gewachsen wäre.

Resümieren wir: Im Hinblick auf die Reproduktion der Geschlechterdifferenz erscheint das geschlechtsungleiche Paar zunächst als ein Perpetuum mobile der Geschlechterunterscheidung: Es produziert den Sinn der Unterscheidung und fügt das Geteilte wieder zusammen. Es stimuliert und harmonisiert die geschlechtliche Differenzierung des gesellschaftlichen Personals.[6]

3 Die Aufhebung der Geschlechterdifferenz in Paaren

Auf der anderen Seite unterscheiden Paare wie andere soziale Entitäten (Personen, Gruppen, Organisationen usw.) aber auch nicht permanent nach Geschlecht, ihr Geschlechtsklassenbewusstsein ist kein Dauerzustand. Das wäre auch ziemlich unpraktisch, denn die Leute haben ja auch noch anderes zu tun, als sich der Geschlechterforschung wohl sortiert nach Geschlecht darzubieten (*doing gender*). In ihren zahlreichen Aktivitäten vollziehen sie permanent eine Vielzahl sozialer Klassifikationen und auch eine (fiktive) vollständige Rasterung ihrer Aktivitäten nach solchen Klassifikationen würde nicht ausreichen, um ihre praktisch verfolgten Ziele zureichend zu beschreiben.

Geschlecht ist ein durch seine Visibilität nahe liegendes Schema der Komplexitätsreduktion bei der Begegnung von Unbekannten und es ist eine starke expressive Ressource bei der Paarbildung (Goffman 1977), aber es steht im weiteren Verlauf von Paarbeziehungen unter zwei starken Restriktionen: Zum einen befindet sich der weitere Gebrauch des Schemas unter dem Druck einer individualisierenden Liebessemantik, die höhere Komplexität und Selektivität der Personenwahrnehmung verlangt als die sexuelle Attraktion. Wenn Paarbeziehungen romantisiert werden, werden sie auch ma-

5 Das ist so, als würde man in einer Population z. T. religiöser, z. T. säkularisierter, z. T. gerade konvertierender Individuen die Erhebung von katholischen und protestantischen Karteileichen laufend analytisch relevant machen. Wenn man eine soziale Beziehung, die sich aufgrund der gegenseitigen Anerkennung und Entfaltung von Individualität konstituiert, auf den Aspekt ihrer Geschlechtskomposition reduziert, dann analysiert man sie so wie einen Swingerklub – als Einrichtung zum wechselseitigen Gebrauch der Zeugungsglieder (um Kants Formulierung zu benutzen).

6 Ähnlich hartnäckig in die Sinnsuche der Geschlechterdifferenzierung eingespannt scheint nur noch der Sport. Während der Frauenfußball-WM 2011 arbeitete die Nation wacker an der Anerkennung des Frauenfußballs, über gemischte Mannschaften, in denen die Konkurrenzunterdrückung zwischen den Geschlechtern ein Ende hätte und Frauen die Chance bekämen, sich Männern überlegen zu zeigen, sprach dagegen kaum jemand. Im Sport ringt man noch nicht geschlechtsindifferent miteinander (wenigstens dieser Körperkontakt lässt sich durch Segregation unterbinden), der Sport ringt vielmehr noch um den Sinn der Geschlechterunterscheidung.

ximal individualisiert, das heißt, dass neben dem Sortierschema Geschlechtszugehörigkeit auch eine im Prinzip geschlechtstranszendierende Personalisierung gefragt ist. Zum anderen steht die Geschlechterdifferenz in Konkurrenz mit dem Vertrautheitswissen in veralltäglichten, ihre Beziehungsgeschichte entfaltenden Paaren. Die Mitglieder eines Paares wissen zu viel übereinander, als dass sie sich stets oder vorrangig als Frau oder Mann sehen könnten.[7] Es ist daher eine empirische Frage, in welchen Phasen und Situationen im Verlauf einer Paarbeziehung deren TeilnehmerInnen füreinander Frauen und Männer sind – ähnlich wie sie phasenweise füreinander signifikant blond oder dunkel, älter oder jünger, schwarz oder weiß, dick oder dünn, behindert oder nicht-behindert usw. sein können. Das Männchen- und Weibchensein ist einigermaßen stabil (d. h. nur den Varianzen der Alterung ausgesetzt). Aber das Frausein und Mannsein, das heißt die sinnhafte Selektion dieser Kategorien, variiert beträchtlich: zwischen historischen Phasen, sozialen Milieus und Lebensstilen, Altersgruppen, Beziehungsphasen und sozialen Situationen.

In den Strukturen der modernen Gesellschaft ist die Geschlechterdifferenz durch einen zweifachen Individualismus entwertet: So wie es die Soziologie des Arbeitsmarktes mit einem meritokratischen Wertehorizont zu tun hat, der dazu auffordert, in Bildungs- und Berufsorganisationen von Geschlecht abzusehen, hat es die Soziologie der Paarbeziehung mit einem individualistischen Liebesideal zu tun, das dazu auffordert, bei Geschlecht jedenfalls nicht stehen zu bleiben. Paare können die Geschlechterdifferenz dabei nicht wie Berufsfelder inhibieren (als irrelevant handhaben), ohne zu einer qualitativ anderen Art von Paarbeziehung zu werden. Dies geschieht auch laufend: zum einen im Sinne biografischer Übergänge vom romantischen Paar, das Stereotypen hemmungslos lebt oder zumindest zeitweilig mit ihnen spielen muss, um sich als Geschlechterbeziehung zu verstehen, über die gut organisierte Zweier-WG und Elternpartnerschaft bis zur vertrautheitsgesättigten Kameraderie altgedienter Eheleute. Zum anderen geschieht diese Relevanzverschiebung von Geschlecht aber auch im Sinne situativer Gestaltswitches: Ein Paar besteht nicht nur in den fragilen Balancen multipler Ungleichheiten (wie in 1. dargestellt), es besteht auch in der dauerhaften Gleichzeitigkeit ungleichzeitiger Beziehungsmodi. Es steht daher laufend in Frage, ob ein Paar überhaupt eine ‚Geschlechterbeziehung' ist oder ob es sich situativ gerade um ein Elternpaar, eine Wohngemeinschaft, eine Sexualpartnerschaft, eine Finanzpartnerschaft, eine Freundschaft oder eine Liebesbeziehung handelt.

Auf der einen Seite ist die Geschlechterunterscheidung also Movens und Telos der Paarbildung, auf der anderen Seite muss ein geschlechtsungleiches Paar immer viel mehr sein als eine Geschlechterbeziehung, nämlich eine Liaison unverwechselbarer Individuen. Aber was hält es dann zusammen? Was ist angesichts seiner konstitutiven Reziprozitätsstörung sein Beziehungssinn? Dass dies eine entscheidende Frage ist, werde ich im Folgenden mit einem historischen Rückblick auf das ausgehende 19. Jahrhundert demonstrieren, in dem die geschlechtsungleiche Paarbildung sich ein identitätsstiftendes ‚Anderes' schuf, um ihren eigenen Zusammenhalt zu festigen: den ‚Homosexuellen'.

7 Ein Indikator dafür sind geschlechtsindifferente Kosenamen, vgl. Nübling 2011.

4 Die Geburt der Homosexualität aus der Sinnkrise geschlechtsungleicher Paare

Auch für Dyaden mit abweichender Geschlechtskomposition, für geschlechts*gleiche* Paare ist die Geschlechterunterscheidung konstitutiv. ‚Homos' und ‚Heteros' teilen einen „monosexuellen" (Schmidt 2004) Lebensstil, der Geschlecht zum Ausschlusskriterium emotionaler und sexueller Zuneigung macht.[8] Die Heterosexualität lässt sich in zwei kulturellen Aufforderungen rekonstruieren: 1. Mache einen Geschlechtsunterschied zwischen möglichen Sexualpartnern. 2. Mache denselben Unterschied zwischen dir und deinem gewählten Sexualpartner. Die Homosexualität folgt der ersten Aufforderung, aber entzieht sich der zweiten: Sie macht keinen Geschlechtsunterschied zwischen Ego und Alter, besteht dafür aber auf Geschlechtsgleichheit. Die ebenso deviante wie orthodoxe Anlage dieser Form von Paarbildung hat dazu beigetragen, dass auch homosexuelle Paare lange unter die Beobachtung des heterosexuellen Differenzschemas der Mehrheitskultur gerieten, wenn sie irgendwelche Formen von Arbeitsteilung und Spezialisierung entwickelten. Selbst Beziehungen, in denen dieses Differenzschema evident sinnlos ist, konnte und kann es daher geschehen, dass einer ihrer Teilnehmer als ‚der Mann' oder ‚die Frau' markiert wird (z. B. butch/femme). In dem Maße, in dem die Geschlechterdifferenz aber insgesamt an kultureller Bedeutung verliert, entspannt sich dieses Wahrnehmungsschema.

Bemerkenswerter ist die Semantik, die Ende des 19. Jahrhunderts als Leitunterscheidung unserer Sexualitäten entwickelt wurde. Wir unterscheiden nicht wie bei Vegetarierinnen und Fleischesserinnen Androphile (Männerliebende) und Gynophile (Frauenliebende), unabhängig davon, ob es sich bei den Begehrenden nun selbst um Männer oder Frauen handelt. Statt des sexuellen Geschmacks klassifizieren wir einen Typ von Beziehung, den wir über die Geschlechtszugehörigkeit ihrer beiden Enden bestimmen: als gleich/homo oder verschieden/hetero. Man kann also schon an der Wahl der Bezeichnungen ablesen, dass es um *Beziehungssinn* ging. Und tatsächlich erfahren wir etwas über den Beziehungssinn geschlechts*ungleicher* Paare, wenn wir uns die Geschichte der Kategorie ‚Homosexualität' vergegenwärtigen (für das Folgende s. Hirschauer 1993).

Diese Kategorie wurde entwickelt, weil bestimmte sexuelle Praktiken genau jenen Sinn der Unterscheidung von Geschlechtern irritierten, der in ihren sozialen Bindungen gesucht wurde. Während die zwischenweibliche Sexualpraxis ‚mangels' Penis bis ins 20. Jahrhundert hinein nicht als solche ernst genommen wurde, war die zwischenmännliche Sexualpraxis lange in eine allgemeine Kategorie von Lasterhaftigkeit eingebunden, die Sodomie. Sie umfasste allen nicht der Fortpflanzung dienenden ‚unnatürlichen' Gebrauch der Zeugungsglieder, ob in der Selbstbefriedigung, mit dem gleichen Geschlecht, mit dem anderen Geschlecht in unnatürlicher Weise, mit Tieren, Ungläubigen, Leichen oder dem Teufel. Aus dieser illustren Gesellschaft wurde eine ‚Homosexualität'

8 Es gibt eben nicht nur eine Überformung der freien Partnerwahl durch die Projektionen der Mehrheitskultur (butch/femme), es gibt auch Ordnungsrufe für und Festlegungen auf eine sexuelle Orientierung durch die Minderheiten, etwa das im Etikett der ‚Mode-' oder ‚Gelegenheitslesbe' ausgedrückte Misstrauen gegen heterosexuell Abtrünnige.

herausgeschält, weil die zwischenmännliche Sodomie im Kontext einer schärferen Geschlechterunterscheidung eine neue Signifikanz bekam.

Diese zugespitzte Geschlechterdifferenzierung wurde vor allem auf zwei Registern entwickelt: einem naturwissenschaftlichen und einem ökonomischen. Thomas Laqueur (1992) hat in seiner Geschichte der Anatomie rekonstruiert, wie unser neuzeitliches Modell der ‚Zweigeschlechtlichkeit', das einen binären Gegensatz zwischen den Organen annimmt, das über 2 000 Jahre gültige hierarchische Modell der ‚Eingeschlechtlichkeit' verdrängte, das von einer spiegelbildlichen Ähnlichkeit der Genitalien ausging. Laqueur zeigt, dass sich das neue anatomische Differenzmodell erst als Gegendiskurs zu den politischen Theorien der Aufklärung durchsetzte. Die aufklärerischen Naturrechtslehren unterminierten mit der Behauptung der sozialen Gleichheit aller Menschen alte Rechtfertigungen dafür, Frauen von voller Teilhabe an politischen Rechten auszuschließen. Erst in dieser Situation wurde auf einer fundamentalen Verschiedenheit der Geschlechter insistiert, die wesentlich in der Spezifität der Frau bestand. Mit unserer ‚Zweigeschlechtlichkeit' wurde also gegen das Gleichheitspostulat eine *Unvergleichbarkeit* der Geschlechter herausgearbeitet und an den Körpern von Männern und Frauen diese politische These bewiesen. Frauen sollten unvergleichliche Körper haben, damit sie nicht die gleichen Rechte beanspruchen konnten.

Es ist davon auszugehen, dass dies nicht ohne Folgen für das Verständnis der Geschlechterbeziehungen bleiben konnte. Eine konzeptuelle Entgegensetzung von Mann und Frau erzeugt gewissermaßen erst eine ‚Hetero'-Sexualität im strikten Sinne: eine körperliche Attraktion völlig heterogener Wesen. Wenn der Sodomit, wie Michel Foucault (1977) feststellte, ein Gestrauchelter war und der Homosexuelle eine Spezies, so hat dies den Hintergrund, dass die Frau der Antike nur ein unterentwickelter Mann war, die der Neuzeit dagegen eine Spezies.

Das neue biologische Modell geschlechtlicher Differenz wurde ferner mit psychischen und sozialen Zuschreibungen ausgestattet: den ‚Geschlechtscharakteren'. In ihrer klassischen Studie zeigte Karin Hausen (1976), dass diese Polarisierung der Geschlechtsspezifika mit der strukturellen Differenzierung von Erwerbs- und Familienleben verbunden war. Der Geschlechtscharakter-Diskurs stützte das Projekt ideologisch ab, den bürgerlichen Frauen in der neuen geschlechtlichen Arbeitsteilung die minderbewertete Hausarbeit zuzuweisen. Hausen weist ferner auf die Komplementaritätsrhetorik des Diskurses hin, die die Entgegensetzung der Geschlechter mit der Idee ihrer Ergänzung kompensierte. Es scheint nötig gewesen zu sein, eine neue Zusammengehörigkeit von Männern und Frauen zu beschwören, nachdem 1. ihre fundamentale Verschiedenheit behauptet wurde und 2. auch noch die Trennung der Lebenswelten vormals gemeinsame Lebensräume auflöste.

Diese Verunsicherung der geschlechtsungleichen Paarbindung ist der Hintergrund gewesen, vor dem sexuelle Beziehungen zwischen Menschen gleichen Geschlechts derart verrätselt wurden, dass man eine eigene Geschlechtskategorie für sie entwickelte. In der Erfindung der ‚Homosexualität' steckte eine Verwirrung. Sie verdankte sich den extrem reifizierten Kategorien des Geschlechtscharakter-Diskurses, der die Aufspaltung der Lebenswelten begleitete: Wenn Männer und Frauen völlig verschiedene Spezies *und* komplementär aufeinander verwiesen sind, dann ist Männer zu lieben eine wesenhaft weibliche Eigenschaft. Sie macht einen Mann, der die weibliche ‚Art' hat (und Männer bevorzugt) zu einem dritten Geschlecht. Die Kategorie ‚Homosexueller' wurde geschaffen, weil in diesem komplementären Denken ein anderes Begehren keinen Sinn machte und machen durfte. Die Irritation der heterosexuellen Zusammengehörigkeit verringerte sich erst wieder im Schatten der ‚Unverständlichkeit' des homosexuellen Begehrens und seiner Erforschung.

Erst vor diesem Hintergrund ist die Leitsemantik unserer Sexualitäten verständlich: In der Kategorie ‚Homosexualität' stecken zwei Botschaften. Die zweite Worthälfte steht für die Projektion einer unmöglichen, sinnwidrigen Sozialbeziehung auf eine individuell mögliche, aber perverse sexuelle Neigung; die erste Worthälfte für die Klassifikation eben dieser Beziehung (und nicht die des sexuellen Geschmacks). Ein ‚Homosexueller' entsteht also, indem man die Geschlechtskomposition einer intimen Beziehung zur persönlichen Eigenschaft einer besonderen ‚sexuellen Identität' verklärt. Die Kategorie wurde zu einem historischen Zeitpunkt erfunden, als der Beziehungssinn der geschlechtsungleichen Paarung sich in einer prekären Phase befand. Um die Fraglosigkeit dieser Paarung zu sichern, brauchte es die Exotisierung eines ‚Anderen' – die Verlagerung einer sexuellen Praktik in die Begehrensstruktur abnormer Individuen.

5 Beziehungssinn und Differenzbeschwörung im 21. Jahrhundert

Das 19. Jahrhundert entwarf seine Geschlechter als Personifizierungen der Differenzierung von Erwerbs- und Familienleben, spezialisiert auf den einen oder anderen Lebensbereich. Und ungleiche Arbeitsteilung motivierte Paarbildung. Noch vor einer Generation stellte Erving Goffman (1977) im Sinne dieser Tradition fest, dass Frauen und Männer, wollen sie sich den ihnen zugeschriebenen Eigenarten entsprechend verhalten, voneinander abhängig sind: Sie sind essentiell unvollständig. Die stereotype Teilung der Eigenschaften verlangte nach einem bestimmten Paarungsmodus, und dieser Paarungsmodus stützte die Entfaltung dieser Eigenschaften. Wer ein ‚Mann' sein wollte, brauchte eine ‚Frau', und umgekehrt.

Zu Beginn des 21. Jahrhunderts ist das kulturelle Erbe des 19. Jahrhunderts keineswegs vollständig abgetragen – Geschlechtsstereotype bleiben zum Teil wirksam, auch nachdem sie zum diskursiven Abschuss freigegeben wurden (Ernst 1999) –, aber vom gesellschaftsstrukturellen Rückhalt der Geschlechterdifferenzierung ist nicht mehr viel geblieben. Egalisierungserfolge – und das heißt Erfolge in Geschlechts*indifferenz* – in Bildung, Wirtschaft und Politik haben die Geschlechterdifferenz keineswegs vollständig, aber doch weitgehend sozialstrukturell entwurzelt (Luhmann 1988, 1995). Die Lebenswelten von Frauen und Männern sind heute hochgradig durchmischt. Geschlechtsungleiche Paare werden durch diese allmähliche Realisierung von Geschlechtsindifferenz und durch den durchschlagenden Erfolg der Egalitätssemantik herausgefordert. Goffmans Puzzle für Paare ist heute schärfer zu fassen: Wenn die alten Geschlechtscharaktere zumindest diskursiv vollständig delegitimiert sind, und wenn beide Teile des Paares idealerweise gleichermaßen berufstätig, erziehungsaktiv und haushälterisch tätig sein sollen – wie können Individuen dann überhaupt Männer und Frauen in einem bedeutsamen Sinne sein? Der kürzlich zurückgetretene Papst hat diese Zumutung in den 1980er Jahren einmal so formuliert: „Bei Licht betrachtet, läuft der Feminismus darauf hinaus, dass man die Frauen zu Männern machen will" (vgl. auch Ratzinger/Amato 2004). Natürlich fragt man sich, bei welchem Licht dies betrachtet wurde – in zölibatären Lebensstilen entstehen sicher sehr spezifische Vorstellungen davon, was eigentlich Frauen sind –, aber dennoch fragt sich: Wenn Männer und Frauen in allen möglichen Hinsichten endlich gleich sein sollen, was ist dann eigentlich ‚hetero' an einem geschlechtsungleichen Paar?

Zur Lösung dieses neuen kulturellen Puzzles scheinen mir neben die nachwirkenden Geschlechtsstereotypen vor allem zwei neue Rekonstruktionsversuche der Geschlechterdifferenz getreten: die gigantische visuelle Beschwörung von Unterschiedlichkeit in der Pornografie und die hartnäckige alltägliche Verteidigung und aufgeregte politische Dauerthematisierung der vielen anderen Ungleichheiten in diesen Paarbeziehungen.

Verdächtig am pornografischen Bilderdiskurs ist die Kopplung einer Dauererregung an die ungeheure Redundanz bekannter anatomischer Tatsachen. Es ist so, als ob das Absehen vom Geschlecht, das die Meritokratie und der Liebesindividualismus verlangen, hier von einem prahlerischen Herzeigen und Draufstarren kompensiert wird. Und was die Organe miteinander machen, scheint uns glauben zu lassen, dass die Bedeutung von ‚Mannsein' darin besteht, den Frauen etwas ‚stecken' zu können (und nicht etwa umgekehrt und egalitär). Insofern kann man sagen, dass geschlechtsungleiche Beziehungen begonnen haben, sich via Pornografie ‚heterosexuell' zu machen, also im Sinne eben jenes rein fleischlichen Interesses zu sexualisieren, wie es seit dem 19. Jahrhundert den sogenannten ‚Homosexuellen' zugeschrieben wurde.

Daran sind zwei Dinge bemerkenswert: Zum einen beginnen geschlechtsungleiche Paare dadurch erstmalig, in ihrem Selbstverständnis heterosexuell zu sein. Als *sexuelle* Beziehungen markiert waren lange nur geschlechtsgleiche Paare, geschlechtsungleiche mochten für SexualwissenschaftlerInnen und sexualpolitisch Engagierte ‚Heteros' sein, für sich selbst waren sie dagegen schlicht normale Liebende (und dies wird auch aktuell noch für die Mehrheit gelten). Sie hatten nicht primär ein hochspezifisches körperliches Interesse an einer Geschlechtssorte, sondern verkörperten einfach nur die kulturell nahe gelegte Art und Weise, Paarbeziehungen einzugehen. Zum anderen verliert sich die sexuelle Spezifikation des ‚Geschlechtsverkehrs'. Noch in den 1980er Jahren gab es in den USA Sodomiegesetze gegen Oral- und Analverkehr, gekoppelt mit der Wunsch-(Unterdrückungs-)Projektion, diese Praktiken den sogenannten Homosexuellen zuschreiben zu können. Dagegen stellt sich auf heutigen Pornoseiten die Heterosexualität so dar, dass Vokabeln wie „Arschficker" und „Schwanzlutscher" keine ‚andere' Sexualpraxis mehr denunzieren. Wir dürfen „Herr" und „Frau" davor setzen. Die Homosexualität geht damit ihrer angeblichen Alleinstellungsmerkmale verlustig. Sie löst sich in sexueller Hinsicht in die Stimulationsmöglichkeiten auf, die verschiedene Körperöffnungen des Homo sapiens eben bieten.

Neben diesem pornografischen Diskurs fällt an geschlechtsungleichen Paaren die eher freudlose, aber nicht minder aufgeregte politische Dauerthematisierung eines Missstands auf: eben das unendliche Lamento über die bestehende Ungleichheit der Arbeitsteilung im Privatleben. Der konkurrenzlose Gleichheitsdiskurs in der Politik aktiviert ein Selbstbeobachtungsschema für jene Beziehungen, für die Geschlechts*ungleichheit* konstitutiv ist. Er schafft eine dauernde Darstellungsanforderung für Paare, beliebige Ungleichverteilungen als Emanzipationsversagen zu beklagen oder zu rechtfertigen. Die Gleichheitsforderung hat in Paarbeziehungen zwei Konsequenzen: Sie erneuert den Unterscheidungsimperativ, damit überhaupt verglichen werden kann. Und sie verbreitet Emanzipationsdefizite, so, wie ästhetische Ideale (etwa in der Werbefotografie) körperliche Mängel verbreiten. Und diese Emanzipationsdefizite stellen auch solange einen unheilbaren Mangel dar, wie die Paare überhaupt noch nach Geschlecht unterscheiden. Die Gleichheitsforderung konfrontiert Paarbeziehungen mit dem für moderne Geschlechterbeziehungen konstitutiven Paradox: dass die finale Gleichheit der Geschlechter nie festgestellt werden kann, weil der Satz „Männer und Frauen sind gleich" mit einer Unterscheidung beginnt (Luhmann 1988).

Insofern kann man vermuten, dass die hartnäckige ungleiche Arbeitsteilung im Haushalt eine der letzten paarinternen Darstellungschancen einer bedeutsamen Geschlechterdifferenz ist. Mit einer egalitären Arbeitsteilung in jeder Hinsicht würden viele Paare einen Gutteil dessen aufheben, was ihre ‚Heterosexualität' ausmacht: ihre auf die Verschiedenheit sozialer Spezies fixierten körperlichen Idealisierungen.[9] Sie würden sich mit einem kulturellen Rätsel konfrontieren, das die meisten Paare (nach wie vor) lieber vermeiden: mit der Frage „Wieso eigentlich mit einem Mann?" (bzw. mit einer Frau). Sie würden zurückfallen auf die Reziprozitätsstörung, mit der ihre Paarbildung begann.

Die pornografische und die politische Differenzbeschwörung – die sexuellen und politischen Erregungen – versuchen, der Geschlechterdifferenz noch Sinn abzuringen, indem sie das geschlechtsungleiche Paar als ‚auch sexuell' und als ‚politisch unzulänglich' markieren.[10] Diese Rekonstruktionsversuche sind zugleich verknüpft mit anderen hartnäckigen Residuen der Geschlechterdifferenzierung. Die Sinnschwäche geschlechtsungleicher Paarungen hat auch Folgen für die Einkommensungleichheit und

9 Das bedeutet natürlich nicht, dass der endlich gleichermaßen oder auch extensiver haushaltende Mann von jeder Frau als unattraktiver wahrgenommen würde, aber man unterschätze Attraktivitätsnormen auch nicht. Immer noch gilt: Eine ‚Beschützerin' hätte ein Kind, keinen Mann, und ästhetische role-reversals – aggressive Frauen, weinerliche Männer, größere Frauen und kleinere Männer, bessere Sportlerinnen usw. – werden bis weit in ‚emanzipierte' Milieus hinein als schwer erträglich empfunden. Das schließt historischen Wandel nicht aus: So könnte das neue Unterhaltsrecht, das Frauen stärker als bisher zur Selbstversorgung nach einer Scheidung verpflichtet, eine traditionelle Arbeitsteilung mit Familienpause und Qualifikationsverlust derart riskant machen, dass der ökonomische ‚Versorger' auf dem Beziehungsmarkt an Wert verlieren, der ‚caring man' dagegen gewinnen könnte, der mit seiner Verantwortung für Kinder Zeit statt Geld bietet.

10 Es lassen sich noch weitere Rekonstruktionsversuche ausmachen, etwa die ästhetische Delegation der Geschlechterdifferenzierung an berufsmäßige GeschlechtsdarstellerInnen in den Bildmedien oder die Diskussion um die Quote, jenen Würgreflex der Egalisierung des Unterschiedenen.

die Arbeitsteilung im Berufsleben. Anna Marohn kommentierte kürzlich in einer Glosse der ZEIT (20.1.2011) das (wenig überraschende) Ergebnis der Erhebung eines Hamburger Partnerwahlinstitutes bei 2 000 Singles, dass ein Einkommensvorsprung von Männern zu ihren Attraktivitätsvorteilen bei Frauen gehört,[11] so: „Kluge Männer könnten mithilfe der Umfrage überraschende Antworten auf bislang ungelöste Fragen erlangen: Warum verhandeln Frauen in Gehaltsfragen so schlecht? Warum lassen sie sich für die gleiche Arbeit freiwillig schlechter bezahlen? Es ist ein egoistischer Akt: damit als Partner am Ende nicht nur reiche und alte Säcke infrage kommen." Was hier in schönster Postgender-Ironie auftritt, lässt sich prosaisch-soziologisch so formulieren: Nicht nur die häusliche Arbeitsteilung, auch die Einkommensungleichheit ist – vermittelt durch Attraktivitätsnormen – ein Teil der ‚Heterosexualität'. Sozioökonomische Ungleichheit ist nicht einfach nur ein sozialpolitisches Ärgernis, sie ist vielmehr Spielmaterial für Paarbeziehungen, für das Sinnstiftungszentrum der Geschlechterdifferenz. *They are doing gender while doing inequality.*

Das geschlechtsungleiche Paar reproduziert eben nicht nur Ungleichheiten im Sinne der Sozialstrukturanalyse (das tut es zweifellos und sicherlich mehr als Arbeitsorganisationen), es reproduziert in erster Linie die Geschlechtsungleichheit, die ihm konstitutiv zugrunde liegt, das heißt, es reproduziert a) ein kulturelles Ordnungssystem, das Gesellschaftsmitglieder überhaupt erst als Frauen oder Männer erscheinen lässt (*doing gender*), und b) den Sinn seiner selbst als einer Beziehung von Ungleichen (*doing heterosexuality*). Wenn man diese permanente kulturelle Leistung ignoriert (oder der Biologie zuschreibt), versteht man weder den Sinn noch die Persistenz sozioökonomischer Ungleichheiten zwischen Männern und Frauen. Die sozioökonomische Ungleichheit dieser von außen gebildeten Bevölkerungsklassen ist zu großen Teilen ein Epiphänomen der Reproduktion von Millionen Paarbeziehungen von Geschlechtsungleichen.

Wer also soziologisch verstehen will, dass junge Frauen alte Säcke attraktiv finden können, wenn in einem bizarr ungleichen Tausch Jugend und Attraktivität – erotisches Kapital (Hakim 2010) – in Geld und Status konvertiert werden, der muss zugleich den extensiven geschlechtlichen Sinnbedarf solcher Beziehungen ernst nehmen: den nostalgisch anmutenden Wunsch, zusammen eine ‚Frau' und ein ‚Mann' zu sein.

6 Liebesindividualismus und Geschlechtsblindheit

Es gibt durchaus auch möglichen Sinn für maximal egalitäre Paare, der aber liegt auf der Linie gesteigerter Individualität, das heißt, er wird zunehmend geschlechtsunabhängig. So können Menschen heute für eine/n BeobachterIn in gleich- oder ungleichgeschlechtlichen Beziehungen leben, ohne dass das auch für sie selbst der Fall sein muss. In einer kleinen empirischen Studie zu Beziehungsgeschichten gleichgeschlechtlicher Paare (Meier 2003) heißt es, zwei Frauen (Anita und Iris genannt) hätten sich ineinander

11 Ein Drittel der Frauen lehnte geringer verdienende Männer ab, vgl. hierzu erneut: Buchmann/Eisner (2001).

verliebt und eine dauerhafte öffentliche Beziehung angefangen, ohne sich als ‚lesbisch' zu bezeichnen. Anita: „dass ich mich überhaupt für eine Frau interessiere, ist rein irisabhängig". Die Deutung einer lesbischen Aktivistin würde lauten: Diese Frauen verweigern ein Coming-out mit der Selbstbezeichnung als Lesbe, weil sie sich von einem stigmatisierten Typus Frau distanzieren wollen. Die Deutung einer Psychoanalytikerin würde lauten: Die beiden zeigen eine unbewusste Abwehr, sich zu ihrer sexuellen Orientierung zu bekennen, weil dies für sie mit negativen affektiven Folgen verbunden wäre. Soziologisch ist hier etwas anderes festzustellen: Dieses Paar macht darauf aufmerksam, dass Personen nur dann eine bestimmte sexuelle Identität annehmen müssen, wenn die Geschlechtskomposition ihrer Paarbeziehung unter Beobachtung gerät, weil sie geschlechtsungleiche Beziehungen in Frage stellt. Anita und Iris beanspruchen für sich eine individualisierte Liebesbeziehung ganz im Sinne der romantischen Tradition. Ihre Partnerin hat in erster Linie einen Vornamen und ein Gesicht und nicht ein Geschlecht. Sie beanspruchen bei der Paarbildung eine Freistellung von der Markierung ihrer Geschlechtszugehörigkeit.[12]

Es ist daher fraglich, ob diese beiden Frauen überhaupt eine gleichgeschlechtliche Beziehung führen oder ob dieser von außen augenfällige Umstand in ihrer Binnensicht nur einen ähnlich marginalen Stellenwert hat wie den, dass sie ‚gleich groß' oder ‚gleichhaarfarbig' sind. Es ist daher neben der bereits genannten Frage, *wann* Paare nach Geschlecht unterscheiden – nur bei der Partnersuche und in der Werbungsphase, nur bei bestimmten Sexualpraktiken oder auch bei der Haushaltsführung, bei Gesprächen, in der Familiengründung usw. –, eine weitere empirische Frage, *wer* bei Paaren überhaupt nach Geschlecht klassifiziert: Außenstehende oder die Teilnehmer in ihrer Binnensicht. Man wird daher manche angeblich homosexuelle Beziehung gar nicht als gleichgeschlechtliche sehen dürfen, sondern als eine Form der Partnerwahl, die auf der Linie romantischer Liebe oder individualisierter Attraktion von Geschlecht absieht, nämlich im gleichen Geschlecht keinen Hinderungsgrund für Zuneigung sieht, und dann erst durch einen Blick von außen genderisiert und sexualisiert wird. Eine solche Freiheit, vom Geschlecht abzusehen, haben und nutzen natürlich auch geschlechtsungleiche Paare. Auch sie müssen in dem Maße, in dem sie persönliche Beziehungen sein wollen, geschlechtstranszendierenden Beziehungssinn produzieren.

Tatsächlich scheinen geschlechtsgleiche und -ungleiche Paare in Zeiten einer kulturell geschwächten Geschlechterdifferenzierung eine komplementäre Bewegung aufeinander zu zu machen. Während geschlechtsungleiche Paarungen sich ostentativ heterosexualisieren, haben Homosexuelle aufgehört, unsere sexuellen Ausländer zu sein. Die Forschung und die öffentliche Meinung haben längst interessantere Objek-

12 Wie Diamond (2008) in ihrer Studie über das fragwürdige Konzept sexueller Orientierung feststellt, sind Frauen nicht nur weniger sexuell sortenbewusst als Männer, auch das Konzept der ‚Bisexualität' wird ihrer ‚sexual fluidity' kaum gerecht, da es damit fortfährt, bestimmte Lebensstile als Ausdruck einer sexuellen Spezies zu markieren. Wenn Personen die Geschlechtszugehörigkeit einer Reihe von Aspekten physischer Attraktivität oder persönlicher Anziehung subsumieren, sind sie wohl besser als *ambisexuell* verstanden, sie verhalten sich in Bezug aufs Geschlecht aschematisch (Bem 1993).

te gefunden – erst Transvestiten und Transsexuelle, dann Intersexuelle, Pädophile und Zoophile. In dem Maße, in dem das geschieht, werden Personen in geschlechtsgleichen Beziehungen davon entlastet, für die Gesellschaft das Sexuelle zu verkörpern und auszudifferenzieren: es etwa von der Fortpflanzung zu entkoppeln und auch von seinem Beziehungssinn. Homosexuelle können heute viel leichter ‚treu' werden und über Familiengründung nachdenken. Wenn die Gesellschaft eine juristische Aufwertung ihrer Beziehungen zulässt, dann bedeutet das nicht, dass jetzt endlich männerbegehrende Männer männerbegehrende Männer heiraten dürfen (und Frauen Nämliches für ‚ihr Geschlecht' beanspruchen können), sondern dass man es nicht mehr so wichtig nimmt, welche Geschlechtskomposition Paare haben. Wenn die eingetragene Partnerschaft für Homosexuelle zu einer vollgültigen Ehe ausgedehnt wird, ist sie nicht mehr ein Sonderrecht für gleichgeschlechtliche Paare, sondern Element eines Individualrechts auf Ehe unter Absehung von Geschlechtszugehörigkeit. Es interessiert nicht mehr so sehr, wer uns sexuell interessiert. Und dieses gesellschaftliche Desinteresse an der Geschlechterdifferenzierung von Paaren dürfte der ultimative Schritt homosexueller Emanzipation sein, nämlich der Schritt zum Verschwinden der ‚Homosexualität' – ihrer Auflösung in geschlechtsgleiche Paarbeziehungen, die Beziehungssinn pflegen und sich individualisieren dürfen, das heißt die Frage nach ihrer Geschlechtskomposition ignorieren.

Interessant ist in diesem Zusammenhang auch die Konvergenz der Partnersemantik von geschlechtsgleichen und -ungleichen Paaren. In geschlechtsungleichen Beziehungen ist der Ausdruck „mein Mann" bzw. „meine Frau" die Bezeichnung der komplementären ‚Hälfte' einer andersgeschlechtlichen Person („jedem Mann seine Frau"). Wenn eine Frau von „ihrem Mann" spricht, dann markiert das zugleich das Frausein der Sprecherin, so wie seine Rede von „seiner Frau" sein Mannsein markiert, denn so wie er dazu beiträgt, sie zur Frau zu machen, trägt sie dazu bei, ihn zum Mann zu machen („sie nimmt ihn zum Mann"). Die heterosexuelle Rede verquickt also den eigenen Geschlechtstitel mit dem maritalen Beziehungsstatus.

Wenn geschlechtsgleiche Paare nun dazu übergehen, die Redewendung aus ihrem heterosexuellen Kontext zu lösen, dann kommt es zu einer Abstraktion und zu einer Verschiebung der Bedeutung der Geschlechtskategorien. Die Abstraktion liegt darin, dass der Ausdruck „mein Mann", von einem Mann gebraucht, dasselbe bedeutet wie der Ausdruck „meine Frau" im Mund einer Frau: nämlich Lebenspartner. Diese geschlechtliche Indifferenz haben die Geschlechtskategorien als Bezeichnungen von Lebenspartnern aber immer schon gehabt: Sie hatten und haben sie nämlich auch im Munde von ungleichgeschlechtlich Verpartnerten. „Mein Mann" bedeutet – bei allen empirischen Unterschieden – dasselbe wie „meine Frau", nur täuscht darüber das kulturelle Gendering bei der Bezeichnung der ganz individuellen Person hinweg, mit der man beschlossen hat, einen Teil, einen Großteil oder gar den Rest seines Lebens zu verbringen.

Die Verschiebung liegt in einer Entkopplung von eigener und fremder Geschlechtszugehörigkeit. Wenn eine Frau von „ihrer Frau" spricht, dann fügt das ihrer eigenen Geschlechtszugehörigkeit keine Bestätigung des Frauseins hinzu, sie bleibt trivialerweise ein weiblicher Sprecher. Signifikant ist nur, dass sie eine „Frau hat“, einen weiblichen Partner. Ihr eigenes Geschlecht bleibt dagegen vergleichsweise unmarkiert, sie bevorzugt nur Frauen, genauer: eine Frau als Lebenspartnerin, *she happens to love a women*, ohne dass es eine Rolle spielen muss, dass auch sie eine ist.

Mit dem Bedeutungsverlust der Geschlechterdifferenzierung werden auch ‚Heteros‘ vor dieselbe semantische Konsequenz gestellt sein, wie sie Monique Wittig Ende der 1970er Jahre für frauenliebende Frauen zog: „It would be incorrect to say that lesbians associate, make love, live with women, for ‚woman‘ has meaning only in heterosexual systems of thought and heterosexual economic systems. Lesbians are not women“ (Wittig 1980: 110). Wittig ging es darum, dass die Kategorie ‚Frau‘ nur in Relation zur Kategorie ‚Mann‘ Sinn macht. Im Horizont der Auflösung signifikanter Geschlechtskategorien bedeutet aber auch das Wort ‚Lesbe‘ nicht viel mehr als ‚Liebende‘: die Bereitschaft zur affektiven Bejahung eines Anderen ‚mit Haut und Haaren‘, die die Geschlechtszugehörigkeit genauso umfasst wie eine Behinderung, eine Hautfarbe, einen Akzent und Hundert andere Unarten.

Die Zweierbeziehung ist eben jenes soziale Gebilde, das uns nicht wie andere gesellschaftliche Felder nur in ganz spezifischen Arbeitsleistungen, Rollen oder kommunikativen Beiträgen beanspruchen darf, sondern das der zugespitzten Individualisierung spätmoderner Menschen standhalten soll. Sie ist ein Spiegel der von uns beanspruchten Einmaligkeit. Dieser Spiegel muss sehr viel mehr zeigen als eine Mitgliedschaft, die uns mit der Hälfte der Menschheit versämtlicht. Der romantische Liebesbegriff sagt: Ich bin so einzig auf der Welt, dass nur ein einziger anderer, „nur Du“, dieser Spiegel sein kann. Diese Idolisierung ist kulturgeschichtlich so mächtig, weil sie ihren Hintergrund im Monotheismus hat: Die Liebe ist die zentrale Nachfolgeeinrichtung zur Religion (Tyrell 1987).

In dem Maße, in dem dieser Individualismus sich durchgesetzt hat, hat sich auch der Beziehungssinn der geschlechtsungleichen Dyade in der Gesellschaftsgeschichte der Zweisamkeit und der Zweigeschlechtlichkeit verändert. Der Sinn der Zwieheit des Paares hat sich verschoben: von der Vergemeinschaftungsdemonstration einer ‚Wiedervereinigung‘ des klassifikatorisch Geschiedenen in vielen einfachen Gesellschaften über die komplementären ‚Geschlechtscharaktere‘ unserer unmittelbaren Vorvergangenheit, der bürgerlichen Moderne, bis zur Spiegelung des individualisierten Ich trotz Geschlechterdifferenz. Sagen wir es noch einmal numerisch: Die ‚Zwei‘ der Zweisamkeit entspringt heute nicht mehr der Beschwörung der Einheit einer primitiven Zweiteilung des gesellschaftlichen Personals, sie entsteht aus dem 1 und 1 individualisierter Intimbeziehungen.

Literaturverzeichnis

Bem, Sandra L. (1993). *The Lenses of Gender*. New Haven, Connecticut: Yale University Press.

Buchmann, Marlies & Eisner, Manuel. (2001). Geschlechterdifferenzen in der gesellschaftlichen Präsentation des Selbst. Heiratsinserate von 1900 bis 2000. In Bettina Heintz (Hrsg.), *Geschlechtersoziologie* (S. 75–107). Opladen: Westdeutscher Verlag.

De Castro, Eduardo. (2004). Perspectival Anthropology and the Method of Controlled Equivocation. *Tipiti, 2*, 3–22.

Diamond, Lisa. (2008). *Sexual Fluidity: Understanding Women's Love and Desire*. Harvard: University Press.

Ernst, Stefanie. (1999). *Geschlechterverhältnisse und Führungspositionen*. Wiesbaden: VS Verlag.

Foucault, Michel. (1977). *Sexualität und Wahrheit. Der Wille zum Wissen*. Frankfurt/M.: Suhrkamp.

Goffman, Erving. (1977). The Arrangement between the Sexes. *Theory and Society, 4*, 301–331.

Goffman, Erving. (1983). The Interaction Order. *American Sociological Review, 48*, 1–17.

Hakim, Catherine. (2010). Erotic Capital. *European Sociological Review, 26*, 499–518.

Hausen, Karin. (1976). Die Polarisierung der ‚Geschlechtscharaktere'. Eine Spiegelung der Dissoziation von Erwerbs- und Familienleben. In Werner Conze (Hrsg.), *Sozialgeschichte der Familie in der Neuzeit Europas* (S. 363–393). Stuttgart: Klett.

Hillman, Eugene. (1975). *Polygamy Reconsidered: African Plural Marriage and the Christian Churches*. New York: Orbis Books.

Hirschauer, Stefan. (1993). *Die soziale Konstruktion der Transsexualität. Über die Medizin und den Geschlechtswechsel*. 4. Auflage 2010. Frankfurt/M.: Suhrkamp.

Hirschauer, Stefan. (1994). Die soziale Fortpflanzung der Zweigeschlechtlichkeit. *Kölner Zeitschrift für Soziologie und Sozialpsychologie, 46*, 668–692.

Hirschauer, Stefan. (2001). Das Vergessen des Geschlechts. Zur Praxeologie einer Kategorie sozialer Ordnung. (Geschlechtersoziologie). *Kölner Zeitschrift für Soziologie und Sozialpsychologie, 41*, 208–235.

Hirschauer, Stefan. (2004). Social Studies of Sexual Difference. Geschlechtsdifferenzierung in wissenschaftlichem Wissen. In Caroline Rosenthal, Therese Steffen & Anke Väth (Hrsg.), *Gender Studies. Wissenschaftstheorien und Gesellschaftskritik* (S. 19–42). Würzburg: Königshausen & Neumann.

Hirschauer, Stefan. (2007). Arbeit, Liebe und Geschlechterdifferenz. Über die wechselseitige Konstitution von Tätigkeiten und Mitgliedschaften. In Sabine Biebl, Verena Mund & Heide Volkening (Hrsg.), *Working Girls. Zur Ökonomie von Liebe und Arbeit in der Moderne* (S. 23–41). Berlin: Kadmos.

Kaufmann, Jean-Claude. (1994). *Schmutzige Wäsche. Zur ehelichen Konstruktion von Alltag*. Konstanz: UVK.

Kieserling, André. (2013). Interaktion, Organisation, Ungleichheit. In Bettina Heintz & Hartmann Tyrell (Hrsg.), *Interaktion, Organisation, Gesellschaft*. Sonderheft der *Zeitschrift für Soziologie* (im Erscheinen).

Koppetsch, Cornelia. (1998). Liebe und Partnerschaft. Gerechtigkeit in modernen Paarbeziehungen. In Kornelia Hahn & Günter Burkart (Hrsg.), *Grenzen und Grenzüberschreitungen der Liebe* (S. 111–129). Leverkusen: Leske & Budrich.

Künzler, Jan. (1994). *Familiale Arbeitsteilung. Die Beteiligung von Männern an der Hausarbeit*. Grünwald: Kleine.

Labouvie, Eva. (1997). *Ungleiche Paare. Zur Kulturgeschichte menschlicher Beziehungen*. München: Beck.

Laqueur, Thomas. (1992). *Auf den Leib geschrieben. Zur Inszenierung der Geschlechter von der Antike bis Freud.* Frankfurt/M., New York: Campus.
Luhmann, Niklas. (1982). *Liebe als Passion.* Frankfurt/M.: Suhrkamp.
Luhmann, Niklas. (1988). Frauen, Männer und George Spencer Brown. *Zeitschrift für Soziologie, 17*, 47–71.
Luhmann, Niklas. (1995). Geschlecht – und Gesellschaft? *Soziologische Revue, 18*, 314–319.
Meier, Maja. (2003). Eigengeschichten von homosexuellen Paaren. In Karl Lenz (Hrsg.), *Frauen und Männer. Zur Geschlechtstypik persönlicher Beziehungen* (S. 183–206). Weinheim: Juventa.
Müller, Marion. (2009). *Fußball als Paradoxon der Moderne. Historische und ethnographische Analysen zur Bedeutung ethnischer, nationaler und geschlechtlicher Differenzen im Profifußball.* Wiesbaden: VS Verlag.
Nübling, Damaris. (2011). Uli, Chris und Alex: Hypokoristische Kurzformen bei Rufnamen und ihr Androgynisierungseffekt [Vortrag an der Universität Bochum vom 2. Dezember 2011].
Parsons, Talcott & Shils, Edward A. (1951). *Toward a General Theory of Action.* Cambridge: Harvard University Press.
Ratzinger, Joseph & Amato, Angelo. (2004). *Schreiben an die Bischöfe der Katholischen Kirche über die Zusammenarbeit von Mann und Frau in der Kirche und in der Welt* (Verlautbarungen des Apostolischen Stuhls 166). Rom: Kongregation für die Glaubenslehre.
Schmidt, Gunter. (2004). *Das neue Der Die Das. Über die Modernisierung des Sexuellen.* Gießen: Psychosozial-Verlag.
Tyrell, Hartmann. (1987). Romantische Liebe. Überlegungen zu ihrer ‚quantitativen Bestimmtheit'. In Dirk Baecker, Jürgen Markowitz, Rudolf Stichweh, Hartmann Tyrell & Helmut Willke (Hrsg.), *Niklas Luhmann. Theorie als Passion* (S. 570–599). Frankfurt/M.: Suhrkamp.
Wetterer, Angelika. (2002). *Arbeitsteilung und Geschlechterkonstruktion. Gender at Work in theoretischer und historischer Perspektive.* Konstanz: UVK.
Wittig, Monique. (1980). The Straight Mind. *Gender Issues, 1*(1), 103–111.
Zimmerman, Don H. & Pollner, Melvin. (1976). Die Alltagswelt als Phänomen. In Elmar Weingarten, Fritz Sack & Jim Schenkein (Hrsg.), *Ethnomethodologie. Beiträge zu einer Soziologie des Alltagshandelns* (S. 64–104). Frankfurt/M.: Suhrkamp.

Zur Person

Stefan Hirschauer, 1960, Professor für Soziologische Theorie und Gender Studies an der Universität Mainz. Arbeitsschwerpunkte: Praxistheorien, Qualitative Methoden, Soziologien des Wissens, des Körpers und der Geschlechterdifferenz.
E-Mail: hirschau@uni-mainz.de

Andreas Schmitz, Jan Rasmus Riebling

Gibt es „erotisches Kapital"? Anmerkungen zu körperbasierter Anziehungskraft und Paarformation bei Hakim und Bourdieu

Zusammenfassung

Wir argumentieren, dass Catherine Hakims Konzept des „erotischen Kapitals" keinen analytischen Zugang zu Prozessen der Paarformation eröffnet, sondern den vorherrschenden Imperativ einer Bedienung männlicher Attraktivitäts- und Verhaltenserwartungen bekräftigt. Pierre Bourdieus relationales Forschungsprogramm hingegen erlaubt sowohl eine differenzierte Konzeption der Implikationen von Körperlichkeit am PartnerInnenmarkt als auch einen kritischen Blick auf den Zusammenhang von körperlicher Attraktivität und geschlechtsbasierten Machtverhältnissen.

Schlüsselwörter
Erotisches Kapital, Attraktivität, Körperkapital, Pierre Bourdieu, Habitus-Feldtheorie, Partnermarkt, Catherine Hakim

Summary

Does erotic capital exist? Comments on physical attractiveness and partnership formation in the works of Hakim and Bourdieu

We contend that Catherine Hakim's concept of 'erotic capital' does not offer any advantage in analyzing the process of couple formation, but rather enforces the socially dominant imperative of appealing to male expectations of attractiveness and behaviour. Pierre Bourdieu's relational research programme, on the other hand, enables both a differentiated conception of the implications of physicality on the partner market and a critical perspective on the interaction of physical attractiveness and gender-based power relationships.

Keywords
erotic capital, attractiveness, body capital, Pierre Bourdieu, Habitus Field Theory, partner market, Catherine Hakim

1 Einleitung

Von verschiedenen AutorInnen wurde erkannt, dass Pierre Bourdieus Soziologie eine Möglichkeit darstellt, Körperlichkeit und auf Körperlichkeit beruhende Anziehungskraft soziologisch zu fassen (Martin/George 2006; Wacquant 1995; Green 2008a, 2008b; Otte 2007). Mit dem Begriff des „erotischen Kapitals" schlägt Hakim jüngst eine Neukonzeptionalisierung körperbasierter Anziehungskraft vor (Hakim 2010a, 2010b, 2011). Im Anschluss an Pierre Bourdieus Kapitalkonzept (Bourdieu 1983) postuliert sie erotisches Kapital als eine übersehene, grundlegende Dimension des Sozialen und beschreibt dessen Gestalt und Auswirkungen in unterschiedlichsten sozialen Kontexten. Hakim bietet erotisches Kapital als eine „neue Theorie" (Hakim 2011: 21) und „neue Agenda" für die soziologische und feministische Forschung (Hakim 2010a: 512) an, die sie insbesondere zur Analyse entstehender Paarbeziehungen anzuwenden vorschlägt (Hakim 2011: 12). Dieses Konzept soll neben einem neuartigen wissenschaftlichen Zugang zu körperbasierter Anziehungskraft nicht zuletzt auch der Beseitigung der von ihr kritisierten sozialen Tatbestände dienen: Der gezielte Einsatz des eigenen Körpers und der eigenen Person, insbesondere am PartnerInnenmarkt, soll die gesellschaftliche Benachteiligung von Frauen kompensieren.

Dieser Beitrag stellt zunächst die Kernüberlegungen von Hakims Arbeit dar und untersucht diese hinsichtlich ihres theoretischen Gehalts sowie ihrer methodologischen Herangehensweise. Im Anschluss formulieren wir theoretische Einwände entlang von konzeptionellen und normativen Überlegungen. Wir argumentieren, dass das Konzept des „erotischen Kapitals" die soziologische PartnerInnenmarktperspektive auf eine Anleitung zur geschlechtlichen Selbstdisziplinierung reduziert und damit den traditionalistischen Imperativ einer Bedienung männlicher Attraktivitäts- und Verhaltenserwartungen in einer wissenschaftlichen Terminologie reformuliert.

Wir beschreiben im nächsten Schritt, inwieweit sich mit Bourdieu körperbasierte Anziehungskraft in Paarformationsprozessen untersuchen und in sein kritisches Gesellschaftskonzept einordnen lässt. Dabei wird argumentiert, dass Bourdieus Theorie tatsächlich keine systematische Diskussion der Wirkmacht körperbasierter Anziehungskraft in PartnerInnenmärkten enthält, diese jedoch verstreut und implizit in seinem Werk enthalten ist und für eine analytische wie normativ-politische Mobilisierung zunächst explizit gemacht werden muss.

2 Hakims Konzeption körperbasierter Anziehungskraft

2.1 Erotisches Kapital

Hakim definiert erotisches Kapital über die sieben Elemente „Schönheit", „Sexappeal", „Charme", „Spritzigkeit", „soziale Präsentation", „Sexualität" und – exklusiv für Frauen – „Fruchtbarkeit" (vgl. Hakim 2011: 21ff.). Diese Elemente werden als unabhängig voneinander als auch von anderen Kapitalia, wie dem ökonomischen oder kulturellen Kapital Bourdieus (Bourdieu 1983), gefasst. Die Autorin versteht erotisches Kapital als empirisch unabhängig von anderen Kapitalsorten insofern, als dass es nicht „mit sozialer Herkunft und Status" einhergeht (Hakim 2010b: 116).

Demgegenüber liefert sie eine Fülle empirischer Beobachtungen, die die Effekte erotischen Kapitals betreffen, etwa bezüglich der Vorteile am Arbeits- oder PartnerInnenmarkt (Hakim 2011: 19, 52, 127, 260). Die Verfügung über erotisches Kapital wird hier als genereller Vorteil in unterschiedlichsten Handlungs- und Begegnungssituationen beschrieben. Hakim äußert sich auch explizit hinsichtlich der relativen Bedeutung des erotischen Kapitals. In seinen Konsequenzen wird es als ebenso relevant wie die anderen Bourdieu'schen Kapitalia bezeichnet (Hakim 2011: 31). Dabei variiert die Bedeutung erotischen Kapitals mit dem Geschlecht: Während Frauen beispielsweise am Arbeitsmarkt ihr erotisches Kapital nur selten in Vorteile umzuwandeln im Stande sind, können attraktiv wirkende Männer ihr Einkommen und ihren Status durch körperbasierte Attraktivität steigern (Hakim 2011: 9).

Diese starke Konzentration auf die Wirkungen erotischen Kapitals rührt von dessen Konzeption als einer soziostrukturell unabhängigen Variablen her. So vermutet Hakim, dass man dieses Kapital sowohl bewusst entwickeln als auch damit geboren werden kann (Hakim 2010a: 501). Folglich ist die Verteilung dieser Gaben nach Meinung der Autorin nicht durch soziale Bedingungen strukturiert. Dies wird vor allem dadurch deutlich, dass sie dem erotischen Kapital die Macht zuschreibt, die soziale Klassenstruktur zu durchbrechen (Hakim 2010a: 503).

Das zentrale Hindernis der erfolgreichen weiblichen Mobilisierung dieses Kapitals sieht Hakim dementsprechend in einer unausgesprochenen KomplizInnenschaft zwischen „patriarchalischen Moralvorstellungen“ (Hakim 2011: 265) und feministischen WissenschaftlerInnen, die jede Würdigung und Belohnung von Attraktivität „verunglimpfen“ würden (Hakim 2010a: 511ff.; 2011: 264). Diese ideologische Mésalliance, der sie auch Bourdieu zurechnet (Hakim 2010a: 510), würde systematisch den „ökonomischen Wert von erotischem Kapital“ leugnen (Hakim 2010b: 117). Und so fragt sie: „Why has erotic capital been overlooked by social scientists? This failure of Bourdieu and other researchers is testimony to the continuing dominance of male perspectives in sociology and economics, even in the 21st century.“ (Hakim 2010a: 510)

Darüber hinaus verortet Hakim die Gründe für die männliche Unterdrückung des erotischen Kapitals in der biologischen Unterschiedlichkeit der Geschlechter. Anhand sekundäranalytischer Betrachtungen der empirischen Umfrageforschung argumentiert sie, dass Männer prinzipiell eine größere Libido als Frauen besäßen, diese seltener ausleben könnten und daher aus strategischen Gründen in der weiblichen Erotik ein zu entwertendes Kapital sähen. Dieses „männliche[s] Sexdefizit“ (Hakim 2011: 9) veranlasst Hakim, das normative Postulat zu formulieren, Frauen sollten gezielt in ihr erotisches Kapital investieren, um gesellschaftliche Vorteile männlicher Konkurrenten oder romantischer Interaktionspartner zu relativieren. Die Autorin versteht ihre Arbeit somit nicht nur als Theorie und Forschungsprogramm, sondern auch als Beitrag zur Realisierung der weiblichen Gleichberechtigung.

2.2 Erotisches Kapital und Paarformation

Hakim weist Heirats- und PartnerInnenmärkten eine herausragende Bedeutung im Rahmen ihrer Theorie des erotischen Kapitals zu. Neben Arbeitsmärkten stellten diese *die* zentrale Instanz für Einsatz und Austausch von erotischem Kapital dar. Hier entfalte es seine ganze Macht und nicht zuletzt auch seine „egalisierende“ Wirkung für Frauen im Sinne einer Aufwertung des sozialen Status durch Aufwärtsheirat: „Erotic capital is women’s trump card in mating and marriage markets“ (Hakim 2010a: 510).

Den Einsatz dieser „Trumpfkarte“ konzeptualisiert Hakim als Austauschrelation von männlichem ökonomischen Kapital und weiblicher Attraktivität (inklusive des als feminin geltenden Gebarens). Die relative Bedeutungslosigkeit männlichen erotischen Kapitals am PartnerInnenmarkt führt sie auf das männliche Sexdefizit und auf ein (potenziell) größeres weibliches erotisches Kapital zurück (Hakim 2010a: 506). Im Zuge eines Austauschs von weiblicher Attraktivität und männlichem Status könnten Frauen einen begehrenswerteren Mann rekrutieren sowie diesem gegenüber in partnerschaftlichen Konfliktsituationen eher ihren Willen durchsetzen.

Es kann festgehalten werden, dass Hakims Theorie sowohl die Anbahnung von Paarformationsprozessen als auch die Dynamiken etablierter Paarbeziehungen wesentlich über die positiven Wirkungen weiblicher körperlicher Anziehungskraft konzeptualisiert. Dieser Ressource wird nicht nur die Rolle der zentralen, erklärenden Variablen im Paarbildungsprozess zugewiesen, sondern auch die eines zugunsten von Frauen wirksamen Faktors zur Ausweitung weiblicher Markt- und Verhandlungsmacht. In gesamtgesellschaftlicher Hinsicht wird der weibliche Einsatz des erotischen Kapitals am PartnerInnenmarkt als Weg zu weiblicher Aufwärtsmobilität (Hakim 2010a: 508) und als Alternative zum Arbeitsmarkt hervorgehoben.

3 Kritische Reflexion

3.1 Konzeptionelle Anmerkungen

Im folgenden Schritt werden einige grundlegende theoretische und methodologische Probleme aufgezeigt, die dem Konzept des erotischen Kapitals innewohnen.

3.1.1 Theorie

In theoretischer Hinsicht muss zunächst festgestellt werden, dass mit den von Hakim als distinkt konzeptualisierten Kategorien eine hochgradig unscharfe Typologie vorgeschlagen wird. Weder kann Schönheit ohne Weiteres als unabhängig von Sexappeal gedacht werden, noch sind Charme und Selbstdarstellung in wechselseitigem Ausschluss definierbar. Zudem ergibt sich das logische Problem, worin das Gemeinsame der als voneinander distinkt beschriebenen Elemente bestehen soll. Im Sinne Bourdieus erklärt ein Kapital die manifesten Ausprägungen von Merkmalen, die notwendig (empirisch) miteinander assoziiert sein müssen (Bourdieu/Wacquant 1996). Ökonomisches Kapital etwa meint ein latentes Strukturprinzip, das sich in Form von korrelierten Indikatoren wie Vermögen, Aktien, Grundbesitz etc. empirisch manifestiert. Wenn erotisches Kapital aus sechs oder sieben distinkten Elementen bestehen soll, kann es somit bereits definitorisch kein Kapital (im Bourdieu'schen Sinn) sein.

Hinzu kommt ein weiteres Missverständnis: Begrifflich lässt sich zwar jede Ressource, die über Arbeit, Investition, Gebrauchs- und Tauschwert beschrieben werden kann, als „Kapital“ bezeichnen. Eine individuelle Ressource wird aber erst als überindividuelle Strukturdimension des Sozialen zum Kapital. Die Frage ist, ob und wie weit sich eine individuelle Ressource entlang einer spezifischen Eigenlogik manifestiert und sich nicht etwa auf andere Momente des Sozialen reduzieren lässt. Wenn eine Ressource aber nicht hinreichend über eine Eigenlogik beschreibbar ist, muss sie notwendig auf ihre sozialen Bestimmungsgründe hin befragt werden, etwa hinsichtlich des Zusammenhangs mit dem Sozialraum der Klassen. Hier kann ein weiteres konzeptionelles Problem identifiziert werden. Die von Hakim vorgeschlagenen Teilelemente erotischen Kapitals lassen sich nur sehr schwer als unabhängig von der Sozialstruktur verstehen. So beschreibt sie selbst Attraktivität als ein „zu einem beträchtlichen Teil [...] erworbenes Merkmal" (Hakim 2011: 22), sexuelle Anziehungskraft als Art und Weise des Verhaltens (Hakim 2011: 22), Charme und soziale Befähigung zu Interaktion, wie Flirtfähigkeiten, als „eindeutig sozial" (Hakim 2010b: 110). Spritzigkeit und soziale Energie illustriert sie mit „künstlerischen Begabungen wie Tanzen" (Hakim 2011: 17), Selbstdarstellung wie Kleidung, Make-up, Parfüm und Haarmode über „sozialen Status und persönlichen Stil" (Hakim 2010b: 112) und schließlich Sexualität als „intime Beziehungen" (Hakim 2010b: 112). Alle Elemente des erotischen Kapitals sind in ihren konkreten Ausprägungen kaum klassen- und kontextunabhängig interpretierbar. Es ist allein die Nutzung sehr allgemeiner Kategorien, die etwas anderes suggeriert. So muss man zum Beispiel beim „Tanzen" stets fragen, was, wo und mit wem (nicht) getanzt wird, oder auch, inwieweit etwa konkrete Schönheitspraktiken als Ausdruck sozial differentieller Kompetenzen zu verstehen sind. Auch die womöglich biologisch anmutenden Fertilitätschancen und -praktiken können schwerlich als unabhängig von den sozialen Klassenverhältnissen gedacht werden (Hill/Kopp 2004: 201ff.; Musick et al. 2009).

In diesem Zusammenhang ist weiterhin anzumerken, dass mit dem Begriff des erotischen Kapitals der Kapitalcharakter der erotischen Wirkung gleichzeitig über den Körper *und* die Reaktion der Mitmenschen auf dessen Ausgestaltung, etwa im Hinblick auf die Interaktionsbereitschaft des Gegengeschlechts, gefasst wird. Auch wenn soziale Wahrnehmung und Anerkennung notwendige Voraussetzungen der Generierung von Kapitalprofit darstellen, legt dies keineswegs nahe, ein Kapital und dessen Wahrnehmung begrifflich gleichzusetzen. Mit eben dieser Auslassung einer notwendigen Differenzierung von körperlichen und stilistischen Eigenschaften einerseits und deren Wahrnehmung andererseits verstärkt Hakim die Suggestion von Erotik als einer unabhängigen Strukturdimension der Gesellschaft. Dem ist entgegenzuhalten, dass sich der Ressourcencharakter der Erotik, der sich wesentlich aus der sozialen Wahrnehmung und Bewertung des Körpers speist, nicht von der sozialen Position der Bewertenden trennen lässt. So zeigte etwa Koppetsch, dass unterschiedliche soziale Milieus sich dahingehend unterscheiden, welche „Bedeutung sie den einzelnen Aspekten für die Beurteilung von Attraktivität beimessen" (Koppetsch 2000: 107).

Eine gesamtgesellschaftliche, autonome Eigenlogik der erotischen Wirkung lässt sich also kaum annehmen, da die auf Körperlichkeit basierende erotische Wahrnehmung zumindest in zweifacher Weise der Sozialstruktur unterliegt: über den Umstand der sozialisierten Körper und über den Umstand der sozialisierten Wahrnehmungskategorien. Mit einem apriorischen, typologisierenden Kapitalbegriff kaschiert Hakim diese möglichen Mechanismen, die körperbasierte Anziehungskraft strukturieren. Diese Strategie ermöglicht es ihr, erotisches Kapital als allgegenwärtiges Wirkprinzip zu beschreiben, das „nicht minder wichtig“ sei als andere Kapitalia und zudem „mehr und mehr an Bedeutung“ gewinne (Hakim 2011: 8, 10).

Das primäre Anwendungsbeispiel des PartnerInnenmarktes dient ausschließlich dazu, den vorgeblich einheitlichen Tauschwert der Erotik zu illustrieren. Der Wechselkurs der Kapitalia am PartnerInnenmarkt wird dabei auf eine konstante, geschlechtsspezifische Relation von weiblicher Erotik und männlichem Sozialstatus festgelegt. Bemerkenswert ist, dass Hakim diese Tauschrelation in der Soziologie (im Unterschied zur Psychologie) „systematisch ignoriert“ sieht und ihre Arbeit damit wohl als der wesentliche theoretische Beitrag zur Erforschung von PartnerInnenmärkten verstanden werden soll (Hakim 2010a: 507).[1] Als theoretisches Instrumentarium erscheint uns der Begriff des erotischen Kapitals von daher sowohl hinsichtlich des Verständnisses von körperbasierter Anziehungskraft als auch insbesondere in Bezug auf dessen Bedeutung im Paarprozess denkbar ungeeignet.

3.1.2 Methodologie und Methode

Mit ihrer Definitionsstrategie legt Hakim ein inkonsistentes Messmodell vor, blendet dessen Bestimmungsgründe aus und legt Art und Umfang seiner Auswirkungen fest. Das a priori definierte erotische Kapital und seine Effekte gebraucht sie typologisch (Hakim 2010a: 500) und sie überträgt diese Typologie gedanklich in die verschiedensten raum-zeitlichen Kontexte (Hakim 2010a: 502). Durch diese auf Illustration und Verifikation ausgerichtete Forschungsmethodologie verschließt sich Hakim systematisch dem Zugang zu falsifizierenden Beobachtungen.

Die Datenbasis und Informationsquellen Hakims setzen sich aus einer Fülle sekundäranalytischer Arbeiten zusammen. So stützt sich ihr zentrales Konzept des männlichen Sexdefizits auf Sekundärinterpretationen von Umfragedaten, ohne etwa das Problem der geschlechtsspezifischen sozialen Erwünschtheit zu berücksichtigen. Aktuellere Beobachtungssettings wie das Speed-Dating und das Online-Dating hebt sie als besondere Möglichkeiten des Nachweises der Tauschrelation von weiblicher Erotik und männlichem Status hervor. Durch diese eklektische Rezeption unterschiedlichster empirischer Einzelbeobachtungen gelingt es Hakim nicht, ihre quantitativen Behauptungen über gelegentliche anekdotische Evidenzen hinaus empirisch zu untermauern.

3.2 Normative Anmerkungen

Da sich nach unserem Verständnis der Anspruch einer neuen Theorie und Agenda der Erforschung von körperbasierter Anziehungskraft mit dem Konzept des erotischen Kapitals nicht einlösen lässt, möchten wir es im nächsten Schritt genauer auf dessen ideologische Implikationen hin befragen.

1 Auf grundlegende, austauschtheoretische Arbeiten zum Gegenstandsbereich, wie sie etwa von Davis (1941), Blau (1974a) und Edwards (1969) durchgeführt wurden, wird tatsächlich nicht aufgebaut.

3.2.1 Marktverschärfung als unintendierte Handlungsfolge

Empirische Befunde hinsichtlich der Bedeutung körperbasierter Attraktivität am PartnerInnenmarkt deuten einstimmig darauf hin, dass insbesondere Frauen über körperliche Attraktivität ihre individuellen Chancen erhöhen können (siehe z. B. Franzen/Hartmann 2001). Damit ist jedoch noch nicht gesagt, dass die mittelbaren, gesellschaftlichen Folgen der Investition in körperliche Anziehungskraft ebenfalls als positiv (auch im Sinne Hakims) zu bewerten sind. Neben unmittelbar negativen Effekten auf die Trägerin oder den Träger erotischer Ausstrahlung (vgl. etwa Heilman/Saruwatari 1979; Heilman/Stopeck 1985; Rosar/Klein 2009) werden bei Hakim solche mittelbaren Konsequenzen vernachlässigt. Dem liegt zugrunde, dass kein Unterschied gezogen wird zwischen analytischen Ebenen, in denen Attraktivität in Erscheinung treten und Effekte bewirken kann oder nicht. Erotisches Kapital wird von Hakim abwechselnd als individuelles Merkmal, kontextspezifisches Merkmal und gesellschaftliches Strukturierungsmerkmal verwendet. Sie sieht es als „entscheidendes Konzept, um die sozialen Prozesse in der privaten und der öffentlichen Sphäre [...] zu verstehen" (Hakim 2010b: 119). Mit diesem Ausblenden unterschiedlicher sozialer Aggregationsebenen geht ein systematisches Ausblenden mittelbarer negativer Effekte des Einsatzes körperbasierter Anziehungskraft einher.

Nimmt man die Investition in weibliches erotisches Kapital als normativ-politische Forderung zunächst hin, so stellt sich die Frage nach den *Verliererinnen* eines solchen Wettlaufs um männliche Gunstbezeugungen. Da der Wert eines jeden Kapitals nur relational bestimmbar ist, muss mit einem individuellen Profit der Nachteil anderer Individuen mitgedacht werden. Einen rapiden altersbedingten „Marktwertverfall" von Frauen als Folge homogener männlicher Attraktivitätsvorstellungen konnten etwa Skopek/Schmitz/Blossfeld (2011) am Beispiel von Kontaktierungswahrscheinlichkeiten auf einer Online-Kontaktbörse aufzeigen. Auf die Frage, was mit diesen Verliererinnen einer solchen Marktlogik geschieht, antwortet Hakim jedoch: „there's no such thing as an ugly woman, only a lazy woman, and everyone can be attractive if they use appropriate styling and presentation, the right color of clothes, the right style of hairstyle." (Hakim/Pakman 2011). Insbesondere körperlich als unattraktiv geltende Frauen sind somit angehalten, in ihr Erscheinungsbild und ihre Darstellung zu investieren, also Stereotypen männlicher Erwartungshaltungen zu entsprechen. Dieser offenkundige Mechanismus wurde schon von Goffman (1977: 312) als Zusammenspiel von männlichem „Courtship" (Hofmachen) und weiblicher „Courtesy" (Höflichkeit) mit dem Ergebnis einer Benachteiligung „alter und hässlicher" Frauen beschrieben. Mit ihrem als autonom gedachten erotischen Kapital scheint Hakim zudem zu übersehen, dass verschiedene Akteure in unterschiedlichem Maße dazu befähigt sind, auf authentische Weise Schönheitsideale in ein kohärentes Auftreten zu integrieren, denn „an Attraktivität gewinnt, wer die Schönheitsdarstellungen nicht nur spielt, sondern formvollendet verkörpert" (Koppetsch 2000: 114).

Als Folge allgemein vermehrter Investition in die Befolgung männlich geprägter Attraktivitäts- und Stilvorstellungen lässt sich eine Verschärfung weiblicher Konkurrenz um „Aufmerksamkeits- und Tauschchancen" am PartnerInnenmarkt mit erheblichem Entsolidarisierungspotenzial erwarten. Zudem werden dadurch männliche Erwartungs- und Anspruchsniveaus an weibliche Attraktivität und weibliches Verhalten steigen und der vermeintliche gesellschaftliche Machtzuwachs für Frauen im Aggregat der Geschlechterbeziehungen wird sich umkehren. Hakims Aufforderung der Investition in individuelle erotische Ausstrahlung macht Frauen im gesellschaftlichen Aggregat abhängig von männlichen Gunstbezeugungen, die sie in dem Maße erwarten können, in dem sie mit ihrem Erscheinungsbild und Gebaren männlichen Erwartungen entsprechen können. Mit dem Aufruf zur Investition in erotisches Kapital wird so letztlich die Verschärfung eines ohnehin prävalenten Marktprinzips als Ordnungsrahmen der Geschlechterverhältnisse propagiert.

3.2.2 Die Perpetuierung der Geschlechterverhältnisse als unintendierte Handlungsfolge

Frauen befinden sich durch diese Marktlogik der Attraktivität, wie sie von Hakim propagiert wird, in einer Double-Bind-Situation: „If she fails she is powerless and condemned as ugly. If she succeeds she is still powerless. Because locked into the ‚regime of the woman' which defines her value and worth through her appearance, her success only underlies her inessential nature" (Tseëlon 1993: 319). Hakims Konzept des erotischen Kapitals impliziert den alltäglichen, gezielten Einsatz weiblicher Attraktivität am PartnerInnenmarkt und in anderen sozialen Zusammenhängen. Durch solche, individuell mitunter zielführenden Praktiken des „Gender-Habitus", also durch ein zwischen Männern und Frauen unterschiedliches Verhalten, unterschiedliche Kleidung, Schminke, Berufswahl und Einkaufsverhalten, wird aber letztlich die bestehende Machtbalance zwischen den Geschlechtern reproduziert (vgl. Chambers 2005). Diese Habitualisierung untermauert bestehende Geschlechtsstereotype, wie sie etwa von Goffman diskutiert wurden:

> „[N]ote that the traditional ideals of femininity and the ideals of masculinity are alike in that both sets tend to be supported for the relevant sex by both sexes. At the same time, the ideals are complementary in that the ones held for women are differentiated from the ones held for men and yet the two fit together" (Goffman 1977: 325).

Im Zusammenhang mit der Paarformation lässt sich insbesondere die Komplementarität partnerschaftlicher Dispositionen benennen, gehört doch zum geschlechtlichen Stereotyp die stereotype Disposition des Gegengeschlechts: Männer wollen schöne Frauen und Frauen wollen wohlhabende Männer.

Hakims „postfeministische" Agenda propagiert letztlich jenen alltäglichen, „wohlwollenden Sexismus" (Glick/Fiske 1996), der sich zwar in Form männlicher Galanterie und Ehrerbietung gegenüber als weiblich geltenden Rollen und Verhaltensweisen zeigt, jedoch mindestens ebenso zur Reproduktion von gesellschaftlichen Geschlechterunterschieden beiträgt wie offensichtlichere Formen des Sexismus. Ihre Aufforderung zur Investition in körperbezogene Attraktivität kann damit als Beitrag zur Legitimation „eines gesellschaftlich konstruierten Unterschieds zwischen den Geschlechtern“ (Jäger/König/Maihofer 2012: 22) verstanden werden. Dreh- und Angelpunkt dieser Legitimation ist dabei die Vorstellung eines natürlichen und daher unveränderlichen Antagonismus zwischen den Geschlechtern im Allgemeinen und der (Tausch-)Beziehungen am PartnerInnenmarkt im Besonderen.

3.2.3 Erotisches Kapital als körperbezogenes Empowerment

Das Konzept des erotischen Kapitals hält dazu an, den eigenen Körper und seine Verhaltensweisen marktbezogen zu reflektieren und die stereotypen Erwartungen des Gegengeschlechts zu internalisieren. Emmenegger/Gisler (1998) beschreiben, wie Frauen in unserer patriarchalisch geprägten Gesellschaft ohnehin als „das Andere“ erscheinen und am männlichen Blick gemessen werden. Dieser äußere Blick wird angenommen, auf sich selbst angewandt und internalisiert. Frauen halten schließlich selbst für erotisch und angemessen, was ihnen durch männliche Erwartungen in einem System des Panoptikums (vgl. Foucault 2008) aufgezwungen wird. Obschon von Hakim dazu angehalten, durch die Investition in die eigene erotische Wirkung zum selbstbestimmten weiblichen Subjekt zu werden, werden Frauen gleichsam in einen Objektstatus der Repräsentation und Dekoration versetzt und ihr Subjektstatus in praxi untergraben (vgl. auch Emmenegger/Gisler 1998).

Wir deuten die Rhetorik des erotischen Kapitals daher als Ausdruck jener „Beschwörung weiblicher Kraft“, die „stets auch die ihres Mangels“ (Bröckling 2002: 185) darstellt. Die Betonung des Ressourcencharakters weiblicher Attraktivität kann nicht getrennt werden von dessen notwendiger Anerkennung durch ein (nicht zuletzt männliches) Publikum. Und nicht zufällig geht im öffentlichen Diskurs weibliche Stärke meist mit dem Fehlen anerkannter männlicher „Fähigkeiten“, wie etwa Durchsetzungsvermögen, Machtgebrauch etc., einher. Hakims Entwurf kann daher ganz wie die verbreiteten Ratgeberliteraturen über den Versuch der „Wiederbelebung gerade jener dichotomischen Geschlechterrollenstereotype“ beschrieben werden, die die Ratgeber eigentlich „überwinden wollen“ (Bröckling 2002: 185)[2]. Da sich der Entwurf Hakims aus unserer Sicht als sozialwissenschaftlich verbrämte Ratgeberliteratur darstellt, reiht er sich ebenso wie andere Schriften zum weiblichen Empowerment in die Riege der Kontrolltechniken eines unternehmerischen (weiblichen) Selbst ein, das angehalten ist, sein äußeres Erscheinungsbild als knappe Ressource zu behandeln und zu lernen, „vor allem sich selbst als Firma zu begreifen und mit den Augen potentieller Kunden zu betrachten“ (Bröckling 2004: 275). Die ungleichheitssoziologischen Konsequenzen dieser

2 Ein Blick auf die Amazon-Option „Kunden, die diesen Artikel gekauft haben, kauften auch" unterstreicht diese Interpretation. So finden sich hier: „Die Diva-Taktik: Warum starke Frauen bei Männern ein leichtes Spiel haben", „Mich übersieht keiner mehr: Größere Ausstrahlung gewinnen", „Stil & Profil für Beruf und Bewerbung – Individueller – professioneller – erfolgreicher", „Der perfekte Kleiderschrank: Die 100 Style-Klassiker, die jede Frau braucht", „Vom Nehmen und Genommen-werden: Für eine neue Beziehungserotik", „Die Raffinesse einer Frau: Werden Sie Männerflüsterin", „Glückskinder: Warum manche lebenslang Chancen suchen – und andere sie täglich nutzen", „Die große Macht der Motivation: Was Spitzenleistung möglich macht".

Internalisierung und Habitualisierung werden in dieser Ideologie des erotischen Empowerments ausgeblendet: „Through self-regulation and other surveillance techniques, women monitor and discipline their bodies in ways that reproduce the social order" (Kwan/Trautner 2009: 60).

4 Körperbasierte Attraktivität in Bourdieus Forschungsprogramm

4.1 Theoretische Vorüberlegungen

Zunächst ist der grundlegende perspektivische Unterschied zwischen der positivistischen Auffassung, die der Idee des erotischen Kapitals zugrunde liegt, und der konstruktivistischen Perspektive Bourdieus zu betonen. Mit Bourdieu wird ein Kapital in Relation zu anderen Kapitalia empirisch zur Beschreibung von Gesellschaften und ihrer Teilbereiche konstruiert. Kapitalia und deren Verhältnisse werden also nicht per Beschluss und mit Raum-Zeit-unabhängigem Geltungsanspruch gesetzt, sondern in Auseinandersetzung mit einem jeweiligen Objektbereich konstruiert. Die bekannten Strukturprinzipien des ökonomischen, kulturellen und sozialen Kapitals etwa erarbeitete Bourdieu zur Beschreibung der französischen Gesellschaft auf der Basis umfangreicher empirischer Daten. Damit ist jedoch nicht gemeint, dass jede Gesellschaft diesen Hierarchisierungsprinzipien unterliegt. So vermutete Bourdieu etwa im Hinblick auf die sozialistische Gesellschaft der DDR politisches Kapital als zentrales und soziologisch sorgfältig auszuarbeitendes Strukturprinzip (vgl. Bourdieu 1991: 38). Auch muss mit Bourdieu der Unterschied gezogen werden zwischen den Kapitaldimensionen einer Gesellschaft (dem Sozialraum) und den Hierarchisierungsprinzipien ihrer Teilbereiche (Felder).

4.2 Körperlichkeit und wahrgenommene Körperlichkeit als Erscheinungsform des Habitus

Die dem Konzept des erotischen Kapitals zugrundeliegende Annahme, der Körper und dessen Wahrnehmung seien von Bourdieu ignoriert worden, rührt nicht zuletzt von einer selektiven Rezeption der Literatur her.

Erstens operiert Bourdieu mit einem prinzipiellen Nexus von Körper und Kapital, denn jedes Kapital ist insoweit körperlich, als dass es sich in die Körper der Individuen einschreibt. Die Art, wie wir essen, welche Körperhaltungen wir einnehmen, welche Hygiene wir praktizieren und dergleichen sind wesentlich das Ergebnis „inkorporierter sozialer Strukturen" (Bourdieu 1987: 729). Mit dem Begriff der Hexis unterstreicht Bourdieu sogar nochmals die äußerlich wahrnehmbare, körperliche Seite des Habitus (vgl. Bourdieu 1987: 283). Die Sozialstruktur und ihre Geschichte schreiben sich aus Bourdieus Sicht nicht nur in die Wahrnehmungskategorien der Akteure, sondern bis in ihre Körper ein, was sich etwa an Körperhaltung, Gestik und Mimik zeigt.

Zweitens wurde der Körper von Bourdieu selbst aus einer Ressourcenperspektive betrachtet und gelegentlich als physisches oder körperliches Kapital benannt. So finden sich Ausführungen zum körperlichen Kapital und dessen Einsatz in den *Feinen Unterschieden* und einer früheren Arbeit zum Sport (Bourdieu 1978, 1987). Im Unterschied zu Hakim geschah dies aber stets unter Berücksichtigung der sozialräumlichen Bedingtheit der körperlichen Erscheinung sowie im Hinblick auf spezifische Felder, wie beispielsweise der Sport für Männer und das „System der Schönheitspreise" für Frauen, in denen der Körper zum Kapital werden kann (vgl. Bourdieu 1978: 832). Der Unterschied zwischen Hakims erotischem Kapital und Bourdieus Körperkapital ist also, ob Körperlichkeit als *Funktion des Sozialraums* oder, wie von Hakim impliziert, als eine relativ autonome Dimension des Sozialraums zu verstehen ist.

Im Folgenden soll an einem instruktiven Beispiel gezeigt werden, wie die Beantwortung dieser Frage im Anschluss an Bourdieu unternommen werden kann. Wir verwenden für unser Beispiel Daten von 765 Befragten, die im Rahmen einer Online-Befragung erhoben wurden[3]. Zum einen wurden die Bourdieu'schen Lebensstil-Items (Kleidung, Einkauf, Wohnungseinrichtung) erhoben, zum anderen auch Körpergröße und Gewicht, was die Konstruktion des Body-Mass-Index erlaubt. Zusätzlich wurden die selbst wahrgenommene Attraktivität, selbst eingeschätzte Chancen beim Gegengeschlecht[4] sowie die Verwendung unzutreffender Profilbilder ermittelt. Diese Informationen zur körperlichen Attraktivität wurden einer geschlechtsspezifischen Hauptkomponentenanalyse unterzogen, die einen eindimensionalen Faktor identifizierte. Die extrahierte latente Variable „körperliches Kapital" wurde anschließend in Quintile unterteilt (0 übergewichtig, geringe Chancen beim Gegengeschlecht, niedrige selbst eingeschätzte Attraktivität bis 4: optimales Gewicht, große Chancen beim Gegengeschlecht, hohe selbst eingeschätzte Attraktivität). Diese Attraktivitätsvariable wurde mit dem Geschlecht gruppiert, sodass jeweils fünf Ausprägungen für Frauen (Frau 0 bis Frau 4) und Männer (Mann 0 bis Mann 4) verwendet wurden. Gemeinsam mit den klassischen Lebensstil-Items wurde diese Variable mittels einer multiplen Korrespondenzanalyse (Blasius 2001) analysiert. Abbildung 1 zeigt das Resultat.

3 Für weitere Informationen zum DFG-geförderten Projekt „Das Internet als Partnermarkt" siehe www.partnerwahlforschung.de.

4 Diese Analyse klammert damit Homosexualität aus. Dies folgt aus der Anlage des Forschungsprojektes, das heterosexuelle Dating-Plattformen zum Gegenstand hat.

Abbildung 1: Multiple Korrespondenzanalyse der Lebensstile und der körperlichen Attraktivität

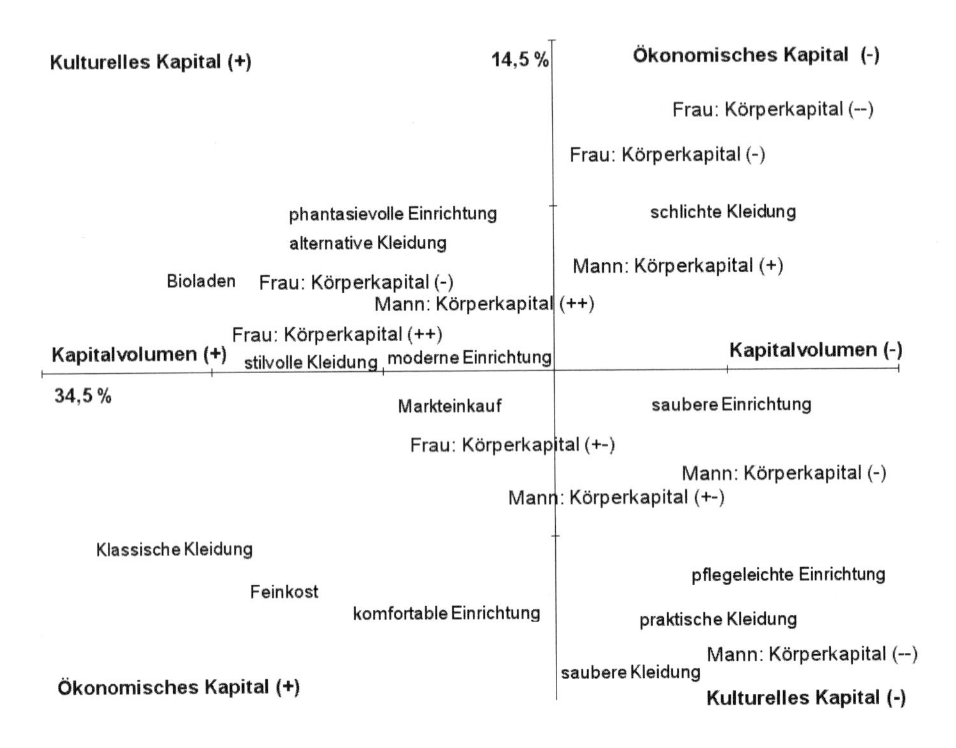

Quelle: eigene Abbildung. Berechnungen erfolgten basierend auf Befragungs- und Beobachtungsdaten einer deutschen Online-Plattform aus dem Jahr 2009. N = 765.[5]

Dieses Beispiel illustriert, dass im vorliegenden Fall kein autonomes körperliches Kapital konstruierbar ist. Der empirisch konstruierte Raum kann über ökonomisches und kulturelles Kapital ausreichend beschrieben und eine dritte Achse nicht statistisch identifiziert werden. Vielmehr ist hier die Verteilung der körperlichen Merkmalsausprägungen („Körperkapital") auf der Ebene des Sozialraums als deutlich geschlechtsspezifische Funktion von ökonomischem und kulturellem Kapital beschreibbar (von rechts nach links)[6]. Die Datengrundlage erlaubt zwar formal keine inferenz-statistische Generalisierung auf die deutsche Gesellschaft, es entspricht aber zum einen Bourdieus theoretischen Ausführungen zur Körperlichkeit im Sozialraum. Er argumentiert, dass die „meistbegehrten körperlichen Merkmale (Schlankheit, Schönheit, etc.) nicht zufällig über die Klassen verteilt sind" (Bourdieu 1987: 330).[7] Das empirische Ergebnis

5 Zur Interpretation der Korrespondenzanalyse siehe Blasius (2001).
6 Insofern ist in diesem sozialräumlichen Zusammenhang die Bezeichnung Körperkapital letztlich auch nicht treffend.
7 Die deutsche Übersetzung ist hier allerdings fehlerhaft: „die meistbegehrten körperlichen Merkmale [...] nicht klassenspezifisch verteilt sind". Es empfiehlt sich ein Vergleich mit dem franzö-

resultiert auch daraus, dass das Verhältnis zum eigenen Körper habituell variiert, was sich etwa darin niederschlägt, dass „der Anteil der Frauen, die sich hinsichtlich ihrer Schönheit unterhalb des Durchschnitts einstufen [...], mit steigendem Sozialstatus" abnimmt (Bourdieu 1987: 329). Zum anderen könnte mit Hakim das Online-Dating, das im besonderen Maße über die attraktivitätsbasierte Partnersuche charakterisiert ist, als Anwendungsbeispiel par excellence interpretiert werden (Hakim 2013). Dennoch deutet selbst in diesem Begegnungskontext nichts auf ein Kapital im postulierten Sinn hin.

Die von Hakim als unabhängig deklarierte Dimension des erotischen Kapitals geht in den Ausprägungen des Habitus auf, die wesentlich durch ökonomisches und kulturelles Kapital erklärt werden können. „Spritzigkeit", „Charme" und jene anderen Indikatoren der Hakim'schen Konstruktion müssen aus dieser Perspektive daher primär als klassenspezifische Phänomene gedeutet werden: Körperkapital tritt als Teilaspekt der Position im Sozialraum und des Lebensstils in Erscheinung.

So wie Körperlichkeit als Ressource sozialräumlich bedingt zu verstehen ist, ist aus dieser Perspektive auch die Anerkennung und Wertschätzung seitens potenzieller PartnerInnen durch den Sozialraum differenzierbar (vgl. Williams 1995). Denn *drittens* trennte Bourdieu analytisch zwischen einer Ressource und ihrer symbolischen Wahrnehmung, indem er den Begriff des symbolischen Kapitals einführte: Das symbolische Kapital ist die Form, „die eine [...] Kapitalsorte annimmt, wenn sie über Wahrnehmungskategorien wahrgenommen wird" (Bourdieu/Wacquant 1996: 151). Demnach sind mit Bourdieu die Bestimmungsgründe der erotischen Wirkung als Teil der symbolischen Wirkung an anderer Stelle zu suchen als in einer Essenz von Erscheinung und Verhalten. Sie sind lokalisierbar in den habituellen Wahrnehmungs- und Bewertungskategorien der BetrachterInnen und damit deren Kapitalausstattung sowie in der eine Gesellschaft charakterisierenden symbolischen Ordnung, in der der menschliche Körper die „unwiderlegbarste Objektivierung des Klassengeschmacks" repräsentiert (Bourdieu 1987: 307), welcher symbolisch akzentuiert wird durch „Haltung, im Auftreten und Verhalten" (Bourdieu 1987: 309).

Diese Überlegungen begründen Bourdieus geläufigste Vorstellung von Prozessen der Paarformation. Diese benennt den sozialräumlich bestimmten Habitus als wesentlichen Mechanismus, der die Wahrscheinlichkeit der Begegnung, Interaktion und Beziehungsanbahnung zweier potenzieller PartnerInnen strukturiert:

> „Wer ‚oben' beheimatet ist, dürfte wohl in den seltensten Fällen jemanden von ‚unten' heiraten. Zunächst einmal sind die Aussichten generell gering, dass sie sich überhaupt treffen. Sollte das einmal geschehen, dann wahrscheinlich nur en passant, kurz, auf einem Bahnhof oder in einem Zugabteil. [...] Sollten sie tatsächlich einmal ins Gespräch kommen, werden sie sich wohl nicht wirklich verstehen, sich kaum eine richtige Vorstellung voneinander machen können. Nähe im sozialen Raum begünstigt persönliche Annäherung" (Bourdieu 1989: 28).

Bourdieu argumentiert also, es sei sehr unwahrscheinlich, dass Personen mit unterschiedlich gearteten Lebensstilen eine Partnerschaft formen, da sie sich zum einen auf-

sischen Original: „Le seul fait que les propriétés corporelles les plus recherchées (minceur, beauté, etc.) ne soient pas distribuées au hasard entre les classes" (Bourdieu 1979: 228).

grund ihrer sozialräumlichen Unterschiedlichkeit selten begegnen und zum anderen bei einer Begegnung mit geringer Wahrscheinlichkeit im Hinblick auf die Initiierung einer Paarbeziehung interagieren beziehungsweise sich bei einem solchen Versuch nur selten verstehen. „PartnerInnenwahl" wird aber nicht primär über einen bewusst-rationalen Akteur, der sich in analytisch definierten Entscheidungssituationen befindet, konstruiert. Nach Bourdieu sind es keine intentionalen Wahlhandlungen, sondern der Geschmack, der „die Menschen, die zueinander passen", paart (Bourdieu 1987: 374). Durch den Sozialraum klassifizierte Menschen leben in ihren Alltagsroutinen einen klassenspezifischen Geschmack bei der PartnerInnenwahl wie bei der Wahl unbeseelter Güter aus. Körperlichkeit in der Paarformation wird aus dieser sozialräumlichen Perspektive heraus als Funktion der habituellen Symbolisierung einer Position und der ebenso habituellen Wahrnehmung dieser Position verstanden (vgl. Bourdieu 1987: 328ff.). Mit anderen Worten: Menschen bevorzugen und finden PartnerInnen mit einem ähnlichen Habitus und damit tendenziell auch einer ähnlichen körperlichen Erscheinung.

4.3 Die Habitus-Feldtheorie als Theorie der Paarformation?

In der dargelegten sozialräumlichen Perspektive auf Paarformationsprozesse dominiert die lebensstilspezifische Ähnlichkeitspaarbildung, bei der Körperlichkeit in weiten Teilen als Ausdruck von Lebensstilen und materiellen Ressourcen interpretiert wird (vgl. Bourdieu 1987: 307). Abweichungen von der Lebensstilhomophilie und den ihr zugrunde liegenden Prozessen geraten durch dieses allgemeine Sozialraum-Modell jedoch tendenziell in den Hintergrund. Bourdieu entwickelte nach eigenen Worten keine „generelle Theorie ehelicher Tauschbeziehungen in differenzierten Gesellschaften" (Bourdieu 2008: 227). Das theoretische und empirische Potenzial für eine Soziologie der Paarformation endet aber nicht in der Benennung einer weiteren, für die PartnerInnenwahl(forschung) relevanten „Variablen", Lebensstil, und der Idee eines „universelle[n], aber völlig inhaltslose[n] Prinzip[s] der Homogamie" (Bourdieu 2008: 22). Die theoretischen Werkzeuge der Bourdieu'schen Soziologie können vielmehr in einen intensiveren Dialog mit den etablierten Theorien der Paarformation treten. Im nächsten Schritt heben wir daher einige Konzepte seiner Arbeit hervor, die für eine Soziologie der Paarformation fruchtbar gemacht werden können.

Bourdieus Sozialraum kann als Spezifikation des Blau-Space gefasst werden, der häufig als strukturelle Ergänzung individueller PartnerInnenwahltheorien herangezogen wird (vgl. McPherson 1983; Stauder 2008; Skopek 2011). Mit dem Blau-Space wird die Sozialstruktur als eine Verteilung in einem multidimensionalen Raum aufgefasst, wobei die Achsen des Raumes die Variation der Subjekte innerhalb dieses Raumes abbilden. Dieses Raummodell setzt sich aus a priori definierten Merkmals-Achsen (wie z. B. Alter, Berufsprestige und Einkommen) zusammen, wobei die räumliche Distanz der abgetragenen Einheiten als eine Umkehrfunktion von Ähnlichkeit betrachtet wird. Mit dem Sozialraummodell Bourdieus können diese Merkmals-Achsen theoretisch konkretisiert werden: Nicht kontigente, manifeste Variablen, sondern die latenten Strukturachsen, die

Kapitalia der Gesellschaft, dienen dann der Untersuchung von objektiven Distanzverhältnissen zwischen Personen. In dieser Perspektive wären dann auch die Variablen zur Messung von Attraktivität beziehungsweise erotischem Kapital nicht von vorneherein festzulegen, sondern müssten erst im Sozialraum verortet werden.[8] Der Vorteil dieser Herangehensweise wäre, das Phänomen des PartnerInnenmarktes so im Rückgriff auf der Basis einer allgemeinen Gesellschaftstheorie zu erschließen. Diese bietet mit dem Habituskonzept eine elaborierte Praxistheorie, die die partnerschaftlichen Präferenzen als sozialräumlich erklärbare Dispositionsbündel (und damit subjektive Distanzen) auffasst (Schmitz 2012). Für eine Soziologie der Paarformation lässt sich so das „field of eligibles" (Winch 1958), also das Feld wahrscheinlicher PartnerInnen, hinsichtlich objektiver und subjektiver Nähe im Sozialraum spezifizieren.

Darauf aufbauend können die von Feld (1981) in die PartnerInnenmarktforschung eingeführten „Foci", d. h. sozial selektive Orte erhöhter Interaktionswahrscheinlichkeiten, aus einer Bourdieu'schen Feldperspektive etwa als Subfelder des PartnerInnenmarktes betrachtet werden.[9] Mit einem solchen weiten Feldbegriff können konkrete Interaktionskontexte dahingehend untersucht werden, ob sie eine spezifische Kapitalstruktur aufweisen und worauf sich diese gründet. Körperliche Attraktivität etwa wird insbesondere in partnerInnenmarktbezogenen Subfeldern, wie Diskotheken, Speed-Dating, Online-Dating oder Homosexuellenclubs, diskutiert (z. B. Bourdieu 2008; Bozon/Héran 1989; Hakim 2010a, 2011; Martin/George 2006; Otte 2007; Green 2008b; Skopek 2011; Finkel/Eastwick 2008). Derartige PartnerInnenmärkte können über eine temporäre intensive Aufmerksamkeitskonkurrenz und eine relative Herauslösung aus den Strukturen des Alltags charakterisiert werden. Die damit gegebenen Begegnungssituationen können soziostrukturelle Aspekte von Körperlichkeit teilweise abschwächen und das „körperliche Kapital" als Grundlage für Aufmerksamkeitschancen in den Vordergrund rücken. Beispielsweise zeigt Otte (2007), dass in Diskotheken „der subjektiv bearbeitete Körper als ein Kapital, das zur Steigerung der physischen Attraktivität beim Flirten auf dem Partnermarkt eingesetzt wird, fungiert" (Otte 2007: 169). Green (2005) zeigt am Beispiel der homosexuellen Szene in New York City, dass die in einem spezifischen Feld aktiven Währungen (hier: sexuelle Attraktivität sozialräumlich benach-

8 Dies ist durchaus anschlussfähig an Blau, der einen Effekt der Korrelation verschiedener Parameter auf die Begegnungswahrscheinlichkeit vermutete (Blau 1974b: 622).

9 Mit Bourdieus Feldbegriff werden üblicherweise quasi-funktional differenzierte Handlungskontexte wie das universitäre Feld (Bourdieu 1988), das politische Feld (Bourdieu 2000), das künstlerische Feld (Bourdieu 1999) oder das religiöse Feld (Bourdieu 2001) in den Blick genommen. Gleichwohl werden auch konkrete Interaktionskontexte wie etwa ein Unternehmen von Bourdieu aus einer Feldperspektive betrachtet (Bourdieu 2005b). Ein Feld wird konstruiert über die relative Autonomie eines gesellschaftlichen Teilbereichs anhand eines feldspezifischen Prinzips („Nomos"), wie es etwa in der Arbeit von Illouz (2011) im Zusammenhang mit der Sexualität versucht wird. Im Unterschied zu vergleichbaren Analysen „funktionaler Differenzierung" bei Max Weber und Niklas Luhmann diskutiert Bourdieu aber kein „Feld der Erotik". Ob dies einer zunehmenden „Deregulierung des Paarbildungsprozesses" (Illouz 2011: 106) geschuldet ist, die Bourdieu nicht mehr aufzugreifen vermochte, oder, wie wir vermuten, sich aus der theoretischen Anlage der Habitus-Feldtheorie ergibt, soll an dieser Stelle nicht vertiefend erörtert werden. Es wäre dabei etwa zu fragen, ob es einen analytischen Vor- oder Rückschritt darstellt, in formaler Analogie zu Bourdieu ein erotisches Kapital in einem erotischen Feld nebst erotischem Habitus zu postulieren.

teiligter Menschen schwarzer Hautfarbe) nicht mit denen des gesamtgesellschaftlichen Raums korrespondieren, sondern in einem spezifischen Begegnungskontext zum Kapital werden, der die beteiligten AgentInnen nach ihrer Attraktivität differenziert und ihnen damit unterschiedliche „sexuelle" Verhandlungsmacht gewährt. Greift man auf die Feldperspektive Bourdieus zurück, müssen die dem Feld vorgängigen sozialräumlichen Faktoren im Auge behalten werden: Foci und deren Nutzung sind sozialräumlich vorselektiert und auch in ihnen ist Körperlichkeit nicht von den feldexternen Grundlagen des Habitus zu trennen, d. h., es ist wiederum nicht zufällig, wer im Feld der Diskothek zu finden ist.

Ein weiteres für die PartnerInnenmarktforschung fruchtbares Konzept ist das des Sozialkapitals, das von Bourdieu als die „Gesamtheit der aktuellen und potentiellen Ressourcen, die mit dem Besitz eines dauerhaften Netzes von mehr oder weniger institutionalisierten Beziehungen gegenseitigen Kennens oder Anerkennens verbunden sind", konzeptualisiert wird (Bourdieu 1983: 191). Begegnungs- und Interaktionschancen lassen sich somit als potenzielle, realisierte PartnerInnenschaften als aktualisierte Ressourcen des Beziehungsnetzwerks fassen[10]. Aufbauend auf einer solchermaßen konzeptualisierten Begegnungschance lässt sich dann mit dem zuvor genannten symbolischen Kapital der Begegnungsprozess untersuchen. (Erotische) Anziehungskraft in Begegnungssituationen kann als symbolisches Kapital konzeptualisiert werden, nämlich als Vorteile eines Akteurs, die sich aufgrund seines Wahrgenommen-Seins als TrägerIn von ökonomischen, sozialen, kulturellen oder körperlichen, stets aber inkorporierten Kapitalia ergeben. Verschiedentlich wird in diesem Zusammenhang moniert, dass Bourdieu mit seiner Vernachlässigung der interaktionistischen Perspektive (Bourdieu 1987: 379) nur schwer den symbolischen Tauschwert in konkreten Begegnungen erklären kann. Hier empfiehlt sich eine Integration von Goffmans Rahmenanalyse in Bourdieus Programm (Goffman 1951, 1977), was den Blick auf Strategien und Konstruktionsleistungen in Interaktionen eröffnet (vgl. auch Hirschauer 1989; Green 2008a; Bottero 2009). Bourdieus im Sozialraum tendenziell von einem Akteur her gedachte geschmacksbasierte Klassifikation kann so zu einem Modell der reziproken Klassifikation weiterentwickelt werden, was etwa den Blick für habituelle Abweichungen von der Lebensstil-Homophilie öffnet (vgl. Schmitz 2012b). Insgesamt erscheint es also durchaus als ein lohnendes Ziel, Bourdieus Arbeiten für die Erforschung von Paarformationen nutzbar zu machen.

4.4 Der PartnerInnenmarkt als Reproduktionsinstanz männlicher Herrschaft

Neben expliziten und impliziten Einsichten für eine Soziologie der Paarformation zeichnet Bourdieus Arbeit eine kritische Perspektive auf die aggregierten Resultate der von ihm nicht im Einzelnen verhandelten PartnerInnenmärkte und Interaktionsprozesse

10 Eine ähnliche Überlegung findet sich bei Stauder, der mit dem Sozialkapitalbegriff Blaus Strukturtheorie der Kontaktgelegenheiten mit Essers Modell der soziologischen Erklärung verknüpft (vgl. Stauder 2008).

aus. Während für Hakim der PartnerInnenmarkt *die* Instanz zur Realisierung weiblicher Gleichberechtigung über den Weg der Anpreisung ihrer Reize darstellt, äußerte sich Bourdieu zu weiblicher Attraktivität aus einer diametral entgegengesetzten Perspektive des Markts symbolischer Güter:

> „Das Prinzip der Unterlegenheit und des Ausschlusses der Frau [...] ist nichts anderes als die fundamentale Asymmetrie von Subjekt und Objekt, von Akteur und Instrument, die zwischen dem Mann und der Frau auf dem Gebiet des symbolischen Tauschs, der Produktions- und Reproduktionsverhältnisse des symbolischen Kapitals, entsteht, auf denen die ganze soziale Ordnung basiert und deren zentraler Mechanismus der Heiratsmarkt ist: Die Frauen können dort als Objekte oder, besser, als Symbole in Erscheinung treten, deren Sinn außerhalb ihrer selbst konstituiert wird und deren Funktion es ist, zur Erhaltung oder Mehrung des den Männern gehörenden symbolischen Kapitals beizutragen" (Bourdieu 2005a: 79).

Jäger/König/Maihofer (2012: 15ff.) arbeiten diese von Hakim unterschlagene gesellschaftliche Konstruktion des nicht genuin natürlichen Unterschiedes zwischen den Geschlechtern als wesentlichen Mechanismus der Reproduktion männlicher Herrschaft in Bourdieus Arbeiten heraus: Der Unterschied zwischen den Geschlechtern wird insbesondere durch die Internalisierung zweier komplementärer gesellschaftlicher Aufforderungen reproduziert. Während Männlichkeit als „Sein-Sollen" erzeugt wird, welche Aktivität, Anstrengung und Kampf beinhaltet, ist Weiblichkeit das passive „Wahrgenommen-Sein" durch männliche Beobachter. Dies schlägt sich auf besondere Weise in den Bedingungen der Paarkonstitution nieder. Frauen nehmen hier die Rolle symbolischer Güter (Bourdieu 2005a) ein, deren symbolischer und partnerschaftlicher Tauschwert sich wesentlich aus dem speist, was Hakim mit dem Begriff des erotischen Kapitals als individuelle Ressource zu erfassen sucht. Doch die „Verfügungsgewalt" über ihre erotische Wirkung ist für Frauen, die sich den stereotypen Erwartungshaltungen entsprechend am PartnerInnenmarkt verhalten, relativ gering. Die klassischen, von Hakim affirmativ den männlichen Tauschpartnern zugeschriebenen Kapitalia können hingegen in sehr viel mehr Situationen und in einer vielfältigeren Art und Weise eingesetzt und getauscht werden, da ihr Tauschwert relativ unabhängig von den konkreten Beziehungen der Tauschenden bestimmt werden kann. Mit der vornehmlich weiblich konnotierten Ressource Erotik verhält es sich anders, denn diese gewinnt am PartnerInnenmarkt gerade durch Exklusivität und Spezifizität der Beziehung an beständigem Wert (vgl. auch Blau 1974a). Eine generalisierte Investition führt hingegen zur Inflationierung der eigenen Person und zur Reduktion des Tauschwerts des eigenen Körpers. Männliche Herrschaft definiert den partnerschaftlichen Tauschwert weiblicher Attraktivität im Aggregat dergestalt, dass ein weiblicher Körper nicht ohne den Preis seiner symbolischen Entwertung generalisiert werden kann. So oder so: Wird in erotisches Kapital im Sinne Hakims investiert, wird immer auch in die bestehende Machtbalance der Geschlechter investiert. Mit Bourdieus Zugang gerät also in den Blick, wie mit der Internalisierung der geschlechtsstereotypen Schönheitsideale gleichzeitig die Bedingungen ihrer Reproduktion habitualisiert werden. Damit endet die Erklärung von Attraktivitätsvorstellungen nicht in biologisch bestimmten Präferenzen, sondern sie wird als Erscheinungsform männlicher Herrschaft verstehbar. So wird etwa der oft zu beobachtende präferentielle Unterschied hinsichtlich Alter, Bildung oder Körpergröße auch als Ausdruck internalisierter Machtstrukturen interpretierbar (vgl. Bourdieu 2005a 67ff.).

5 Fazit

Die von uns angestellten Überlegungen verdeutlichen, dass erotisches Kapital existiert. Es existiert als Anforderung, in körperliche Attraktivität zu investieren und seinen Körper wie seine sozialen Verhaltensweisen danach zu befragen, ob diese den Erwartungen anderer entsprechen. Die Legitimation dieser Erwartung basiert auf der Setzung eines legitimen Eigeninteresses: Frauen sollen durch Charme, Grazie und Anmut – also einer Entsprechung männlicher Erwartungen – individuelle Vorteile generieren. Hakim versucht mit ihrem Konzept des erotischen Kapitals solchen Verhaltensanweisungen den Status eines sozialen Tatbestandes zuzuschreiben, um den unterstellten Vorteilen die zusätzliche Legitimität einer wissenschaftlichen Tatsache zu vermitteln. Zu diesem Zweck reduziert sie körperbasierte Anziehungskraft auf eine individuelle Ressource, ohne deren inhärenten mittelbaren Restriktionscharakter im Aggregat der Geschlechterverhältnisse zu berücksichtigen. Im Zusammenhang mit PartnerInnenmärkten werden so die möglichen symbolischen Austauschrelationen zwischen Mann und Frau a priori auf den Austausch von männlichem Status und weiblicher körperbasierter Anziehungskraft nicht nur analytisch begrenzt, sondern auch normativ bekräftigt. Crompton/Lyonette (2005: 616) führen die Denkmuster, die einem solchen „Gender-Essentialismus" zugrunde liegen, auf eine konservative und neo-liberale Denkweise zurück.

Wie handelsübliche Beratungsliteratur einzelnen Menschen in einer Lebenssituation zu helfen vermag, lässt sich dies auch nicht für Hakims Ermunterung zur (weiblichen) Investition in Körperlichkeit und normkonformen Geschlechterhabitus ausschließen. Ebenso wie viele andere Ratgeberliteraturen kennzeichnet diese erotische Empowerment-Rhetorik aber ein systematisches Ausblenden der unintendierten Handlungsfolgen und eine Ontologisierung der Geschlechterverhältnisse. Hakims erotisches Kapital dient der „Fixierung des legitimen Körperbildes und Körpergebrauchs" und verbreitet ähnlich wie „Frauenmagazine jenes neue Frauenbild" (Bourdieu 1987: 253), dessen selbst erfolgreichste Vertreterinnen „die überkommensten Funktionen" zu erfüllen haben.

Der unmittelbare Nutzen, der Frauen aus einer Paarformation nach klassischem Muster erwachsen mag, stellt sich demgegenüber mit Bourdieu immer als mittelbare Reproduktion männlicher Herrschaft dar, in der in weiten Teilen Männern die Definitionshoheit und Verfügungsgewalt über Bedingungen und Wechselkurs weiblicher Körperlichkeit zufällt. Körperliche Hexis versteht Bourdieu immer auch als „inkorporierte politische Mythologie", die in eine dauerhafte Disposition und eine beständige Weise des Stehens und Sprechens und dadurch des Fühlens und Denkens überführt wird (Bourdieu 1997: 93f.). Der mit der Empowerment-Ideologie des erotischen Kapitals propagierte „wohlwollende Sexismus" im Sinne der Orientierung an männlichen Erwartungen stellt sich aus Bourdieus Sicht als symbolische Erscheinungsform einer sanften männlichen Herrschaft dar:

„[T]he prime example of this paradoxical submission, an effect of what I call symbolic violence, a gentle violence, imperceptible and invisible even to its victims, exerted for the most part through the purely symbolic channels of communication and cognition (more precisely misrecognition), recognition, or even feeling" (Bourdieu, 2001: 1f.).

Aus dieser Perspektive können die den Geschlechterverhältnissen zugrunde liegenden Macht- und Herrschaftsverhältnisse, genau wie die in ihnen wirksame geschlechtsspezifische Körperlichkeit, analysiert und kritisch hinterfragt werden.

Unabhängig von diesen normativen Implikationen kann festgehalten werden, dass eine Bourdieu'sche Soziologie der Körperlichkeit im Prozess der Paarformation nur verstreut in seinem Werk aufscheint und daher tatsächlich explizit gemacht werden muss. Die sozialräumliche Perspektive Bourdieus erlaubt im Unterschied zu Hakims Konzept des erotischen Kapitals die Analyse der Konstituenten gesellschaftlich strukturierter, inkorporierter Attraktivität und deren Wahrnehmung. Darüber hinaus bergen seine soziologischen Konzepte weiteres, bislang kaum erschlossenes Potenzial für eine Soziologie der Paarformation und ihrer körperbezogenen Implikationen. Der von Hakim vorgeschlagene Begriff des erotischen Kapitals nutzt weder dieses Potenzial noch reflektiert er die zu erweiternden Grenzen der Habitus-Feldtheorie für eine Soziologie der Paarformation.

Das Bourdieu'sche Instrumentarium wird so durch Hakims Entwurf gleich mehrfach konterkariert: Konstruktivismus, Relationismus und kritische Gesellschaftstheorie werden zu Positivismus, Essentialismus und neoliberaler (PartnerInnen-)Marktrhetorik. Sollten die auf normativer wie analytischer Ebene vorgebrachten Argumente gegen Hakims Konzept des erotischen Kapitals überzeugen, so mag sich die Frage anschließen, worin der Sinn besteht, sich mit einer offenkundigen Fehlrezeption einer sozialwissenschaftlichen Denktradition zu befassen. Hierfür lassen sich zumindest vier Gründe benennen: (1) Außerhalb der Wissenschaft finden die Arbeiten von Hakim sehr starke Beachtung und werden medial als Beitrag der Sozialwissenschaften inszeniert, was der wissenschaftlichen Legitimation einer von uns nicht geteilten Ideologie dient. (2) Ebenso finden sich unkritische Bezugnahmen auf Hakims Konzept des erotischen Kapitals innerhalb der Wissenschaften, was der Weiterentwicklung des wissenschaftlichen Diskurses um Paarformation, Attraktivität und Geschlechterverhältnisse (aus unserer Sicht) wenig zuträglich ist. (3) In diesem Sinne behindert die verfälschende Rekonstruktion der analytisch zu trennenden Phänomene von Körperlichkeit und ihrer Wirkung auch eine notwendige Weiterentwicklung im Rahmen der Habitus-Feldtheorie. (4) Schließlich steht Hakims Gebrauch des Bourdieu'schen Kapitalbegriffs für die vorherrschende Praxis einer eklektischen Rezeption der Habitus-Feldtheorie. Fröhlich/Rehbein (2009) kritisieren diese sich zunehmend einbürgernde Rezeption Bourdieus, dessen „Schriften, Theoreme, Grundbegriffe und sogar Einzelaussagen immer häufiger dazu verwendet [werden], eigene Schriften durch seinen Namen aufzuwerten. Schlimmstenfalls [...]

liest man Bourdieu gar nicht mehr, sondern zitiert ihn nur mehr oder eine seiner wohlklingenden Begriffsetiketten wie ‚Symbolkapital' oder ‚Kulturkapital' – und macht, was man ohnehin vorhatte" (Fröhlich/Rehbein 2009: 401). Wir haben versucht zu zeigen, dass Hakims erotisches Kapital einen idealtypischen Fall solcher Rezeptionspraktiken darstellt.

Literaturverzeichnis

Blasius, Jörg. (2001). *Korrespondenzanalyse*. München: Oldenbourg Verlag.

Blau, Peter Michael. (1974a). Exkurs über die Liebe. In Walter Ludwig Bühl (Hrsg.), *Reduktionistische Soziologie. Die Soziologie als Naturwissenschaft? 7 Aufsätze* (S. 110–124). (Nymphenburger Texte zur Wissenschaft, Modelluniversität Band 18). München: Nymphenburger.

Blau, Peter Michael. (1974b). Parameters of social structure. *American Sociological Review*, *39*, 615–635.

Blau, Peter Michael; Beeker, Carolyn & Fitzpatrick, Kevin M. (1984). Intersecting Social Affiliations and Intermarriage. *Social Forces*, *62*, 585–605.

Bottero, Wendy. (2009). Relationality and social interaction. *The British Journal of Sociology*, *60*(2), 399–420.

Bourdieu, Pierre. (1978). Sport and Social Class. *Social Science Information*, *17*(6), 819–840.

Bourdieu, Pierre. (1979). *La Distinction: Critique sociale du jugement*. Paris: Edition de Minuit.

Bourdieu, Pierre. (1983). Ökonomisches Kapital, kulturelles Kapital, soziales Kapital. In Reinhard Kreckel (Hrsg.), *Soziale Ungleichheiten* (S. 183–198). (Soziale Welt Sonderband 2). Göttingen: Schwartz.

Bourdieu, Pierre. (1987). *Die feinen Unterschiede: Kritik der gesellschaftlichen Urteilskraft*. Frankfurt/M.: Suhrkamp.

Bourdieu, Pierre. (1988). *Homo Academicus*. Frankfurt/M.: Suhrkamp.

Bourdieu, Pierre. (1989). *Satz und Gegensatz: Über die Verantwortung des Intellektuellen*. Berlin: Wagenbach.

Bourdieu, Pierre. (1997). *Outline of a Theory of Practice*. Cambridge: Cambridge University Press.

Bourdieu, Pierre. (1999). *Die Regeln der Kunst: Genese und Struktur des literarischen Feldes*. Frankfurt/M.: Suhrkamp.

Bourdieu, Pierre. (2000). *Das politische Feld: Zur Kritik der politischen Vernunft*. Frankfurt/M.: Suhrkamp.

Bourdieu, Pierre. (2001). *Masculine Domination*. Cambridge: Polity Press.

Bourdieu, Pierre. (2005a). *Die männliche Herrschaft*. Frankfurt/M.: Suhrkamp.

Bourdieu, Pierre. (2005b). *The Social Structures of the Economy*. Cambridge: Polity Press.

Bourdieu, Pierre. (2008). *Der Junggesellenball*. Konstanz: UVK.

Bourdieu, Pierre & Dölling, Irene. (1991). *Die Intellektuellen und die Macht*. Hamburg: VSA-Verlag.

Bourdieu, Pierre & Wacquant, Loïc J. D. (1996). *Reflexive Anthropologie*. Frankfurt/M.: Suhrkamp.

Bozon, Michel. (1991). Women and the age gap between spouses: an accepted domination? *Population. An Englisch Selection*, 3, 113–148.

Bozon, Michel & Héran, François. (1989). Finding a spouse: A survey of how French couples meet. *Population*, *44*(1), 91–121.

Bröckling, Ulrich. (2002). Das unternehmerische Selbst und seine Geschlechter. *Leviathan, 30*(2), 175–194.
Bröckling, Ulrich. (2004). Unternehmer. In Ulrich Bröckling, Susanne Krasmann & Thomas Lemke (Hrsg.), *Glossar der Gegenwart* (S. 271–276). Frankfurt/M.: Suhrkamp.
Chambers, Clare. (2005). Masculine domination, radical feminism and change. *Feminist Theory, 6*(3), 325–346.
Crompton, Rosemary & Lyonette, Clare. (2005). The new gender essentialism – domestic and family 'choices' and their relation to attitudes. *The British Journal of Sociology, 56*(4), 601–620.
Davis, Kingsley. (1941). Intermarriage in Caste Societies. *American Anthropologist, 43*, 376–395.
Edwards, John N. (1969). Familial Behaviour as Social Exchange. *Journal of Marriage and the Family, 31*(3), 518–526.
Emmenegger, Barbara & Gisler, Priska. (1998). „Die Grenze ist ja, wie wir wissen, furchtbar schwer zu ziehen ...": Geschlechtsspezifische Schließungsprozesse und Sexualität am Beispiel zweier Organisationen der höheren Ausbildung. *Zeitschrift für Personalforschung, 12*(2), 143–166.
Feld, Scott L. (1981). The Focused Organization of Social Ties. *American Journal of Sociology, 86*, 1015–1035.
Finkel, Eli J. & Eastwick, Paul W. (2008). Speed-Dating. *Association for Psychological Science, 17*(3), 193–197.
Foucault, Michel. (2008). *Überwachen und Strafen: Die Geburt des Gefängnisses*. Frankfurt/M.: Suhrkamp.
Franzen, Axel & Hartmann, Josef. (2001). Die Partnerwahl zwischen Wunsch und Wirklichkeit: Eine empirische Studie zum Austausch von physischer Attraktivität und sozialem Status. In Thomas Klein (Hrsg.), *Partnerwahl und Heiratsmuster. Sozialstrukturelle Voraussetzungen der Liebe* (S. 183–206). Opladen: Leske + Budrich.
Fröhlich, Gerhard & Rehbein, Boike. (Hrsg.). (2009). *Bourdieu-Handbuch. Leben – Werk – Wirkung*. Stuttgart: Metzler.
Glick, Peter & Fiske, Susan T. (1996). The Ambivalent Sexism Inventory: Differentiating hostile and benevolent sexism. *Journal of Personality and Social Psychology, 70*(3), 491–512.
Goffman, Erving. (1951). Symbols of Class Status. *The British Journal of Sociology, 2*(4), 294–304.
Goffman, Erving. (1977). The Arrangement between the Sexes. *Theory and Society, 4*(3), 301–331.
Green, Adam Isaiah. (2005). *Structures of Desire: Toward an Analysis of Modern Erotic Worlds* [Paper presented at the annual meeting of the American Sociological Association, Marriott Hotel, Loews Philadelphia Hotel, Philadelphia, PA]. Zugriff am 23. März 2013 unter www.allacademic.com/meta/p18479_index.html.
Green, Adam Isaiah. (2008a). Erotic habitus: toward a sociology of desire. *Theory and Society, 37*(6), 597–626.
Green, Adam Isaiah. (2008b). The Social Organization of Desire: The Sexual Fields Approach. *Sociological Theory, 26*(1), 25–50.
Hakim, Catherine. (2010a). Erotic capital. *European Sociological Review, 26*(5), 499–518.
Hakim, Catherine. (2010b). Erotisches Kapital. Warum dieser Wert so lange übersehen wurde – und warum das ein Fehler ist. *Internationale Politik, 65*(3), 110–119.
Hakim, Catherine. (2011). *Erotisches Kapital. Das Geheimnis erfolgreicher Menschen*. Frankfurt/M.: Campus.
Hakim, Catherine & Pakman, David. (2011). *The David Pakman Show Transcript & Captions: September 12, 2011*. Zugriff am 23. März 2013 unter http://subscriptorium.com/460/2samples/1pakman.

Hakim, Catherine. (2012). Erotic Capital, Sexual Pleasure and Sexual Markets. In Osmo Kontula (Hrsg.): *Pleasure and Health by education, councelling and treatment* [Proceedings of NACS 2012 conference in Helsinki]. Zugriff am 23. März 2013 unter http://nacs.eu/data/nacs_final_sec_edit_web.pdf.

Heilman, Madeline E. & Saruwatari, Lois R. (1979). When beauty is beastly: The effects of appearance and sex on evaluations of job applicants for managerial and nonmanagerial jobs. *Organizational Behavior and Human Decision Processes, 23*(3), 360–372.

Heilman, Madeline E. & Stopeck, Melanie H. (1985). Being attractive, advantage or disadvantage? Performance-based evaluations and recommended personnel actions as a function of appearance, sex, and job type. *Organizational Behavior and Human Decision Processes, 35*(2), 202–215.

Hill, Paul B. & Kopp, Johannes. (2004). *Familiensoziologie. Grundlagen und theoretische Perspektiven*. Wiesbaden: VS Verlag.

Hirschauer, Stefan. (1989). Die interaktive Konstruktion von Geschlechtszugehörigkeit. *Zeitschrift für Soziologie, 18*(2), 100–118.

Illouz, Eva. (2011). *Warum Liebe weh tut: Eine soziologische Erklärung*. Frankfurt/M.: Suhrkamp.

Jäger, Ulle; König, Tomke & Maihofer, Andrea. (2012). Pierre Bourdieu: Die Theorie männlicher Herrschaft als Schlussstein einer Gesellschaftstheorie. In Heike Kahlert & Christine Weinbach (Hrsg.), *Zeitgenössische Gesellschaftstheorien und Genderforschung. Einladung zum Dialog* (S. 15–36). Wiesbaden: VS Verlag.

Koppetsch, Cornelia. (2000). Die Verkörperung des schönen Selbst: Zur Statusrelevanz von Attraktivität. In Cornelia Koppetsch (Hrsg.), *Körper und Status. Zur Soziologie der Attraktivität* (S. 99–124). Konstanz: UVK.

Kwan, Samantha & Trautner, Mary Nell. (2009). Beauty Work: Individual and Institutional Rewards, the Reproduction of Gender, and Questions of Agency. *Sociology Compass, 3*(1), 49–71.

Martin, John Levi & George, Matt. (2006). Theories of Sexual Stratification: Toward an Analytics of the Sexual Field and a Theory of Sexual Capital. *Sociological Theory, 24*(2), 107–132.

McPherson, Miller. (1983). An Ecology of Affiliation. *American Sociological Review, 48*(4), 519–532.

Musick, Kelly; England, Paula; Edgington, Sarah & Kangas, Nicole. (2009). Education Differences in Intended and Unintended Fertility. *Social Forces, 88*(2), 543–572.

Otte, Gunnar. (2007). Körperkapital und Partnersuche in Clubs und Diskotheken. Eine ungleichheitstheoretische Perspektive. *Diskurs Kindheits- und Jugendforschung, 2*(2), 169–186.

Rosar, Ulrich & Klein, Markus. (2009). Mein(schöner)Prof.de: Die physische Attraktivität des akademischen Lehrpersonals und ihr Einfluss auf die Ergebnisse studentischer Lehrevaluationen. *Kölner Zeitschrift für Soziologie und Sozialpsychologie, 61*(4), 621–645.

Schmitz, Andreas. (2012). Elective Affinities 2.0? A Bourdieusian Approach to Couple Formation and the Methodology of E-Dating. *RESET (Recherches en Sciences Sociales sur Internet), 1*(1), 175–202.

Schmitz, Andreas. (2013). Partnerwahl als Praxis reziproker Klassifikation: Das Beispiel dyadischer Interaktionen auf einem Online-Partnermarkt. In Jan-Hendrik Passoth & Josef Wehner (Hrsg.), *Quoten, Kurven und Profile. Zur Vermessung der sozialen Welt* (S. 147–168). Wiesbaden: VS Verlag.

Skopek, Jan. (2011). *Partnerwahl im Internet: Eine quantitative Analyse von Strukturen und Prozessen der Online-Partnersuche*. Wiesbaden: VS Verlag.

Skopek, Jan; Schmitz, Andreas & Blossfeld, Hans-Peter. (2011). The gendered dynamics of age preferences – Empirical evidence from online dating. In Hans-Peter Blossfeld & Andreas Schmitz (Hrsg.): *Online dating: social innovation and a tool for research on partnership formation* (S. 267–290).

Stauder, Johannes. (2008). Opportunitäten und Restriktionen des Kennenlernens: Zur sozialen Vorstrukturierung der Kontaktgelegenheiten am Beispiel des Partnermarkts. *Kölner Zeitschrift für Soziologie und Sozialpsychologie*, *60*(2), 266–286.
Tseëlon, Efrat. (1993). The Ideology of Beauty. In Henderikus J. Stam, Leendert P. Mos, Warren Thorngate & Bernie Kaplan (Hrsg.), *Recent Trends in Theoretical Psychology* (Band 3, S. 319–323). New York: Springer.
Wacquant, Loïc J. D. (1995). Pugs at Work: Bodily Capital and Bodily Labour among Professional Boxers. *Body & Society*, *1*(1), 65–93.
Williams, Simon J. (1995). Theorizing class, health and lifestyles: can Bourdieu help us? *Sociology of Health & Illness*, *17*(7), 577–604.
Winch, Robert F. (1958). *Mate-selection: A study of complementary needs*. New York: Harper.

Zu den Personen

Andreas Schmitz, Magister, Lehrstuhl für Soziologie I, Universität Bamberg. Arbeitsschwerpunkte: Relationale Theorie und Methodologie, Soziologie des Partnermarkts, Prozesse der Paarformation auf Kontaktbörsen.
Kontakt: Lehrstuhl für Soziologie I, Otto-Friedrich-Universität Bamberg, Wilhelmsplatz 3, 96047 Bamberg
E-Mail: andreas.schmitz@uni-bamberg.de

Jan Rasmus Riebling, Diplom-Soziologe, Lehrstuhl für Soziologie II, Universität Bamberg. Arbeitsschwerpunkte: Systemtheoretische Theorie und Methodologie, Medien- und Kultursoziologie, Wissenschaftssoziologie.
Kontakt: Lehrstuhl für Soziologie II, Otto-Friedrich-Universität Bamberg, Lichtenhaidestraße 11, 96052 Bamberg
E-Mail: jan.riebling@uni-bamberg.de

Kai Dröge

Transzendenzen – Ambivalenzen. Onlinedating und das Versprechen auf die Befreiung der Liebe im Netz[1]

Zusammenfassung

Onlinedating ist in den letzten Jahren zu einem Massenphänomen geworden und hat sowohl in der Wissenschaft als auch in der allgemeinen Öffentlichkeit eine breite Debatte ausgelöst. Interessanterweise werden dabei teils große Hoffnungen auf eine Aufweichung der gesellschaftlichen Geschlechterkonstruktionen und den Abbau von Ungleichheiten formuliert. Der Artikel zeigt auf der Basis eigener Forschungen, wie ambivalent sich diese Hoffnungen in der Praxis tatsächlich darstellen. Dahinter steht die These, dass sich im Phänomen Onlinedating zwei sehr ähnlich gelagerte kulturelle Befreiungsnarrative der modernen Gesellschaft kreuzen: einerseits das romantische Ideal mit seinem Versprechen auf eine freie und selbstbestimmte Liebe sowie andererseits der Diskurs um die Potenziale des Internets für soziale Umwälzungen und seine befreiende Wirkung auf die sozialen Geschlechterkategorien und -verhältnisse.

Schlüsselwörter
Romantische Liebe, Internet, Gender, Onlinedating, Empirische Forschung

Summary

Transcendencies – ambivalences. Online dating and the promise of liberating love on the internet

Online dating has in recent years become a mass phenomenon, leading to an extensive debate in the scientific world as well as among the general public. Interestingly, this new form of dating has raised great expectations in regard to a blurring of classic gender identities and the abolition of inequalities. The article analyzes, on an empirical basis, how ambivalent these expectations are in practice. In doing so, I follow the general assumption that online dating is characterized by the intersection of two cultural 'liberation narratives' of modern society: the romantic ideal that promises free and autonomous love and the discourse about the internet and its potential to reshape society in general and gender categories in particular.

Keywords
romantic love, internet, gender, online dating, empirical research

Einleitung

Die Soziologie der Paarbeziehungen und der Liebe ist ein schwieriges Unterfangen. Dies gilt umso mehr, wenn es um den Beginn und die frühe Phase des Kennenlernens geht. Sich zu verlieben ist eine so direkte und unvermittelte Erfahrung, so privat und individuell, dass die Gesellschaft mit ihren Normen, Zwängen und Ungleichheiten dar-

1 Ich danke Julia Meyer, Olivier Voirol, den Teilnehmerinnen und Teilnehmern des Seminars „Médias, communication et culture II: théories critiques" (Herbstsemester 2009) an der Universität Lausanne, den Mitgliedern des Arbeitskreises „Medienkultur und Ästhetik" am Institut für Sozialforschung in Frankfurt am Main sowie der Gutachterin/dem Gutachter für anregende Diskussionen und Inspirationen.

in keinen Platz zu haben scheint. Gleichzeitig aber ist kaum ein Erfahrungsbereich in unserer Gesellschaft so stark kulturell standardisiert und normiert wie dieser. Eine nicht enden wollende Flut an Liebesromanen, Liebesfilmen und Liebesliedern legt beredtes Zeugnis davon ab. Hier werden kulturelle Skripte, Deutungs- und Handlungsmuster (re-)produziert, die auch im Alltag das Erleben dessen, was wir Liebe und Verlieben nennen, maßgeblich formen (Jackson 1993). Insofern bleiben verliebte Subjekte soziale Subjekte, die noch in ihren tiefsten Emotionen kulturell und sozial geprägt sind – die Liebe selbst ist eine soziale Konstruktion, ohne die wir nicht empfinden würden, was wir empfinden, wenn wir uns verlieben.

Individualisiertes Erleben und gleichzeitige kulturelle Prägung stehen jedoch nur scheinbar in einem Widerspruch. Die Versprechen auf Individualität, Intimität und Befreiung von gesellschaftlichen Zwängen sind selbst Teil der sozialen und kulturellen Konstruktion der Liebe in der Moderne (Honneth 2011). Noch in der ständischen Gesellschaft waren Paarbeziehungen bzw. Ehen eng mit der Ungleichheitsordnung der Gesellschaft verwoben. Frauen galten dabei primär als eine Art Tauschgut im Dienste der Stabilisierung oder Verbesserung der sozialen Position einer Familie (Shorter 1975). Dagegen versprach das romantische Ideal, das sich mit Beginn der bürgerlichen Gesellschaft langsam als dominantes Beziehungsideal durchsetzte, eine tiefgreifende soziale Revolution: Im Prinzip sollte nun nicht mehr das soziale Umfeld, sondern allein die freie und wechselseitige emotionale Verbundenheit der Beteiligten selbst ausschlaggebend sein. Die Letztbegründung von Liebe und Paarbeziehung wurde von äußeren, sozialen Kriterien auf innere, vor allem emotionale Maßstäbe umgestellt (Lenz 2006, Honneth 2011).

Dies hatte auch Auswirkungen auf die soziale Konstruktion der Geschlechteridentitäten und Geschlechterverhältnisse. Erstmals in der europäischen Geschichte wurden Frauen als „autonome Gefühlssubjekt[e]“ (Lenz 2006: 221) anerkannt, die selbst entscheiden können sollten, wen sie liebten. Dies ist nicht nur deshalb bemerkenswert, weil es historisch neu ist, sondern auch, weil Frauen in anderen sozialen Sphären wie etwa der Politik oder der Erwerbsarbeit zunächst keine vergleichbaren Autonomiezusagen gemacht wurden.

Allerdings muss man einräumen, dass die gesellschaftliche Praxis die Freiheitsversprechen des romantischen Ideals bis heute nicht vollständig eingelöst hat. So galten die neuen Freiheiten zunächst nur um den Preis, dass sich das Paar dem bürgerlichen Modell von Ehe und Familie mitsamt den darin enthaltenen, asymmetrisch konstruierten Geschlechtsidentitäten unterordnete. Inzwischen ist die Dominanz dieses Modells zwar teilweise gebrochen, aber die klassischen geschlechtlichen Zuschreibungen und Machtasymmetrien in der Liebe sind damit keineswegs verschwunden (Herma 2009). Wenn man also mit Blick auf heutige Paarbeziehungen danach fragt, in welchem Maß sie durch Geschlechterungleichheiten geprägt und überformt sind, dann sollte man dies auch in einem weiteren historischen Kontext tun und prüfen, wie es aktuell um die Realisierung des Freiheitsversprechens des modernen Liebesideals bestellt ist.

Abhängig davon, welche Phase einer Liebesbeziehung man betrachtet, fällt das Ergebnis dieser Prüfung unterschiedlich aus (Burkart 1997). Die folgende Analyse konzentriert sich auf den Beginn. Für diesen Bereich sind in den letzten Jahren aus unerwarteter Richtung neue Impulse gekommen. Das Internet hat sich zunehmend als neuer Ort des Kennenlernens und Verliebens etabliert, neben den klassischen Kontexten wie Schule, Beruf, Freundeskreis oder Freizeit. Interessant ist dies unter anderem deshalb, weil das neue Medium in vielerlei Hinsicht ähnliche Freiheitsversprechen transportiert wie das romantische Liebesideal. Diese Parallelen werde ich unten weiter ausführen.

Inzwischen ist Onlinedating, also die mehr oder weniger gezielte Suche nach einem Partner oder einer Partnerin im Internet, zu einem Massenphänomen geworden (SBV 2010). Sowohl in der Wissenschaft als auch in der allgemeinen Öffentlichkeit ist in den letzten Jahren eine breite Diskussion über dieses Phänomen in Gang gekommen (Illouz 2006, 2011; Kaufmann 2011; Bauman 2010). Auffällig ist, dass sowohl KritikerInnen als auch BefürworterInnen die PartnerInnensuche im Internet als nur vergleichsweise wenig von sozialen Ungleichheiten tangiert sehen. Gerade im Hinblick auf die Kategorie Geschlecht werden zum Teil große Hoffnungen auf eine Aufweichung der eingespielten Identitätszuschreibungen formuliert. Und hier ist es wiederum das weibliche Geschlecht, das am stärksten von den Freiheitsmomenten des neuen Mediums profitieren soll (Kaufmann 2011).

Diese Hoffnungen sollen im Folgenden einer genaueren Prüfung unterzogen werden. Dabei gehe ich von der These aus, dass sich in den Deutungen des Phänomens Onlinedating sowie in den daraus abgeleiteten Erwartungen der AkteurInnen zwei sehr ähnlich gelagerte kulturelle Befreiungsnarrative kreuzen, die in unterschiedlichen sozialen Kontexten ihren Ursprung haben. Diese Befreiungsnarrative sind einerseits das romantische Ideal mit seinem Versprechen auf eine freie und selbstbestimmte Liebe – gerade auch für Frauen – und andererseits der Diskurs über die Potenziale des Internets für soziale Umwälzungen und dessen befreiende Wirkung auf die sozialen Geschlechterkategorien und -verhältnisse. Erst wenn man diesen Hintergrund in die Betrachtung mit einbezieht, kann man verstehen, was das Internet heute als neuen Ort der PartnerInnensuche so attraktiv macht und wo die größten Enttäuschungspotenziale liegen.

Empirisch stützt sich die Analyse auf Ergebnisse eines kürzlich abgeschlossenen Projektes zum Thema Onlinedating, das ich gemeinsam mit Olivier Voirol in der Schweiz durchgeführt habe. Das Projekt ging aus einer Kooperation zwischen der Universität Lausanne und dem Institut für Sozialforschung in Frankfurt am Main hervor und wurde vom Schweizerischen Nationalfonds gefördert.[2] Von 2009 bis 2012 haben wir rund 25 qualitative Tiefeninterviews mit Nutzerinnen und Nutzern von Onlinedating-Seiten im Alter von 20 bis 53 Jahren aus unterschiedlichen Teilen der Schweiz geführt. Außerdem wurden Struktur und Aufbau der größten schweizerischen Datingseiten mit einem ethnographischen Zugang untersucht. Unser Sample hat einen konventionellen Bias und bildet bei Weitem nicht die ganze Variationsbreite ab, die es in diesem Bereich gibt. Dies ist gewollt, da unsere zentralen Forschungsfragen unter anderem darauf zielen zu untersuchen, was geschieht, wenn das Internet sich zu einem „normalen“ Ort

2 FNS Nr. 10015-122617/1 – mehr Informationen zum Projekt im Forschungsblog unter www.romanticentrepreneur.net.

des Kennenlernens inmitten des gesellschaftlichen Mainstreams entwickelt. Aus diesem Grund konzentriert sich die Untersuchung auf „Mainstream-Webseiten“ mit einer starken (wenngleich nicht ausschließlichen) Orientierung auf heterosexuelle, monogame, längerfristige Liebesbeziehungen. Zwar kommen andere Orientierungen und Erfahrungen in den Interviews durchaus vor; systematische Aussagen können wir darüber jedoch nur sehr begrenzt machen.

In der folgenden Analyse wird sowohl aus den ethnographischen Analysen als auch aus den Interviews ausführlich berichtet. Drei kompakte forschungsnahe Schilderungen wechseln sich mit allgemeineren Überlegungen und Analysen ab. Diese Darstellungsform versucht, sich der klassischen Entscheidung zwischen einem deduktiven oder induktiven Vorgehen zu widersetzen und stattdessen Empirie und Theorie produktiv miteinander ins Gespräch zu bringen.[3]

Das Kurzporträt von Sarah[4] und der nachfolgende Abschnitt über das „männliche und weibliche Internet“ klären grundlegende Fragen nach Geschlechterdifferenzen und -ungleichheiten in der Internetnutzung sowie jene nach der Bedeutung des Internets als Beziehungsmedium. Darauf aufbauend kreisen die Analyse des Anmeldeprozesses der Dating-Webseite FriendScout24 und das anschließende Kapitel um die Frage von Freiheitspotenzialen für Nutzerinnen sowie um die ambivalente Rolle des Körpers, der zugleich ab- und auf spezifische Weise anwesend ist. Das Porträt von Carol und der darauffolgende Abschnitt setzen die Analyse der Freiheitsversprechen und ihrer Ambivalenzen fort, nun allerdings ausgehend von dem zweiten oben angesprochenen Befreiungsnarrativ: dem romantischen Ideal der selbstbestimmten Liebe. Der Schlussteil widmet sich schließlich der Frage, was von den Freiheitspotenzialen des Internets bleibt, wenn die Beziehung die Grenzen des Mediums überschreitet.

Insgesamt besteht keineswegs der Anspruch, damit eine umfassende und abschließende Bilanz zur Frage geschlechtsspezifischer Ungleichheiten bei der PartnerInnensuche im Internet vorzulegen. Dies würde der Tatsache nicht gerecht werden, dass die Entwicklungen hochdynamisch und zudem durch viele Ambivalenzen und Gegenläufigkeiten gekennzeichnet sind. Ziel ist es, diese Ambivalenzen in einigen wichtigen Dimensionen herauszuarbeiten.

Sarah

Sarah ist zum Zeitpunkt des Interviews 22 Jahre alt. Sie weiß noch gut, wann das Internet in ihr Leben getreten ist. Es war vor sieben Jahren, sie war noch Schülerin und wohnte zuhause, da haben ihre Eltern einen Internetanschluss bekommen – „juhuu, endlich“, erinnert sie sich und lacht.

Später, nach der Schule, bekommt das Internet noch eine viel existenziellere Bedeutung in ihrem Leben. Sie macht eine Ausbildung in einem Schweizer Berghotel, hat

3 Ich lehne mich hier an die Darstellungsform des „soziologischen Porträts“ an, vgl. Honegger/Neckel/Magnin 2010.

4 Die Namen wurden anonymisiert.

unregelmäßige Arbeitszeiten und lebt manchmal wochenlang abgeschieden in dem kleinen Bergort. „Und dann: Internet, meine Rettung. ... Es ist einfach wirklich überlebensnotwendig gewesen." Das Netz wird ihr Fenster zur Welt, aber vor allem ein Beziehungsmedium, ein Mittel gegen die Einsamkeit, der primäre Ort ihrer sozialen Kontakte jenseits des Berufs.

In dieser Zeit beginnt sie auch mit Onlinedating. Das habe sich so ergeben, betont sie, eigentlich wollte sie nur Kontakte knüpfen, auch zu Frauen, eben Leute kennenlernen. Aber tatsächlich sind es dann vorwiegend Männer, mit denen sie chattet, E-Mails austauscht, die sie trifft. Sie legt Profile auf verschiedenen Netzwerk- und Datingseiten an, ist auch bei Facebook aktiv. Das Internet und die dort geknüpften Kontakte werden zu einem wesentlichen Inhalt und Ankerpunkt ihres privaten Lebens. Sie zieht mehrfach um, und immer ist es das Erste und Wichtigste, dass der Internetanschluss funktioniert. Dort ist ihr eigentliches Zuhause, egal, wo sie gerade wohnt. Aus den Internetbekanntschaften entwickeln sich Treffen außerhalb des Netzes und eine erste, längere Liebesbeziehung.

Heute hat sie ihre Hotelausbildung abgeschlossen und studiert Musik. Sie hat wieder mehr Gelegenheiten, Leute außerhalb des Internets kennenzulernen, geht aus, macht Straßenmusik. Aber immer noch ist das Internet ein wichtiger Bestandteil ihres Lebens: „Internet, nach wie vor, eine super Sache, ... ich liebe es eben!"

Vom männlichen und weiblichen Internet

Wenn man sich mit der Frage nach Geschlechterungleichheiten im Internet beschäftigt, begegnet man immer wieder einem alten Vorurteil: Als technisches, computerbasiertes Medium sei das Internet eine Männerdomäne und spiele in weiblichen Lebenswelten nur eine Nebenrolle. Auch wohlmeinende politische Initiativen, wie etwa das Programm „Frauen ans Netz" des Bundes und verschiedener privater Träger, reproduzieren ungewollt das Geschlechterstereotyp der Frau als technikfernes „Defizitwesen" (Winker 2004: 123), dem durch Förderprogramme, Kurse und ermutigende Worte zu mehr Technik- und Medienkompetenz verholfen werden muss.

Der eben geschilderte Fall von Sarah stellt hier ein Gegenbeispiel dar. Sie hat sich das Internet als Medium angeeignet; in einer spezifischen biographischen Situation ist es gar zu einem zentralen Lebensinhalt geworden. Allgemeine Statistiken zur Internetnutzung zeigen auch heute noch eine gewisse Geschlechterungleichheit, allerdings mit deutlichen Generationeneffekten: In der jungen Altersgruppe zwischen 14 und 29 Jahren, der Sarah angehört, liegen Frauen sogar leicht vorn (Initiative D21 2011: 43f.).

Die männliche Vereinnahmung des Internets im öffentlichen wie im wissenschaftlichen Diskurs wurde von feministischer Seite schon früh kritisiert. Eine solche provokante Gegenposition nimmt etwa die US-amerikanische Cyberfeministin[5] Sadie Plant

5 Der Begriff des Cyberfeminismus hat eine schillernde Geschichte und bezeichnet weniger eine klar identifizierbare Bewegung als vielmehr einen Kreuzungspunkt verschiedener Diskurse, die sich im Verlauf der 1990er Jahre in der Kunst, Wissenschaft und feministischen Politik entwickelt haben

(1998) ein, die eine dezidiert weibliche Deutung des Internets vorlegt. Sie argumentiert, dass Männer in der netzartigen Struktur des neuen Mediums, das keine klaren Hierarchien und zentralen Machtpositionen kenne, strukturell im Nachteil seien, denn ihr Einfluss habe sich historisch gerade auf die Besetzung solcher zentralen Machtpositionen gestützt. Nun kann man diskutieren, ob sie die tatsächlichen Machtasymmetrien im Internet nicht unterschätzt (Stegbauer 2001). Jedoch ist weitgehend unbestritten, dass das Internet ein Kommunikations- und Beziehungsmedium darstellt, in dem der Aufbau und die Pflege von Freundschafts- und Beziehungsnetzwerken eine zentrale Bedeutung einnehmen (Schmidt 2009). Damit etabliert sich das Internet in einer sozialen Sphäre, die in unserer Gesellschaft traditionell weiblich konnotiert ist – nicht, weil Frauen essentiell „Beziehungswesen" wären, sondern weil ihnen die Arbeitsteilung in der modernen Gesellschaft diese Position zugewiesen hat. Vor diesem Hintergrund überrascht es wenig, dass weibliche Nutzerinnen auf sozialen Netzwerkseiten wie Facebook, Twitter oder MySpace überproportional stark vertreten sind (Hampton et al. 2011: 11).

Allerdings sind die Verhältnisse nicht mehr ganz so eindeutig, wenn man das Phänomen Onlinedating betrachtet. Viele AnbieterInnen, die auf heterosexuelle Beziehungen fokussiert sind, werben zwar mit einem zahlenmäßig mehr oder weniger ausgeglichenen Verhältnis von Männern und Frauen. Unsere eigenen Stichproben sowie die Zahlen, die dazu aus anderen unabhängigen Quellen existieren (Schulz et al. 2008; Fiore 2004; Brym/Lenton 2001), deuten allerdings darauf hin, dass der Männeranteil tatsächlich weit größer ist. Angesichts der Tatsache, dass Onlinedating in den Kern der weiblich konnotierten Sphäre unseres Privat- und Intimlebens zielt, erstaunt es, dass Frauen gerade hier unterrepräsentiert sind.

Unsere Interviews bieten eine plausible Erklärung für dieses Phänomen. Denn trotz seiner inzwischen weiten Verbreitung hat Onlinedating immer noch einen „schlechten Ruf", wie Sarah sagt. Es steht unter dem Verdacht, hier seien vor allem beziehungsunfähige Außenseiterinnen und Außenseiter unterwegs – unattraktiv, soziophob, ohne Chance, auf anderem Weg eine Partnerin oder einen Partner zu finden (vgl. auch Dombrowski 2011; Brym/Lenton 2001: 39). Unsere Gesprächspartnerinnen und -partner kennen diese Vorurteile, teilen sie sogar häufig selbst. Deshalb finden sich in den Interviews oft lange Rechtfertigungsdiskurse, die erklären sollen, warum sie Onlinedating betreiben, aber trotzdem nicht zur Kategorie jener vermeintlich „typischen" Internetnutzerinnen und -nutzer gehören, die sonst keinen Anschluss finden.

Für Frauen ist dieser Rechtfertigungsdruck besonders hoch. Zwar ist Weiblichkeit heute nicht mehr ausschließlich auf die private Sphäre der Familie, Paarbeziehung und persönlichen Beziehungen festgelegt wie noch vor wenigen Jahrzehnten. Aber immer noch stehen Frauen in diesem Bereich unter einem besonderen Bewährungsdruck. Es gehört in unserer Gesellschaft zum Kernbestand weiblicher Identitätsmodelle, dass

(vgl. für einen Überblick Weber 2001). Immer geht es auf die eine oder andere Weise darum, die Potentiale des neuen Mediums Internet für feministische Praktiken und eine Dekonstruktion klassischer Geschlechterrollen zu erkunden. Eine Reihe von Konferenzen, die mit einem Workshop auf der Documenta X 1997 in Kassel ihren Anfang nahm, hat versucht, diese heterogenen Ansätze unter einem gemeinsamen Dach zu bündeln.

Frauen attraktiv, anziehend und sexy sowie beziehungsfähig, kommunikativ und sozial kompetent sein sollen – alles Eigenschaften, die den vermeintlich typischen Nutzerinnen und Nutzern von Onlinedating-Plattformen gerade abgesprochen werden. Sarah hat daher bei ihren Verabredungen immer wieder den Eindruck, dass sie durch ihr Gegenüber einer kritischen Prüfung unterzogen wird: „Wo ist der Fehler? … Wieso suchst du jemand im Internet?" Dabei ist ihr selbst unklar, ob die anderen tatsächlich einen solch kritischen Blick auf sie haben oder ob es eher die eigenen Selbstzweifel sind, die sie hier auf ihr Gegenüber projiziert. Unabhängig davon wird aber deutlich, welches identitäre Wagnis der Schritt ins Internet für sie darstellt. Attraktivität und Beziehungsfähigkeit unter Beweis zu stellen, sind zentrale weibliche „Bewährungsproben" (Boltanski/ Chiapello 2003) in unserer Gesellschaft. Dies wird auch in vielen anderen Interviews aus unserem Projekt immer wieder deutlich – etwa wenn Frauen nach einer Scheidung oder nach dem Ende einer langjährigen Beziehung einen starken Druck verspüren, sich rasch erneut auf dem Feld der Liebe und Paarbeziehungen zu bewähren, um das eigene Selbstbild zu stützen. Das Internet kann ein Ort dafür sein, und es bietet einige Vorteile, auf die noch einzugehen sein wird. Aber es ist gesellschaftlich noch nicht vollständig als ein legitimer Ort dieser Bewährungsproben anerkannt.

Wenn Frauen also auf Onlinedating-Plattformen unterrepräsentiert sind, dann hat das wenig mit mangelnder Medienkompetenz, geringer Technikaffinität oder generell einem „männlichen" Medium Internet zu tun. Vielmehr sind es die spezifischen Rechtfertigungszwänge und die tendenziellen Bedrohungen weiblicher Identität, die hier eine maßgebliche Rolle spielen. Daher bedarf es häufig eines starken Rechtfertigungsnarrativs, das die drohende Gefahr für das eigene Fremd- und Selbstbild abzuwehren in der Lage ist. Für Sarah übernehmen die äußeren Umstände – ihre spezifische Lebenssituation in dem abgeschiedenen Bergdorf – diese Funktion. Diese Umstände lassen ihr keine andere Wahl als ihr Sozialleben ins Internet zu verlagern: „Das ist wirklich so ein bisschen, ähm, eine Notfallsituation gewesen", erklärt sie rückblickend.

Wenn eine solche Rechtfertigung gefunden ist, dann kann die Nutzung des Internets als Beziehungsmedium allerdings auch durchaus positiv in den eigenen weiblichen Selbstentwurf integriert werden. Sarahs Erzählung etwa lautet: Gerade weil soziale Beziehungen für sie eine solch existenzielle Bedeutung haben, sucht sie auch angesichts widriger äußerer Umstände nach Mitteln und Wegen, diese in irgendeiner Form zu pflegen und auszuweiten. Und sie tut dies offensiv, selbstbestimmt und technisch auf der Höhe der Zeit mit den Mitteln, die das Beziehungsmedium Internet ihr dazu an die Hand gibt.

Der Weg hinein – FriendScout24

Wie einem Flaneur, der sonntags im Café sitzt und draußen vor dem Fenster die Objekte seiner Begierde an sich vorüberziehen sieht, so wird mir auch auf der Webseite von FriendScout24[6] ein Fenster präsentiert, durch das im Sekundentakt neue Gesichter zie-

6 Ich beziehe mich im Folgenden auf die schweizerische Webseite von FriendScout24, die sich in ihrem Aufbau nur unwesentlich von den anderen Länderausgaben (Deutschland, Österreich, Spa-

hen. Fotos tauchen auf und Kurzbeschreibungen: „Tulpe68, 40 Jahre, aus Zürich – braune Augen, schlanke Figur, isst gern mexikanisch". Oder: „Bademeister_Paul, 19 Jahre, aus Appenzell – braune Augen, normale Figur, schwimmt gerne". Zum Greifen nah erscheinen diese Figuren, und doch sind sie nach einem kurzen Moment wieder verschwunden. Unaufhörlich erscheinen neue Gesichter, die suggerieren: Hinter diesem Fenster liegt eine ganze Welt – ein schier unerschöpfliches Reich voll beziehungsfreudiger Singles, die nur auf eine Kontaktaufnahme warten.

Wenn ich auf eines der Gesichter klicke, werde ich unmittelbar auf eine Anmeldeseite geleitet. Die Welt hinter dem Fenster ist keine offene Welt, in die man unbemerkt hineinschlendern kann. Um sie zu betreten, muss man selbst zu einem Eintrag in dem Fenster werden, man braucht eine Identität. Zunächst reichen wenige Angaben aus, um sich zu registrieren. Aber damit ist das eigene „digitale Selbst" (Voirol 2010) noch lange nicht fertig. In E-Mails und Hinweisen auf der Seite wird man immer wieder aufgefordert, sich weiter zu vervollkommnen, mehr Rubriken des eigenen „Profils" auszufüllen, zusätzliche Fotos einzustellen, einen Persönlichkeitstest zu machen etc.

Onlinedating verlangt eine spezifische Form der Arbeit an sich selbst und an der eigenen Identität, die durchaus mühsam sein kann, aber auch interessant und lehrreich. Im Hinblick auf eineN zunächst völlig abstrakteN „generalized other" (Mead 1973) – die potenziellen Besucherinnen oder Besucher meiner Profilseite – muss ich mich selbst entwerfen. Dazu bietet mir die Seite unter anderem einen Katalog mit rund 30 Fragen und 170 vordefinierten Auswahlmöglichkeiten an, die von der Augenfarbe bis zum Jahreseinkommen und vom Kinderwunsch bis zu den Essgewohnheiten reichen. In einem weiteren Bereich lassen sich mit nahezu identischen Kategorien auch die eigenen Partnerinnen- oder Partnerwünsche detailliert eingrenzen. Aus der Situation der Flaneurin bzw. des Flaneurs, die/der andere beobachtet, ohne selbst mitzuspielen, führt der nächste Schritt also erst einmal weg von den anderen und direkt zu mir selbst. Eine Identität muss entworfen sowie mit den Mitteln der Seite textualisiert und bebildert werden. Ebenso gilt es, dem eigenen Begehren eine Form zu geben, sich also ein gewünschtes Gegenüber zu imaginieren.

In einem nächsten Schritt kommen nun konkrete andere ins Spiel und reichern das Bild meines Selbst weiter an. Jede Person, die mein Profil ansieht, hinterlässt unauslöschliche Spuren. Eine Liste der „neuen Besucher" informiert mich jederzeit, wer da war; die Anzahl neuer Nachrichten oder Chatfragen lässt erahnen, ob ihnen gefallen hat, was sie sahen. Jetzt bin ich selbst im Fenster, ich werde von anderen angeschaut und kann mich zugleich selbst dabei beobachten, wie ich auf sie wirke. „Je ausführlicher Ihr Profil ist, desto mehr Aufmerksamkeit erwecken Sie bei Flirtpartnern", rät FriendScout24. Die Arbeit an sich selbst ist nie abgeschlossen.

---

nien, Italien, Belgien, Niederlande) unterscheidet. Die vorliegende Analyse basiert auf Screenshots der Webseite unter www.friendscout24.ch, die im Jahr 2010 im Rahmen unserer Forschung erstellt wurden. Seitdem hat sich das Layout der Seite in Teilen, aber nicht grundlegend geändert.

Die Freiheitsversprechen des Internets

Als das Internet sich in den 1980er und frühen 1990er Jahren gesellschaftlich durchzusetzen begann, verbanden sich damit große Erwartungen – nicht nur auf eine Revolution unserer Kommunikationsformen, sondern auch auf mehr Egalität, Gleichberechtigung und individuelle Freiheit. Das Internet wurde zu einem Sehnsuchtsort für eine soziale Utopie des besseren Lebens (McLuhan 1962; Rheingold 1993; Turner 2006; Voirol 2009; Dröge 2012). „Ubiquitous networked computing had arrived, and in its shiny array of interlinked devices, pundits, scholars, and investors alike saw the image of an ideal society: decentralized, egalitarian, harmonious, and free" (Turner 2006: 1).

Dieses Freiheitsversprechen des neuen Mediums bezog sich auch auf die Kategorie Geschlecht. Neben der schon erwähnten Streitschrift von Sadie Plant (1998) waren es vor allem Donna Haraways „Cyborg Manifesto" (1991) und Sherry Turkles „Life on the Screen" (1996), die zu Gründungsdokumenten eines Cyberfeminismus wurden, der sich von den virtuellen Vergemeinschaftungsformen im Internet einen tiefgreifenden Wandel, ja sogar die tendenzielle Auflösung gesellschaftlicher Geschlechterkategorien erhoffte. Anlass dazu gab vor allem die Möglichkeit, die eigene Identität im Internet freier und ungebundener selbst zu entwerfen. Der Cyberfeminismus verknüpfte dies mit der aus den konstruktivistischen und poststrukturalistischen Gendertheorien übernommenen Einsicht, dass Geschlechtsidentitäten grundsätzlich plural und variabel sind und erst im Zuge eines gesellschaftlichen Normierungsprozesses auf das binäre Muster der Zweigeschlechtlichkeit festgelegt werden. Die Identitätsexperimente im Internet sollten diese Normierungsprozesse unterlaufen und damit die soziale Konstruiertheit und prinzipielle Veränderbarkeit von Geschlechterkategorien endlich für breite Gesellschaftsschichten konkret erfahrbar machen (Carstensen 2009).

Tatsächlich lässt man einen Teil der eigenen sozialen Identität zunächst einmal hinter sich, wenn man in eine Online-Interaktion eintritt. Das Internet ist ein Medium der „weak social context clues" (Sproull/Kiesler 1986). Seine „dünne", primär textbasierte Kommunikation übermittelt nur wenige Informationen über die soziale Position eines Gegenübers. So hat man in der Regel kein oder nur ein sehr reduziertes Bild des Äußeren, womit sowohl bestimmte materielle Statussymbole wie Kleidung etc., aber auch körperliche Attribute wie die äußeren Geschlechtsmerkmale, Hautfarbe, Alter etc. unserer direkten Wahrnehmung entzogen sind. Daher gilt das Internet als ein sozialer Interaktionsraum, der zu einem experimentellen Umgang mit der eigenen Identität einlädt, der es ermöglicht, die sozialen Restriktionen des *real life* hinter sich zu lassen und neue Identitäten zu entwerfen, die ein anderes Geschlecht, einen anderen Körper und andere soziale Statusmerkmale besitzen können (vgl. Turkle 1996, 2010). Das Fehlen von „social context clues" birgt also ein Potenzial der Befreiung, es öffnet einen Raum für das experimentelle Überschreiten der Begrenzungen, in die das Individuum sonst durch seine Klassen- oder Schichtzugehörigkeit, sein Geschlecht und seinen Körper eingeschlossen ist.

Auch der am Beispiel von FriendScout24 beschriebene Weg in die Welt des Onlinedatings zeigt sehr deutlich, welche umfassenden Möglichkeiten des reflexiven

Selbstentwurfes das Internet bietet bzw. geradezu erfordert. Aber dieses Beispiel macht zugleich auch auf die Ambivalenzen und Schattenseiten dieser permanent geforderten Arbeit an sich selbst aufmerksam.

Attraktiv daran ist aus der Sicht der von uns befragten Nutzerinnen neben den erweiterten Kontrollmöglichkeiten der eigenen Selbstdarstellung auch noch ein anderer Aspekt: In ihrer weiblichen Geschlechtsidentität werden sie, so ihre Erfahrung, immer noch häufig auf ihren Körper und ihre äußerliche Attraktivität reduziert. Das Internet verspricht demgegenüber einen gewandelten Modus des Kennenlernens, bei dem das eigene „innere Selbst" stärker in den Vordergrund tritt. Zwar wird der experimentelle Freiraum des Internets, in den der Cyberfeminismus so große Hoffnungen setzt, auch genutzt, wie das folgende Porträt von Carol zeigen wird. Aber mindestens ebenso wichtig ist die tendenzielle Umkehrung des üblichen Prozesses der Annäherung zwischen potenziellen Partnerinnen bzw. Partnern: Während sonst die körperlich-sexuelle Anziehung und Attraktivität zumeist am Anfang stehen und der kommunikative Austausch und das wechselseitige Sich-selbst-Erzählen erst später folgen, verspricht das Internet – genau andersherum – ein Kennenlernen „von innen nach außen" (Bühler-Ilieva 2006). Für Nutzerinnen verbindet sich damit die Hoffnung, so der Reduktion auf ihr Äußeres und dessen Entsprechung oder Nichtentsprechung mit den gesellschaftlichen Standards weiblicher Attraktivität zu entkommen (vgl. auch Kaufmann 2011: 37f.).

Allerdings sind diese Hoffnungen aus zwei Gründen trügerisch und die Erfahrungen damit sehr ambivalent. Erstens verhalten sich die Kategorien, in denen der eigene Selbstentwurf erfolgt, nicht neutral gegenüber diesem Entwurf. Vielmehr sind die gesellschaftlichen Stereotype und Körperbilder, denen die Nutzerinnen entkommen wollen, bereits in diese Kategorien selbst eingeschrieben. Ein prägnantes Beispiel dafür sind die Optionen zur Charakterisierung der eigenen „Figur" im Profil von FriendScout24. Hier werden stereotype und normativ stark aufgeladene Körperbilder zur Auswahl angeboten: „schlank", „athletisch", „normal", „paar Kilos mehr" sowie „ziemlich stattlich". Wer sich in diesen Kategorien selbst beschreibt, verortet sich damit zugleich in einem kompetitiven sozialen Raum, in dem es um die Entsprechung zu gesellschaftlichen normierten Körperidealen geht – wer ein „paar Kilos mehr" hat, ist nicht nur virtuell zur Arbeit an sich selbst aufgefordert.

Solche gesellschaftlichen Idealvorstellungen und Stereotype ziehen sich – wenngleich bisweilen weniger offensichtlich – durch fast alle Kategorien, die FriendScout24 zur eigenen Selbstbeschreibung anbietet (vgl. dazu ausführlicher Dröge 2012). So gibt es beispielsweise sehr differenzierte Fragen zur körperlichen Fitness und zum gesunden Essen. Stärker genussorientierte Lebensstile finden dagegen kaum Kategorien vor, die eine positive Selbstdarstellung erlauben würden. Hier reproduziert FriendScout24 ein gesellschaftlich normiertes Idealmodell des begehrenswerten Subjekts, das vor allem im feministischen Zweig der Gouvernementality-Studies prägnant herausgearbeitet wurde (Greco 2004; Trethewey 1999; Waring/Waring 2009). Zu diesem Modell gehört die Perfektionierung eines fitten und leistungsfähigen Körpers, die aktive Sorge um sich selbst und die eigene Gesundheit sowie die Mäßigung hinsichtlich schädlicher Genüsse wie

Rauchen oder *Fast Food*. Dies sind die zeittypischen Tugenden eines begehrenswerten, anerkannten und sozial wie ökonomisch erfolgreichen Subjekts. Sie finden sich ganz ähnlich auch in gesundheits- und sozialpolitischen Diskursen, in populären Männer- und Frauenmagazinen, in den Prospekten der Wellnessindustrie, in den Körperidealen der heutigen Arbeitswelt etc.

Diesem Tugendkatalog ist keineswegs allein das weibliche Geschlecht unterworfen. Auch im Fall von FriendScout24 unterscheiden sich die Kategorien der eigenen Selbstbeschreibung nicht zwischen weiblichen und männlichen Profilen. Dennoch: Die besonders bei den weiblichen Nutzerinnen in unserem Sample ausgeprägte Hoffnung, im Internet der Dominanz gesellschaftlicher Körperbilder und daran geknüpfter Attraktivitätsnormen zu entkommen, erweist sich unter diesen Bedingungen als schwer realisierbar.

Allerdings gibt es noch einen zweiten Grund, weshalb die Freiheiten des eigenen Selbstentwurfs auf Onlinedating-Webseiten gewissen Restriktionen unterliegen. Denn dieser Selbstentwurf erfolgt generell unter den Augen von anderen. Zwar ist Identitätsbildung immer ein intersubjektives Geschehen, in dem die Perspektive der anderen eine zentrale Bedeutung hat (Mead 1973; Dröge 2010). Aber Onlinedating-Seiten verfügen über spezifische Mechanismen, die Reaktionen dieser anderen in besonderer Weise sichtbar und beobachtbar zu machen (Illouz 2006). Im Fall von FriendScout24 ist dies etwa die erwähnte Liste der neuen Profilbesucherinnen oder -besucher, die man fast immer im Blick hat, wenn man sich als angemeldetes Mitglied auf der Seite bewegt. Daneben versendet FriendScout24 wöchentlich per E-Mail eine sogenannte „Flirtstatistik" mit einer tabellarischen Darstellung der Zahl der Profilbesucherinnen und -besucher sowie der Nachrichten, die diese hinterlassen haben – verbunden mit Tipps, wie sich die eigene Attraktivität steigern lasse. Solche und ähnliche Formen des permanenten „Attraktivitätsmonitorings" finden sich auf allen gängigen Datingseiten. Die damit verbundenen Aufforderungen zur Selbstoptimierung werden in der Regel als Hilfestellungen deklariert, die den Kundinnen und Kunden zu einer erfüllten Partnerschaft verhelfen sollen. Tatsächlich verfolgen die DatinganbieterInnen hier aber auch ein vitales Eigeninteresse, denn eine hohe Zahl möglichst attraktiver Singles ist ihr größtes Kapital im Werben um neue, zahlungskräftige Kundschaft (Arvidsson 2005; Dröge/Voirol 2013).

Das Internet ist somit nicht nur ein Ort des freien Selbstentwurfs, sondern ebenso eine sozialisatorische Anstalt, in der die Subjekte die sozialen Regeln erlernen, nach denen in unserer Gesellschaft begehrenswerte Subjekte konstruiert und unattraktive aussortiert werden. Diese Regeln zu verinnerlichen und damit einen Umgang zu finden, ist Teil der spezifischen Arbeit an sich selbst, die hier gefordert ist. Diese Arbeit ist im Unterschied zu anderen sozialen Kontexten vergleichsweise abstrakt. Sie beruht weniger auf dem Umgang mit Make-up, Modeaccessoires oder dem *Bodyshaping* im Fitnessstudio, sondern erfolgt primär in textueller Form, in Auseinandersetzung mit den vorgegebenen Klassifikationsschemata der Eingabemasken und im Selbstentwurf im Hinblick auf ein anonymes Publikum. Dies kann die Konstruiertheit von Selbst- und Körper-(re-)präsentationen bewusst machen und eröffnet gewisse Freiheiten, hiermit selbstbestimmter umzugehen. Gleichzeitig konfrontiert es die Nutzerinnen und Nutzer aber auch radikal mit den gesellschaftlichen Normen des begehrenswerten Subjekts, zu denen sie sich auf die eine oder andere Weise in ein Verhältnis setzen müssen.

Carol

Carol ist Psychiatrieschwester, Mitte vierzig und lebt in einer größeren Schweizer Stadt. Sie kann schon fast als eine Pionierin des Onlinedatings gelten: Seit Ende der 1990er Jahre ist sie hier aktiv, vor allem in Chats und auf diversen Dating-Plattformen. Ihr zentrales Motiv ist die Neugier – Neugier auf unbekannte Menschen, neue Erfahrungen, Einblicke in fremde Lebenswelten.

Ihre erste Liebesbeziehung aus dem Internet ist ein Mann aus der Sadomasochismus(SM)- und Fetischszene. Obwohl sie selbst keine Neigung in diese Richtung hat, findet sie das Thema „unglaublich spannend". Sofort stürzt sie sich in die Erkundung der Szene. Das wird für sie zu einer Grenzerfahrung, die sie zugleich fasziniert und abstößt. „Die Leute, die ich dort kennengelernt hab, so was von spannend, sag ich dir ... da tun sich ja Welten auf." Aber sie hört auch von Praktiken, die ihr zu weit gehen, „mit massiven Schmerzen, mit Blut, mit Exkrementen, mit Kindern sowieso und Tieren. ... Also, da ist bei mir dann Stopp."

Es ist das Internet, das ihr diese Grenzerfahrungen ermöglicht. Nicht der neue Partner führt sie in die Szene ein, sondern sie erkundet auf eigene Faust die unzähligen SM- und Fetischseiten im Internet. „Also was ich dort erlebt hab, in den Chats, der Wahnsinn!" In der Beziehung wird die Fetischorientierung ihres Partners zunehmend ein Problem, schließlich trennen sie sich. Aber im Internet, mit dem Computer zwischen sich und dieser spannenden neuen Welt, taucht sie tief in die Szene ein. Die Distanz des Mediums bietet ihr Schutz, dort kann sie die Grenzen ihrer Neugier viel tiefer ausloten als in der Beziehung zu ihrem Partner.

Carol nutzt den Freiraum, den das Netz ihr bietet, auch für Experimente mit ihrer eigenen Geschlechtsidentität. Sie variiert ihr Alter, testet die Reaktion auf unterschiedliche Fotos, spielt mit kleinen doppeldeutigen Provokationen im Profiltext und legt sich probehalber eine männliche Identität zu. Wieder ist es ihre Neugier, die sie zu diesen Experimenten motiviert, ihr Interesse an fremden Lebenswelten und daran, das „Balzverhalten" zwischen den Geschlechtern einmal aus einer anderen Warte kennenzulernen.

Ihr nächster Partner ist zwölf Jahre jünger, auch dies eine neue Erfahrung für sie. Wieder stellt sich jedoch heraus, dass die im Internet aufgebaute Nähe, Vertrautheit und Intimität außerhalb des Internets nicht lange trägt. Die gesellschaftlichen Konventionen setzen sich durch, die anfangs noch aufregende Altersdifferenz wird jetzt zu einem Problem, die Beziehung geht auseinander. Carol macht noch öfter die Erfahrung, dass die Übergänge zwischen dem Internet und ihrem sonstigen Alltag schwierig sind und nur selten gelingen. Das verändert ihre Einstellung zum Internet: Die anfängliche Faszination und Neugier verschwinden nicht, aber sie bekommen einen schalen Beigeschmack, werden trügerisch. „Das ist so 'ne Nebenwelt, weißte, das ist ganz schwierig zu beschreiben. ... Das hat für mich nichts Reales. Echt nicht."

Sie ist enttäuscht. Ihre Experimente im Internet sind für sie keine bloße Spielerei. Sie möchte die Freiräume und Entdeckungen, die das Medium ihr bietet, auch in ihr Leben jenseits des Internets übertragen. Als dies nicht gelingt, verliert das Freiheitsversprechen des Internets für sie seinen Reiz. Schließlich entscheidet sie, ihre Profile zu löschen. Ihre mehr als zehn Jahre währende Onlinedating-Karriere ist damit (vorerst) an ein Ende gelangt.

Das Internet, die Liebe und die Frauen

Im Vergleich mit den Anfängen in den 1990er Jahren ist heute eine gewisse Desillusionierung über die sozialrevolutionären Potenziale des neuen Mediums eingetreten. Trotzdem sind die Freiheitsversprechen des Internets gerade auch für weibliche Nutzerinnen immer noch attraktiv, wie das Beispiel von Carol illustriert. Die Experimente sind dabei nicht immer so weitreichend wie in den cyberfeministischen Zukunftsvisionen angedacht. Carol stellt ihre weibliche Identität nicht ernsthaft in Frage. Wenn sie sich im Netz ein männliches Profil zulegt, dann nicht in erster Linie, um die reale Möglichkeit eines Wechsels der eigenen Geschlechtsidentität praktisch auszuprobieren. Die Erfahrungen im Internet haben für sie auch nicht die Konsequenz, die Idee der Zweigeschlechtlichkeit aufzugeben oder zu relativieren, im Gegenteil: Die Unterstellung einer grundlegenden (wenngleich nicht zwingend naturalistisch gedachten) Unterschiedlichkeit von Frau und Mann weckt erst ihre Neugier auf die fremde, männliche Lebenswelt. Carols Alltagstheorie der Geschlechterverhältnisse ist, wenn man so will, eher differenztheoretisch als dekonstruktivistisch orientiert, und die Erfahrungen im Netz ändern daran zunächst wenig.

Dennoch sieht sie im Internet einen Freiraum, Geschlechterrollen zu verändern und neu zu definieren. Der Impuls dazu kommt jedoch von außerhalb des Mediums. Die gesellschaftlichen Entwicklungen der letzten Jahrzehnte haben in ihren Augen zu einer großen Unsicherheit geführt. „Der Mann hat seine Rolle nicht mehr, die Frau auch nicht. Keiner weiß mehr, wie er eigentlich sein soll, damit er richtig ist." In dieser Situation bietet das Internet einen Raum zur experimentellen Erprobung neuer Rollen und Identitäten: „Diese Partnerbörsen sind ja optimal, um sich auszutesten."

Wenn Carol im Netz eine Beziehung mit einem Mann beginnt, der zwölf Jahre jünger ist als sie, dann kann dies als ein solcher Versuch gesehen werden, neue Beziehungsformen jenseits gesellschaftlicher Konventionen und klassischer geschlechtsstereotyper Rollenerwartungen auszuprobieren. Ähnliches gilt auch für ihre Erkundungen der SM- und Fetischsubkultur. Gerade in diesem letzten Beispiel wird deutlich, dass die experimentellen Freiräume, die das Internet bietet, sich nicht allein in den Möglichkeiten zur variablen Gestaltung der eigenen Selbstdarstellung erschöpfen. Hinzu kommt, dass das Medium durch die Anonymität bzw. Pseudonymität der Interaktionen einen geschützten Raum schafft, der Experimente erleichtert. Es legt eine Distanz zwischen das eigene Selbst und die anderen, auf die man sich zurückziehen kann, wenn einem die Involviertheit in das Geschehen zu weit geht. Für Carol ist dies der Fall, als sie von sexuellen Praktiken innerhalb der SM-Szene erfährt, die ihre eigenen moralischen Standards und die Grenzen ihrer Toleranz verletzen. „Da war ich auch froh, war ich am PC, als ich so die Dinge gelesen habe". In ihrer Beziehung gibt es diese Distanzierungsmöglichkeiten nicht in gleicher Weise. Deshalb lotet sie auch nicht hier die Grenzen ihrer Neugier und ihrer sexuellen Toleranz am Weitesten aus, sondern in dem geschützten Raum der Foren und Chats aus der SM- und Fetischszene.

Ganz ähnliche Beobachtungen macht Jean-Claude Kaufmann in seiner jüngsten Studie über Internetforen, Chats und Blogs zum Thema Sexualität und Paarbeziehungen (Kaufmann 2011; Dröge 2011). Er betont sehr stark, welche Freiheitsgewinne das Internet gerade für Frauen bietet, um neue Beziehungsformen und eine selbstbestimmtere Sexualität auszuleben. Er vergleicht das Internet dabei mit den Tanzlokalen, die in den 1920er Jahren zunächst in den USA und dann in Europa aufkamen (Kaufmann 2011: 75ff.). Auch sie bildeten einen Schutzraum, der einen bis dahin unbekannten, unverbindlichen Kontakt zwischen den Geschlechtern ermöglichte, der sich dann als „Flirt" gesellschaftlich institutionalisiert hat. Entscheidend dabei war die Reduktion der sozialen Kontrolle durch Eltern, Verwandte und andere Erwachsene, was die Tanzlokale als Orte einer aufkeimenden Jugendkultur boten. Onlinedating steht unmittelbar in dieser Traditionslinie. Es entzieht die Anfänge einer Liebesbeziehung oder einer sexuellen Affäre nicht nur der Beobachtung durch Eltern und Verwandte, sondern auch durch Freunde, Kolleginnen und den Rest des eigenen sozialen Umfeldes. Alleine vor dem Computermonitor muss Carol sich keiner dritten Person gegenüber rechtfertigen, warum sie einen zwölf Jahre jüngeren Mann attraktiv findet oder sich in die SM- und Fetischszene begibt.

Wir sehen in unseren Interviews immer wieder, dass Frauen diesen Freiraum gerne nutzen, dass sie bewusst einen Ort außerhalb ihres angestammten sozialen Umfeldes suchen und im Internet auch finden, um sich unbeobachtet auf die Suche nach einem Partner zu begeben. Kaufmann (2011: 92ff.) erklärt dieses Phänomen damit, dass Frauen heute immer noch einer viel stärkeren sozialen Kontrolle ihres Liebes- und Sexuallebens unterliegen als Männer. Daher hat das Freiheitsversprechen des Internets für sie eine besondere Attraktivität. Und auch Carol stellt fest: „Die Frauen sind selbstbewusster im Internet, find ich schon".

Dies heißt nun nicht, dass das Internet ein Raum frei von Wertungen, Diskriminierungen und sozialer Kontrolle wäre, im Gegenteil: Kaufmann zeigt sehr anschaulich, wie schnell Frauen auch hier als „Schlampen" abqualifiziert werden, wenn sie eine freiere Sexualität ausleben oder offener in Beziehungsfragen sind, als es die konventionellen Geschlechterrollen vorsehen. Aber die spezifischen Distanzierungsmöglichkeiten, die das Internet bietet, ermöglichen es grundsätzlich, sich von solchen negativen Klassifikationen unabhängiger zu machen. Wir sehen beispielsweise immer wieder, dass Frauen ihre verschiedenen Aktivitäten im Internet auf unterschiedliche digitale Identitäten verteilen. So entwirft Carol zeitweilig mehrere Parallelprofile, von denen einige sexuell offensiv sind, doppeldeutige Anspielungen enthalten sowie Fotos, die erotische

Phantasien beflügeln sollen, wohingegen andere züchtiger daherkommen und teils auf Fotos ganz verzichten.

Insgesamt betrachtet verspricht die PartnerInnensuche im Internet den weiblichen Nutzerinnen eine Reihe von Freiheitsmomenten, die allerdings historisch nicht neu sind, sondern auf eine lange Geschichte zurückverweisen. Es geht um einen flexibleren Umgang mit der zugeschriebenen Geschlechtsidentität und -rolle, um einen Schutzraum für Experimente und Variationen des eigenen Selbstentwurfs und um die Reduktion der sozialen Kontrolle. Vergleichbare Freiheiten sagt das romantische Ideal der Liebe den Frauen bereits seit Beginn der modernen Gesellschaft zu. Wenn Kaufmann das Internet heute in eine Linie mit den Tanzlokalen der 1920er Jahre stellt, dann verweist er damit auf eine lange historische Entwicklung, in der darum gerungen wurde, „spezielle Räume [zu schaffen], die vor den Blicken der Gesellschaft geschützt waren" (Kaufmann 2011: 79), und in denen sich das romantische Versprechen auf eine selbstbestimmte Liebe endlich erfüllen sollte.

Schluss – diesseits und jenseits des Internets

Zwischen den Freiheitsversprechen, die im romantischen Liebesideal angelegt sind, und den Hoffnungen, die sich an das neue Medium Internet richten, gibt es viele Überschneidungen und Berührungspunkte. Ganz ähnlich, wie der „digital Utopianism" (Turner 2006) der Anfangsjahre das Internet als einen Sehnsuchtsort jenseits der rationalisierten Vergesellschaftungsformen der westlichen Welt konstruierte, ist auch die Liebe in der modernen Gesellschaft immer wieder als eine solche Gegenwelt entworfen worden, die für das moderne Subjekt umso wichtiger wurde, je mehr alle anderen Lebensbereiche von den „kalten Skeletthänden rationaler Ordnungen" (Weber 1988: 225) erfasst wurden (vgl. ausführlicher Dröge/Voirol 2011). Die Liebe wurde zu einer „irdische[n] Religion" (Beck/Beck-Gernsheim 1990: 222ff.), die dem modernen Subjekt Transzendenzerfahrungen erlauben sollte – ganz ähnlich, wie auch die Anziehungskraft und das utopische Potenzial der virtuellen Welt des Internets wesentlich daraus folgen, dass es eine Transzendierung des Hier und Jetzt unseres Alltags verheißt, in räumlicher, zeitlicher und sozialer Hinsicht.

Insofern kann man davon sprechen, dass Onlinedating heute im Kreuzungspunkt zweier historischer Befreiungsnarrative steht, die jeweils auf eine eigene Geschichte verweisen. Allerdings sind dies nicht nur Geschichten einer sukzessiven Ausweitung von Freiheiten, sondern auch der Enttäuschungen und Ernüchterungen. Über die zumindest partielle Desillusionierung hinsichtlich der sozialrevolutionären Potenziale des Internets wurde schon kurz gesprochen. Aber auch das Befreiungsnarrativ der romantischen Liebe hat eine lange Historie der Nichteinlösung und Enttäuschung – verbunden mit immer wieder aufkeimenden sozialen Kämpfen um die Einlösung der Freiheitsversprechen dieses Ideals, wie sie in den letzten Jahrzehnten beispielsweise von der Schwulen- und Lesbenbewegung oder der Frauenbewegung ausgefochten wurden (Honneth 2011).

Wenn Carol im obigen Beispiel von einer „Nebenwelt“ spricht, die „nichts Reales“ habe, und wenn sie schließlich nach über zehn Jahren ihre Onlinedating-Aktivitäten enttäuscht aufgibt, dann deutet dies bereits an, dass auch das Internet dem romantischen Ideal der freien Liebe keineswegs endgültig zum Durchbruch verholfen hat. Der Zweifel und die Skepsis gegenüber dem Internet, die sich bei ihr einstellen, sind nicht untypisch. Viele unserer Interviewpartnerinnen und -partner machen ähnliche Erfahrungen: Wenn sie die Welt des Onlinedatings betreten, erleben sie mit großer Euphorie die schier unerschöpflichen Möglichkeiten, die sich ihnen hier bieten. Diese Begeisterung weicht jedoch nach und nach einer Enttäuschung, die sich vor allem daran entzündet, dass sich die aufregenden Erfahrungen im Internet nur schwer in den Alltag außerhalb dieses Mediums integrieren lassen.

Dies ist deshalb besonders gravierend, weil Onlinedating von vornherein als eine „transitorische“ Praxis angelegt ist (Dröge 2012). Es weist gewissermaßen konstitutiv über sich hinaus. In aller Regel geht es explizit um die Etablierung einer Beziehung außerhalb des Internets, also um die Überwindung der Mittelbarkeit des Online-Kontaktes hin zu jenem zentralen Ort von Unmittelbarkeit und Intimität, den unsere Kultur kennt: der Liebesbeziehung – sei es als Paar, als sexuelle Affäre oder als Familie.

Diese grundlegend transitorische Anlage der Praxis des Onlinedatings bringt spezifische Probleme mit sich. Ein großer Teil der befreienden, aufregenden, interessanten und Euphorie auslösenden Momente dieser Praxis beruht auf spezifischen Eigenheiten des Online-Kontaktes, sie lassen sich daher nur schwer aus diesem Kontext herauslösen. Nun ist es nicht nur im Internet so, dass der Prozess der Verstetigung und Veralltäglichung einer Paarbeziehung mit Zweifeln, Enttäuschungen und Desillusionierungen einhergeht (Burkart 1997). Aber Onlinedating fügt diesen Schwierigkeiten noch eine weitere hinzu. Es geht nicht nur darum, Verliebtsein in Liebe zu transformieren, sondern auch darum, die Emotionen und Erfahrungen, die sich im Online-Kontakt entwickelt haben, in die Offline-Sphäre zu übersetzen. Das ist keine leichte Aufgabe, und nicht selten scheitert die aufkeimende Beziehung genau an diesem Punkt (Dröge/Voirol 2011).

Der Prozess der Veralltäglichung der Liebe beinhaltet immer auch die Aufgabe, sich mit den gesellschaftlich eingespielten Geschlechterrollen und -identitäten auseinanderzusetzen und als Paar eine Haltung dazu zu entwickeln (Maiwald 2009). Auch hier kommen jedoch bei Beziehungen, die ihren Ausgang im Internet genommen haben, spezifische Schwierigkeiten hinzu. Wie ausgeführt, erlaubt dieses Medium in verschiedener Hinsicht eine Lockerung eingespielter Geschlechterrollen und bietet Freiheitsmomente, die gerade für Frauen eine hohe Attraktivität besitzen. Diese Freiheitsmomente sind jedoch eng an die spezifischen Bedingungen des Online-Kontaktes gebunden. Es gehört zu den größten Enttäuschungspotenzialen des Internets, dass sich die hier gewonnenen Freiheiten nur schwer in eine Beziehungsrealität außerhalb des Mediums integrieren lassen. Die Eigengesetzlichkeit des Online-Kontaktes, die diese Freiheitsgewinne ermöglichte, wird nun zu einem Problem, an dem die transitorische Praxis Onlinedating nicht selten scheitert – wie oben etwa am Beispiel von Carol zu sehen war (vgl. auch Kaufmann 2011).

Simone de Beauvoir hat schon Ende der 1940er Jahre die Freiheitsversprechen des romantischen Ideals als Ideologie kritisiert, weil die Aufwertung der Frauen in der Sphäre der Liebe und Paarbeziehung zugleich verschleiere, dass die Geschlechterverhältnisse in der Gesellschaft insgesamt weiterhin sehr ungleich blieben (Beauvoir 1992 [1949]). Unter diesen Bedingungen locke das romantische Freiheitsversprechen die Frauen in eine Position, in der sie dann tatsächlich in fast allen Dimensionen ihrer Existenz ihrem Ehemann untergeordnet und von diesem abhängig sind. Heute machen Frauen im Internet tendenziell ähnliche Erfahrungen. Sie erleben die Freiheitsmomente dieses Mediums einerseits als sehr attraktiv und verlockend, andererseits aber auch als trügerisch und sogar gefährlich. Denn das Internet weckt Hoffnungen auf einen Wandel der Geschlechterbeziehungen und eine selbstbestimmtere Liebe, die sich im gemeinsamen Alltag außerhalb des Mediums häufig nicht wie angestrebt realisieren lassen. Damit wird das Internet zu einer sowohl anziehenden, aber zugleich auch tendenziell gefährlichen Schein- oder Nebenwelt voll trügerischer Phantasien, Emotionen und Hoffnungen, die ein hohes Enttäuschungspotenzial beinhalten. Diese Hoffnungen deshalb jedoch – analog zur Argumentation von Simone de Beauvoir – als Ideologie zu brandmarken wäre falsch. Die Nutzerinnen, mit denen wir im Rahmen unserer Forschung gesprochen haben, sind keineswegs ideologisch verblendet, sondern im Gegenteil oft hinsichtlich der Möglichkeiten und Grenzen des Internets für die Befriedigung ihrer Bedürfnisse sehr reflektiert. Dies schließt auch ein, sich mit den Enttäuschungen, die sie hier erleben, nicht einfach abzufinden, sondern zu versuchen, zumindest einen Teil der Erfahrungen im Internet auch in ihrem Alltag außerhalb des Mediums zu realisieren. Möglich, dass das Internet dadurch längerfristig tatsächlich neue Impulse für einen Wandel der Geschlechterarrangements in der Liebe auch jenseits seiner eigenen Grenzen mit sich bringt.

Literaturverzeichnis

Arvidsson, Adam. (2005). *Quality Singles: Internet Dating as Immaterial Labour* (Cultures of Consumption, Working Paper Series, Nr. 22). London: Birkbeck College.

Bauman, Zygmunt. (2010). *Leben als Konsum.* Hamburg: Hamburger Edition.

Beauvoir, Simone de. (1992). *Das andere Geschlecht. Sitte und Sexus der Frau.* Reinbeck: Rowohlt.

Beck, Ulrich & Beck-Gernsheim, Elisabeth. (1990). *Das ganz normale Chaos der Liebe.* Frankfurt/M.: Suhrkamp.

Boltanski, Luc & Chiapello, Ève. (2003). *Der neue Geist des Kapitalismus.* Konstanz: UVK.

Brym, Robert J. & Lenton, Rhonda L. (2001). *Love Online: A Report on Digital Dating in Canada.* Zugriff am 10. November 2006 unter www.nelson.com/nelson/harcourt/sociology/newsociety3e/loveonline.pdf.

Bühler-Ilieva, Evelina. (2006). *Einen Mausklick von mir entfernt. Auf der Suche nach Liebesbeziehungen im Internet.* Marburg: Tectum.

Burkart, Günter. (1997). *Liebesphasen – Lebensphasen. Vom Paar zur Ehe zum Single und zurück?* Opladen: Leske + Budrich.

Carstensen, Tanja. (2009). Gender Trouble in Web 2.0: Gender Relations in Social Network Sites, Wikis and Weblogs. *International Journal of Gender, Science and Technology, 1*(1), 106–127.

Dombrowski, Julia. (2011). *Die Suche nach der Liebe im Netz: Eine Ethnographie des Online-Datings.* Bielefeld: Transcript.

Dröge, Kai. (2010). Romantische Unternehmer im Netz. Widersprüchliche Identitätsangebote beim Online Dating. *WestEnd, 27*(2), 82–94.

Dröge, Kai. (2011). Rezension zu: „Dombrowski: Die Suche nach der Liebe im Netz“ und „Kaufmann: Sex@mour“. *Sozialer Sinn, 12*(2), 354–359.

Dröge, Kai. (2012). Transitorische Sozialbeziehungen oder: Wider die Ungleichheitsblindheit der Internetsoziologie. In Christian Stegbauer (Hrsg.), *Ungleichheit: Medien- und kommunikationssoziologische Perspektiven* (S. 281–299). Wiesbaden: VS Verlag.

Dröge, Kai & Voirol, Olivier. (2011). Online dating: The tensions between romantic love and economic rationalization. *Zeitschrift für Familienforschung, 23*(3), 337–358.

Dröge, Kai & Voirol, Olivier. (2013). Prosumer der Gefühle. Zum emotionalen Produktionsregime des Web 2.0 am Beispiel von Online Dating Plattformen. *Österreichische Zeitschrift für Soziologie, 38*(2), im Erscheinen.

Fiore, Andrew Rocco Tresolini. (2004). *Romantic Regressions. An Analysis of Behavior in Online Dating Systems.* Boston: MIT.

Greco, Monica. (2004). Wellness. In Ulrich Bröckling, Susanne Krasmann & Thomas Lemke (Hrsg.), *Glossar der Gegenwart* (S. 293–299). Frankfurt/M.: Suhrkamp.

Hampton, Keith N.; Goulet, Lauren Sessions; Rainie, Lee & Purcell, Kristen. (2011). *Social networking sites and our lives.* Washington: Pew Research Center's Internet & American Life Project.

Haraway, Donna J. (1991). A Cyborg Manifesto. Science, Technology, and Socialist-Feminism in the Late Twentieth Century. In Donna J. Haraway, *Simians, Cyborgs and Women: The Reinvention of Nature* (S. 149–181). New York: Routledge.

Herma, Holger. (2009). *Liebe und Authentizität. Generationswandel in Paarbeziehungen.* Wiesbaden: VS Verlag.

Honegger, Claudia; Neckel, Sighard & Magnin, Chantal. (Hrsg.). (2010). *Strukturierte Verantwortungslosigkeit. Berichte aus der Bankenwelt.* Berlin: Suhrkamp.

Honneth, Axel. (2011). *Das Recht der Freiheit. Grundriss einer demokratischen Sittlichkeit.* Berlin: Suhrkamp.

Illouz, Eva. (2006). *Gefühle in Zeiten des Kapitalismus. Adorno-Vorlesungen 2004.* Frankfurt/M.: Suhrkamp.

Illouz, Eva. (2011). *Warum Liebe weh tut. Eine soziologische Erklärung.* Berlin: Suhrkamp.

Initiative D21. (2011). *(N)Onliner Atlas 2011. Eine Topographie des digitalen Grabens durch Deutschland.* München: TNS Infratest.

Jackson, Stevi. (1993). Even Sociologists Fall in Love: An Exploration in the Sociology of Emotions. *Sociology, 27*(2), 201–220.

Kaufmann, Jean-Claude. (2011). *Sex@mour: Wie das Internet unser Liebesleben verändert.* Konstanz: UVK.

Lenz, Karl. (2006). *Soziologie der Zweierbeziehung. Eine Einführung.* Wiesbaden: VS Verlag.

Luhmann, Niklas. (1997). *Die Gesellschaft der Gesellschaft.* Frankfurt/M.: Suhrkamp.

Maiwald, Kai-Olaf. (2009). Paarbildung als Selbst-Institutionalisierung. Eine exemplarische Fallanalyse. *Sozialer Sinn, 10*(2), 283–315.

McLuhan, Marshall. (1962). *The Gutenberg Galaxy. The Making of Typographic Man.* Toronto: University of Toronto Press.

Mead, George Herbert. (1973). *Geist, Identität und Gesellschaft aus der Sicht des Sozialbehaviorismus.* Frankfurt/M.: Suhrkamp.

Plant, Sadie. (1998). *Nullen und Einsen. Digitale Frauen und die Kultur der neuen Technologien.* Berlin: Berlin-Verlag.

Rheingold, Howard. (1993). *The Virtual Community. Homesteading on the electronic frontier.* Reading: Addison-Wesley.

SBV. (2010). *Der Online-Dating-Markt 2010–2011. Deutschland – Österreich – Schweiz.* Zugriff am 23. November 2012 unter www.singleboersen-vergleich.de/presse/online-dating-markt-2010-2011.pdf.

Schmidt, Jan. (2009). *Das neue Netz.* Konstanz: UVK.

Schulz, Florian; Skopek, Jan; Klein, Doreen & Schmitz, Andreas. (2008). Wer nutzt Internetkontaktbörsen in Deutschland? *Zeitschrift für Familienforschung, 20,* 271–292.

Shorter, Edward. (1975). *The Making of the Modern Family.* New York: Basic Books.

Sproull, Lee & Kiesler, Sara. (1986). Reducing social context cues: electronic mail in organizational communication. *Management Science, 32*(11), 1492–1512.

Stegbauer, Christian. (2001). *Grenzen virtueller Gemeinschaft. Strukturen internetbasierter Kommunikationsforen.* Wiesbaden: Westdeutscher Verlag.

Trethewey, Angela. (1999). Disciplined Bodies: Women's Embodied Identities at Work. *Organization Studies, 20*(3), 423–450.

Turkle, Sherry. (1996). *Life on the Screen: Identity in the Age of the Internet.* London: Weidenfeld & Nicolson.

Turkle, Sherry. (2010). Computerspiele als evokative Objekte: Von Projektionsflächen zu relationalen Artefakten. *WestEnd, 7*(2), 62–81.

Turner, Fred. (2006). *From Counterculture to Cyberculture: Stewart Brand, the Whole Earth Network, and the Rise of Digital Utopianism.* Chicago: University of Chicago Press.

Voirol, Olivier. (2009). *Paradoxes of participatory culture* [Unveröff. Manuskript]. Frankfurt/M.

Voirol, Olivier. (2010). Digitales Selbst: Anerkennung und Entfremdung. *WestEnd, 7*(2), 106–120.

Waring, Amanda & Waring, Justin. (2009). Looking the Part: Embodying the Discourse of Organizational Professionalism in the City. *Current Sociology, 57*(3), 344–364.

Weber, Jutta. (2001). Ironie, Erotik und Techno-Politik: Cyberfeminismus als Virus in der neuen Weltunordnung? *Die Philosophin. Forum für feministische Theorie und Philosophie, 12*(24), 81–97.

Weber, Max. (1988). Die Wirtschaftsethik der Weltreligionen. In Max Weber, *Gesammelte Aufsätze zur Religionssoziologie* (S. 237–573). Tübingen: Mohr.

Winker, Gabriele. (2004). Internetforschung aus Genderperspektiven. In Sylvia Buchen, Nena Helfferich & Maja Maier (Hrsg.), *Gender methodologisch. Empirische Forschung in der Informationsgesellschaft vor neuen Herausforderungen?* (S. 123–140). Wiesbaden: VS Verlag.

Zur Person

Kai Dröge, Dr. rer. soc., geb. 1972, wissenschaftlicher Mitarbeiter am Institut für Sozialforschung Frankfurt am Main sowie Dozent an der Hochschule Luzern. Arbeitsschwerpunkte: Soziologie des Ökonomischen, Kultur-, Medien- und Paarsoziologie, Soziale Ungleichheit.

Kontakt: Institut für Sozialforschung, Senckenberganlage 26, 60325 Frankfurt am Main

E-Mail: k.droege@em.uni-frankfurt.de

Forschungsblog: http://romanticentrepreneur.net

Martin Diewald, Sebastian Böhm, Tobias Graf, Stefanie Hoherz

Berufliche Anforderungen und ihre Auswirkungen auf das Privatleben von doppelerwerbstätigen Paaren

Zusammenfassung

Steigende zeitliche, physische und psychische Arbeitsbelastungen können die Qualität und die Stabilität von Partnerschaften und Familien bedrohen. In unserem Beitrag vergleichen wir, wie dadurch Work-Family-Konflikte, belastender Streit innerhalb der Partnerschaft und das Trennungsrisiko beeinflusst werden. Wir erklären diese Beeinträchtigungen zum einen über individuelle Belastungen im Erwerbsleben, zum anderen über partnerschaftliche Muster der Beteiligung an der Erwerbsarbeit und Hausarbeit. Empirische Basis sind die Studie „Beschäftigungsverhältnisse als sozialer Tausch" sowie das Sozio-oekonomische Panel. Die Ergebnisse zeigen, dass sowohl die Qualität als auch die Stabilität von Partnerschaften durch hohe Erwerbsarbeitsbelastungen negativ beeinflusst werden, aber in je unterschiedlicher Weise.

Schlüsselwörter
Vereinbarkeit, DoppelverdienerInnen, Konflikte, Trennung, Flexible Arbeitsformen

Summary

Consequences of occupational demands for dual-career partnerships

It has almost become a commonplace that increasing temporal, physical and psychological work demands and pressures have challenged capabilities for maintaining strong intimate relationships and families. In our article we compare how work-to-family conflicts, serious conflicts within partnerships, and the risk of separation are influenced by antecedents located in two dominant research traditions: on the one hand individual work strains, and on the other research on balancing work and family, taking account of different patterns of employment and housework within partnerships. For our analyses we draw on two different data sets: the German Socio-Economic Panel Study (SOEP) and the study entitled 'Employment relationships a social exchange'. The results reveal the different negative influences of high work strains on both the quality and the stability of partnerships.

Keywords
work-family interface, dual-career partners, conflicts, separation, flexibilisation of work

1 Einleitung

Partnerschaft und Familie haben unter den Bedingungen moderner Gesellschaften eine hohe Attraktivität, die sich vor allem aus ihrer besonderen Qualität als „dialogische Beziehungen" (Huinink 2011) speist. Das Lebensmodell des männlichen Allein- bzw. Hauptternährers stützte diese Spezialisierung über eine überschaubare Struktur von Erwartungen an sich aneinander bindende Partner, deren Befolgung durch eine relativ klare Arbeitsteilung sowie eine überschaubare Zeitstruktur in der diachronen Perspektive von Lebensläufen und in der synchronen Perspektive der Alltagsorganisation erleichtert wurde. Es besteht ein weitreichender Konsens darüber, dass diese Rahmenbedingungen durch mehrere miteinander verwobene kulturelle, wirtschaftliche und gesellschaftliche Entwicklungen seit der zweiten Hälfte der 1960er Jahre nachhaltig aufgebrochen wurden, wodurch Partnerschaften und Familien als dauerhafte Lebensformen unter Druck geraten sind. Dies betraf zunächst die konventionelle Arbeitsteilung zwischen den Geschlechtern, was sich in zunehmender Erwerbsbeteiligung der Frauen sowie in Forderungen nach einer vermehrten Beteiligung der Männer in Haus- und Familienarbeit zeigte. Seit etwa den 1990er Jahren sind verstärkt auch Veränderungen in der Arbeitswelt thematisiert worden, die die Bedingungen für das gleichzeitige Wahrnehmen von Verpflichtungen in Arbeit und Privatleben verschärft haben. Diese Veränderungen sind vor allem durch gestiegene Anforderungen in zeitlicher, physischer und psychischer Hinsicht (European Foundation for the Improvement of Living and Working Conditions 2007) sowie durch eine Abnahme von Arbeitsplatzstabilität und -sicherheit (Kalleberg 2009) gekennzeichnet.

Die Sozialwissenschaften haben sich mit der Frage potenziell negativer Auswirkungen von Beschäftigungsbedingungen auf Partnerschaft und Familie vor allem in zwei Forschungslinien befasst. Die eine betrifft das Hinausschieben bzw. die Vermeidung von Partnerschaft und Elternschaft im Lebenslauf infolge gestiegener Unsicherheiten und gesunkener Stabilitäten. Die Globalisierung erfordere einen jederzeit mobilen und deshalb weitgehend bindungslosen Menschen als neuen Prototyp der Lebensführung, was zu einer Vermeidung von stabilen privaten Bindungen führe, die mit diesen Anforderungen in Konflikt stünden (Sennett 1998). Die andere Konsequenz bezieht sich auf zunehmende Probleme und Konflikte beim Ausbalancieren von Verpflichtungen im Berufs- und Privatleben (z. B. van der Lippe/Peters 2007), wobei berufliche Anforderungen und berufliche Ressourcen erschwerend oder erleichternd wirken können. Eine dritte Perspektive ist wesentlich seltener bearbeitet worden, nämlich die Frage nach der Stabilität von Partnerschaften. Hier gibt es bisher nur wenige Untersuchungen zum Einfluss von Arbeitsteilungsmustern und bestenfalls kursorische Erkenntnisse zum Einfluss von verschiedenen Arbeitsbedingungen (Cooke 2006).

Diese Forschungsstränge haben bisher kaum voneinander Notiz genommen. Eine umfassende Einschätzung des Ausmaßes und der Mechanismen der Einflüsse von Erwerbsarbeit auf Partnerschaft und Familie ist dadurch erschwert worden. In unserem Beitrag möchten wir den bisherigen Forschungsstand in mehrfacher Hinsicht erweitern: Zum ersten betrachten wir vergleichend sowohl Auswirkungen auf die *Qualität* von Paarbeziehungen als auch deren *Trennungswahrscheinlichkeit* und ermöglichen so eine umfassendere Antwort auf die Frage, welche Beschäftigungsbedingungen *existierende* Partnerschaften beeinflussen. Dies ist nicht nur im bloß additiven Sinn zu verstehen. Mit der parallelen Betrachtung von Beziehungsproblemen und Trennung können wir unterscheiden, welche Bedingungen zwar alltägliche Schwierigkeiten heraufbeschwören, aber Partnerschaften nicht in ihrem Bestand bedrohen. Und umgekehrt, wodurch Partnerschaften in ihrer Existenz bedroht werden, ohne dass dies auf Konflikte im Alltag zurückzuführen wäre. Zweitens betrachten wir nicht nur Männer und Frauen getrennt voneinander, weil wir von geschlechtsspezifischen Wirkungen ausgehen, sondern berücksichtigen jeweils auch die Merkmale der Erwerbstätigkeit der Partnerin/des Partners. Mit dieser Berücksichtigung von potenziellen Crossover-Effekten tragen wir dem Umstand Rechnung, dass Partnerschaften einen Kontext bilden, in dem sich nicht nur die eigenen Beschäftigungsbedingungen auf Konflikte und Trennungen auswirken, sondern auch die Merkmale der Partnerin/des Partners dazu beitragen können. Drittens unterscheiden wir hinsichtlich der Auswirkungen von Beschäftigungsbedingungen beider PartnerInnen, ob negative Auswirkungen auf Konflikte und Trennungen, gemessen an den jeweiligen Bereichszufriedenheiten, eher über eingeschränkte Verwirklichungschancen im beruflichen Bereich oder im Haushaltsbereich vermittelt werden. Viertens, obwohl wir uns auf Partnerschaftsbeziehungen konzentrieren, erweitern wir die übliche Fokussierung der Vereinbarkeitsforschung auf Familien um kinderlose Paare und zeigen, wie auch sie von Beschäftigungsbedingungen in ihrer Qualität und Stabilität beeinflusst werden. Schließlich versuchen wir fünftens mit der Berücksichtigung von Anpassungsreaktionen auf Belastungsprobleme zu untersuchen, inwiefern für Partnerschaften problematische Arbeitsbedingungen durch Adaptionsstrategien entspannt werden können.

Im Vergleich zu den in diesen Forschungsfeldern insgesamt dominierenden Untersuchungen aus angelsächsischen Ländern prüfen wir damit, inwiefern und aufgrund welcher Wirkmechanismen dortige Zusammenhänge für den anders gearteten deutschen Kontext ebenfalls gültig sind oder nicht. Es gibt begründete Zweifel an der Erwartung einer einfachen Übertragung (Beham/Drobnič 2010). Zum einen zeichnet sich Deutschland immer noch durch vergleichsweise stark auf Vertrauen und Stabilität ausgerichtete Arbeitsmarktinstitutionen aus, die eine insgesamt bessere Arbeitsplatzsicherheit und höhere Kontrolle von Belastungen am Arbeitsplatz bedingen. Zum anderen ist als „Kompromissmodell“ zur Vermeidung allzu hoher Belastungen eine reduzierte Erwerbsbeteiligung von Frauen deutlich weiter verbreitet als in angelsächsischen Ländern. Speziell im Hinblick auf die Vereinbarkeit von Familie und Beruf allerdings gehört Deutschland zu den Ländern mit einer vergleichsweise schwach ausgeprägten Infrastruktur zur Ermöglichung gleichzeitiger Engagements in beiden Lebensbereichen (Grönlund/Öun 2010).

2 Theoretische Überlegungen zu den Auswirkungen individueller Beschäftigungsbedingungen auf Konflikte und die Partnerschaftsstabilität

Auswirkungen der Erwerbsarbeit auf private Beziehungen werden international primär als Konsequenz *individuell* erfahrener Beschäftigungsbedingungen beforscht. Über die individuellen Erfahrungen hinausgehend ist jedoch zu erwarten, dass auch die Merkmale der Partnerin/des Partners für die Auswirkungen auf die privaten Beziehungen bedeutsam sein könnten. Denn inwiefern beispielsweise individuell erfahrene Belastungen sich auf die Partnerschaft auswirken, dürfte auch davon abhängen, welche Belastungen zusätzlich durch die Partnerin/den Partner hinzukommen und welche Ressourcen im Zusammenhang mit der Erwerbstätigkeit der Partnerin/des Partners zur Verfügung stehen. Vor dem Hintergrund von Geschlechterstereotypen können beide jedoch teilweise unterschiedlich bewertet werden und sollten sich deshalb auch unterschiedlich auf das Risiko von Konflikten und Trennungen auswirken. Schließlich ist davon auszugehen, dass auch die Merkmale der häuslichen Situation das Risiko von Trennungen und Konflikten beeinflussen können, denn sie beinhalten ebenfalls unterschiedliche Anforderungen und Ressourcen, die die Belastungen aus der Arbeitswelt in ihrer Wirkung verschärfen oder entspannen können. Die entsprechenden theoretischen Überlegungen werden im Folgenden kurz dargestellt.

Individuelle berufliche Ressourcen und Belastungen

Das *Job Demands Resources*-Modell (Bakker/Demerouti 2007) unterscheidet als Einflussfaktoren zwischen Belastungen und Ressourcen. Erstere tragen entweder den Stress direkt als Belastung in das Privatleben hinein oder verringern die Zeit und Kraft für private Ansprüche, während letztere Spielräume für private Aktivitäten schaffen. Bisherigen Untersuchungen aus dem angelsächsischen Kontext zufolge steigern Belastungen wie überlange Arbeitszeiten, Beschäftigungsunsicherheit und hoher Zeitdruck im Job das Risiko von entsprechenden Konflikten deutlich, während Ressourcen weniger bedeutsam für eine Konfliktreduzierung sind (Schiemann/Glavin/Milkie 2009). Für Deutschland liegen dazu bisher nur wenige Untersuchungen vor, die vergleichbare Ergebnisse wie die internationale Literatur zu diesem Thema vorlegen (Böhm/Diewald 2012).

Über diese sehr stark im Vordergrund stehenden Aspekte der Vereinbarkeit auf der Ebene der Alltagsorganisation hinaus ist kaum etwas über mögliche andere Mechanismen bekannt, die die Auswirkungen von Beschäftigungsbedingungen auf das Konflikt- und das Trennungsrisiko moderieren. Beschäftigungsbedingungen können einerseits mit Ansprüchen an Verwirklichungschancen im Beruf konfligieren, etwa wenn familienbedingt nur eine reduzierte Erwerbstätigkeit realisiert wird. Die Theorie psychologischer Verträge (Rousseau 1995) und umfassender die Theorie der Beschäftigungsbeziehung als sozialer Tausch (Coyle-Shapiro/Conway 2004; Brose/Diewald/Goedicke 2004) zeigen generell, dass Beschäftigungsbedingungen vor dem Hintergrund unterschiedlicher Erwartungen und Ansprüche in- und außerhalb der Erwerbsarbeit durchaus unterschiedlich wahrgenommen und bewertet werden. Es ist deshalb zu vermuten, dass zusätzlich zu den direkten Auswirkungen bestimmter Beschäftigungsbedingungen auch deren Passung zu den jeweiligen individuellen Ansprüchen die Konflikt- und Trennungswahrscheinlichkeit beeinflusst. Andererseits können Beschäftigungsbedingungen auch Auswirkungen auf das Gefüge der Arbeitsteilung innerhalb des Haushalts haben und primär über dortige Diskrepanzen zu entsprechenden Erwartungen das Konflikt- und Trennungsrisiko erhöhen.

„Doing Gender"

Anknüpfend an die Theorie des psychologischen Vertrags ist anzunehmen, dass dieselben Beschäftigungsmerkmale speziell vor dem Hintergrund geschlechtsspezifischer Erwartungen und Ansprüche unterschiedlich bewertet werden. Allerdings gilt dies nicht nur, wie im psychologischen Vertrag thematisiert, für die Beschäftigten selbst, sondern auch für signifikante Andere, insbesondere die Partnerin/den Partner. Es geht dabei nicht unbedingt um gesellschaftlich zunehmend eingeforderte Gleichheitsansprüche, sondern auch um nicht symmetrische Erwartungen, die unterschiedlichen Geschlechterleitbildern folgen und von Partnerinnen an ihre Partner und umgekehrt von Partnern an ihre Partnerinnen gerichtet werden (Cooke 2006). Deshalb dürfte für Konflikte und Trennungen weniger die tatsächliche Gleichheit ausschlaggebend sein als die Passung der tatsächlichen Aspirationen und Absprachen mit der Alltagswirklichkeit. Belastungen in der Berufsrolle von Männern könnten demnach vor dem Hintergrund männlicher Dominanz für die Positionierung auf dem Arbeitsmarkt akzeptierter sein als solche bei Frauen.

Beschäftigungsmerkmale der Partnerin/des Partners

Individuell erfahrene Beschäftigungsbedingungen wirken sich zunächst auch individuell aus. Doch ist auch denkbar, dass die Beschäftigungsmerkmale der Partnerin/des Partners die Wahrnehmung von Konflikten beeinflussen, da sie die Spielräume für das Ausbalancieren von eigenen Belastungen reduzieren können. Solche Crossover-Effekte sind in der Forschung zu Interdependenzen zwischen Berufs- und Privatleben bisher lediglich in ihren Auswirkungen auf die Beziehungszufriedenheit (vgl. Bakker/Demerouti/Burke 2009), nicht jedoch auf die wechselseitige Entstehung von Konflikten zwischen Erwerbsarbeit und Privatleben in Partnerschaften untersucht worden. Innerhalb der Trennungsforschung spielen Merkmale der Partnerschaft dagegen zwar durchaus eine tragende Rolle, doch beschränken sich vorliegende Studien auf Einkommen sowie den Umfang von Erwerbs- und/oder Hausarbeit. Weitergehende Beschäftigungsmerkmale bleiben unbeforscht, obwohl davon auszugehen ist, dass Belastungen und Unsicherheit auch für Trennungen eine Rolle spielen können, vor allem dann, wenn sie den Allein- oder Hauptemährer betreffen und wenn Beschäftigungsmerkmale Erwartungen bezüglich der Erwerbsarbeit und der Beteiligung an der Hausarbeit entgegenstehen.[1]

Partnerschaftliche und familiale Lebensformen

Inwiefern Beschäftigungsbedingungen Konflikte und Trennungsrisiken induzieren, sollte auch von den im Haushalt vorhandenen Ressourcen und Belastungen abhängen. Im Hinblick auf Belastungen betrifft diese Erwartung zunächst im Vergleich zu kinder-

1 Ausnahmen sind in der psychologischen Partnerschaftsforschung zu finden, die Stress als Prädiktor für Trennung und Scheidung untersuchten (z. B. Bodenmann 2007 et al.). Allerdings wurden hier nur kleine, nicht repräsentative Stichproben genutzt.

losen Partnerschaften eher Familien. Kinder bedeuten hohe zusätzliche Verpflichtungen und zeitliche Anforderungen, die die Flexibilität des Privatlebens reduzieren und somit vermutlich das Risiko des Auftretens von Konflikten erhöhen (Moen/Yu 2000). Empirisch wurden jedoch, zumindest für Konflikte zwischen Arbeit und Privatleben, in angelsächsischen Studien keine deutlichen Unterschiede festgestellt (Schieman/Glavin/Milkie 2009). Ein weiteres wichtiges Haushaltsmerkmal sind die vorhandenen materiellen Ressourcen. Sie ermöglichen unter anderem den Zukauf von Arbeitsleistungen, mit denen Belastungen kompensiert werden können.

Selbstselektion

In vielen Studien wurden keine oder nur äußerst geringe Einflüsse des Geschlechts auf Konflikte zwischen Beruf und Privatleben gefunden, obwohl dies theoretisch aufgrund der insbesondere bei Frauen anzutreffenden Doppelbelastung zu erwarten wäre. Dies dürfte auf Selbstselektionsprozesse zurückzuführen sein: Insbesondere Frauen mit hohen Anforderungen im Privatleben streben demnach von vorneherein Beschäftigungsverhältnisse an, die mit diesen möglichst wenig konfligieren. Frauen mit Karriereambitionen würden dagegen eine zeitbindende Partner- und/oder Elternschaft entsprechend den beruflichen Anforderungen hinauszögern oder gänzlich unterbinden. Werden jedoch Beschäftigte mit weitgehend vergleichbaren Bedingungen innerhalb beider Lebensbereiche untersucht, scheinen Frauen tatsächlich leicht häufiger von solchen Konflikten betroffen zu sein (Wharton/Blair-Loy 2006).

Gleiche Ergebnisse für Konflikte und Trennungen?

Bei unserem Vergleich zwischen Partnerschaftskonflikten und -trennungen gehen wir nicht davon aus, dass Beschäftigungsbedingungen und Haushaltsmerkmale jeweils die gleiche Bedeutung haben. Genauso wenig sehen wir in Konflikten eine regelhafte Vorstufe zu Trennungen. Vielmehr gehen wir von jeweils unterschiedlichen Bedingungsverhältnissen aus. Insbesondere drei Aspekte verweisen darauf, dass zwischen der Hinnahme von bedrohlichen Umweltanforderungen in Form von Arbeitsbelastungen auf der einen Seite und Partnerschaftskonflikten oder gar Trennungen auf der anderen Seite verschiedene Abwägungsprozesse und Adaptionsmöglichkeiten eine puffernde Rolle spielen. Zum ersten ist oben im Hinblick auf Familien versus kinderlose Partnerschaften auf die in Familien größeren und dadurch möglicherweise konfliktinduzierenden Belastungen verwiesen worden. Umgekehrt ist aus der Scheidungsforschung bekannt, dass gemeinsame Kinder das Scheidungsrisiko deutlich reduzieren. Zum zweiten müssen Konflikte zwischen Berufs- und Privatleben nicht dysfunktional im Sinne individueller Verwirklichungschancen und der gelungenen Partnerschaftsgestaltung sein, sondern können die erwartbaren Kosten einer hartnäckigen Zielverfolgung in beiden Lebensbereichen darstellen (Grönlund/Öun 2010). Sie sind insofern die Kehrseite der Realisierung nichttraditionaler Partnerschaftsleitbilder. Ähnliches gilt für die ökonomische Unabhängigkeit von Frauen aufgrund einer eigenen Vollzeiterwerbstätigkeit. Ein höheres Erwerbseinkommen von Frauen steigert nach der ökonomischen Theorie der Familie ihre Exit-Optionen und damit das Trennungsrisiko. Umgekehrt steigert das Einkommen aber die Haushaltsressourcen und kann damit die Inzidenz von Konflikten reduzieren. Die empirische Forschungslage dazu ist uneindeutig (zusammenfassend: Cooke 2006: 445). Drittens können Konflikte zugunsten eines Erhalts der Partnerschaft auch dann dauerhaft akzeptiert werden, wenn dies die Stabilität der Partnerschaft erhöht. So steigern insbesondere in traditionelleren Geschlechterkulturen Frauen ihren Anteil an der Hausarbeit gerade dann, wenn sie dem relativen Einkommen nach das Gegenteil tun müssten, um den Männlichkeitsstatus ihrer Männer nicht zu untergraben (Bittman et al. 2003). Zusammengenommen erwarten wir deshalb für Konflikte zwischen Beruf und Privatleben sowie für Partnerschaftskonflikte stärkere Zusammenhänge mit Beschäftigungsbedingungen als für Trennungen.

3 Datenbasis und Variablen

Verwendete Datensätze und abhängige Variablen

Die Häufigkeit von Konflikten zwischen Berufs- und Privatleben untersuchen wir mithilfe der Daten der DFG-geförderten BEATA-Studie. In dieser Studie wurden von 2008 bis 2010 Beschäftigte aus sechs großen Arbeitsorganisationen in Deutschland und – sofern vorhanden – auch deren PartnerInnen zum Verhältnis von Erwerbsarbeit und Privatleben befragt. Im Sample sind qualifizierte und hochqualifizierte Beschäftigte im Alter von 18 bis 55 Jahren des sekundären und tertiären Wirtschaftssektors enthalten.[2] Insgesamt konnten von 503 heterosexuellen Partnerschaften beide PartnerInnen befragt werden. Beschäftigte mit nicht erwerbstätiger PartnerIn bzw. Partner sind aus unseren Analysen ausgeschlossen worden (n = 112). Zudem sind einige kinderlose Partnerschaften, für die die von uns genutzten Instrumente zur Erfassung von Konflikten zwischen Berufs- und Privatleben aufgrund technischer Probleme nicht erhoben wurden (n = 92), und solche, die die entsprechenden Fragen nicht beantworteten (53 Männer und 50 Frauen), ausgeschlossen worden. Damit basiert unser Sample auf 246 männlichen und 249 weiblichen Beschäftigten in Doppelverdienerpartnerschaften.

Die Häufigkeit von Konflikten zwischen Berufs- und Privatleben messen wir durch sogenannte „Work-Family Conflicts" (WFC), wie sie individuell erfahren werden. Die Variable WFC setzt sich aus den Antworten auf die folgenden zwei Items zusammen: (1) „Ich verpasse wichtige Familienaktivitäten aufgrund meiner zeitlichen Arbeitsbelastung" und (2) „Wenn ich nach der Arbeit nach Hause komme, bin ich oft zu ausgelaugt, um mich Familienaktivitäten/-verantwortlichkeiten zu widmen". Die Variable ist ein additiver Index der Antworten beider Items (von 1 = sehr häufig, 2 = häufig,

2 Für hochqualifizierte Führungskräfte wurde die Altersspanne auf einschließlich 65 Jahre erhöht. Eine genauere Darstellung des Projekts findet sich unter www.uni-due.de/beata/projekt.pdf.

3 = manchmal, 4 = selten bis 5 = nie), der durch die Anzahl der verwendeten Items (2) dividiert wurde. Wie Tabelle 1 zeigt, sind die verwendeten Fälle entlang dieser Variable weitgehend normalverteilt.

Tabelle 1: Verteilung von Work-Family Conflicts unter Männern und Frauen in Doppelerwerbspartnerschaften

	Männer		Frauen	
	N	%	N	%
Index von Work-Family Conflicts (WFC)				
(1.0) Nie WFC	9	3.66	7	2.81
(1.5) ...	26	10.57	29	11.65
(2.0) ...	39	15.85	64	25.70
(2.5) ...	69	28.05	64	25.70
(3.0) ...	54	21.95	45	18.07
(3.5) ...	23	9.35	25	10.04
(4.0) ...	21	8.54	10	4.02
(4.5) ...	2	0.81	3	1.20
(5.0) Sehr häufig WFC	3	1.22	2	0.80
Mittelwert (Standardabweichung)	2.64	(0.81)	2.51	(0.76)
Gesamt	246	100.00	249	100.00

Quelle: BEATA-Daten

Konflikte innerhalb von Partnerschaften sowie das Trennungsrisiko von Partnerschaften haben wir mit den Daten des Sozio-oekonomischen Panels (SOEP) analysiert, die vom Deutschen Institut für Wirtschaftsforschung (DIW Berlin) bereitgestellt werden. Konflikte in Partnerschaften haben wir mithilfe der in der Welle 2006 erhobenen Frage nach Personen erhoben, mit denen man als belastend empfundenen Streit hat. Die Interviewten konnten bis zu drei Personen angeben. Wir gehen davon aus, dass belastender Streit in der Partnerschaft vorliegt, wenn eine der genannten Personen die Partnerin/der Partner ist (siehe Tabelle 2). Da im SOEP alle Erwachsenen eines Haushalts befragt werden, können wir konflikthaften Streit unter doppelerwerbstätigen Paaren aus der Sicht beider PartnerInnen berücksichtigen.

Tabelle 2: Verteilung von belastendem Streit, erlebt durch Männer und Frauen in Doppelverdienstpartnerschaften

	Männer		Frauen	
	N	%	N	%
PartnerIn genannt	589	36,2	653	40,2
PartnerIn nicht genannt	1037	63,8	973	59,8
Gesamt	1626	100,0	1626	100,0

Quelle: SOEP, Welle 2006

Das Trennungsrisiko von Partnerschaften konnten wir ereignisdatenanalytisch im Längsschnitt auf monatlicher Basis im Zeitraum von 1999 bis 2009 analysieren.[3] Eine Trennung liegt immer dann vor, wenn eine Partnerschaft während dieses Untersuchungszeitraums aufgelöst wurde. Wir schränkten das Sample auf Partnerschaften ein, die während des Untersuchungszeitraums gegründet wurden, um die Partnerschaftsdauer ohne Linkszensierung bis zur Trennung (Ereignis) oder bis zum Interviewzeitpunkt (Rechtzensierung) analysieren zu können. Damit enthält unser Sample 1 429 Doppelverdienstpartnerschaften, von denen sich 144 Paare während des Untersuchungszeitraums trennten.

Unabhängige Variablen

Um den Einfluss soziodemographischer Merkmale auf die zuvor beschriebenen abhängigen Variablen untersuchen zu können, berücksichtigen wir den Familienstand, die Partnerschaftsdauer und einen Indikator, der sowohl den Elternstatus als auch das Alter des jüngsten Kindes misst. Für die Analysen, die auf dem SOEP basieren, sind wir zudem in der Lage, die Religionszugehörigkeit, den Bildungsgrad und das Vorhandensein von Wohneigentum zu berücksichtigen.

Im Rahmen individueller Arbeitsbedingungen von Männern und Frauen beziehen wir das logarithmierte Bruttomonatseinkommen, die tatsächliche Arbeitszeit, die subjektive Beschäftigungsunsicherheit, den Umfang des Zeitdrucks bei der Erwerbsarbeit und die Bewertung der eigenen ökonomischen Situation ein. Letztere wurde lediglich im SOEP erhoben und konnte somit nicht als Prädiktor für WFC überprüft werden. Des Weiteren berücksichtigen wir die Bewertung der Arbeitsbedingungen im Rahmen des Wunsches nach Arbeitszeitreduktion als allgemeine Arbeitszufriedenheit.

Im Rahmen der Haushaltssituation berücksichtigen wir das logarithmierte Äquivalenzeinkommen sowie die Verfügbarkeit einer bezahlten Haushaltshilfe als Kompensationsstrategie, um Arbeitsbelastungen und daraus resultierende Konfliktpotenziale entschärfen zu können.[4] Für die SOEP-basierten Analysen berücksichtigen wir schließlich parallel zur Arbeitszufriedenheit auch die Zufriedenheit mit der Arbeitsteilung im Haushalt, um auch hier Nicht-Passungen mit den eigenen Vorstellungen abbilden zu können.

4 Ergebnisse

Bevor wir die Auswirkungen der vermuteten Prädiktoren auf WFC, belastenden Streit und das Trennungsrisiko untersuchen, zeigen wir zunächst die Verteilung der unabhängigen Variablen in den dafür jeweils verwendeten Untersuchungspopulationen

3 Da eine von uns hier verwendete unabhängige Variable (die Verfügbarkeit einer Haushaltshilfe) im SOEP erst ab 1999 erhoben wurde, mussten wir auf die Nutzung früherer Wellen verzichten.

4 Da die Korrelation zum individuellen Einkommen relativ gering ist, können wir das Äquivalenzeinkommen gleichzeitig und in Abgrenzung zum individuellen Einkommen berücksichtigen. Dies ist jedoch nur im SOEP möglich, da die benötigten Informationen in den BEATA-Daten fehlen.

(Tabelle 3).[5] Da die BEATA-Daten, mit denen wir WFC untersuchen, (hoch-)qualifizierte Beschäftigte mittlerer Altersgruppen überrepräsentieren, zeigen sich im Vergleich zum SOEP teils deutliche Verteilungsunterschiede. So ist die durchschnittliche Partnerschaftsdauer in den beiden genutzten BEATA-Samples deutlich länger als in den verwendeten SOEP-Samples, da hier sehr junge, häufig noch unqualifizierte Beschäftigte mit entsprechend kürzeren Partnerschaftsbiographien weitgehend fehlen. Zudem sind in BEATA anteilig deutlich mehr Fälle mit Kleinkindern im Alter von bis zu sechs Jahren und mit einer Haushaltshilfe vorhanden, da primär Beschäftigte mit hohen privaten Belastungen in der Familienphase befragt wurden. Die überproportionale Häufigkeit von hochqualifizierten Beschäftigten, die besonders häufig zeitlichen Erwerbsarbeitsbelastungen ausgesetzt sind (Wagner 2000), begründet auch den in BEATA deutlich höheren Anteil an Beschäftigten mit hohen Arbeitszeiten und hohem Zeitdruck.

Tabelle 3: Verteilung der unabhängigen Variablen in den verwendeten BEATA- und SOEP-Samplen

	BEATA		SOEP 2006	SOEP 1999–2009
	Männer	Frauen		
Soziodemographische Merkmale				
Partnerschaftsdauer	13.6 (8.8)	12.9 (8.4)	8.5 (6.0)	8.0 (6.1)
Familienstand				
Verheiratet	83.7	81.1	81.2	67.1
Unverheiratet	16.3	18.9	18.8	32.2
Alter des jüngsten Kindes				
Kinderlos	24.0	24.5	23.0	37.0
0 bis unter 6 Jahre	24.8	24.1	5.6	9.5
6 bis unter 12 Jahre	25.6	25.3	23.7	30.0
12 Jahre und älter	25.6	26.1	47.7	23.5
Partnerschaftskohorte				
Vor 1990	--	--	--	13.9
1990–1994	--	--	--	16.6
1995–1999	--	--	--	21.8
2000–2004	--	--	--	31.1
2005 und später	--	--	--	16.6
Wohneigentum				
Nein	--	--	--	52.7

5 Da die Untersuchungspopulation für konflikthaften Streit mit der Partnerin/dem Partner für beide Geschlechter in der Welle 2006 im SOEP gleich ist, wurde die Verteilung der unabhängigen Variablen hier nicht getrennt für Männer und Frauen ausgewiesen.

Ja	--	--	--	43.3
Religion				
Beide PartnerInnen religiös	--	--	--	64.6
Ein Partner/eine Partnerin religiös	--	--	--	18.2
Beide PartnerInnen nicht religiös	--	--	--	17.2
Haushaltssituation				
Logarithmiertes Äquivalenzeinkommen	--	--	10.0 (0.4)	10.0 (0.4)
Haushaltshilfe				
Vorhanden	25.2	22.9	8.6	5.9
Nicht vorhanden	74.4	77.1	91.4	94.1
Keine Angabe	0.4	0.0	0.0	0.0
Arbeitsbedingungen und ihre Bewertung				
Logarithmiertes Bruttomonatseinkommen Mann	8.3 (0.6)	8.2 (0.6)	7.9 (0.6)	7.8 (0.6)
Logarithmiertes Bruttomonatseinkommen Frau	7.5 (0.7)	7.5 (0.8)	7.2 (0.8)	7.2 (0.8)
Tatsächliche Arbeitszeit Mann				
Teilzeit (bis zu 30 h)	6.5	6.8	3.6	3.3
Vollzeit (30 bis 43 h)	34.6	35.3	48.1	51.5
Überlang (mehr als 43 h)	58.5	57.0	48.1	45.2
Keine Angabe	0.4	0.8	0.0	0.0
Tatsächliche Arbeitszeit Frau				
Teilzeit (bis zu 30 h)	44.3	43.4	41.5	37.2
Vollzeit (30 bis 43 h)	35.0	36.1	42.4	47.5
Überlang (mehr als 43 h)	19.5	18.9	16.1	15.2
Keine Angabe	1.2	1.6	0.0	0.0
Subjektive Beschäftigungsunsicherheit Mann				
Gering-mittel	77.2	74.7	41.9	85.0
Hoch	12.6	14.9	58.1	15.0
Keine Angabe	10.2	10.4	0.0	0.0
Subjektive Beschäftigungsunsicherheit Frau				
Gering-mittel	74.0	75.1	43.6	85.6
Hoch	14.2	14.1	41.2	14.4
Keine Angabe	11.8	10.8	15.2	0.0
Zeitdruck Mann				
Gering-mittel	41.9	41.8	67.6	--
Hoch	58.1	58.2	32.4	--

Zeitdruck Frau				
Gering-mittel	52.4	52.6	58.4	--
Hoch	47.6	47.4	41.6	--
Sorgen um eigene wirtschaftliche Situation Mann				
Gering-mittel	--	--	43.6	79.7
Hoch	--	--	56.4	20.3
Sorgen um eigene wirtschaftliche Situation Frau				
Gering-mittel	--	--	57.0	79.8
Hoch	--	--	43.0	20.2
Wunsch nach Arbeitszeitreduzierung Mann				
Vorhanden	54.5	54.5	57.0	53.4
Nicht vorhanden	37.4	36.1	43.0	46.7
Keine Angabe	8.1	6.4	--	--
Wunsch nach Arbeitszeitreduzierung Frau				
Vorhanden	48.0	51.8	43.6	58.2
Nicht vorhanden	48.4	42.2	56.4	41.8
Keine Angabe	3.6	6.0	--	--
Arbeitszufriedenheit Mann	6.5 (2.6)	6.8 (2.4)	7.0 (2.0)	7.0 (2.0)
Arbeitszufriedenheit Frau	6.7 (2.4)	6.6 (2.5)	7.1 (2.0)	7.0 (2.1)
Zufriedenheit mit Haushaltssituation				
Zufriedenheit mit Tätigkeit im Haushalt Mann	--	--	6.9 (2.0)	6.9 (1.9)
Zufriedenheit mit Tätigkeit im Haushalt Frau	--	--	6.6 (1.9)	6.7 (1.9)
Fallzahl	246	249	1626	1429

Anmerkung 1: Für metrische unabhängige Variablen wurde jeweils der Mittelwert (Standardabweichung) ausgewiesen, für die restlichen kategorialen Variablen jeweils die Spaltenprozente.

Im Folgenden stellen wir für die Erklärung von WFC, belastendem Streit und Trennungsrisiko die Ergebnisse multivariater Modelle vor (Tabelle 4). Wir haben aus Platzgründen auf die Darstellung einer schrittweisen Einführung der verschiedenen Blöcke von Prädiktoren verzichtet. Aufgrund der geringen bis mäßigen Interkorrelationen zwischen diesen Blöcken lässt sich jedoch festhalten, dass sich die Koeffizienten der hier ausgewiesenen vollständigen Modelle nicht substantiell von denjenigen der schrittweisen Modelle unterscheiden.

Bei den soziodemographischen Merkmalen zeigen sich zunächst die erwarteten Befunde: Mit steigender Partnerschaftsdauer sinkt das Risiko, dass in den verbleibenden partnerschaftlichen Arrangements WFC oder Streit vorkommen. Dagegen hat der Familienstand erwartungsgemäß keinen Einfluss, da er zwar per se den partnerschaftlichen Institutionalisierungsgrad, nicht jedoch die alltägliche Beziehungsrealität beeinflusst.

Das Trennungsrisiko ist unter verheirateten Paaren aufgrund ihrer höheren sozialen, institutionellen und monetären Trennungskosten jedoch wesentlich geringer als unter Unverheirateten. Der Elternstatus und auch das Alter des jüngsten Kindes beeinflussen die Häufigkeit von Streit und Konflikten dagegen kaum. Angesichts der theoretischen Erwartung eines höheren WFC- und Streitpotenzials bei den besonders belasteten Paaren mit relativ betreuungsintensiven Kindern im Alter von unter 12 Jahren überrascht, dass sich bei beiden Indikatoren kein signifikanter Unterschied zu den kinderlosen Paaren feststellen lässt. Offensichtlich spielen hierbei Selbstselektionsstrategien eine Rolle, durch die Paare ihr Arbeitsangebot bzw. ihre Erwerbsarbeitsbelastungen an die häusliche Situation anpassen. Die Familie steht im Vordergrund, was sich auch durch das in dieser Phase stark verringerte Trennungsrisiko ausdrückt. Unseren Befunden zufolge werden diese Strategien mit zunehmendem Alter des jüngsten Kindes weniger intensiv verfolgt, sodass zumindest unter Männern mit Kindern, die 12 Jahre oder älter sind, ein erhöhtes WFC-Risiko auftritt. Erklärlich wird dies durch eine zunehmende Doppelbelastung durch zwar schon „den Windeln entwachsene" ältere, aber dennoch aufmerksamkeitsbedürftige[6] Kinder. Die Erwerbsbeteiligung von Frauen wird nämlich vor allem durch die Existenz von Kleinkindern reduziert, aber danach mit zunehmendem Alter des jüngsten Kindes langsam wieder gesteigert. Das Streitrisiko nimmt in dieser Situation dagegen sowohl aus männlicher wie auch aus weiblicher Sicht ab. Die Entstehung von WFC und Streit folgen an dieser Stelle offensichtlich unterschiedlichen Entstehungsmechanismen, die vermutlich wiederum mit Selbstselektionsstrategien zusammenhängen. Diese insgesamt überraschend gering erscheinende Bedeutung unterschiedlicher Lebensformen entspricht, wie oben erwähnt, bereits vorliegenden Untersuchungen aus dem angelsächsischen Raum.[7]

Hinsichtlich der Bedeutung individueller Arbeitsbedingungen zeigt sich in Übereinstimmung mit anderen Studien, dass Ressourcen im Vergleich zu Belastungen für die hier untersuchten Explananda generell eine deutlich geringere Rolle spielen. So beeinflusst das individuelle Einkommen weder die Partnerschaftsqualität noch das Trennungsrisiko. Ein hohes Einkommen geht offensichtlich mit Leistungserwartungen durch den Arbeitgeber einher, die die Bedeutung der Ressourcen als Möglichkeit, Belastungen ausgleichen zu können, konterkarieren. Dies wird besonders eindrücklich am WFC-Risiko von Männern deutlich, das sich mit steigendem Einkommen erhöht. Solche deutlichen Einflüsse zeigen denn auch die gemessenen Erwerbsarbeitsbelastungen, und zwar sowohl im Hinblick auf die beiden Konfliktarten als auch auf das Trennungsrisiko, wobei sich für die verschiedenen Ebenen durchaus differentielle Wirkungszusammenhänge aufzeigen lassen und es teilweise auch deutliche Unterschiede gibt, ob sie innerhalb von Partnerschaften von Männern oder Frauen erfahren werden.

6 In Deutschland betrifft dies u. a. die erwartete Mithilfe der Eltern bei Hausaufgaben vor allem an weiterführenden Schulen.

7 Hier nicht berichtet werden Analysen, die wir für Familien und kinderlose Partnerschaften jeweils getrennt durchgeführt haben. Auch hier haben sich gegen die Erwartung keine unterschiedlichen Muster gezeigt, wie sich Belastungen auf das Privatleben auswirken.

Die Wahrnehmung unsicherer Beschäftigung, ein in der einschlägigen Literatur besonders betontes Merkmal mit vermutet starker Auswirkung auf private Beziehungen, erweist sich in unseren Analysen als wenig bedeutsam. Gleiches gilt für die in der Diskussion um prekäre Beschäftigungsverhältnisse zusätzlich betonte Sorge um die eigene wirtschaftliche Situation. Beide Merkmale beeinflussen das Trennungsrisiko nicht und haben einen insgesamt nur sehr begrenzten Einfluss auf die Partnerschaftsqualität, der aus unserer Sicht zudem nicht eindeutig interpretierbar ist. Dies widerspricht zunächst allzu dramatischen Vermutungen über die Auswirkungen gerade unsicherer Beschäftigungsverhältnisse auf existierende Partnerschaften. Dass nur bei Frauen und nicht bei Männern angesichts von Beschäftigungsunsicherheit WFC verstärkt auftreten, könnte mit hier unbeobachteten Merkmalen typischer Frauenberufe zusammenhängen, wie etwa besonders unregelmäßige Arbeitszeiten bei personenbezogenen Dienstleistungen. Umgekehrt führen Sorgen um die eigene wirtschaftliche Situation lediglich aus Sicht der Männer zu einem erhöhten Streitrisiko, womöglich weil dies ihre Sicht der eigenen Rolle als hauptverantwortliche Ernährer beeinträchtigt.

Eindeutiger sind die Auswirkungen eines hohen Zeitdrucks im Job. Er führt sowohl bei Männern als auch bei Frauen zu einem deutlich erhöhten WFC-Risiko und von Seiten der Männer auch zu einem erhöhten Streitrisiko.[8] Crossover-Effekte, dass also Belastungen der Partnerin/des Partners auch bei der/dem anderen die Wahrscheinlichkeit von Konflikten erhöhen, sind allerdings nicht zu beobachten. Eine kumulative Wirkung von Belastungen über ein derartiges wechselseitiges „Hochschaukeln“ findet nicht statt.[9]

Deutliche Auswirkungen auf alle drei untersuchten Merkmale des Privatlebens hat auch der Arbeitszeitumfang. Diese sind in hohem Maße geschlechtsspezifisch wirksam und folgen traditionellen Mustern. Besonders klar wird dieser Umstand mit Blick auf die tatsächliche Arbeitszeit von Frauen. Überlange Arbeitszeiten erhöhen hier das WFC-Risiko sehr. Tendenziell erhöht sich auch das Streitrisiko, doch ist dieser Unterschied statistisch nicht signifikant. Vor allem aber erhöht sich das Trennungsrisiko von Partnerschaften bereits dann drastisch, wenn die Frau im normalen Umfang vollzeiterwerbstätig ist. Überlange Arbeitszeiten führen zu keinem weiteren Anstieg des Trennungsrisikos mehr. Offensichtlich haben wir es hier also nicht mit einem mit zunehmender Arbeitszeitbelastung stetig ansteigenden Risiko zu tun, sondern mit der grundsätzlicheren Frage, ob es sich um eine traditionell arbeitsteilige Partnerschaft handelt oder nicht.

Dieser Eindruck wird beim Blick auf die Auswirkungen der männlichen Arbeitszeiten bestätigt. Demnach berichten männliche Beschäftigte, die vollzeitbeschäftigt sind oder darüber hinaus mehr als 43 Wochenstunden arbeiten, sogar seltener WFC und auch

8 Wir haben keine plausible Erklärung, warum nicht auch Frauen ein erhöhtes Streitrisiko innerhalb der Partnerschaft berichten. Inwiefern ein hoher Arbeitsdruck Auswirkungen auf das Trennungsrisiko hat, konnte hier nicht untersucht werden, da dieser im SOEP lediglich für die Welle 2006 und nicht im Längsschnitt erfasst wurde.

9 Nicht dargestellt sind weitere Berechnungen, in denen wir zusätzlich Interaktionen aus Belastungen von Männern und von Frauen gebildet haben. Diese erweisen sich in keinem Fall als bedeutsam.

weniger partnerschaftlichen Streit als solche, die teilzeitbeschäftigt sind. Bemerkenswerterweise gibt es auch keine Verschiebung hin zu entsprechenden Belastungen ihrer Frauen, denn deren WFC-Häufigkeit wird zumindest nicht negativ beeinflusst, auch nicht bei überlangen Arbeitszeiten des Mannes, und die Partnerinnen stimmen mit den betreffenden Männern darin überein, dass es seltener Streit innerhalb der Partnerschaft gibt. Offensichtlich wird die traditionale Form der Arbeitsteilung im Durchschnitt von beiden PartnerInnen goutiert, d. h., entsprechende Selbstselektionsstrategien von Männern in zeitlich umfangreiche, belastungsreichere Tätigkeiten und von Frauen in Teilzeitbeschäftigungen scheinen gemeinsamen Vorstellungen zu entsprechen. Allerdings weisen die Ergebnisse zum Trennungsrisiko nicht in die gleiche Richtung: Verglichen mit einer Teilzeitbeschäftigung von Männern sinkt das Trennungsrisiko keineswegs, sondern ist sogar, wenn auch aufgrund des geringen Anteils teilzeitbeschäftigter Männer nicht signifikant, erhöht. Anders gesagt: Die sehr selektive Gruppe männlicher Teilzeitbeschäftigter definiert ein für eine Minderheit passendes antitraditionales Arbeitsteilungsmuster.

Diese Hinweise deuten darauf hin, dass Arbeitsbelastungen nicht nur direkt, sondern auch über deren Passung mit individuellen Präferenzen und partnerschaftlichen Lebensmodellen für Konflikte und Trennungsrisiken relevant sind. Zwar können wir diese Passung, wie bereits erwähnt, nicht detailliert unter Berücksichtigung entsprechender Orientierungen prüfen. Allerdings zeigen die Ergebnisse zum Wunsch nach Arbeitszeitreduzierung, dass lange Arbeitszeiten, wenn sie nicht im Einklang mit den eigenen Wünschen stehen, Konflikte ins Privatleben transportieren. Dies lässt sich für Männer und Frauen gleichermaßen konstatieren. Durch die grundsätzliche Asymmetrie der Beschäftigungsbeziehung sind solche Konstellationen jedoch weitgehend außerhalb des Gestaltungsspielraums der Beschäftigten, sodass sie offensichtlich auch nicht individuell zugerechnet werden und so zumindest nicht das Streit- und das Trennungsrisiko erhöhen. Schließlich zeigen die Ergebnisse zur Arbeitszufriedenheit, dass die Arbeitssituation insgesamt und ihre Bewertung keine bedeutsamen Auswirkungen auf die betrachteten Indikatoren des Privatlebens hat[10], sondern dass vielmehr spezifische Auswirkungen zeitlicher und psychischer Überlastung auf WFC und Streit sowie die Folgen einer Vollzeitbeschäftigung von Frauen für das Trennungsrisiko relevant sind.

Mit Blick auf die Haushaltssituation und deren Bewertung zeigt sich zum einen, dass hohe Äquivalenzeinkommen und die Verfügbarkeit einer Haushaltshilfe gegen die Erwartung nicht das Trennungsrisiko vermindern. Besonders überraschend dabei ist, dass Partnerschaften, in denen eine bezahlte Haushaltshilfe zur Verfügung steht, tendenziell (aber statistisch nicht signifikant) sogar ein erhöhtes Trennungsrisiko aufweisen. Der Rückgriff auf eine Haushaltshilfe ist also offensichtlich eher ein Indikator für einen Bedarf an Entlastung, ohne dass die entsprechende Lösungsstrategie erfolgreich genug wäre. Wie notwendig eine erfolgreiche Entlastung sein kann, zeigen schließlich

10 Es zeigt sich mit steigender Arbeitszufriedenheit lediglich eine geringe Reduzierung von WFC, und das auch nur bei Männern (vgl. Tabelle 4).

die Befunde zur Zufriedenheit von Frauen mit der Hausarbeit[11]: Je weniger die Frau innerhalb einer Partnerschaft mit ihrer Arbeit im Haushalt zufrieden ist, desto größer ist das Trennungsrisiko. Es ist also nicht nur die tatsächliche Hausarbeitsteilung, die die Stabilität einer Partnerschaft tangiert, sondern die damit eventuell verbundene Diskrepanz zwischen Wunsch und Wirklichkeit, die sich vor allem bei nicht traditionalen Geschlechterleitbildern einstellen dürfte.[12] Dies gilt für Männer und Frauen in gleichem Maße. Darüber hinaus finden sich hier im Unterschied zu anderen Prädiktoren sogar Crossover-Effekte, denn der von Männern wie Frauen wahrgenommene Streit zwischen den PartnerInnen wird nicht nur durch die eigene, sondern auch durch die Zufriedenheit der Partnerin/des Partners mit der Hausarbeit positiv beeinflusst.

Tabelle 4: Determinanten von Work-Family Conflicts, belastendem Streit innerhalb von Partnerschaften und der Trennung von Partnerschaften

	WFC		Belastender Streit		Trennung
	Männer	Frauen	Männer	Frauen	
Soziodemographische Merkmale					
Partnerschaftsdauer	-.01*	-.01	.97**	.97**	1.06
Familienstand					
Verheiratet	.21	.03	.97	1.13	.36**
Unverheiratet	0	0	1	1	1
Alter des jüngsten Kindes					
Kinderlos	.15	-.10	.66*	.90	7.90**
0 bis unter 6 Jahre	0	0	1	1	1
6 bis unter 12 Jahre	.20	-.19	.89	.93	7.66*
12 Jahre und älter	.40**	-.13	.61**	.59**	5.06
Haushaltssituation					
Logarithmiertes Äquivalenzeinkommen	--	--	.83	.78	.51
Haushaltshilfe vorhanden[A]	.11	-.11	1.59**	1.31	2.10*
Arbeitsbedingungen und ihre Bewertungen					
Logarithmiertes Bruttomonatseinkommen Mann	.24**	.09	1.10	1.12	.95
Logarithmiertes Bruttomonatseinkommen Frau	.09	-.01	.92	.94	.98
Tatsächliche Arbeitszeit Mann					
Teilzeit (bis 30 h)	0	0	1	1	1
Vollzeit (30 bis 43 h)	-.43*	-.28	.63	.53**	1.12

11 Diese Information stand lediglich im SOEP zur Verfügung, nicht in BEATA.

12 Wie in Abschnitt 2 dargelegt, kann nämlich eine stark asymmetrische Hausarbeitsteilung zuungunsten der Frau sogar gezielt als „doing gender" eingesetzt werden, um Partnerschaften entlang traditioneller Geschlechterleitbilder zu stabilisieren, wenn die Frau beruflich „zu" erfolgreich ist.

Vollzeit lang (über 43 h)	-.46*	-.21	.50**	.49**	1.42
Tatsächliche Arbeitszeit Frau					
Teilzeit (bis 30 h)	0	0	1	1	1
Vollzeit (30 bis 43 h)	.03	.15	1.10	1.05	2.10**
Vollzeit lang (über 43 h)	.12	.34**	1.01	1.30	2.03
Subjektive Beschäftigungsunsicherheit hoch Mann[B]	-.20	.04	.96	1.19	.78
Subjektive Beschäftigungsunsicherheit hoch Frau[B]	.09	.44***	.80	.91	1.09
Zeitdruck hoch Mann[C]	.53***	-.15	1.25*	1.23*	--
Zeitdruck hoch Frau[C]	-.04	.51***	1.13	1.17	--
Sorge um eigene wirtschaftliche Situation Mann[D]	--	--	1.38**	.92	1.15
Sorge um eigene wirtschaftliche Situation Frau[D]	--	--	1.12	1.11	1.34
Wunsch nach Arbeitszeitreduzierung Mann[E]	.44***	-.04	1.19	1.22	1.10
Wunsch nach Arbeitszeitreduzierung Frau[E]	-.13	.23**	.98	.81	.73
Arbeitszufriedenheit Mann	-.03*	.01	.97	.96	.95
Arbeitszufriedenheit Frau	-.01	-.02	1.04	.99	.99
Zufriedenheit mit der Haushaltssituation					
Zufriedenheit mit Tätigkeit im Haushalt Mann	--	--	.93**	.93*	.94
Zufriedenheit mit Tätigkeit im Haushalt Frau	--	--	.87***	.87**	.86**
(Korrigiertes R^2)/Pseudo R^2	(.220)	(.230)	.043	.046	.081
Fallzahl	246	249	1626	1626	1429

Quelle Modelle WFC: BEATA-Daten (Lineare Regressionen, b-Koffizienten, eigene Berechnungen); ***p<0.001 / * *p<0.05 / * p<0.10

Quelle Modelle Belastender Streit: SOEP Welle 2006 (Logistische Regressionen, Odds-Ratios, eigene Berechnungen)

Quelle Modell Trennung: SOEP Wellen 1999–2009 (Diskrete Ereignisdatenanalyse, Odds-Ratios, eigene Berechnungen)

Anmerkung 1: Zusätzlich kontrolliert für (nicht ausgewiesen): Partnerschaftskohorte, Religion, Wohneigentum (SOEP-Modelle).

[A] Referenz: Haushaltshilfe nicht vorhanden

[B] Referenz: Subjektive Beschäftigungsunsicherheit gering-mittel Mann/Frau

[C] Referenz: Zeitdruck gering-mittel Mann/Frau

[D] Referenz: Keine Sorge um eigene wirtschaftliche Situation Mann/Frau

[E] Referenz: Kein Wunsch nach Arbeitszeitreduzierung Mann/Frau

5 Diskussion

Was sind nun die hauptsächlichen Ergebnisse des Versuchs, über eine weitgehend parallelisierte Betrachtung von Work-Family-Konflikten, belastendem Streit innerhalb der Partnerschaft und dem Risiko einer Trennung eine umfassendere und gleichzeitig präzisere Einschätzung der Auswirkungen der Erwerbsarbeit auf Partnerschaften zu erlangen? Wesentlich war der Versuch, die innerhalb der Forschung zu Konflikten dominierende Perspektive auf detaillierte individuelle Beschäftigungsbedingungen auch für die Trennungsforschung nutzbar zu machen sowie umgekehrt die in der Trennungsforschung dominante Perspektive auf Paarkonstellationen in die Forschung zu Konflikten zu integrieren. Unsere Motivation für diese Vorgehensweise war die Vermutung, dass die Auswirkungen individueller Beschäftigungsbedingungen nicht allein direkt Wirkung zeigen, sondern durch die Variation unterschiedlicher Haushaltsmerkmale mitbestimmt sind und möglicherweise moderiert werden. Davon abgesehen erwarteten wir unterschiedliche Muster von Antezedenzbedingungen für die drei Explananda allein deswegen, weil zwischen der individuellen Erfahrung von Beschäftigungsbedingungen, deren Relevantwerden als Konflikte und einer Trennung verschiedene „family adaptive strategies“ (Moen/Yu 2000) wirksam werden können, auch wenn wir hier deren genaue Mechanismen mit den vorhandenen Daten nur im Falle bezahlter Haushaltshilfe untersuchen konnten.

Von diesen Erwartungen erwiesen sich der zusätzliche Einfluss von Lebensformen und Haushaltsmerkmalen sowie die Erwartung einer moderierenden Wirkung von Lebensformen auf die Auswirkung individueller Beschäftigungsbedingungen als nicht stichhaltig. Wir haben deshalb hier auf die Ausweisung von nach Familien und kinderlosen Partnerschaften getrennten Modellen sowie auf die Abbildung von Interaktionseffekten zwischen Arbeitsbelastungen und Lebensformen ganz verzichtet. Angesichts des angelsächsischen Forschungsstands zu Work-Family-Konflikten war die geringe Bedeutung unterschiedlicher Familienformen nicht gänzlich unerwartet, doch stand eine Überprüfung für die anders gearteten deutschen Umweltbedingungen und die beiden anderen Explananda noch aus.

Bestätigt sehen wir uns jedoch in unserer Erwartung, dass das Trennungsrisiko deutlich anderen Bedingungsfaktoren folgt als Konflikte und Streit. Dies gilt in mehrfacher Hinsicht. Zum einen sind bestimmte belastende Arbeitsbedingungen zwar für das Konflikt- und Streitrisiko bedeutsam, jedoch nicht für Trennungen. In dieser Hinsicht können entsprechende Befürchtungen eines ungehinderten Spillovers von Belastungen eingegrenzt werden. Warum dies so ist, konnte mit den vorliegenden Daten jedoch nicht abschließend geklärt werden. Die nahe liegende Kompensationsstrategie, in solchen Fällen bezahlte Haushaltshilfen zur Entlastung einzusetzen, verhindert jedenfalls Trennungen nicht. Eine mit den verwendeten Daten nicht direkt nachweisbare, aber plausible Vermutung ist, dass Belastungen zumindest teilweise bewusst in Kauf genommen werden, um sowohl im Privatleben als auch im Beruf Verwirklichung zu finden. Eine andere Vermutung ist, dass solche Belastungen zumindest zum Teil aufoktroyiert werden, nicht ohne große Opportunitätskosten verhinderbar sind und der Partnerin/dem Partner deshalb häufig nicht angekreidet werden. Zu vermehrtem Streit innerhalb der Partnerschaft führen Belastungen jedoch schon. Dies gilt für Männer und Frauen insgesamt in vergleichbarer Weise.

Im Unterschied zur Unzufriedenheit mit den Arbeitsbedingungen sind für die Partnerschaft vor allem solche Konstellationen konfliktreich und in der Konsequenz sogar existenzbedrohend, in denen die Hausarbeit für den Mann oder die Frau nicht zufriedenstellend geregelt werden kann, also die Passung mit den individuell unterschiedlich ausgeprägten Orientierungen nicht gegeben ist.

Es läge nahe, ein solches Spannungsverhältnis vor allem als Konsequenz einer dual-career-Konstellation bzw. als hauptsächlichen Transmissionsriemen zu sehen, über den das erhöhte Trennungsrisiko von dual-career-Konstellationen zustande kommt. Aber auch bei Kontrolle der Zufriedenheit mit der Hausarbeit bleibt, wie in Tabelle 4 zu sehen war, ein signifikant erhöhtes Trennungsrisiko für Partnerschaften, in denen die Frau vollzeiterwerbstätig ist. Der fehlende Unterschied zwischen vollzeit und überlang arbeitenden Frauen verweist darauf, dass es sich hierbei um mehr als bloß Arbeitszeitbelastungen handeln muss, die die Organisation der Hausarbeit beeinträchtigen. Vielmehr sehen wir darin eine Bestätigung der These, dass der Verlust von Spezialisierungsvorteilen einer arbeitsteiligen Partnerschaft die Lebensform der Partnerschaft in ihrer Attraktivität umfassend bedroht und sie anfälliger macht für Konflikte mit Anforderungen und Anreize in anderen Lebensbereichen bzw. für alternative, konkurrierende Sinnangebote (vgl. Huinink 2011). Worin diese Bedrohung genau besteht, konnte hier nur ungenügend geklärt werden. Eine weitergehende Aufklärung derjenigen Mechanismen, die den Verlust von Spezialisierungsvorteilen zu einer Bedrohung für die Partnerschaftsstabilität machen, stellt damit ein Desiderat weiterer Untersuchungen dar.

Literaturverzeichnis

Bakker, Arnold B.; Demerouti, Evangelia & Burke, Ronald. (2009). Workaholism and Relationship Quality: A Spillover-Crossover Perspective. *Journal of Occupational Health Psychology, 14*(1), 23–33.

Bakker, Arnold B. & Demerouti, Evangelia. (2007). The Job Demands-Resources model: state of the art. *Journal of managerial Psychology, 22*(3), 309–328.

Beham, Barbara & Drobnic, Sonja. (2010). Satisfaction with work-family balance among German office workers. *Journal of Managerial Psychology, 25*(6), 669–689.

Bittman, Michael; England, Paula; Sayer, Liana; Folbre, Nancy & Matheson, George. (2003). When Does Gender Trump Money? Bargaining and Time in Household Work. *American Journal of Sociology, 109*(1), 186–214.

Bodenmann, Guy; Charvoz, Linda; Bradbury, Thomas; Bertoni, Anna; Lafrate, Raffaella; Giuliani, Christiana; Banse, Rainer & Behling, Jenny. (2007). The Role of Stress in Divorce: A Retrospective Study in Three Nations. Journal of Social and Personal Relationships, *24,* 707–728.

Böhm, Sebastian & Diewald, Martin. (2012). Auswirkungen belastender Arbeitsbedingungen auf die Qualität privater Lebensverhältnisse. *WSI-Mitteilungen,* (2), 103–112.

Brose, Hanns-Georg; Diewald, Martin & Goedicke, Anne. (2004). Arbeiten und Haushalten. Wechselwirkungen zwischen betrieblichen Beschäftigungspolitiken und privater Lebensführung. In Olaf Struck & Christoph Köhler (Hrsg.), *Beschäftigungsstabilität im Wandel? Empirische Befunde und theoretische Erklärungen für West- und Ostdeutschland* (S. 287–310). München/Mehring: Rainer Hampp.

Cooke, Lynn Prince. (2006). "Doing" Gender in Context: Household Bargaining and Risk of Divorce in Germany and the United States. *American Journal of Sociology, 112*, 442–472.

Coyle-Shapiro, Jacqueline A.-M. & Conway, Neil. (2004). The Employment Relationship through the lens of Social Exchange. In Jacqueline A.-M. Coyle-Shapiro, Lynn M. Shore, Susan M. Taylor & Lois E. Tetrick (Hrsg.), *The Employment Relationship. Examining Psychological and Contextual Perspectives* (S. 5–28). Oxford: Oxford University Press.

European Foundation for the Improvement of Living and Working Conditions. (2007). *Fourth European Working Conditions Survey*. Luxembourg: Office for Official Publications of the European Communities.

Grönlund, Anne & Öun, Ida. (2010). Rethinking work-family conflict: dual-earner policies, role conflict and role expansion in Western Europe. *Journal of European Social Policy, 20*(3), 179–195.

Huinink, Johannes. (2011). Die ‚notwendige Vielfalt' der Familie in spätmodernen Gesellschaften. In Kornelia Hahn & Cornelia Koppetsch (Hrsg.), *Soziologie des Privaten* (S. 19–33). Wiesbaden: VS-Verlag.

Kalleberg, Arne L. (2009). Precarious Work, Insecure Workers: Employment Relations in Transition. Revision of Presidential Address given at the 103rd Annual Meeting of the American Sociological Association, Boston, MA, August 2008. *American Sociological Review, 74*(1), 1–22.

Moen, Phyllis & Yu, Yan. (2000). Effective Work/Life Strategies: Working Couples, Working Conditions, Gender, and Life Quality. *Social Problems, 47*(3), 291–326.

Rousseau, Denise M. (1995). *Promises in actions: Psychological Contracts in Organizations*. Newbury Park, CA: Sage.

Schieman, Scott; Glavin, Paul & Milkie, Melissa A. (2009). When Work Interferes with Life: Work-Nonwork Interference and the Influence of Work-Related Demands and Resources. *American Sociological Review, 74*(6), 966–988.

Sennett, Richard. (1998). *The Corrosion of Character: The Personal Consequences of Work in the New Capitalism*. London, New York: W. W. Norton & Company.

Van der Lippe, Tanja & Peters, Pascale. (Hrsg.). (2007). *Competing Claims in Work and Family Life*. Cheltenham: Edward Elgar.

Wagner, Alexandra. (2000). Arbeiten ohne Ende? Über die Arbeitszeiten hochqualifizierter Angestellter. In Institut Arbeit und Technik (Hrsg.), *Jahrbuch 1999/2000* (S. 258–275). Gelsenkirchen: Institut Arbeit und Technik.

Wharton, Amy S. & Blair-Loy, Mary. (2006). Long Work Hours and Family Life. A Cross-National Study of Employees' Concerns. *Journal of Family Issues, 27*(3), 415–436.

Zu den Personen

Martin Diewald, Prof. Dr. Arbeitsschwerpunkte: Lebenslauf, Soziale Ungleichheiten, Familie, Sozialstruktur.

Kontakt: Fakultät für Soziologie, Universität Bielefeld, Postfach 100131, 33501 Bielefeld

E-Mail: martin.diewald@uni-bielefeld.de

Sebastian Böhm, M.A. Arbeitsschwerpunkte: Work-Life-Forschung.
Kontakt: Institut für Sozialwissenschaften, Technische Universität Braunschweig, Bienroder Weg 97, 38106 Braunschweig
E-Mail: se.boehm@tu-bs.de

Tobias Graf, Dipl.-Soz. Arbeitsschwerpunkte: Arbeitsmarkt, Erwerbsverläufe.
Kontakt: Fakultät für Soziologie, Universität Bielefeld, Postfach 100131, 33501 Bielefeld
E-Mail: tobias.graf@uni-bielefeld.de

Stefanie Hoherz, Dipl.-Soz. Arbeitsschwerpunkte: Gender, Erwerbsverläufe.
Kontakt: Institute for Social & Economic Research, University of Essex, Colchester, CO4 3SQ, Großbritannien
E-Mail: shoher@essex.ac.uk

Natascha Nisic, Silvia Maja Melzer

Unerwartete Verliererinnen? Überraschende Gewinnerinnen? Beruflich bedingte Umzüge ost- und westdeutscher Paare

Zusammenfassung

Der Beitrag untersucht beruflich bedingte Umzüge ost- und westdeutscher Paare sowie die Effekte der Migration auf das Einkommen der PartnerInnen. Auf der Grundlage eines verhandlungstheoretischen Ansatzes partnerschaftlicher Entscheidungsprozesse, der die internen Merkmale der Partnerschaft explizit mit den äußeren regionalen und sozio-ökonomischen Rahmenbedingungen verknüpft, können eine Reihe neuer Hypothesen zu den geschlechtsspezifischen Determinanten und Konsequenzen von Haushaltsumzügen abgeleitet werden. Als empirische Datenbasis dienen die Erhebungswellen 1992 bis 2008 des Sozio-oekonomischen Panels (SOEP), die anhand von Längsschnittanalysen ausgewertet werden. Die lediglich auf den ersten Blick kontraintuitiven Ergebnisse stehen im Einklang mit den theoretischen Überlegungen und legen nahe, dass insbesondere gut gebildete westdeutsche Frauen in Partnerschaften von Umzügen profitieren können, wohingegen ostdeutsche Frauen mit hohem Bildungsniveau nicht in der Lage sind, Umzüge zu ihren Gunsten zu initiieren.

Schlüsselwörter
Umzug, Mobilität, Einkommen, Partnerschaften, regionale Disparitäten, Ost- und Westdeutschland

Summary

Unexpected losers? Surprising winners? Job-related migration of couples in East and West Germany

The article analyzes job-related migration decisions of couples in East and West Germany and their effects on the partners' individual earnings. Based on a bargaining model of household decisions and considering both the internal determinants of the partnership and the regional socio-economic conditions, we derive new hypotheses about the gender-specific determinants and consequences of household migration. The empirical investigation involves a longitudinal analysis based on the 1992–2008 waves of the Socio-Economic Panel Study (SOEP). Counter-intuitively but in line with our theoretical predictions, results indicate that well-educated women in West Germany can gain significantly from a household move, while highly qualified women in East Germany do not seem to be able to initiate moves to advance their own career.

Keywords
move, mobility, income, couples, regional differences, east and west Germany

1 Einleitung

Die große Mehrheit empirischer Studien zur räumlichen Mobilität im Haushaltskontext betont die nachteiligen Auswirkungen von Wohnortwechseln für die Erwerbssituation und die berufliche Positionierung von Frauen in Partnerschaften (Boyle et al. 2001; Clark/Withers 2002; Rabe 2009; Shauman/Noonan 2007). So finden sich zahlreiche Belege, dass überregionale Haushaltsumzüge vorwiegend zugunsten der Karriereentwicklung und Verdienstchancen von Männern getätigt werden, wohingegen sich die Frauen als „mitziehende" Partnerinnen erweisen, die ihre eigenen beruflichen Optionen zurückstellen und so erhebliche Erwerbs- und Einkommenseinbußen in Kauf nehmen (Cooke 2003; Jacobsen/Levin 1997; Jacobsen/Levin 2000; Nivalainen 2004; Tenn 2010; für einen Literaturüberblick siehe: Cooke 2008). Arbeitsmarktbezogene Mobilitätsstudien zeigen gleichzeitig, dass die Geschlechterunterschiede in den Mobilitätschancen lediglich in Partnerschaften auftreten. Single-Frauen können dagegen ebenso wie Single-Männer von beruflichen Umzügen profitieren, indem sie räumliche Veränderungen zum Karriereaufstieg nutzen und bessere Erwerbs- und Entlohnungsbedingungen erreichen (Maxwell 1988; Mincer 1978; Zaiceva 2010).

Obwohl diese überwiegend aus der internationalen Forschung stammenden Ergebnisse in früheren Untersuchungen auch für Deutschland bestätigt werden konnten (vgl. Jürges 1998), zeichnen aktuelle Befunde zu innerdeutschen Wanderungen von Paaren ein davon deutlich abweichendes Bild. So belegen jüngere Studien, dass insbesondere westdeutsche Frauen nicht zwangsläufig zu den „Umzugsverliererinnen" gehören. Vielmehr finden sich vor allem für Frauen mit hohem Qualifikationsniveau deutliche Einkommensverbesserungen nach einer räumlichen Veränderung. Dies trifft für Frauen aus dem Osten Deutschlands jedoch nicht zu: gut ausgebildete Frauen können hier weiterhin keine für sich vorteilhaften Umzüge initiieren (Nisic 2010; Zaiceva 2010). Durch diese Ergebnisse sind die in der Literatur gängigen haushaltsökonomischen Erklärungen als auch Sozialisationsansätze und Theorien der Geschlechteridentität herausgefordert: Denn lassen doch sowohl die egalitäreren Erwerbs- und Geschlechterarrangements ostdeutscher Haushalte als auch die nach wie vor stärkere Erwerbsorientierung und hohe Bildungsbeteiligung ostdeutscher Frauen genau das umgekehrte Muster erwarten (Klenner 2009). Verschärft wird das Erklärungsproblem durch Untersuchungsbefunde zur innerdeutschen Ost-West-Wanderung – ein Forschungsstrang, der bislang noch relativ unverbunden zur Migrationsforschung im Haushaltskontext steht.

Der vorliegende Beitrag unternimmt den Versuch, die verschiedenen Untersuchungsbefunde durch eine inhaltliche und empirische Ausweitung bestehender Analysen konsistent aufeinander zu beziehen und in einen einheitlichen theoretischen Erklärungsrahmen zusammenzuführen. Im Mittelpunkt stehen die Fragen, wie sich ökonomische Rahmenbedingungen und partnerschaftliche Strukturmerkmale auf beruflich bedingte Mobilitätschancen von Frauen in heterosexuellen Partnerschaften auswirken und welche einkommens- und erwerbsbezogenen Folgen diese Mobilität für sie hat.[1] Dabei greifen wir auf einen verhandlungstheoretischen Ansatz zu Umzugsentscheidungen im Paarhaushalt zurück, der die internen Determinanten der Partnerschaft explizit mit den regionalen und sozio-ökonomischen Rahmenbedingungen verknüpft. Die vergleichende Betrachtung ost- und westdeutscher Partnerschaften vor dem Hintergrund regionaler Strukturunterschiede und die Kontrastierung mit Singles ermöglicht insbe-

1 Aufgrund geringer Fallzahlen und unsicherer Identifikation von gleichgeschlechtlichen Paaren im SOEP beschränken wir unsere Analyse auf heterosexuelle Partnerschaften – wenn auch gerade für die Aufdeckung geschlechtsspezifisch wirkender Mechanismen in der Partnerschaft die Berücksichtigung homosexueller Partnerschaften theoretisch sehr aufschlussreich wäre.

sondere die Relevanz struktureller Erklärungskomponenten auszuloten. Für die empirische Überprüfung der abgeleiteten Hypothesen greifen wir auf Längsschnittanalysen auf Grundlage der Befragungswellen 1992 bis 2008 des Sozio-oekonomischen Panels (SOEP) zurück (vgl. Wagner/Frick/Schupp 2007). Dabei ergänzen wir bestehende Untersuchungen zu den Konsequenzen des Wohnortwechsels im Partnerschaftskontext um Analysen zu den Determinanten des Umzugs und können die theoretischen Vorhersagen so viel direkter testen. Die Untersuchung leistet damit nicht nur einen Beitrag zur Erforschung räumlicher und beruflicher Mobilitätsprozesse im Haushaltskontext, sondern liefert theoretische Einsichten in innerpartnerschaftliche Entscheidungsprozesse und Mechanismen der (Re-)Produktion von Geschlechterungleichheit.

2 Empirische Befunde zu beruflich bedingten Wohnortwechseln

In der Migrationsforschung herrscht Konsens darüber, dass räumliche Flexibilität für die Einkommens- und Erwerbschancen von Personen von Vorteil ist (z. B. Le Grand/Tåhlin 2002; Lehmer/Ludsteck 2009). Durch die Überwindung geographischer Beschränkungen können Karrieresackgassen vermieden und Aufstiegsmöglichkeiten andernorts wahrgenommen werden (Fielding 2007; Findlay et al. 2009; Fuller 2008; Markham/Pleck 1986; Smits/Mulder/Hooimeijer 2003: 604). Dabei verhelfen beruflich bedingte Umzüge vor allem Personen, die am Beginn ihrer beruflichen Entwicklung stehen, sowie Hochqualifizierten (Borjas 1987; Sjaastad 1962), die ohnehin stark in überregionale Arbeitsmärkte eingebunden sind, die Karriereleiter zu erklimmen (Markham/Pleck 1986; Smits/Mulder/Hooimeijer 2003: 604). Das alters- und bildungsselektive Muster zeigt sich auch ganz deutlich bei der innerdeutschen Ost-West-Wanderung und steht damit in Einklang mit generellen Befunden der Migrationsforschung (Hunt 2006; Melzer 2010, 2011).

Anders als alleinstehende Personen müssen Paare, die gemeinsam wandern, jedoch die Wünsche und regionalen Präferenzen beider Partner[2] in Einklang bringen. Daraus ergeben sich erhebliche Abstimmungsproblematiken, da nicht davon ausgegangen werden kann, dass beide Partner am gleichen Wohnort die jeweils besten Arbeits- und Lebensbedingungen vorfinden werden (Mincer 1978; Nisic 2010). So wird mindestens ein Partner bei der gemeinsamen Standortwahl zu Kompromissen gezwungen. Das Gros der empirischen Studien zeigt dann deutlich, dass Wohnortentscheidungen vor allem an den Karrierebedürfnissen der Männer in der Partnerschaft ausgerichtet werden (Bielby/Bielby 1992; Boyle et al. 2001; Jürges 2006; Nivalainen 2004; Tenn 2010; für einen Überblick: Cooke 2008). Für diese folgen eine positive Einkommensentwicklung und stabilere Beschäftigungsverhältnisse nach einem Umzug (Cooke 2003; Jacobsen/

2 Wir verwenden den Begriff „Partner" im Folgenden geschlechtsneutral. Sofern die Geschlechterunterscheidung von Bedeutung ist, wird dies explizit mit „männlicher Partner", „weiblicher Partner" oder „Partnerin" gekennzeichnet.

Levin 1997; Jacobsen/Levin 2000). Für Frauen in Partnerschaft bedeutet die Familienmigration hingegen einen Rückgang der Erwerbstätigkeit und des Arbeitsumfangs sowie Einkommensverluste (Boyle et al. 2001; Shauman/Noonan 2007; Smits/Mulder/Hooimeijer 2004). Dass Standortentscheidungen von Paaren vorwiegend dem beruflichen Fortkommen der männlichen Partner dienen, wird auch in Untersuchungen zu den Determinanten der Migration deutlich: Diese zeigen, dass die Wanderung vor allem von den erwerbsrelevanten Merkmalen der Männer, insbesondere deren Bildungsniveau, bestimmt wird, während das Qualifikationsniveau der Partnerinnen häufig gar keinen oder einen sehr viel geringeren Einfluss auf die Migrationsentscheidung der Familien hat (Nivalainen 2004; Tenn 2010). Dabei wirkt die Bildung der Frauen häufig hemmend auf den Umzug, was meist als Hinweis darauf interpretiert wird, dass Frauen mit hohem Einkommenspotenzial nachteilige Wohnortwechsel höchstens verhindern, aber keine Mobilität zu ihren Gunsten initiieren können (Mincer 1978; Nivalainen 2004; Smits/Mulder/Hoomeijer 2003).

Zur Erklärung der geschlechtsspezifischen Effekte im Partnerschaftskontext greift ein großer Teil der Studien auf familienökonomische Ansätze zurück (Becker 1991). In Erweiterung humankapitaltheoretischer Ansätze wird hierbei angenommen, dass nicht individuelle, sondern kollektive Wohlfahrtsüberlegungen des Haushalts als Entscheidungsgrundlage herangezogen werden. Umzüge finden dann statt, wenn auf der Haushaltsebene die Vorteile eines Umzugs die Nachteile überwiegen (Mincer 1978). Die Geschlechterasymmetrie kommt dann vor allem durch die strukturelle Ungleichheit zwischen Männern und Frauen auf dem Arbeitsmarkt zustande, die sich auch in der Erwerbs- und Einkommensstruktur der Haushalte widerspiegelt. Da Frauen meist weniger verdienen und häufig in der Rolle der Zu- und Zweitverdienerinnen im Haushalt sind, können potenzielle mobilitätsbedingte Einkommensverluste der Frauen durch die Einkommensgewinne der Männer tendenziell leichter kompensiert werden als umgekehrt. Die steigende Bildungsbeteiligung und eine höhere Arbeitsmarktorientierung von Frauen führen entsprechend zu einer stärkeren Kompromissbildung im Haushalt, sodass neuere Studien ein gegenüber älteren Untersuchungen insgesamt etwas heterogeneres Bild der Umzugsfolgen zeichnen (Cooke/Bailey 1996; Jacobsen/Levin 2000; Nisic 2010; Smits/Mulder/Hooimeijer 2003).[3]

Des Weiteren existieren Erklärungsversuche, die – über ökonomische und strukturelle Determinanten hinaus – den Blick auf die Wirksamkeit normativer Geschlechterrollen und die Bedeutung beruflicher Orientierungen für die Herstellung von Geschlechteridentitäten im Sinne eines „doing gender“ (West/Zimmerman 1987) lenken. So finden sich Belege dafür, dass auch in Partnerschaften, in denen Frauen sehr gut auf dem Arbeitsmarkt platziert sind und eine hohe berufliche Stellung erreicht haben oder mitunter sogar Alleinverdienerinnen sind, keine Umzüge zu ihren eigenen Gunsten in-

3 So berichten diese Studien vereinzelt über positive Effekte für Frauen und über keine oder sogar negative Folgen partnerschaftlicher Umzüge für Männer. Wenn Einkommensverluste bei Frauen auftreten, sind diese häufig nur temporär, sodass die Einkommen der mitziehenden Frauen nach ein bis drei Jahren wieder das Ausgangsniveau erreichen (Clark/Huang 2006; Clark/Withers 2002; Rabe 2009).

itiieren können (Bielby/Bielby 1992; Jürges 2006; Markham/Pleck 1986; Boyle/Feng/Vernon 2008; Shauman/Noonan 2007).

Untersuchungen zur Partnerschaftsstruktur in Deutschland zeigen, dass, sowohl strukturell als auch im Hinblick auf normative Einstellungen, Geschlechterarrangements im Osten weitaus egalitärer sind (Matysiak/Steinmetz 2008). Bei den strukturellen Unterschieden lässt sich dies auch anhand der für den vorliegenden Beitrag verwendeten Datengrundlage belegen (siehe Kapitel 3 für eine Beschreibung der Datengrundlage). Tabelle 1 zeigt die Verteilung erwerbsrelevanter Merkmale für Frauen und Männer in Partnerschaften für Ost und West (Durchschnittswerte der Wellen 1990–2008 des SOEP). Hier zeigt sich deutlich, dass ostdeutsche Frauen in zahlreichen Erwerbsdimensionen ihren männlichen Partnern ähnlicher sind als westdeutsche Frauen. Frauen aus den neuen Bundesländern arbeiten wöchentlich durchschnittlich fast zehn Stunden mehr als Frauen im Westen und erreichen somit fast die Arbeitszeiten der westdeutschen Männer. Zusätzlich tragen die Frauen in Ostdeutschland im Schnitt 37 Prozent zum Haushaltseinkommen bei, während die Frauen im Westen weniger als ein Viertel zum Haushaltseinkommen beisteuern. Nicht zuletzt führten die Umstrukturierung der ostdeutschen Wirtschaft und die hohe Arbeitslosigkeit dazu, dass viele Frauen zur Hauptverdienerin in ihrem Haushalt geworden sind (Diewald/Goedicke/Mayer 2006).

Tabelle 1: Partnerschaftsstruktur in Ost- und Westdeutschland

	Frauen		Männer	
	West	Ost	West	Ost
Abitur (in %)	13	16	16	19
Arbeitsstunden (in h)	27,4	36,6	38,2	39,7
Vollzeit (in %)	26	51	93	90
Betriebserfahrung (in Jahren)	5,4	6,6	12,4	9,0
Monatliches Bruttoeinkommen (in Euro) Ø	1.483	1.424	2.892	1.789
Anteil am Haushaltseinkommen (in %)	23	37		

SOEP 1990–2008: eigene Berechnungen; weitere Sampleeinschränkungen siehe Kapitel 4.

Zusätzlich zu den Befunden zur Partnerschaftsstruktur in den neuen und alten Bundesländern sind die bislang vorliegenden Forschungsergebnisse zur innerdeutschen Ost-West-Migration nur wenig mit den erwähnten neuen Ergebnissen zur Paarmobilität in Deutschland vereinbar. So werden die ostdeutschen Regionen vor allem von Frauen verlassen (Dienel/Gerloff 2003; Hunt 2006) – dies gilt insbesondere für Frauen mit höheren Bildungsabschlüssen (Hunt 2006; Melzer 2011). Liest man diese Befunde als Indikator dafür, dass für diese Gruppe die Migrationsgewinne besonders groß sind, stellt sich umso mehr die Frage, weshalb bei der Betrachtung der Folgen *partnerschaftlicher* Umzüge gut ausgebildete ostdeutsche Frauen keine für sich vorteilhaften Umzüge initiieren und sie von erwartbaren positiven Auswirkungen auf erwerbsrelevante Merkmale, wie etwa den Lohn, nicht profitieren (vgl. Nisic 2010).

Für das Verständnis und eine sinnvolle Zusammenführung der verschiedenen empirischen Einzelbefunde ist es zunächst notwendig, partnerschaftliche Entscheidungsprozesse theoretisch zu beleuchten und diese auf Umzugsentscheidungen zu beziehen. Dabei greifen wir auf ein verhandlungstheoretisches Modell von (Umzugs-)Entscheidungen in der Partnerschaft zurück, das bereits für die Analyse von Umzugskonflikten (Abraham/Auspurg/Hinz 2010; Auspurg/Abraham 2007) und für Effekte partnerschaftlicher Umzüge angewendet wurde (Nisic 2010). Im Folgenden wird das Modell kurz skizziert und sowohl auf die Determinanten als auch auf die erwarteten Konsequenzen der Umzüge für ost- und westdeutsche Paare einer empirischen Überprüfung unterzogen.

3 Umzugsentscheidungen von Paarhaushalten – theoretische Perspektiven

3.1 Die Betrachtung von Umzugsentscheidungen

Verhandlungstheoretische Modelle partnerschaftlicher Entscheidungsprozesse beschreiben Partnerschaften als komplexe Tauschbeziehungen, in denen die Partner durch den Tausch individueller Ressourcen (Liebe, Zeit, Fürsorge etc.) und materieller Güter individuelle Wohlfahrtsgewinne und Kooperationsvorteile erzielen können (Becker 1991; Blau 1964; Nauck 1989; Ott 1992). Das Interesse an der Partnerschaft und die Bereitschaft, in die Partnerschaft zu investieren, bleiben dabei so lange erhalten, wie der durch die Partnerschaft erzielte Wohlfahrtsgewinn die Attraktivität alternativer Lebensformen, wie etwa das Leben als Single oder in einer neuen Partnerschaft, übersteigt. Allerdings müssen sich die Partner darüber verständigen, wer welche Leistungen in die Beziehung einbringt und wie die Erträge aufgeteilt werden. Anders als die verwandten familien- und haushaltsökonomischen Modelle unterstellt der verhandlungstheoretische Ansatz nicht automatisch einen innerpartnerschaftlichen Konsens bei der Entscheidungsfindung und begegnet so einer zentralen Kritik an den familienökonomischen Modellen (Abraham/Auspurg/Hinz 2010; Auspurg/Abraham 2007). Vielmehr werden die Entscheidungen in der Partnerschaft als Resultat von Abstimmungsprozessen zwischen den Partnern gesehen, in denen die Partner mit Bezug auf ihr Eigeninteresse agieren (Ott 1992). Die Ergebnisse hängen dabei von der relativen Verhandlungsmacht der Partner ab, die sich wiederum vor allem aus den verfügbaren Alternativen zur Partnerschaft ergibt. Je attraktiver diese Alternativen für einen Akteur im (Nutzen-)Vergleich zur bestehenden Beziehung sind, desto unabhängiger ist sie/er von der Partnerschaft und desto eher kann sie/er mit der impliziten Drohung einer Beziehungsauflösung einen größeren Teil des Tauschgewinnes für sich beanspruchen. Aus dieser Perspektive wird ein Umzug nun vor allem dann zum partnerschaftlichen Entscheidungsproblem, wenn die Vor- und Nachteile des Wohnortwechsels zwischen den Partnern ungleich verteilt sind.

Denn selbst wenn der durch den Umzug besser gestellte Partner die mitziehende Person für die entstehenden Nachteile kompensiert, birgt der Wohnortwechsel für diese ein Risiko. Führt der Umzug etwa zum Verlust der eigenen Erwerbstätigkeit, wirkt sich das negativ auf die Verhandlungsmacht aus (Bernasco/Giesen 2000; Blau/Ferber/Winkler 1992: 43 ff.). Der mitziehende Partner gerät in größere Abhängigkeit von der Partnerschaft und muss daher mit Nachteilen bei *zukünftigen* Entscheidungen rechnen (siehe auch dynamisches Bargaining-Modell, Ott 1992). Der durch den Umzug besser gestellte Partner wird hingegen unabhängiger. Es entsteht eine strategisch schwierige Situation mit der Struktur eines sozialen Dilemmas: Zwar mag durch die Mobilität prinzipiell ein Wohlfahrtsgewinn auf Partnerschaftsebene erzielbar sein, als (rationaler) Akteur wird der mitziehende Partner dennoch seine Zustimmung zum Umzug verweigern und damit eine für den Haushalt suboptimale Lösung realisieren. Vor dem Hintergrund dieser Überlegungen sind Umzüge, die zu einer deutlichen Schwächung der Verhandlungsposition führen können, unwahrscheinlich. Ein Umzug ist nur zur erwarten, wenn beide Partner von Beginn an einen individuellen Nutzen aus dem Umzug ziehen oder die Gewinne durch den Umzug so groß sind, dass selbst bei relativer Verschlechterung der Verhandlungsposition für den mitziehenden Partner immer noch eine bessere Situation als vor dem Umzug entsteht (Ott 1992; Nisic 2009). In diesem Fall bringt der kleinere Anteil am deutlich vergrößerten Haushaltsgewinn, trotz der negativen Verschiebung der Verhandlungsmacht, absolut gesehen ein höheres individuelles Nutzenniveau. Dies wäre z. B. dann der Fall, wenn die eigenen Verluste für den mitziehenden Partner gering sind und sich gleichzeitig die Verdienstmöglichkeiten des anderen Partners am neuen Ort drastisch verbessern. Anders als bei haushaltsökonomischen Modellen, die den Umzug bereits vorhersagen, wenn die Gewinne des einen Partners die Verluste des anderen ausgleichen, ist die Mobilitätsschwelle im Bargaining-Modell also deutlich höher und erfordert eine Überkompensation der Verluste, durch die auch die Nachteile in der Verhandlungsposition ausgeglichen werden.

Substanziell für die zu erwartenden Folgen des Umzugs ist die Frage, unter welchen Bedingungen ein Umzug zu dem beschriebenen Dilemma in der Partnerschaft führen wird, und wann diese Situation durch entsprechend hohe Umzugsgewinne und die Möglichkeit der Überkompensation des Partners überhaupt nicht auftritt. Die Höhe potenzieller Einkommenszugewinne ergibt sich dabei primär zum einen durch (a) die *haushaltsinterne Erwerbs- und Einkommensstruktur* und zum anderen durch (b) *regionale Unterschiede von Herkunfts- und Zielort* im Hinblick auf Lohn- und Beschäftigungsniveau (Nisic 2010).

3.2 Regionale Bedingungen und partnerschaftliche Umzugsentscheidungen in Ost und West

(a) Bezüglich *der haushaltsinternen Erwerbsstruktur* ist anzunehmen, dass vor allem bei Paaren mit hohem Einkommenspotenzial der Partnerinnen die oben beschriebene Konfliktsituation entsteht. Zwar ist die verhandlungstheoretische Argumentation an sich geschlechtsneutral, doch führt die Berücksichtigung der ökonomischen und strukturellen Rahmenbedingungen der Haushalte zu geschlechtsspezifischen Hypothesen. So weisen Männer immer noch eine stärkere Arbeitsmarktbeteiligung und höhere Löhne als Frauen auf (vgl. dazu Tabelle 1). Dies führt dazu, dass Einkommenseinbußen der Frauen in der Partnerschaft in der Regel leichter kompensierbar sind als umgekehrt. Mit steigender Erwerbskapazität von Frauen nimmt die Bedeutung weiblicher Karriereoptionen für haushaltsinterne Entscheidungen jedoch zu. Für solche Haushalte kommt es zu einer drastisch erhöhten Mobilitätsschwelle, die zu einem selektiven Mechanismus führt: Partnerschaften mit einkommensstarken Frauen ziehen nur dann um, wenn beide, Partnerin und Partner, von einem Umzug direkt profitieren können. Für Haushalte mit geringerer weiblicher Erwerbskapazität sind die Umzugshürden hingegen niedriger, da die Verluste leichter ausgeglichen werden können; Wohnortwechsel treten hier auch auf, wenn die Partnerin in der Folge berufliche Nachteile hat.

(b) Neben der Erwerbs- und Einkommensstruktur im Haushalt werden gleichzeitig auch die *regionalen Opportunitätsstrukturen* am Wohn- und Zielort einen entscheidenden Einfluss darauf haben, ob und in welchem Ausmaß Umzugsgewinne für beide Partner realisiert werden können (Nisic 2009). Eine ungünstige Arbeitsmarktlage in der Herkunftsregion oder sehr gute Arbeitsmarktbedingungen am Zielort vergrößern nicht nur die durch einen Umzug individuell erzielbare Gewinnspanne, sondern erhöhen grundsätzlich die Chance, dass beide von einem Umzug profitieren. Regionale Opportunitätsstrukturen beeinflussen somit die Wahrscheinlichkeit, dass beide jeweils direkt Vorteile aus der Mobilität ziehen oder sich durch die Einkommensgewinne einer Person der finanzielle Haushalt insgesamt erheblich verbessern kann. Je stärker die regionalen Disparitäten und je günstiger die Arbeitsmarktbedingungen im Zielgebiet sind, desto eher stellt sich der dem Umzugsdilemma zugrunde liegende Interessenskonflikt in der Partnerschaft erst gar nicht. Bezogen auf Deutschland zeigen sich die ausgeprägtesten regionalen Unterschiede im Beschäftigungs- und Einkommensniveau insbesondere zwischen den neuen und alten Bundesländern. Damit unterscheiden sich aber auch die Ausgangslage und die potenziellen, durch den Umzug realisierbaren Einkommensgewinne für Paare aus dem Osten und Westen drastisch und systematisch. Während für ostdeutsche Paare durch einen Umzug in den Westen besonders große potenzielle Gewinne möglich sind, können Paare aus Westdeutschland, die sich bereits in den strukturstärkeren Regionen befinden, in viel geringerem Ausmaß von der regionalen Variation profitieren. Potenzielle Gewinne können lediglich über die Variation innerhalb der westdeutschen Regionen ausgeschöpft werden.[4]

4 In der empirischen Umsetzung werden vor diesem Hintergrund Umzüge ostdeutscher Paare in den Westen mit Umzügen westdeutscher Paare innerhalb der alten Bundesländer kontrastiert. Eine Berücksichtigung aller vier Migrationsströme (zusätzlich noch Ost-Ost und West-Ost) würde sicher einen härteren Test der theoretischen Vorhersagen ermöglichen. Die geringen Fallzahlen dieser Migrationsströme (die sich durch die regionalen Rahmenbedingungen erklären lassen) erlauben es, die Analysen auf Ost-West- und West-West-Umzüge einzuschränken. Die Unterscheidung zwischen Ost-West- und West-West-Wanderungen ist u. E. jedoch hinreichend, um die Unterschiede in der regionalen Ausgangslage und Zielsituation zu erfassen und damit die theoretisch abgeleiteten Hypothesen zu testen.

Verknüpft man nun die beiden Argumentationsstränge zu den Effekten der haushaltsinternen Merkmale und zur Wirkung regionaler Opportunitätsstrukturen und wendet dies auf die konkrete Lebenssituation ost- und westdeutscher Haushalte an, lassen sich eine Reihe testbarer Hypothesen ableiten. Zunächst wäre zu erwarten, dass partnerschaftliche Umzüge im Westen unproblematischer sind, da durch die vergleichsweise stärkere Geschlechterasymmetrie im Haushalt mögliche Verluste der Partnerin leichter *(über-)*kompensiert werden können und das beschriebene Umzugsdilemma grundsätzlich seltener auftritt. Bezieht man nun aber explizit die regionalen Bedingungen, die den Rahmen für potenzielle Umzugsgewinne abstecken, in die Betrachtung ein, muss bedacht werden, dass die regionale Variation im Lohn- und Beschäftigungsniveau innerhalb der alten Bundesländer relativ gering ist bei insgesamt hohem Lohnniveau. So werden auch bei vergleichsweise geringerer Erwerbsbeteiligung der Frauen lohnenswerte Umzüge im Westen schwieriger – mit höherem Einkommenspotenzial der Frauen in der Partnerschaft umso mehr. Umzüge treten nach dieser Logik vor allem dann auf, wenn sie von vornherein für beide, Partnerin und Partner, individuelle Vorteile bieten (Nisic 2010). Andernfalls wird die mitziehende Person aus Befürchtung einer negativen Verschiebung ihrer Verhandlungsposition nicht in den Umzug einwilligen. Kommt es also zum Umzug, sollte sich das auch in positiven Einkommenseffekten eines Umzugs für beide Partner niederschlagen (Hypothese H1-2). Dies gilt in besonderem Maße für Paare mit hoher Bildung und entsprechend hohem Einkommenspotenzial der Frauen, deren potenzielle Verluste unter westdeutschen regionalen Rahmenbedingungen kaum aufzufangen sind (H1-3). Sind die Umzüge derart selektiv, ist auch hinsichtlich der Determinanten des Umzugs zu erwarten, dass die erwerbsrelevanten Merkmale von Partnerin *und* Partner eine wichtige Rolle bei der Umzugsentscheidung spielen (H1-1).

Die für *westdeutsche Paare* ableitbaren Hypothesen gründen somit auf der grundlegenden Annahme der hohen Selektivität der Umzüge *(Selektivitätshypothesen)*:

H 1-1: Im Hinblick auf die Determinanten des Umzugs ist zu erwarten, dass die Umzugswahrscheinlichkeit von den erwerbsrelevanten Merkmalen von Partnerin und Partner beeinflusst wird.

H1-2: Im Hinblick auf die Konsequenzen ist zu vermuten, dass beide, Partnerin und Partner, nach dem Umzug absolute individuelle Einkommensgewinne erzielen können oder sich zumindest zur Situation ex ante nicht verschlechtern.

H1-3: Insbesondere in Partnerschaften mit hochgebildeten Frauen zeigt sich für die Partnerin ein individueller Einkommenszuwachs.

Für ostdeutsche Haushalte stellt sich die Ausgangslage dagegen ganz anders dar: Hier sind die regionalen Rahmenbedingungen durch ein ausgeprägtes Lohngefälle zwischen den alten und neuen Bundesländern und ein deutlich höheres Beschäftigungsniveau im Westen gekennzeichnet. Eine genauere Betrachtung der Arbeitsmarktstrukturen zeigt aber, dass die Unterschiede im Lohnniveau zwischen den Regionen geschlechtsspezifisch variieren und mit 30 Prozent Lohnabstand zwischen Ost und West für Männer größer ausfallen als für Frauen mit 17 Prozent.[5] Darüber hinaus ist in den neuen Bundesländern häufiger eine Unterbeschäftigung auch des männlichen Partners zu erwarten. Jobwechsel, die mit einer Ausweitung des Erwerbsumfangs verbunden sind, werden zu besonders hohen absoluten Einkommensgewinnen führen (Nisic 2010). Für ostdeutsche Paare lassen sich somit zwei auf die Entscheidungslogik der Paare unterschiedlich wirkende Einflüsse der regionalen Struktur erwarten: Erstens ist zu vermuten, dass sich beide Partner durch einen Umzug verbessern werden (H2-2). Anders als bei westdeutschen Paaren entsteht dieser Effekt aber nicht durch die hohe Selektivität der Umzüge, sondern durch das ausgeprägte Ost-West-Gefälle steigt die Wahrscheinlichkeit, dass beide Partner am selben Ort profitieren können (Opportunitätshypothese). Diese Wahrscheinlichkeit ist über die Partnerschaften jedoch nicht gleich verteilt, sondern von den jeweiligen Bildungskonstellationen abhängig. Je höher die Bildung der beiden Partner, desto schwieriger wird es auch für ostdeutsche Paare, einen gemeinsamen Wohnort zu finden, der für beide optimale Erwerbs- und Einkommensbedingungen bietet. Die drastischen Verbesserungsmöglichkeiten der Männer erzeugen aber die Situation, dass an den Karrieren der Männer orientierte Umzüge besonders lohnenswert sind und mögliche Nachteile der Frauen, auch derjenigen mit hohem Einkommenspotenzial, kompensiert werden können (Kompensationshypothese). Die Bedeutung der beruflichen Optionen der Partnerin nimmt also relativ dazu ab. Die enormen Gewinne auf Partnerschaftsebene führen dazu, dass trotz einer negativen Verschiebung der Verhandlungsmacht der Umzug zu einer individuellen Verbesserung gegenüber der Situation ex ante führt. Die Umzugsentscheidung ist daher, so die These, vor allem von den Merkmalen der Männer bestimmt (H2-1). Im Hinblick auf die Einkommenseffekte ist dabei zu erwarten, dass – anders als die Frauen im Westen – gut ausgebildete ostdeutsche Frauen ihr hohes Einkommenspotenzial nicht umsetzen können (H2-3).

Für *ostdeutsche Paare* lassen sich aus der Kombination der Annahmen über die *regionale Opportunitätsstruktur* und die *Kompensationshypothese* folgende testbare Vermutungen ableiten:

H 2-1: Im Hinblick auf die Determinanten des Umzugs ist zu erwarten, dass die Umzugsentscheidung von den erwerbsrelevanten Merkmalen der Männer dominiert wird.

H2-2: Im Hinblick auf die Konsequenzen des Umzugs wird zunächst vermutet, dass wie bei westdeutschen Paaren beide Partner nach dem Umzug absolute individuelle Einkommensgewinne erzielen können.

Anders als bei westdeutschen Paaren wird in H2-2 aber nicht die hohe Selektivität der Umzüge als verursachender Mechanismus angesehen, sondern die ausgeprägten regionalen Unterschiede zwischen Ost und West, die eine Besserstellung beider Partner wahrscheinlich machen *(Opportunitätsstruktur)*. Mit höherer Bildung der Frauen nimmt diese Wahrscheinlichkeit jedoch ab, da die mit höherer Qualifikation einhergehende

5 Die Berechnung der Einkommensunterschiede basiert auf eigenen Berechnungen der IAB Beschäftigten-Historik (BeH) V7.01, Nürnberg 2007.

Spezialisierung berufliche Verbesserungsmöglichkeiten regionsspezifischer macht. Das ausgeprägte Gefälle zwischen Ost und West, das Männer stärker begünstigt als Frauen, ermöglicht aber die *Überkompensation* der umzugsbedingten individuellen Verluste der ostdeutschen Frauen, sodass trotz relativer Verschlechterung der Verhandlungsposition für diese kein schlechteres Verhandlungsergebnis erfolgt.

H2-3: Gut ausgebildete ostdeutsche Frauen können durch den Umzug keine Verbesserung ihrer individuellen Einkommenssituation erreichen.

Wie die bisherige Argumentation verdeutlich, handelt es sich beim Bargaining-Modell um eine Strukturtheorie, die die geschlechtsspezifischen Muster in Ost und West auf die für ost- und westdeutsche Männer und Frauen jeweils unterschiedlichen ökonomischen und innerpartnerschaftlichen Rahmenbedingungen zurückführt. Der Ansatz generiert damit Vorhersagen, die den in der Mobilitätsliteratur häufig zitierten Geschlechterrollentheorien und Theorien der Geschlechteridentität entgegenstehen. Diese würden gerade für ostdeutsche Partnerschaften – aufgrund der egalitäreren Geschlechterarrangements und der stärkeren Erwerbsorientierung der Frauen – eine höhere Bedeutung weiblicher Erwerbsmerkmale bei der Umzugsentscheidung prognostizieren. Obwohl der Fokus des Beitrags nicht im Vergleich dieser unterschiedlichen Ansätze liegt, können die empirischen Ergebnisse Hinweise auf die Relevanz dieser Erklärungen liefern.

4 Daten und Methoden

4.1 Daten

Die Datengrundlage für die Studie bilden die Erhebungswellen von 1992 bis 2008 des Sozio-oekonomischen Panels (SOEP), einer repräsentativen Stichprobe deutscher Haushalte, in denen alle Haushaltsmitglieder, die älter als 16 Jahre sind, jährlich befragt werden (Wagner/Frick/Schupp 2007). Für den Zweck der Untersuchung wurde die Stichprobe auf im Haushalt zusammenlebende Paare eingeschränkt, die verheiratet oder unverheiratet, mit oder ohne Kinder sein konnten. Alleinlebende Personen ohne Partner wurden aus den Partnerschaftsanalysen ausgeschlossen, jedoch als Vergleichsgruppe in einigen Modellen separat betrachtet. Da die hier vorgestellte Argumentation und die empirischen Analysen vor allem auf beruflich bedingte Mobilitätsprozesse abstellen, gehen in das Sample nur Individuen im erwerbsfähigen Alter zwischen 17 und 59 Jahren ein. Entsprechend wurden lediglich räumliche Veränderungen, die aus beruflichen Gründen stattgefunden haben,[6] als Umzüge gewertet (bei anderen Um-

6 Hierfür greifen wir auf die Variable zum Grund des Umzugs zurück, die nur auf Haushaltsebene gemessen wurde. Es fehlt die Information, welcher der Partner den Umzugsanreiz hatte, was u. U. einen direkteren Test der Hypothesen ermöglicht hätte. Dennoch stellt diese Messung für unsere Analyse kein gravierendes Problem dar, da sich die Hypothesen vor allem darauf beziehen, welche (geschlechtsspezifischen) Einflussfaktoren die Beobachtung eines gemeinsamen Haushaltsumzugs

zugsmotiven sind z. T. ganz andere Mechanismen wirksam).[7] Die beruflichen Umzüge wurden unter Verwendung der Regionalinformationen zudem so codiert, dass sie für die Weststichprobe lediglich Umzüge innerhalb der alten Bundesländer erfassen und für die Oststichprobe die Ost-West-Migration abbilden. Die Stichprobe umfasst 8 129 Paare, die aus Westdeutschland stammen (45 372 Beobachtungszeitpunkte), von denen 557 innerhalb der alten Bundesländer umgezogen sind, sowie 2 656 Paare aus Ostdeutschland (14 232 Beobachtungszeitpunkte) und 102 Ost-West-Umzüge. Die Unterscheidung ost- und westdeutscher Paare erfolgt dabei auf der Grundlage der Regionalzugehörigkeit in der ersten beobachteten Welle, sie stellt damit weitestgehend sicher, dass die Paare auch „ursprünglich" aus den jeweiligen Gebieten stammen. Die als Vergleichsgruppe herangezogenen Singles belaufen sich in der ostdeutschen Stichprobe auf 1 005 Frauen (4 046 Beobachtungszeitpunkte; 78 Umzüge) und 842 Männer (3 529 Beobachtungszeitpunkte; 57 Umzüge) und in der Weststichprobe auf 3 077 Frauen (12 716 Beobachtungszeitpunkte; 278 Umzüge) und 2 750 Männer (10 881 Beobachtungszeitpunkte; 282 Umzüge). Als Singles gelten Personen, die keinen Partner haben und alleine in einem Haushalt leben.

In der empirischen Untersuchung betrachten wir sowohl die Determinanten als auch die einkommensbezogenen Folgen des Umzugs. Je nach Fokus taucht der Umzug als abhängige oder unabhängige Variable in den Schätzungen auf. In den Modellen für die Umzugsentscheidungen verwenden wir auf der Haushaltsebene folgende Dummy-Variablen: die Präsenz von Kindern im Haushalt (1 = wenn Kinder bis 16 Jahren im Haushalt), der Besitz von Wohneigentum (1 = Paar lebt in Wohneigentum) sowie das Alter der befragten Paare (das aufgrund der starken Korrelation zwischen den Partnern als Durchschnittsalter erfasst wird) – allesamt Merkmale, die sich in der empirischen Literatur als wichtige Prädiktoren für die Umzugswahrscheinlichkeit erwiesen haben. Als zentrale Determinanten auf Personenebene gehen erwerbsrelevante Faktoren, wie etwa das individuelle Bildungsniveau gemessen in Bildungsjahren, in die Schätzung ein. Die Bildungsvariable wurde zudem auf neun Jahre Schulbildung zentriert, sodass bei der Interpretation der Resultate der Hauptschulabschluss als Referenzpunkt dient. Als weitere erklärende Variablen werden die Dauer der Betriebszugehörigkeit (Seniorität) in Jahren sowie der Erwerbsstatus, der angibt, ob eine Person zum Erhebungszeitpunkt erwerbstätig war, in die Schätzung mit eingeschlossen. Um sicherzustellen, dass die Beweggründe des Umzugs nicht mit den Konsequenzen der Migration vermischt werden, verwenden wir bei den Schätzungen der Umzugswahrscheinlichkeiten für die erklärenden Variablen jeweils Angaben aus dem vorherigen Jahr. Bei den Analysen der Einkommenseffekte des Umzugs dient als abhängige Variable das deflationierte monatliche Bruttoarbeitseinkommen (Basisjahr 2001). Um nichterwerbstätige Personen ohne eigenes Einkommen nicht aus der Analyse zu verlieren, weisen wir diesen den

wahrscheinlicher machen (gleichgültig welcher Partner das berufliche Angebot ursprünglich hatte) bzw. was die Konsequenzen eines erfolgten Umzugs sind.

7 So stellen wir sicher, dass es sich bei Umzügen nicht um Zusammenzüge zur Begründung eines Haushalts oder um Umzüge als Resultat einer Trennung der Partner handelt. Solche Fälle sind durch unser theoretisches Modell nicht abgedeckt.

Wert 0 zu. Damit umgehen wir etwaige Selektionsprobleme und machen jene umzugsbedingten Einkommensveränderungen einer Person sichtbar, die am gravierendsten sind: Einkommensausfälle durch den umzugsbedingten Verlust der Erwerbstätigkeit und Einkommensgewinne durch die Erwerbsaufnahme nach dem Umzug. Ausgehend von einer Mincer'schen Einkommensgleichung wird neben der Bildung insbesondere die Arbeitsmarkterfahrung (in Jahren) als wichtige Kontrollvariable aufgenommen.

4.2 Methoden

4.2.1 Methoden zur Schätzung der Umzugsdeterminanten

Für die multivariate Analyse der *Determinanten des Umzugs* verwenden wir aufgrund der dichotomen Ausprägung der abhängigen Variable Umzug nicht-lineare Regressionsmodelle, die die Umzugswahrscheinlichkeit schätzen. Dabei ist generell die Panelstruktur der Daten zu beachten. Durch die wiederholte Befragung der Haushalte gehen die Angaben der Befragten mehrfach in den Datensatz ein. Da davon auszugehen ist, dass sich die Beobachtungen eines Haushalts über die Zeit stärker ähneln als Beobachtungen zweier unterschiedlicher Haushalte im Datensatz, ist die für Regressionsanalysen zentrale Annahme der Unabhängigkeit der Fälle verletzt. Sind die sonstigen Annahmen erfüllt, führt dies bei der Verwendung einfacher Regressionsmodelle zwar zu konsistenten Schätzern, jedoch sind die Schätzer ineffizient und die Standardfehler verzerrt (Hox 2002). In der Regel werden daher spezielle Regressionsverfahren verwendet, die die besondere Fehlerstruktur der Daten explizit berücksichtigen (Hox 2002; Snijders/Bosker 1999). Wir verzichten hier aus Gründen der Modellsparsamkeit auf solche Mehrebenenregressionen, da die Ergebnisse dieser Schätzungen in unserem Fall mit den Ergebnissen der einfachen gepoolten Probit-Regression nach entsprechender Umrechnung nahezu identisch sind und sich die Nichtberücksichtigung der Mehrebenenstruktur vor allem auf die Standardfehler auswirkt (Maddala 1987), was wir mit der Verwendung sogenannter cluster-korrigierter Standardfehler auffangen (vgl. Wooldridge 2002: Kap 7.8).[8] Hinzu kommt, dass die meisten Merkmale über die Dauer des Beobachtungszeitraums kaum variieren. Dieser Umstand führt dazu, dass auch andere, gegenüber weiteren Annahmeverletzungen robustere Schätzverfahren, wie etwa Fixed-Effects-Regressionen, in diesem Zusammenhang nicht verwendet werden können.

8 Die Verwendung von nichtlinearen Mehrebenenmodellen (z. B. Random-Effects-Probit/Logit-Modellen) hat darüber hinaus Nachteile bei der Vorhersage von Wahrscheinlichkeiten (siehe z. B. Abbildung 1). Da es sich bei den in diesen Modellen angenommenen Random-Effects um latente Parameter handelt, die nicht geschätzt werden, nehmen gängige Statistikprogramme bei der Vorhersage von Wahrscheinlichkeiten an, dass diese Null betragen – eine nur begrenzt zufriedenstellende Lösung.

4.2.2 Schätzmethoden für die Einkommenseffekte

Für die Analyse der *Einkommenseffekte des Umzugs* greifen wir dagegen auf Fixed-Effects-(FE-)Modelle zurück und können so die Panelstruktur der Daten für das Erlangen unverzerrter, konsistenter Schätzer nutzen. Wir verwenden hier ein lineares FE-Regressionsmodell, das dem Problem unbeobachteter personenspezifischer Heterogenität begegnet (Wooldridge 2002), um die individuelle Einkommenssituation der Paare vor und nach der Migration zu beschreiben. Dabei wird durch eine Transformation der Daten (das sogenannte „demeaning") erreicht, dass alle über die Untersuchungsperson zeitkonstanten Einflussgrößen, die beobachteten (z. B. Geschlecht) wie die unbeobachteten (z. B. Motivation), im Modell „kontrolliert" sind. Zwar lässt sich der Effekt dieser Einflüsse auch nicht mehr schätzen, dafür ist eine mögliche Konfundierung interessierender Variablen durch relevante, aber im Datensatz unbeobachtete zeitkonstante Größen weitgehend ausgeschlossen. Die Effekte zeitveränderlicher Variablen, wie etwa des Umzugs, können hingegen ausgewiesen werden und lassen sich wie die Koeffizienten einer OLS-Regression interpretieren. Da das Hauptinteresse der Analyse vor allem diesem Effekt gilt, geben wir diesen Verfahren den Vorzug.

5 Ergebnisse

5.1 Geschlechtsspezifische Determinanten beruflich bedingter Umzugsentscheidungen ost- und westdeutscher Paare

Betrachten wir zunächst die Determinanten der Umzugswahrscheinlichkeit in Abhängigkeit der Merkmale beider Partner, jeweils für ost- und westdeutsche Paare. In Tabelle 2 (linke Spalte) sind die Ergebnisse aus den Probit-Schätzungen für Paare in Westdeutschland aufgeführt, in denen sukzessive Gruppen von Erklärungsfaktoren eingeführt wurden. Da hier vor allem die Signifikanzen und die Richtung der Effekte von Interesse sind und wir nicht auf die Größe der Koeffizienten eingehen oder Gruppenvergleiche anstellen wollen[9], sind jeweils nur die Effektkoeffizienten (β-Koeffizienten) ausgewiesen. Modell 1 führt zunächst allgemeine haushaltsbezogene Determinanten der Umzugswahrscheinlichkeit auf. Im Einklang mit Befunden aus der Literatur zur Familienmigration zeigt sich am negativen Vorzeichen des Koeffizienten, dass im Haushalt lebende Kinder und der Besitz von Wohneigentum hemmend auf den Umzug wirken. Beide Faktoren erhöhen den Koordinationsaufwand für einen Umzug und damit auch die Kosten und wirken so negativ auf die Nutzenbilanz eines Wohnortwechsels. Da sich mit höherem Alter der Paare der „Auszahlungszeitraum" für mögliche Mobilitätsgewinne verkürzt, zeigt sich auch hier die erwartbare und in der Literatur gut belegte geringere Umzugsneigung älterer Personen. Die Überprüfung der Hypothese 1-1, die für westdeutsche Paare eine gleichwertige Bedeutung erwerbsrelevanter Eigenschaften

9 Zur Problematik von Gruppenvergleichen in nichtlinearen Modellen vgl. auch Auspurg/Hinz (2011).

des weiblichen und männlichen Partners für die Umzugsentscheidung vermutet, erfolgt nun schrittweise in den Modellen 2–4. In Modell 2 werden aufbauend auf Modell 1 zunächst die Erwerbsmerkmale nur der männlichen Partner hinzugefügt. Hier sehen wir, dass nahezu alle erwerbsrelevanten Eigenschaften der Männer einen signifikanten Einfluss ausüben. Das bestätigt auch die Vermutung der ungebrochenen Bedeutung beruflicher Optionen der männlichen Partner für partnerschaftliche Umzugsentscheidungen. Entsprechend den allgemeinen Befunden aus der Migrationsliteratur erweisen sich auch hier die Umzüge als hochgradig bildungsselektiv: So kommt es insbesondere bei gut qualifizierten Männern zu Wanderungen im Haushaltszusammenhang. Eine hohe Seniorität in der Firma, die für die Investitionen in spezifisches betriebsgebundenes Humankapital (und damit lokales Kapital) steht, reduziert hingegen die Wahrscheinlichkeit eines Umzugs. Das Einkommen zeigt einen zwar positiven, jedoch nicht signifikanten Einfluss auf die Umzugsentscheidung. Modell 3 zeigt die Effekte der gleichen personenbezogenen Variablen, in der Analyse werden aber nur die weiblichen Merkmale, also die der Partnerin, berücksichtigt. Hier zeigt sich, anders als in älteren Untersuchungen, für westdeutsche Frauen ein den Männern nahezu paralleles Bild: Die gemeinsame Umzugswahrscheinlichkeit wird bei getrennter Betrachtung der männlichen und weiblichen Erwerbsmerkmale von denselben Faktoren bestimmt. Eine Ausnahme bildet der Effekt des Einkommens, der bei den Männern zwar signifikant, aber ausgesprochen klein ist (Einkommen wurde zur besseren Darstellung der Effekte in 10 000-Euro-Einheiten ausgewiesen) und bei den Frauen nun keine Rolle spielt. Der in der Größenordnung gleichwertige Anstieg des r^2 in den Modellen 2 und 3 gegenüber Modell 1 deutet bereits darauf hin, dass die Merkmale beider Partner gleich viel zur Varianzaufklärung beitragen, also für die Erklärung partnerschaftlicher Umzugsentscheidung ähnlich bedeutsam sind. Um die relative Bedeutung der Merkmale der Partner besser einschätzen zu können, werden in Modell 4 die Eigenschaften beider gleichzeitig in das Modell aufgenommen. Die zuvor als relevant identifizierten Faktoren für Frauen wie für Männer bleiben auch im gemeinsamen Modell signifikant. Dies lässt sich bereits als erster Hinweis für die Plausibilität der theoretischen Argumentation lesen. Umzüge innerhalb der alten Bundesländer lohnen sich offenbar vor allem dann, wenn beide Partner davon profitieren können, und sind damit hochgradig selektiv. In der Analyse schlägt sich dies in der gleichwertigen Bedeutung der erwerbsrelevanten Merkmale beider Partner nieder. Um das relative Einflussgewicht noch direkter bestimmen zu können, führen wir zudem eine Varianzdekomposition durch (vgl. Tenn 2010). Dabei wird der Anteil der jeweils durch die männlichen und weiblichen Eigenschaften erklärten Varianz zueinander in Beziehung gesetzt. Der sich daraus ergebende Wert drückt die relative Bedeutung der Merkmale der Partner aus und ist so berechnet, dass Werte nahe 1 auf eine ausgeglichenes Verhältnis hinweisen, während Werte kleiner 1 auf die Dominanz der männlichen und Werte größer 1 auf eine Dominanz weiblicher Eigenschaften hinweisen. Für Paare im Westen findet sich ein Wert von 0,942, der auf den gleichwertigen Einfluss der Merkmale beider Partner auf die Migrationsentscheidung hinweist.

Tabelle 2: Determinanten der Umzugswahrscheinlichkeit west- und ostdeutscher Paare

	Westdeutsche Paare				Ostdeutsche Paare			
	Pooled Probit, West-West-Umzüge 1992–2008, Paare				Pooled Probit, Ost-West-Umzüge 1992–2008, Paare			
	(1)	(2)	(3)	(4)	(1)	(2)	(3)	(4)
	Haushalt	Mann	Frau	Beide	Haushalt	Mann	Frau	Beide
	β-Koeff.	β-Koeff.	β-Koeff.	β-Koeff.	β-Koeff.	β-Koeff.	β-Koeff.	β-Koeff.
Haushalt								
Eigentum	-0.46*** (0.06)	-0.48*** (0.06)	-0.49*** (0.06)	-0.48*** (0.06)	-0.67*** (0.15)	-0.70*** (0.15)	-0.65*** (0.15)	-0.67*** (0.15)
Kind im HH	-0.13** (0.04)	-0.11* (0.04)	-0.11* (0.05)	-0.12* (0.05)	0.22* (0.11)	0.21+ (0.11)	0.16 (0.12)	0.14 (0.12)
Alter (mean)	-0.02*** (0.00)	-0.02*** (0.00)	-0.02*** (0.00)	-0.02*** (0.00)	-0.02* (0.01)	-0.01+ (0.01)	-0.01* (0.01)	-0.01 (0.01)
Merkmale Frau								
Bildungsjahre			0.07*** (0.01)	0.04*** (0.01)			0.05* (0.02)	0.01 (0.02)
Einkommen (€/10 000)			0.08 (0.28)	0.03 (0.03)			0.01 (0.83)	0.18 (0.89)
Seniorität			-0.02** (0.01)	-0.02* (0.01)			0.00 (0.01)	0.00 (0.01)
nicht erwerbstätig			0.00 (0.06)	0.01 (0.07)			0.36** (0.12)	0.42*** (0.13)
Merkmale Mann								
Bildungsjahre		0.05*** (0.01)		0.03** (0.01)		0.04* (0.02)		0.04+ (0.02)
Einkommen (€/10 000)		0.15* (0.06)		0.14+ (0.07)		0.30** (0.13)		0.30** (0.14)
Seniorität		-0.02*** (0.00)		-0.01*** (0.00)		-0.02* (0.01)		-0.02* (0.01)
nicht erwerbstätig		-0.07 (0.11)		-0.09 (0.11)		-0.30 (0.25)		-0.54* (0.25)
Konstante	-1.59*** (0.12)	-1.83*** (0.12)	-1.83*** (0.13)	-1.90*** (0.13)	-1.99*** (0.27)	-2.10*** (0.28)	-2.29*** (0.29)	-2.33*** (0.30)
N*T (N)	45318 (7345)	45318 (7345)	45318 (7345)	45318 (7345)	14232 (2476)	14232 (2476)	14232 (2476)	14232 (2476)
R^2	0.08	0.10	0.10	0.11	0.09	0.12	0.11	0.14
Varianzdekomp. (F/M)				0.942				0.675

SOEP 1992–2008: eigene Berechnungen: + $p < 0.1$. * $p < 0.05$. ** $p < 0.01$. *** $p < 0.00$; robuste Standardfehler in Klammern.

Betrachten wir die Situation für Paare aus den neuen Bundesländern (Tabelle 2, rechte Spalte). Bereits bei den Haushaltsmerkmalen lässt sich im Unterschied zu Umzügen innerhalb der alten Bundesländer feststellen, dass lediglich das Wohneigentum und das durchschnittliche Alter beider Partner einen negativen Einfluss auf die Migrationsentscheidung ausüben. Kinder im Haushalt haben sogar einen positiven Einfluss auf die Wanderung. Umzüge vom Osten in den Westen sind also bereits in dieser Hinsicht weniger selektiv; die möglicherweise höheren Kosten durch das Vorhandensein von Kindern im Haushalt lassen Umzüge nicht weniger lohnenswert erscheinen. Doch wie beeinflussen die Erwerbsmerkmale der Partner die Umzugsentscheidung (H2-1)? Modell 2 gibt die Einflussgrößen der Eigenschaften des männlichen Partners wieder. Hier sehen wir, dass, wie bereits bei westdeutschen Männern, die arbeitsmarkt- und mobilitätsrelevanten Merkmale wie Bildung und Seniorität für die Umzugsentscheidung von Bedeutung sind, wobei hier zusätzlich noch das Einkommen einen signifikanten Einfluss auf die Wanderung hat. Dieser positive Einkommenseffekt findet sich in der Literatur häufig und wird vor allem dadurch erklärt, dass die mit dem Umzug unmittelbar verbundenen Kosten relativ zu den potenziellen Erträgen sinken und damit erst ab einem bestimmten Einkommensniveau finanzierbar sind. Bei den Merkmalen der Frauen (Modell 3) zeigen sich die ersten Abweichungen von den Migrationsmustern westdeutscher Paarhaushalte. Hier übt neben der ebenfalls signifikant positiven Wirkung der Bildung auf die Migration nur die Erwerbslosigkeit der Frau einen lediglich auf dem 10-Prozent-Niveau signifikanten Einfluss auf die Umzugswahrscheinlichkeit aus. Das heißt, viele weibliche Merkmale sind für die Entscheidung, umzuziehen, irrelevant. Ist die Partnerin allerdings erwerbslos, wirkt sich das besonders förderlich auf die Wanderungswahrscheinlichkeit aus.

Um entscheiden zu können, inwieweit der Umzug von den Merkmalen beider Partner beeinflusst wird, müssen die Ergebnisse aus Modell 4 betrachtet werden. Hier zeichnet sich ein von westdeutschen Paaren doch deutlich unterschiedliches Bild ab. Während die Erwerbsmerkmale der Männer ungebrochen einen statistisch bedeutsamen Einfluss auf die Wanderungsentscheidungen ausüben, scheint nur die Erwerbslosigkeit der Frau für die gemeinsame Umzugsentscheidung relevant zu sein. Dies bestätigt auch die Varianzzerlegung (0,675). Hier sehen wir, dass die Merkmale der Frauen relativ gesehen viel weniger zu der Erklärung der Migration beitragen als die Eigenschaften des männlichen Partners. Offensichtlich ist der Mobilitätsprozess ostdeutscher Paare also deutlich asymmetrischer und generell weniger selektiv. Ob die Frauen über eine hohe oder geringe Bildung verfügen, viel oder wenig Betriebserfahrung haben, spielt für die Entscheidung letztlich keine Rolle, es dominieren die Merkmale der Männer.

Abbildung 1 veranschaulicht die aus den Regressionen gewonnenen Ergebnisse grafisch und enthält zusätzlich einen Vergleich mit alleinstehenden Personen. Abgetragen sind die aus den Regressionen gewonnenen vorhergesagten Umzugswahrscheinlichkeiten in Abhängigkeit von der zentralen Einflussvariable Bildung. Die Umzugswahrscheinlichkeit Alleinstehender kann dabei als „Benchmark“ verstanden werden, der das Mobilitätsverhalten ohne partnerschaftliche und familiäre Restriktionen abbildet. Dabei legen ostdeutsche Single-Frauen eine im Vergleich zu Frauen in Partnerschaften in Ost und West höhere Umzugsbereitschaft an den Tag, die mit zunehmender Bildung zusätzlich stark ansteigt. Für ostdeutsche Frauen in Partnerschaften lässt sich hingegen mit steigender Bildung keine höhere Umzugswahrscheinlichkeit beobachten. Zwar sieht man auch bei westdeutschen Frauen deutliche Unterschiede zu den Singles unter ihnen, aber im Gegensatz zu ostdeutschen Frauen in Partnerschaft steigt auch hier mit höherer Bildung die Umzugsneigung an.

Abbildung 1: Vorhergesagte Umzugswahrscheinlichkeit

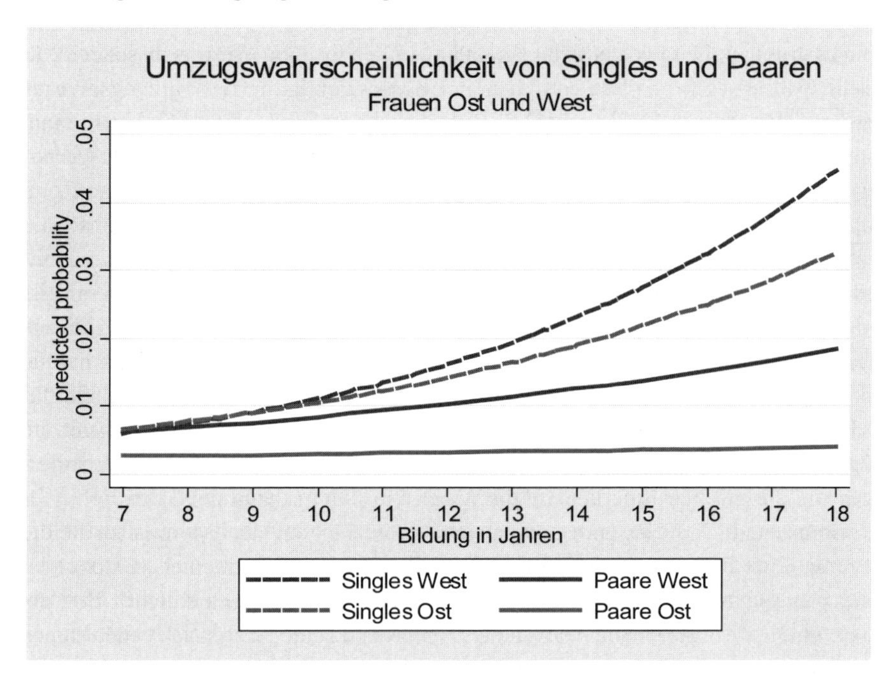

SOEP 1992–2008: eigene Berechnungen; vorhergesagte Umzugswahrscheinlichkeiten für vier Gruppen von Frauen berechnet: (a) Singles West, (b) Singles Ost, (c) Frauen in Partnerschaften West und (d) Frauen in Partnerschaften Ost. Dabei wurden folgende Eigenschaften für alle Gruppen gleichermaßen angenommen: kein Wohneigentum, keine Kinder, Alter 33, 2 100 Euro brutto, 5 Jahre Berufserfahrung, erwerbstätig.

5.2 Konsequenzen von Umzugsentscheidungen der ost- und westdeutschen Paare

Um das gewonnene Bild zu vervollständigen und die Hypothesen H1-2 und H1-3 (H2-2 und H2-3 für Ost) zu überprüfen, ist es notwendig, die Konsequenzen der Umzugsentscheidungen zu betrachten und sie zu den bereits vorgestellten Ergebnissen in Beziehung zu setzen. Hierzu geben die Einkommensschätzungen für Singles und in Partnerschaft lebende Männer und Frauen Auskunft. Tabelle 3 (Modell 1) weist zunächst die Effekte des Umzugs auf das Einkommen von Männern und Frauen aus den alten

Bundesländern und im unteren Teil für die neuen Bundesländer aus, jeweils getrennt für Alleinstehende und in Partnerschaft lebende Individuen. Wie erwartet, zeigen sich für alle Gruppen in Ost und West positive Effekte eines Umzugs, sowohl für alleinstehende Männer und Frauen als auch für Personen, die in einer Beziehung leben (vgl. H1-2 und H2-2). Dieses Ergebnis kann auf der Grundlage der theoretischen Überlegungen auf unterschiedliche Mechanismen zurückgeführt werden: Bei westdeutschen Paaren entsteht der Effekt durch eine hohe Selektivität der Umzüge (Selektivitätshypothese), bei ostdeutschen Paaren hingegen durch die insgesamt höhere Wahrscheinlichkeit, dass sich durch einen Umzug in den Westen beide Partner verbessern können (regionale Opportunitätsstruktur). Unterschiedliche Effekte zwischen Ost und West, insbesondere für Frauen in Partnerschaft, sollten sich aber bei Berücksichtigung des Bildungsniveaus zeigen (vgl. Hypothesen H1-3 und H2-3). Aus dem Interaktionseffekt von Umzug und Bildung in Modell 2 lässt sich ablesen, wie sich die für alle Gruppen gefundenen positiven Effekte des Umzugs für die verschiedenen Bildungsgruppen zusammensetzen. Wie in Abschnitt 3.3 bereits erläutert, lassen sich in FE-Modellen Effekte zeitkonstanter Variablen (Bildung) nicht schätzen. Allerdings können diese über Interaktionen mit zeitveränderlichen Variablen (hier der Umzug) dennoch berücksichtigt werden. Dabei zeigt sich, dass der für alle Frauen in Partnerschaften gefundene positive Effekt des Umzugs innerhalb Westdeutschlands vor allem auf die Umzugsgewinne hochgebildeter Frauen zurückzuführen ist. Für gut qualifizierte ostdeutsche Frauen in Partnerschaften gilt das nicht. Diese können ihr hohes Einkommenspotenzial offensichtlich nicht dazu nutzen, Umzüge zu ihren Gunsten zu steuern. Ostdeutsche Männer in Partnerschaft verbuchen dagegen mit die größten Einkommenszuschläge und liefern damit auch den Beleg für die Annahme einer für sie besonders günstigen westdeutschen Arbeitsmarktstruktur, die gleichzeitig dazu führt, dass die Verluste ihrer Partnerinnen *überkompensiert* werden können. Das Ausmaß der Nachteile für gut gebildete ostdeutsche Frauen in Partnerschaften wird im Vergleich mit den Singles deutlich, die die „unbeschränkte" Migration und damit die für Frauen potenziell erreichbaren Mobilitätserträge abbilden. So können gut gebildete ostdeutsche Frauen ohne Partner durch einen Umzug erheblich profitieren – ca. 100 Euro für jedes über den Hauptschulabschluss hinausgehende zusätzliche Bildungsjahr. Nimmt man die Befunde zu Migrationsentscheidungen und die hier berichteten Effekte zu den mobilitätsbedingten Einkommensgewinnen zusammen, lassen sich die in der Literatur zur Ost-West-Migration festgestellten Befunde zum Migrationsverhalten ostdeutscher Frauen differenzierter interpretieren. Die berichtete hohe Migrationswahrscheinlichkeit qualifizierter ostdeutscher Frauen speist sich dabei aus zwei unterschiedlichen Mechanismen. Während für Single-Frauen die ausgeprägten regionalen Disparitäten in der Wirtschaftsstruktur zu einer hohen Abwanderungsrate führen, die auch mit deutlichen Mobilitätsgewinnen verbunden sind, können gut gebildete ostdeutsche Frauen in Partnerschaften ihr hohes Einkommenspotenzial nicht umsetzen, sondern sind nur die mitziehenden Partnerinnen gut qualifizierter ostdeutscher Männer. Ostdeutsche Männer können hingegen enorme absolute Einkommensgewinne durch die Mobilität verbuchen. Sie sind dadurch in der Lage, die Einkommensverluste ihrer hochgebildeten Partnerinnen mehr als auszugleichen und so den Mobilitätsprozess in der Partnerschaft zu dominieren.

Tabelle 3: Einkommenseffekte von Umzügen für Singles und Personen in Partnerschaft, West- und Ostdeutschland, SOEP 1992–2008

	Frauen West				Männer West			
	(1)	(2)	(3)	(4)	(1)	(2)	(3)	(4=
	Singles		in Partnerschaft		Singles		in Partnerschaft	
	β	β	β	β	β	β	β	β
Umzug	283.7***	-152.4	125.1*	-155.4*	353.181*	-451.1*	306.5***	-453.3***
	(78.34)	(97.50)	(51.08)	(61.64)	(137.78)	(181.27)	(75.45)	(95.06)
Bildung		107.1***		105.0***		125.9***		149.2***
		(19.57)		(8.78)		(24.17)		(12.36)
Umzug*Bildung		87.3***		66.0***		166.3***		181.3***
		(21.89)		(65.93)		(48.80)		(24.51)
N*T (N)	12323 (2877)	12016 (2763)	63807 (10428)	61847 (9911)	10368 (2508)	10034 (2403)	58733 (9863)	57055 (9421)
R^2 (within)	0.181	0.205	0.091	0.110	0.175	0.207	0.223	0.243
	Frauen Ost				Männer Ost			
	(1)	(2)	(3)	(4)	(1)	(2)	(3)	(4)
	Singles		in Partnerschaft		Singles		in Partnerschaft	
Umzug	436.240**	-2.4	307.1**	151.6	438.4*	342.2	416.6**	-250.9
	(156.65)	(247.04)	(93.46)	(168.81)	(200.52)	(280.53)	(136.37)	(208.10)
Bildung		131.019***		104.9***		159.9***		168.6***
		(18.74)		(7.23)		(20.59)		(10.54)
Umzug*Bildung		99.100*		23.4		25.8		173.07*
		(50.53)		(41.00)		(87.61)		(67.24)
N*T (N)	16271 (3773)	15837 (3608)	85480 (13586)	82958 (12945)	13777 (3262)	13346 (3126)	78811 (12979)	76588 (12393)
R^2 (within)	0.175	0.197	0.122	0.137	0.157	0.177	0.220	0.238

SOEP 1992–2008: eigene Berechnungen: + $p < 0.1$. * $p < 0.05$. ** $p < 0.01$. *** $p < 0.001$; robuste Standardfehler in Klammern; Periodeneffekte, kontrolliert für Arbeitserfahrung und Arbeitserfahrung^2.

6 Fazit

Ausgangspunkt der Untersuchung waren zwei in der Mobilitätsliteratur relativ unverbundene Forschungsstränge, die eine Reihe scheinbar widersprüchlicher Ergebnisse im

Hinblick auf die Determinanten und Konsequenzen beruflich bedingter Umzüge für Frauen berichten. Ziel der Untersuchung war es, diese Einzelbefunde in einen einheitlichen theoretischen Rahmen zusammenzuführen und diesen in einer empirischen Analyse explizit zu überprüfen.

Die durchgeführten Analysen zeigen, dass trotz der weitaus egalitäreren Erwerbs- und Einkommensstruktur ostdeutscher Haushalte die erwerbsbezogenen Merkmale der weiblichen Partnerinnen für die partnerschaftliche Umzugsentscheidung eine geringe Rolle spielen. Diese wird vornehmlich von den arbeitsmarktrelevanten Eigenschaften der männlichen Partner bestimmt. Trotz hohen Bildungsniveaus und ausgeprägter Erwerbsorientierung können insbesondere die hochqualifizierten Frauen aus dem Osten kaum Umzüge zu ihren eigenen Gunsten initiieren. Besonders drastisch stellt sich die Situation im direkten Vergleich mit ostdeutschen Single-Frauen dar, die keinen partnerschaftlichen Mobilitätsrestriktionen unterliegen und mitunter die höchsten absoluten Gewinne durch einen Umzug generieren können. Verständlich im Hinblick auf die sie generierenden Mechanismen werden diese Ergebnisse aber erst vor dem Hintergrund der enormen Einkommensgewinne der ostdeutschen Männer in der Partnerschaft. Unter Bedingungen der starken regionalen Disparitäten zwischen Ost und West führt die westdeutsche Arbeitsmarktstruktur zu einer Übervorteilung ostdeutscher Männer, die den partnerschaftlichen Mobilitätsprozess nun dominieren können. Die eigentlich bessere Verhandlungsposition ostdeutscher Frauen wird durch die ausgeprägteren westdeutschen Ungleichheitsstrukturen auf dem Arbeitsmarkt gewissermaßen neutralisiert. Bei westdeutschen Frauen hingegen führen die insgesamt geringeren regionalen Verbesserungsmöglichkeiten für beide Partner paradoxerweise zu einer stärkeren Bedeutung weiblicher Merkmale bei der Umzugsentscheidung. Obwohl die Arbeitsteilung hier im Vergleich zu Paaren im Osten weitaus traditioneller ist, führen die ökonomischen Rahmenbedingungen die Paare in eine Verhandlungssituation, die einen gemeinsamen Umzug nur dann zum Ergebnis hat, wenn sich beide Partner dadurch besserstellen können. Die vorliegende Analyse lenkt somit den Blick auf die Bedeutung struktureller Rahmenbedingungen für die Analyse von Geschlechterungleichheiten auf dem Arbeitsmarkt. Denn trotz egalitärerer Rollenmuster und stärkerer Arbeitsmarktorientierung ostdeutscher Frauen scheinen ökonomische Rahmenbedingungen eine Handlungsrationalität aufzuerlegen, die normativ geprägte Grundhaltungen und Überzeugungen in den Hintergrund treten lässt. Die Befunde und die hier geleistete theoretische Analyse können daher auch einen Beitrag dazu leisten, Tendenzen einer möglichen Traditionalisierung der Geschlechterverhältnisse in den ostdeutschen Bundesländern zu erhellen (vgl. Matysiak/Steinmetz 2008).

Literaturverzeichnis

Abraham, Martin; Auspurg, Katrin & Hinz, Thomas. (2010). Migration Decisions Within Dual-Earner Partnerships: A Test of Bargaining Theory. *Journal of Marriage and the Family, 72*, 876–892.

Auspurg, Katrin & Abraham, Martin. (2007). Die Umzugsentscheidung von Paaren als Verhandlungsproblem. *Kölner Zeitschrift für Soziologie und Sozialpsychologie, 59*(2), 271–293.

Auspurg, Katrin & Hinz, Thomas. (2011). Gruppenvergleiche bei Regressionen mit binären abhängigen Variablen – Probleme und Fehleinschätzungen am Beispiel von Bildungschancen im Kohortenverlauf. *Zeitschrift für Soziologie, 40*(1), 62–73.

Becker, Gary S. (1991). *A Treatise on the Family. Enlarged Edition.* Cambridge, Mass.: Harvard University Press.

Bernasco, Wim & Giesen, Deirdre. (2000). A bargaining approach to specialization in couples. In Jeroen Weesie & Werner Raub (Hrsg.), *The management of durable relations. Theoretical models and empirical studies of households and organizations* (S. 42–64). Amsterdam: Thela Thesis.

Bielby, William T. & Bielby, Denise D. (1992). I Will Follow Him – Family Ties, Gender-Role Beliefs, and Reluctance to Relocate for a Better Job. *American Journal of Sociology, 97*(5), 1241–1267.

Blau, Francine; Ferber, Marianne & Winkler, Anne E. (1992). *The Economics of Women, Men, and Work.* New Jersey: Prentice-Hall.

Blau, Peter. (1964). *Exchange and power in social life.* New York u. a.: Wiley.

Borjas, George J. (1987). Self-Selection and the Earnings of Immigrants. *The American Economic Review, 77*(4), 531–553.

Boyle, Paul; Cooke, Thomas J.; Halfacree, Keith & Smith, Darren. (2001). A Cross-national Comparison of the Impact of Family Migration on Women's Employment Status. *Demography, 38*(2), 201–213.

Boyle, Paul J.; Feng, Zhiqiang & Vernon, Gayle. (2008). A new look at family migration and women's employment status. *Journal of Marriage and the Family, 71*, 417–431.

Clark, William A. V. & Huang, Youqin. (2006). Balancing Move and Work: Women's Labor Market Exits and Entries after Family Migration. *Population, Space and Place, 12*, 31–44.

Clark, William A. V. & Withers, Suzanne Davies. (2002). Disentangeling the interaction of migration, mobility and labor-force participation. *Environment and Planning, 34*, 923–945.

Cooke, Thomas J. (2003). Family migration and the relative earnings of husbands and wifes. *Annals of the Association of American Geographers, 93*(2), 338–349.

Cooke, Thomas J. (2008). Migration in a Family Way. *Population Space and Place, 14*(4), 255–265.

Cooke, Thomas J. & Bailey, Adrian J. (1996). Family migration and the employment of married women and men. *Economic Geography, 72*(1), 38–48.

Dienel, Christiane & Gerloff, Antje. (2003). Geschlechtsspezifische Besonderheiten der innerdeutschen Migration für Sachsen-Anhalt. In Thomas Claus (Hrsg.), *Gender-Report Sachsen-Anhalt* (S. 47–64). Magdeburg: Gender-Institut Sachsen-Anhalt.

Diewald, Martin; Goedicke, Anne & Mayer, Karl Ulrich. (2006). Unusual Turbulences – Unexpected Continuities: Transformation Life Courses in Retrospective. In Martin Diewald, Anne Goedicke & Karl Ulrich Mayer (Hrsg.), *After the Fall of the Wall: Life Courses in the Transformation of East Germany* (S. 293–318). Stanford, California Stanford University Press.

Fielding, Anthony J. (2007). Migration and social mobility in urban systems: national and international trends. In Anthony J. Fielding (Hrsg.), *Contentious global issues* (S. 107–137). Cheltenham: Elgar.

Findlay, Allan; Mason, Colin; Houston, Donald; McCollum, David & Harrison, Richard. (2009). Escalators, Elevators and Travelators: The Occupational Mobility of Migrants to South-East England. *Journal of Ethnic and Migration Studies, 35*, 861–879.

Fuller, Sylvia. (2008). Job Mobility and Wage Trajectories for Men and Women in the United States. *American Sociological Review, 73*, 158–183.

Hox, Joop. (2002). *Multilevel Analysis: Techniques and Applications*. New Jersey: Lawrence Erlbaum.
Hunt, Jennifer. (2006). Staunching Emigration from East Germany: Age and the Determinants of Migration. *Journal of the European Economic Association, 4*(5), 1014–1037.
Jacobsen, Joyce P. & Levin, Laurance M. (1997). Marriage and migration: Comparing gains and losses from migration for couples and singles. *Social Science Quarterly, 78*(3), 688–709.
Jacobsen, Joyce P. & Levin, Laurence M. (2000). The effects of internal migration on the relative economic status of women and men. *Journal of Socio-Economics, 29*, 291–304.
Jürges, Hendrik. (1998) Einkommen und berufliche Situation von Doppelverdienern nach Umzügen. *Mitteilungen aus der Arbeitsmarkt- und Berufsforschung, 31*, 234–243.
Jürges, Hendrik. (2006). Gender Ideology, Division of Housework, and the Geographic Mobility of Families. *Review of Economics of the Household, 4*, 299–323.
Klenner, Christina. (2009). Wer ernährt die Familie? Erwerbs- und Einkommenskonstellationen in Ostdeutschland. *WSI-Mittteilungen,* (11), 619–625.
Le Grand, Carl & Tåhlin, Michael. (2002). Job Mobility and Earnings Growth. *European Sociological Review, 18*(4), 381–400.
Lehmer, Florian & Ludsteck, Johannes. (2009). The returns to job mobility and inter-regional migration Evidence from Germany. *Papers in Regional Science, 90*(3), 549–572.
Maddala, Gangadharrao S. (1987). Limited Dependent Variable Models Using Panel Data. *The Journal of Human Resources, 22*(3), 307–338.
Markham, William & Pleck, Joseph H. (1986). Sex and willingness to move for occupational advancement: some national sample results. *Social Science Quarterly, 27*(1), 121–143.
Matysiak, Anna & Steinmetz, Stephanie. (2008). Finding Their Way? Female Employment Patterns in West Germany, East Germany, and Poland. *European Sociological Review, 24*(3), 331–345.
Maxwell, Nan. (1988). Economic returns to migration: Marital status and gender differences. *Social Science Quarterly, 69*, 108–121.
Melzer, Silvia M. (2010). The Influence of Regional Factors on Individual Mobility Patterns: Considering East-West Migration in Germany. In Thomas Salzmann; Barry Edmonston & James Raymer (Hrsg.), *Demographic Aspects of Migraiton* (S. 303–326). Wiesbaden: VS Verlag.
Melzer, Silvia M. (2011). Reconsidering the Effect of Education on East-West Migration in Germany. *European Sociological Review,* online first, doi:10.1093/esr/jcr056.
Mincer, Jacob. (1978). Family Migration Decisions. *Journal of Political Economy, 86*(5), 749–773.
Nauck, Bernhard. (1989). Individualistische Erklärungsansätze in der Familienforschung: Die rational-choice-Basis von Familienökonomie, Ressourcen- und Austauschtheorie. In Rosemarie Nave-Herz & Manfred Markefka (Hrsg.), *Handbuch der Familien- und Jugendforschung* (Band 1 Familienforschung, S.45–61). Neuwied: Luchterhand.
Nisic, Natascha. (2009). Labor market outcomes and spatially mobile coupled women: Why is the location context important? *Schmollers Jahrbuch, 129*, 203–215.
Nisic, Natascha. (2010). Mitgegangen – mitgefangen? Die Folgen von Haushaltsumzügen für die Einkommenssituation von Frauen in Partnerschaften. *Kölner Zeitschrift für Soziologie und Sozialpsychologie, 62*, 515–549.
Nivalainen, Satu. (2004). Determinants of family migration: short moves vs. long moves. *Journal of Population Economics, 17*(1).
Ott, Notburga. (1992). *Intrafamily Bargaining and Household Decisions*. Berlin: Springer.
Rabe, Brigitta. (2009). Dual-earner migration. Earnings gains, employment and self-selection. *Journal of Population Economics, 24*(2), 477–497.
Shauman, Kimberlee A. & Noonan, Mary C. (2007). Family migration and labor force outcomes: Sex differences in occupational context. *Social Forces, 85*(4), 1735–1764.

Sjaastad, Larry A. (1962). The Costs and Returns of Human Migration. *The Journal of Political Economy, 70*, 80–93.
Smits, Jeroen; Mulder, Clara H. & Hooimeijer, Pieter. (2003). Changing gender roles, shifting power balance and long-distance migration of couples. *Urban Studies, 40*(3), 603–613.
Smits, Jeroen; Mulder, Clara H. & Hooimeijer, Pieter. (2004). Migration of couples with non-employed and employed wives in the Netherlands: The changing effects of the partners' characteristics. *Journal of Ethnic and Migration Studies, 30*(2), 283–301.
Snijders, Tom A. B. & Bosker, Roel J. (1999). *Multilevel Analysis: An Introduction to Basic and Advanced Multilevel Modeling.* London: Sage Publications.
Tenn, Steven. (2010). The relative importance of the husband's and wife's characteristics in family migration, 1960–2000. *Journal of Population Economics (online first), 23*(4), 1319–1337.
Wagner, Gert G.; Frick, Joachim R. & Schupp, Jürgen. (2007). The German Socio-Economic Panel Study (SOEP) – Scope, Evolution and Enhancements. *Schmollers Jahrbuch*, (1), 139–169.
West, Candance & Zimmerman, Don H. (1987). Doing gender. *Gender & Society, 1*, 125–151.
Wooldridge, Jeffrey M. (2002). *Econometric Analysis of Cross Section and Panel Data.* Cambridge, Mass.; London: The MIT Press.
Zaiceva, Anzelika. (2010). East-West Migration and Gender: Is There a Differential Effect for Migrant Women? *Labour Economics, 17*(2), 443–454.

Zu den Personen

Natascha Nisic, Juniorprofessorin für Soziologie wirtschaftlichen Handelns. Arbeitsschwerpunkte: Familien- und Arbeitsmarktsoziologie, Methoden der empirischen Sozialforschung, räumliche Mobilität, soziale Ungleichheit.
Kontakt: Universität Hamburg, Fakultät Wirtschafts- und Sozialwissenschaften, Fachbereich Sozialökonomie, Welckerstr. 8, 20146 Hamburg
E-Mail: Natascha.Nisic@wiso.uni-hamburg.de

Silvia Maja Melzer, wissenschaftliche Mitarbeiterin (SFB 882 – Von Heterogenitäten zu Ungleichheiten). Arbeitsschwerpunkte: Räumliche Mobilität, Partnerschaft, Arbeitsmarkt und Erwerbstätigkeit.
Kontakt: Universität Bielefeld, Fakultät für Soziologie, Sonderforschungsbereich 882 „Von Heterogenitäten zu Ungleichheiten", Universitätsstraße 25, 33615 Bielefeld
E-Mail: Silvia.Melzer@uni-bielefeld.de

Katrin Auspurg, Thomas Hinz, Eva Amorelli

Der Partnerschaftskontext als Bremse? Regionale Mobilität von Wissenschaftlerinnen in Doppelkarrierepaaren

Zusammenfassung

Frauen sind in der Wissenschaft immer noch deutlich unterrepräsentiert. Der vorliegende Beitrag untersucht am Beispiel von Stellenangeboten im akademischen Bereich, inwieweit Karriereungleichheiten durch geschlechtsspezifische Entscheidungen im Kontext von Partnerschaft und Familie bedingt sind. Befragte mit und ohne Doppelkarrierepartnerschaft bekamen in einem Faktoriellen Survey fiktive überregionale Stellenangebote zur Beurteilung vorgelegt. Im Gegensatz zur realen Umzugsmobilität zeigten sich nur noch geringe Geschlechtsunterschiede in der Mobilitätsbereitschaft, wenn allen Befragten vergleichbare Angebote vorlagen. Allerdings schätzten Wissenschaftlerinnen in Partnerschaften die Wahrscheinlichkeit eines gemeinsamen Umzugs immer noch etwas geringer ein als Wissenschaftler. Multivariaten Analysen zufolge ist diese Differenz vor allem durch Unterschiede im Karrierefortschritt (gemessen am Altersunterschied) bedingt, was haushaltsökonomische und verhandlungstheoretische Modelle stützt.

Schlüsselwörter
Doppelkarrierepaare, Karrierekoordination, Geschlechterrollen, Verhandlungstheorie, Umzugsbereitschaft, Faktorieller Survey

Summary

Hindered by family ties? The willingness of female scientists in dual-career couples to relocate

Women are still underrepresented in academia. This article analyzes, based on the example of job offers in academia, to what extent gender inequalities are caused by a gender-specific framing of career decisions, given different partnership and family constellations. Respondents with or without a partner were asked in a factorial survey to rate a set of hypothetical job offers which would require regional (household) moves. In contrast to actual regional mobility patterns, there was only little evidence of gender differences when judging the attractiveness of standardized job offers. However, female scientists who lived with a partner assessed the probability of a joint move to be slightly lower than their male colleagues did. According to multivariate analyses, this difference is mainly caused by differences in regard to career progress (measured by age difference in a partnership), which supports household economic and bargaining theory.

Keywords
Dual-career couples, career coordination, gender roles, bargaining theory, willingness to relocate, factorial survey

1 Ausgangslage und Motivation

Nach wie vor sind Frauen in statushohen wissenschaftlichen Positionen deutlich unterrepräsentiert. Während sie im Jahr 2011 mit 50,7 Prozent gut die Hälfte aller Personen ausmachten, die ihr Studium abschlossen, sinkt ihr Anteil mit jeder höheren Karrierestufe. Für die höchste Stufe der C4-Professuren lag das Niveau lediglich bei 10,7 Prozent (Statistisches Bundesamt 2013).

Für diese *leaky pipeline* gibt es diverse Erklärungen. Frauen werden aufgrund anderer Vorleistungen weniger für Stellen nachgefragt oder sie können sich aufgrund von Diskriminierung schlechter durchsetzen (Wennerås/Wold 1997; Lind 2004). Weiter sind Unterschiede im Zugang zu Stellen aufgrund der geschlechtsspezifischen Segregation nach Wissenschaftsdisziplinen zu erwarten (Geenen 1994). So könnte die Konkurrenz um Jobs in den frauendominierten Disziplinen besonders stark sein. Ein solches Argument liegt der *crowding*-These von Bergmann (1974) zugrunde.

Gründe für geschlechtsspezifische Karriereunterunterschiede sind jedoch nicht nur der Nachfrageseite geschuldet. Ebenso spielen Karriereentscheidungen von Männern und Frauen eine Rolle (Lind 2004). Dabei gibt es Hinweise, dass vor allem der Haushaltskontext von Relevanz ist. So haben erfolgreiche Wissenschaftlerinnen seltener eine Partnerschaft und Familie als Wissenschaftler; und wenn, dann befinden sie sich eher in der Lebenssituation eines Doppelkarrierepaares (siehe z. B. Krimmer et al. 2003; Timmermans et al. 1992). In diesen Partnerschaften hat in aller Regel die männliche Karriere Vorrang (z. B. Becker/Moen 1999).

Allerdings fällt es bislang schwer, die verschiedenen Erklärungen empirisch zu trennen. So sind vor allem die Mechanismen, welche innerhalb von Paaren zu geschlechtsspezifischen Ungleichheiten führen, wenig untersucht. In der Regel liegen nur Informationen über akzeptierte Stellenangebote vor, nicht aber über die Verteilung aller Stellenoptionen. Somit ist unklar, inwieweit sich Wissenschaftlerinnen vergleichsweise weniger Stellenoptionen bieten (ungünstigere Nachfrageseite) oder ihre beruflichen Belange in den paarinternen Abstimmungsprozessen nachrangig sind (differentes Arbeitsangebot).

Hier setzt der vorliegende Beitrag an und prüft am Beispiel der Mobilitätsbereitschaft verschiedene Theorien der Karriereabstimmung. Etwa 420 alleinstehende Wissenschaftlerinnen und Wissenschaftler sowie 170 Doppelkarrierepaare in der Wissenschaft wurden mithilfe eines Faktoriellen Surveys zu ihrer Stellenannahme- und Umzugsbereitschaft befragt. Die Standardisierung der Stellenangebote ermöglicht es, von Unterschieden auf der Nachfrageseite zu abstrahieren. Zudem erlaubt ein Vergleich der fiktiven Umzugsentscheidungen mit vorangegangenen Standortwahlen eine erste Abschätzung, inwieweit Geschlechtsungleichheiten eher Unterschieden im Stellenangebot (Nachfrageseite des akademischen Arbeitsmarktes) oder Unterschieden im Entscheidungsverhalten (Angebotsseite) geschuldet sind. Zentrale Forschungsfragen sind: Werden Wissenschaftlerinnen in ihrer Stellenannahmebereitschaft und regionalen Flexibilität stärker durch einen Partnerschaftskontext eingeschränkt als Wissenschaftler? Gilt dies auch dann noch, wenn allen die gleichen Stellenangebote und Mobilitätsanreize vorliegen? Wenn ja, wodurch sind solche Unterschiede bedingt – folgen sie einer geschlechtsneutralen Entscheidungslogik oder kommen geschlechtsspezifische Rollenmuster zum Tragen, die *per se* der männlichen Karriere Vorrang geben?

2 Theorie

Um vorhersagen zu können, wie berufsrelevante Entscheidungen durch den Kontext einer Partnerschaft beeinflusst werden, bieten sich zunächst *humankapitaltheoretische Ansätze* an. Nach diesen werden Investitionen in Karrieren, wie etwa die Kosten eines beruflichen Umzugs, dann getätigt, wenn sie sich im Sinne eines höheren Lebenseinkommens auszahlen (Kalter 1997; Sjaastad 1962). Individuelle Unterschiede in den Karrierechancen sollten somit ganz wesentlich zur Erklärung unterschiedlicher Mobilitätsbereitschaften beitragen. Eine Übertragung auf Haushaltsentscheidungen liegt mit der *neuen Haushaltsökonomie* vor, die von einer Maximierung des gemeinsamen Haushaltseinkommens ausgeht: Optionen werden realisiert, sofern sie das gemeinsame Einkommen steigern. In Haushalten, in denen zwei Einkommen erzielt werden, müssen dazu die Gewinne desjenigen Haushaltsmitglieds mit Umzugsanreiz hinreichend groß sein, um die Verluste der mitziehenden Person auszugleichen (Mincer 1978).

Allerdings greift die Annahme einer gemeinsamen Haushaltsnutzenfunktion zu kurz, da sie Konflikte und die Möglichkeit von Trennungen ausblendet. Hier setzen *austausch- und verhandlungstheoretische Modelle* an (Blood/Wolfe 1960; Manser/Brown 1980; Thibaut/Kelley 1959). Ihre Kernidee ist das *Prinzip des geringsten Interesses*: Je besser die Alternativen einer von beiden in Partnerschaft lebenden Personen zur bestehenden Beziehung sind, desto weniger ist sie oder er auf die Beziehung angewiesen und umso mehr Entscheidungsmacht kommen ihr oder ihm zu. In modernen Gesellschaften gelten dabei Erwerbsoptionen als zentral für die Unabhängigkeit (Ott 1992). Gemeinsame Optionen, wie etwa berufliche Umzüge, lassen sich demnach vor allem dann realisieren, wenn sich Partnerin *und* Partner mit dem Umzug ein Mindestmaß an Erwerbsoptionen erhalten und ohnehin ein deutlicher Unterschied in der Verhandlungsmacht besteht. Zusätzlich ist ableitbar, dass einseitige Lösungen, welche die Karriere einer Person bevorteilen, vor allem dann möglich sind, wenn die andere Person auch im Falle einer Trennung finanziell abgesichert ist (etwa durch eine Ehe) und *beide*, Partnerin und Partner, stark an die Beziehung gebunden sind (etwa durch Kinder).

Die bislang angeführten Theorien sehen das Entscheidungsverhalten als geschlechtsneutral an. Anders ist dies in *rollen- und sozialisationstheoretischen Ansätzen*, welche den Einfluss von geschlechtsspezifischen Normen betonen. Handlungen dienen diesen Ansätzen zufolge auch der Herstellung von Geschlechtsidentitäten (Fenstermaker 2002; West/Zimmerman 1987). In die Zuständigkeit von Frauen fallen nach der traditionellen Norm die Hausarbeit und Kinderbetreuung. Auch in Partnerschaften mit ähnlichen Karriereaussichten oder sogar Karrierevorsprung der Frau ist daher eine Priorisierung der männlichen Karriere zu erwarten, um der Norm des *männlichen Ernährers* zu entsprechen (Hook/Chalasani 2008).

Diese Theorien werden im vorliegenden Beitrag am Beispiel der beruflichen Umzugsbereitschaft getestet. Wie bereits Jacob Mincer (1978) gezeigt hat, ist es unwahrscheinlich, dass Partnerin *und* Partner an demselben Wohnort optimale Karrieremöglichkeiten vorfinden. Eine Person, *tied-mover* (im Falle eines Mitzugs) oder *tied-stayer* (im

Falle einer ausgeschlagenen eigenen Option), wird in aller Regel durch die gemeinsame Ortswahl in der Karriere stärker eingeschränkt. Mobilitätsentscheidungen sind daher besonders geeignet, um zu analysieren, wie Karrieren in Partnerschaften abgestimmt werden (siehe auch Bielby/Bielby 1992).

Forschungsannahmen

Welche Vorhersagen lassen sich aus den genannten Theorien für die Abstimmung von Karrieren und speziell Umzugsanreizen gewinnen? Nach der Humankapitaltheorie sollten Geschlechtsunterschiede in der Annahmebereitschaft überregionaler Stellen zurückgehen, wenn Karriere- und Einkommenschancen kontrolliert werden. Der neuen Haushaltsökonomie und Verhandlungstheorie zufolge kommt es zusätzlich auf die Karrierekonstellation im Haushalt an: Bei (Umzugs-)Entscheidungen erhält die Karriere der- oder desjenigen Priorität, die/der über vergleichsweise bessere Karriere- und Einkommenschancen verfügt. Derartige Karrierevorsprünge können zunächst durch einen unterschiedlichen Zugang zu attraktiven Stellenangeboten bedingt sein. Diese Möglichkeit wird in der folgenden Untersuchung durch Standardisierung der Angebotsseite (Stellenangebote) bewusst ausgeklammert. Zunächst ist also zu erwarten, *dass sich die Geschlechtsunterschiede in beruflichen Umzugsentscheidungen abschwächen, wenn allen die gleichen Stellenangebote vorgelegt werden.*

Für den vorliegenden Beitrag ist dann vor allem interessant, welche Ungleichheiten selbst bei gleichen Angeboten noch beobachtbar sind und inwiefern diese durch den Partnerschaftskontext geprägt werden. Personen, die bereits fester in der Wissenschaft verankert sind, sollte eine Karriere eher zugetraut werden, womit es aus haushaltsökonomischer Sicht rational erscheint, dieser Karriere Vorrang zu geben. Zudem befinden sich diese Personen in der verhandlungsstärkeren Position. Auch bei gleichem Stellenzugang sind also aus Sicht der Haushaltsökonomie und Verhandlungstheorie noch *Ungleichheiten zu erwarten, die bereits bestehende Ungleichheiten in den Karrierechancen widerspiegeln.* Geschlechtsspezifische Unterschiede, die trotz Kontrolle von Karrieremerkmalen bestehen bleiben, sprechen dagegen eher für ein (zusätzliches) Wirken von geschlechtsspezifischen Normen. *Die Relevanz solcher Normen sollte sich vor allem auch darin äußern, dass männliche Karrieren verstärkt von solchen Personen priorisiert werden, die sich zu traditionellen Rollenleitbildern bekennen.*

Zudem lassen sich weitere Vorhersagen zum Einfluss der Haushaltsstruktur ableiten. Aus verhandlungstheoretischer Sicht sind *Investitionen in eine gemeinsame Zukunft eher zu wagen, wenn Kinder oder ein Ehevertrag vorhanden sind*, denn mit beiden Aspekten steigt die Sicherheit einer gemeinsamen Zukunft und die (finanzielle) Absicherung der *tied*-Partnerin/des *tied*-Partners (Abraham/Auspurg/Hinz 2010; Lundberg/Pollack 2003). Beide Aspekte sind allerdings auch typische Indikatoren von stärker traditionell orientierten Paaren (siehe z. B. Schulz/Blossfeld 2006), und Kinder sind aus der Umzugsliteratur auch als generelle Umzugshindernisse bekannt (Kalter 1997).

3 Forschungsstand

Studien zum Thema Doppelkarrierepartnerschaften sind hauptsächlich in den angloamerikanischen Ländern beheimatet (für Überblicke Rusconi 2002a, 2002b; Rusconi/Solga 2008a). Inzwischen gibt es auch im deutschsprachigen Raum einige qualitative Studien (vgl. Behnke/Meuser 2003; Cornelißen/Rusconi/Becker 2011; Dettmer 2006; Rusconi/Solga 2011; Walther/Lukoschat 2008) sowie wenig quantitativ angelegte Forschung (etwa Rusconi/Solga 2011).

Diese Arbeiten zeigen konsistent, dass sich die anfängliche Egalität der Karrieren in aller Regel im Zeitverlauf in zunehmende Ungleichheit transformiert (Ackers 2004; Rusconi/Solga 2008b; Solga/Wimbauer 2005). Rusconi (2012) stellt anhand ihrer quantitativen Befragung von Wissenschaftlerinnen und Wissenschaftlern fest, dass das Lebensmodell Doppelkarrierepaar oft temporär gelebt wird. Nur knapp die Hälfte der Doppelverdienerpaare konnte zehn Jahre nach Studienabschluss noch als Doppelkarrierepaar bezeichnet werden. Dabei scheitern Doppelkarrierepartnerschaften in erster Linie an der fehlenden Karriere der Frau. Markante Einschnitte, an denen dieser oft unbewusste Prozess vorangetrieben wird, sind Familiengründungen und Fernumzüge (Ackers 2004; Bathmann/Müller/Cornelißen 2011; Becker/Moen 1999).

Was die quantitative Forschung zur regionalen Mobilität von Paaren anbelangt, weisen bisherige Arbeiten Frauen als die *tied*-Partnerinnen aus (z. B. Bielby/Bielby 1992; Cooke 2003; Jürges 2006; Shauman/Noonan 2007; Shauman 2010; Spitze 1984). Auch neue Arbeiten zeigen, dass Frauen in Partnerschaften häufiger aus nicht-beruflichen Gründen umziehen, wodurch sich Einbußen in den Karriereaussichten ergeben (Becker et al. 2011). Allerdings scheint eine regionale Differenzierung notwendig. In der Studie von Nisic (2010) können Frauen in Doppelverdienerpaaren im Gegenteil sogar Umzugsgewinne davontragen, wenn sie mit ihrem Partner in Metropolen ziehen. Allerdings beziehen sich diese Arbeiten nicht auf das Wissenschaftssystem und der Fokus liegt auf Doppelverdiener- und nicht auf Doppelkarrierepaaren.

Speziell in der Wissenschaft spielen Mobilitäts- und Karriereentscheidungen eine große Rolle. Studien zu unterschiedlichen Ländern sowie unterschiedlichen Karrierestufen identifizieren Wissenschaftlerinnen als geographisch weniger mobil als Wissenschaftler (z. B. Jöns 2011; Leyman 2009; Marwell/Rosenfeld/Spilerman 1979; Rosenfeld/Jones 1987). Dabei zeigen Studien generell auf, dass sich eine hohe geographische Mobilität für akademische Karrieren auszahlt (Becker et al. 2011; Marwell/Rosenfeld/Spilerman 1979). So wirkt sich fehlende Mobilität beispielsweise negativ auf das Erlangen fester Positionen aus (Kulis/Sicotte 2002; Rosenfeld/Jones 1987). Verglichen mit männlichen Wissenschaftlern begleiten weibliche Forschende ihren Partner häufiger in eine andere Stadt oder ins Ausland (Ledin et al. 2007; Romanin/Over 1993), nehmen also eher die Position des *tied-movers* ein. Geschlechtsspezifische Muster scheinen vor allem durch familienbedingte Gründe verursacht zu sein. So bindet das Vorhandensein von Kindern Wissenschaftlerinnen örtlich stärker als umgekehrt Wissenschaftler (Leyman 2009; Shauman/Xie 1996). Umstritten ist, inwieweit Wissenschaftler und vor allem Wissenschaftlerinnen schon allein durch eine Partnerschaft (ohne Kinder) stärker örtlich gebunden werden (die Ergebnisse von Kirchmeyer 2006; Leemann 2010; Marwell/Rosenfeld/Spilerman 1979; Rosenfeld/Jones 1987 deuten darauf hin; Shauman/Xie 1996 finden dies nicht). Allerdings konnten diese Studien in aller Regel lediglich realisierte Stellenoptionen beobachten und nicht die gesamte Verteilung an Karrieremöglichkeiten. Dafür, dass auch die Nachfrageseite des Arbeitsmarktes für geringere Karrierefortschritte von Wissenschaftlerinnen relevant ist, gibt es inzwischen diverse Evidenzen (für einen Überblick: Lind 2004): So konnten Studien beispielsweise eine Diskriminierung von Wissenschaftlerinnen im Zugang zu Forschungsstellen aufzeigen (für Forschungsstipendien: Wennerås/Wold 1997). Schließlich gibt es auch Hinweise für ein vergleichsweise zurückhaltendes Bewerbungsverhalten von Frauen. So suchen Wissenschaftlerinnen weniger als Wissenschaftler die Konkurrenz um knappe Forschungsmittel (Hinz/Findeisen/Auspurg 2008), und ähnlich gibt es Hinweise dafür, dass sich habilitierte Frauen verhaltener auf Professuren bewerben (Auspurg/Hinz 2008). Ohne diese Unterschiede im Stellenzugang zu berücksichtigen, ist kaum zu entscheiden, inwieweit geschlechtsspezifische Mobilitätsmuster auf weniger attraktive Optionen für Frauen oder allein andere Präferenzen und paarinterne Entscheidungsmuster zurückgehen.

Viele Studien leiden zudem unter der Problematik des *survivor bias*: Bei den untersuchten Stichproben handelt es sich oft um einen selektiven Ausschnitt an Personen, die es schaffen eine Partnerschaft oder Familie mit Wissenschaft zu vereinen, während Personen ohne Partnerschaft oder nach Ausstieg aus der Wissenschaft per definitionem ausgegrenzt werden. Damit werden die Vereinbarkeitsmöglichkeiten sicher überschätzt. Weiterhin hat sich die Forschung bislang kaum auf die Analyse der paarinternen Abstimmungsprozesse konzentriert.

4 Stichprobe und Methodik

Genau auf diese Forschungslücken zielt das im Folgenden skizzierte Projekt „Räumliche und institutionelle Koordination von Doppelkarrieren“.[1] An eine Online-Screening-Befragung von gut 2 100 Wissenschaftlerinnen und Wissenschaftlern an mehreren deutschen und schweizerischen Universitäten, in der erste Informationen zum wissenschaftlichen und Partnerschaftsstatus erhoben wurden, schlossen sich CAPI-Interviews mit etwa 170 Paaren an (getrennte Befragung von jeweils in Partnerschaft lebenden Personen, wodurch mehr als 300 Personeninterviews vorliegen).[2] Berück-

1 Das Projekt wurde durch die Deutsche Forschungsgemeinschaft im Rahmen der Exzellenzinitiative (Dritte Förderlinie) gefördert. Für nähere Informationen: www.soziologie.uni-konstanz.de/professuren/prof-dr-thomas-hinz/forschung/aktuelle-forschungsprojekte/dcc/.

2 Nur an der Universität Konstanz konnte auf einen E-Mail-Verteiler aller Wissenschaftlerinnen und Wissenschaftler zurückgegriffen werden (Rücklaufquote 58 %). An den anderen Hochschulen wurden E-Mail-Adressen teilweise über die Webseiten recherchiert oder nicht-personalisierte E-Mail-Einladungen von den dortigen Verwaltungen versendet. Aus diesen Gründen ist keine ge-

sichtigt wurden in diesen Interviews nur vollzeitbeschäftigte Personen, im Falle von Kindern im Haushalt oder einer Tätigkeit in der Wissenschaft auch teilzeitbeschäftigte Personen. Auf eine subjektiv hohe Karriereambition als Stichprobenkriterium wurde verzichtet. Dies wurde bewusst so gewählt, da auch eine allein an der Einkommenserzielung ausgerichtete Erwerbstätigkeit der Partnerin/des Partners nach allen referierten Theorien Schwierigkeiten in der Karriere-Koordination hervorrufen sollte. Bei einem Drittel der Paare (n = 53; 32,1 %) handelt es sich um Paare, in denen beide im Wissenschaftssystem arbeiten, bei anderen Paaren können auch Mischformen aus Doppelkarriere- und Doppelverdienerpaaren vorliegen. Aufgrund der sehr geringen Fallzahl werden gleichgeschlechtliche Paare von den Analysen ausgeschlossen.

Partnerin und Partner wurden jeweils getrennt zu ihrer privaten Lebenssituation, ihrem beruflichen Werdegang, den Karriereambitionen und Einstellungen zu Beruf und Familie befragt (größtenteils Selbstausfüller bei Anwesenheit einer Interviewerin/eines Interviewers). Die Besonderheit des Projektes ist ein Faktorielles Survey-Modul: Allen Zielpersonen in der Wissenschaft wurden zehn fiktive Jobangebote (Vignetten) vorgelegt, deren Annahme einen Umzug erfordern würde. In den Stellenbeschreibungen wurden sieben Beschreibungsmerkmale experimentell und unabhängig voneinander variiert, die sich inhaltlich auf die Ausstattung und Befristung der Stelle, die Lehrbelastung, die Reputation der Fakultät, die überregionale Verkehrsanbindung, die Beschäftigungschancen der Partnerin bzw. des Partners und Angebote der Kinderbetreuung sowie eines *Dual-Career*-Unterstützungsservices beziehen. Alle Angebote wurden zufällig auf die Befragten verteilt, und unterschieden sich daher im Mittel nicht zwischen den befragten Wissenschaftlerinnen und Wissenschaftlern. Damit konnte die gewünschte Standardisierung der Nachfrageseite erreicht werden. Alle Personen erhielten Stellenangebote, die mindestens ihrem aktuellen Status entsprachen, wenn möglich aber einen Aufstieg auf die nächst höhere Statusstufe bedeuteten (Doktorandinnen und Doktoranden erhielten Angebote für Postdoc-Stellen; Postdocs für Juniorprofessuren; alle Personen mit Privatdozentur oder Professur eine volle Professur).

Ein Beispiel ist Abbildung 1 zu entnehmen. Die Befragten sollten jeweils auf elfstufigen Ratingskalen einschätzen, für wie attraktiv sie das Angebot halten, wie wahrscheinlich sie es annehmen würden und wie wahrscheinlich sie gemeinsam mit ihrer Partnerin bzw. ihrem Partner an den neuen Arbeitsort umziehen würden. Die Partnerin bzw. der Partner wurden dann jeweils mit spiegelbildlichen Optionen befragt, also in die Position von potenziellen *tied-movers* versetzt und sollten ebenfalls angeben, für wie wahrscheinlich sie den gemeinsamen Umzug halten.

---

nerelle Berechnung von Rücklaufquoten möglich. Allen Beteiligten sei an dieser Stelle herzlich gedankt.

Abbildung 1: Beispiel für ein Stellenangebot (Version für einen Doktoranden in Partnerschaft)

Bitte stellen Sie sich jeweils vor, Sie selbst bekommen in Deutschland eine **Post-Doc-Stelle (Vollzeit)** angeboten. [...]

Die Stelle ist auf **2 Jahre** befristet. Die Reputation der Hochschule in Ihrem Fach ist **überdurchschnittlich** und die Lehrbelastung **hoch**.

Die Hochschule kann Ihnen beiden einen **flexibel an Ihre Arbeitszeiten angepassten Kinderbetreuungsplatz** anbieten. Die Anbindung an das überregionale Verkehrsnetz ist am neuen Arbeitsort gut ausgebaut.

Die Chancen Ihrer Partnerin, am neuen Ort eine qualifikationsadäquate Stelle zu finden, sind **schlechter** als am aktuellen Arbeitsort Ihrer Partnerin. Der Dual-Career-Beratungsservice der Hochschule bietet Ihrer Partnerin eine **Übergangsfinanzierung für 1 Jahr** an.

Wie **attraktiv** ist das **Stellenangebot** für Sie?

wenig attraktiv | I I I I I I I I I I I I I | sehr attraktiv

Wie wahrscheinlich würden **Sie selbst** die Stelle **annehmen**?

sehr unwahrscheinlich | I I I I I I I I I I I I I | sehr wahrscheinlich

Wie wahrscheinlich ist es, dass **Sie gemeinsam mit Ihrer Partnerin umziehen**?

sehr unwahrscheinlich | I I I I I I I I I I I I I | sehr wahrscheinlich

Anmerkungen: Die hervorgehobenen Merkmale wurden zwischen den Stellenangeboten variiert. Weitere allgemeine Vorgaben waren eine erforderliche Anwesenheit von vier Tagen in der Woche sowie eine Entfernung von vier Stunden einfache Fahrtzeit vom aktuellen Wohnort.

Um zusätzlich auch geschlechtsspezifische Ungleichheiten, die durch Unterschiede in der Nachfrageseite bzw. der realen Verteilung von Umzugsanreizen bedingt sind, grob abzuschätzen zu können, wurden alle Personen auch danach gefragt, ob sie den aktuellen Wohnort aufgrund von eigenen beruflichen Motiven oder solchen der Partnerin bzw. des Partners gewählt haben.[3]

3 Den Befragten wurde eine Liste von insgesamt zwölf Gründen für die Wahl des aktuellen Wohnortes vorgelegt, aus denen sie alle zutreffenden auswählen sollten (etwa: „wohne schon immer hier“, „eigene berufliche Belange“, „soziale Kontakte“, ...). Eine Erfassung der Standortmotive erschien sinnvoller als eine detaillierte Erfassung der Umzugshistorie, denn auch gescheiterte Mobilität oder solche im Nahbereich kann für Arbeitsmarktoptionen relevant sein (siehe dazu auch Auspurg/Schönholzer 2013).

Um dem erwähnten *survivor bias* zu begegnen, wurden die in der Screening-Befragung erfassten Alleinstehenden ebenfalls befragt, und zwar in Form eines sich direkt an das Screening anschließenden Online-Surveys. Sie erhielten dabei einen soweit wie möglich analogen Fragebogen zu den Paarinterviews, was im Hinblick auf das Faktorielle Survey-Modul lediglich bedeutete, dass die Beschreibungsdimensionen „Beschäftigungschancen der Partnerin/des Partners" und „Unterstützung des Dual-Career-Beratungsservice" weggelassen und nicht nach der Wahrscheinlichkeit eines gemeinsamen Umzugs gefragt wurde. An dieser Befragung haben sich insgesamt 420 alleinstehende Personen beteiligt (194 Frauen und 226 Männer). Weitere Informationen zur Projektkonzeption und den Fragebögen sind Auspurg/Hinz/Amorelli (2010) sowie Amorelli/Auspurg/Hinz (2012) zu entnehmen.

Zur Prüfung der unterschiedlichen Theorien aus Abschnitt 3 werden Regressionen zum Einfluss einschlägiger Befragtenmerkmale geschätzt. Für die Operationalisierung der Humankapital- und Verhandlungstheorie sind dies vor allem die Einkommens- und Karrierechancen. Als Maß für die Verankerung in der Wissenschaft dient dabei der Publikationsoutput, welcher pro Statusgruppe kategorisiert wurde (Aufteilung in drei Terzentile: über-/unter-/durchschnittlich viele Veröffentlichungen, wobei Veröffentlichungen in Zeitschriften mit *peer review* und Monographien mit doppeltem Gewicht in den Zählindex eingingen).[4] Zur Messung des Karriere- und Einkommensvorsprungs gegenüber der Partnerin bzw. dem Partner wird nicht auf das gegenwärtige Einkommen zurückgegriffen, da dieses gerade in der Wissenschaft die langfristigen Einkommens- und Karriereaussichten nur schlecht widerspiegeln dürfte.[5] Stattdessen wird, anderen Arbeiten zu akademischen Doppelkarrierepaaren folgend (Rusconi/Solga 2007; Solga/Rusconi/Krüger 2005), auf den Altersabstand zwischen Partnerin und Partner als Maß für den Karriereabstand zurückgegriffen, und dort auf die übliche Dreiteilung (mind. 3 Jahre älter/jünger, sonst „gleiche Altersgruppe"). Für die personenspezifische Messung der geschlechtsspezifischen Rolleneinstellungen wurde eine modernisierte Skala des klassischen Instruments von Krampen (1979) eingesetzt.[6] Vier Items wurden mit zufriedenstellender Reliabilität (*Cronbach's Alpha* = 0,681) zu einem additiven Index zusammengefasst.

Zu beachten ist, dass von einzelnen Befragten jeweils mehrere Stellenangebote bewertet wurden, womit die resultierenden Fälle nicht unabhängig voneinander sind. Die Folge sind Korrelationen der Fehlerterme und verzerrte Schätzungen der Standardfehler und Signifikanzniveaus (Hox/Kreft/Hermkens 1991). Im vorliegenden Beitrag wird dieser Mehrebenenstruktur durch *Random-Intercept*-Regressionen Rechnung getragen. Aufgrund der geringen Fallzahlen werden auch zum Zehn-Prozent-Niveau signifikante Zusammenhänge ausgewiesen.

4 Bei zusätzlicher Standardisierung nach Fach bleiben die zentralen Ergebnisse stabil.

5 So lassen etwa die Besoldungsregeln erst ab der Statusgruppe einer Professur leistungsgerechte Bezahlungen zu. Vor allem aber dürften die häufigen Teilzeitbeschäftigungen das Einkommenspotenzial falsch wiedergeben.

6 Diese setzte sich etwa aus den folgenden Items zusammen: „Eine Frau sollte bereit sein, für die Karriere ihres Partners eigene berufliche Interessen zurückzustellen"; „Alles in allem: Das Familienleben leidet darunter, wenn die Frau voll berufstätig ist".

5 Ergebnisse

Die Ergebnisse der Screening-Befragung[7] und damit eines umfangreichen, wenngleich aufgrund der Auswahlmethode nicht ganz repräsentativen Samples bestätigen die eingangs zitierten Ergebnisse aus der Literatur, nach denen eine statushohe Position für Wissenschaftlerinnen häufiger mit dem Verzicht auf eine Partnerschaft oder Familie einhergeht als für Wissenschaftler. So befinden sich zwar insgesamt zum Zeitpunkt der Befragung etwa gleich hohe Anteile von Frauen und Männern in einer Partnerschaft; wie Tabelle 1 zu entnehmen ist, geben in der Statusposition einer Professur aber signifikant geringere Anteile von Wissenschaftlerinnen an, in einer Partnerschaft zu leben (83,3 versus 92,7 %; $p < 0{,}001$). Zudem haben die befragten Wissenschaftlerinnen deutlich seltener eigene Kinder als Wissenschaftler (auch bei Kontrolle des Alters). Ebenso befinden sie sich weitaus häufiger in der Lebenssituation eines Doppelverdiener- oder Doppelkarrierepaares: Sofern eine Partnerschaft vorliegt, ist ihr Partner fast doppelt so häufig vollzeitbeschäftigt (79,9 versus 44,1 %; $p < 0{,}001$) und auch tendenziell häufiger ebenfalls in der Wissenschaft tätig (36,4 versus 33,4 %; Unterschied mit $p = 0{,}168$ nicht signifikant). Alles in allem bestätigen also auch diese Daten, dass sich Wissenschaftlerinnen immer noch häufiger zwischen Partnerschaft und Karriere entscheiden (müssen) als Wissenschaftler und sie eher der schwierigen Koordination von zwei Erwerbstätigkeiten ausgesetzt sind.

Tabelle 1: Deskriptive Merkmale (Screening-Befragung)

	Frauen (%)	Männer (%)	p-Wert[a]	N gesamt
In fester Partnerschaft lebend:				
Insgesamt	79,5	80,5	0,537	2128
Doktorandinnen/Doktoranden	82,1	73,9	0,001**	1140
Postdocs	66,3	69,9	0,465	355
(Junior-)Professuren, Privatdozenturen	83,3	92,7	0,000***	633
Eigene Kinder vorhanden	29,7	44,4	0,000***	2128
Falls Partnerschaft:				
Partner/in arbeitet auch in Wissenschaft	36,6	33,4	0,168	1704
Partner/in arbeitet Vollzeit	79,9	44,1	0,000***	1704

Anmerkungen: [a] Chi^2-Tests nach Pearson mit jeweils einem Freiheitsgrad.
*** $p < 0{,}001$; ** $p < 0{,}01$; * $p < 0{,}05$; + $p < 0{,}1$.

Im Folgenden soll untersucht werden, ob dies zu einer Einschränkung ihrer regionalen Flexibilität führt. Alleinstehende Personen in der Wissenschaft und solche in Partnerschaft, denen die Stellenangebote des Faktoriellen Survey-Moduls vorgelegt wur-

7 Grundgesamtheit „wissenschaftliches Personal mit zugänglichen E-Mail Adressen" an neun Hochschulen.

den (*mover*), werden im Folgenden immer als „Zielpersonen“ bezeichnet, um sie von den ebenfalls befragten Partnerinnen und Partnern bzw. *tied movern* zu unterscheiden. Zunächst interessiert, aus welchen Gründen die Zielpersonen den aktuellen Wohnort ausgewählt haben. Von allen Gruppen wurden eigene berufliche Gründe am weitaus häufigsten genannt (im Mittel über alle Befragten zu 62,2 %). Dies zeigt, dass generell eine hohe berufliche Mobilität besteht. Während es bei Wissenschaftlerinnen und Wissenschaftlern in Partnerschaft diesbezüglich keine Geschlechtsunterschiede gibt, fällt ein deutlicher Unterschied im Hinblick auf die Orientierung der Ortswahl an den beruflichen Interessen der Partnerin bzw. des Partners auf (siehe Tabelle 2): Wissenschaftlerinnen mit Partnerschaft nennen dieses Motiv etwa 1,5-mal so häufig wie Wissenschaftler (46,1 versus 30,9 %, $p = 0,042$). Abbildung 2 schlüsselt die Motivlage noch etwas weiter auf. Demnach bestehen die deutlichsten Geschlechtsunterschiede darin, dass Frauen sich seltener nur an den eigenen Interessen orientieren und häufiger einen Kompromiss zwischen den beidseitigen Berufsinteressen realisiert haben.

Tabelle 2: Gründe für die Wahl des aktuellen Wohnortes[a]

	Zielpersonen			
	Frauen (%)	Männer (%)	p-Wert[b]	N gesamt
Zielpersonen mit Partnerschaft				
% Eigene berufliche Gründe	71,9	71,6	0,965	170
% Berufliche Gründe der Partnerin/des Partners	46,1	30,9	0,042*	170
Partner/innen der Zielpersonen[c]				
% Eigene berufliche Gründe	64,8	42,0	0,003**	169
% Berufliche Gründe der Partnerin/des Partners	40,9	40,7	0,982	169
Alleinstehende Zielpersonen				
% Eigene berufliche Gründe	67,4	56,2	0,019*	419
% Berufliche Gründe einer früheren Partnerin/ eines früheren Partners	3,1	3,1	0,995	419

Anmerkungen: [a] Mehrfachnennung möglich. [b] Chi^2-Tests nach Pearson mit jeweils einem Freiheitsgrad . [c] Das in der Tabellenkopfzeile ausgewiesene Geschlecht bezieht sich hier auf die Zielpersonen in der Wissenschaft. *** $p < 0,001$; ** $p < 0,01$; * $p < 0,05$; + $p < 0,1$.

Die Befragungen der Partnerinnen und Partner stützen diese Ergebnisse. Partner von Wissenschaftlerinnen geben häufiger als Partnerinnen von Wissenschaftlern an, dass die Ortswahl an ihren eigenen beruflichen Interessen ausgerichtet war (64,8 versus 42,0 %, $p = 0,003$; siehe Tabelle 2). Die in den letzten Tabellenzeilen ausgewiesenen Daten zu alleinstehenden Frauen zeigen schließlich, dass sie häufiger ihren Wohnort (auch) aus beruflichen Gründen gewählt haben als Männer. Dies lässt auf eine generell etwas höhere Bereitschaft oder auch Notwendigkeit zu beruflicher Mobilität schließen.

Abbildung 2: Gründe für Wohnortwahl – Wissenschaftlerinnen und Wissenschaftler in Partnerschaft (Prozent der Nennungen)

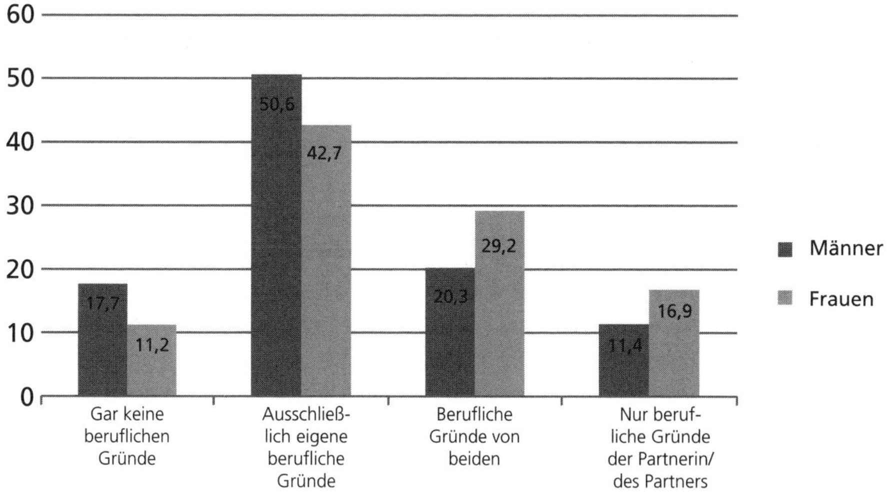

60
50
40
30
20
10
0
Männer
Frauen
17,7
11,2
50,6
42,7
20,3
29,2
11,4
16,9
Gar keine beruflichen Gründe
Ausschließlich eigene berufliche Gründe
Berufliche Gründe von beiden
Nur berufliche Gründe der Partnerin/des Partners

Anmerkung: $N = 170$ Befragte.

Allerdings vermischen sich bei diesen Mustern Effekte der Nachfrageseite, also unterschiedliche Anreize, mobil zu sein, mit den Bereitschaften oder Zwängen, diesen Anreizen zu folgen. Dies leitet zur Auswertung der fiktiven Stellenangebote über. Wie sieht die Umzugsbereitschaft aus, wenn allen die gleichen Stellenoptionen vorliegen und damit die Nachfrageseite des Arbeitsmarktes standardisiert ist? In Tabelle 3 werden zunächst die mittleren Einschätzungen der Attraktivität der vorgelegten Stellen sowie der Annahme- und Umzugswahrscheinlichkeit für die befragten Paare berichtet. Auffallend ist, dass es nur wenige und auch nur zum Zehn-Prozent-Niveau statistisch signifikante Geschlechtsunterschiede gibt. Wissenschaftlerinnen schätzen die Wahrscheinlichkeit eines gemeinsamen Umzugs etwas geringer ein als Wissenschaftler ($p = 0{,}073$). Dies ist nicht auf eine unterschiedliche Einschätzung der Attraktivität der Angebote zurückzuführen, denn diesbezüglich bestehen keine Unterschiede. Auch in der angegebenen Wahrscheinlichkeit einer Stellenannahme zeigen sich keine Geschlechtsunterschiede. Frauen sind also nicht weniger bereit, auf eigene Optionen zu verzichten, gehen aber eher davon aus, diese nur in Form eines alleinigen Umzugs realisieren zu können (was eine Trennung oder Fernbeziehung impliziert). Für die Partnerinnen und Partner zeichnet sich ein entsprechendes Muster ab: Partnerinnen von Wissenschaftlern gehen etwas eher davon aus, dass es zu einem gemeinsamen Umzug kommt, als Partner von Wissenschaftlerinnen (mit $p = 0{,}425$ nicht signifikant). Unter den Alleinstehenden bewerten Wissenschaftlerinnen die Stellen etwas attraktiver als Wissenschaftler.

Alles in allem deuten diese Ergebnisse darauf hin, dass die zuvor berichteten Geschlechtsunterschiede bei der tatsächlichen Ortswahl ganz wesentlich durch eine unterschiedliche Optionsstruktur an verfügbaren Stellen bedingt sind. Im Gegensatz zum realen Umzugsverhalten finden sich auf der Grundlage von standardisierten, konkreten Stellenangeboten für die eigene Person weitaus weniger Geschlechtsunterschiede.

Tabelle 3: Mittlere Beurteilungen der Stellenangebote (Antwortskalen von 0 = „gar nicht attraktiv" bzw. „sehr unwahrscheinlich" bis 10 = „sehr attraktiv" bzw. „sehr wahrscheinlich")

	Zielpersonen			
	Frauen Mittelw. (SD)	Männer Mittelw. (SD)	*p*-Wert[a]	*N* Stellen (Befragte)
Zielpersonen mit Partnerschaft[b]				
Attraktivität der Stelle	4,94 (3,39)	4,88 (3,45)	0,920	1681 (169)
Wahrscheinlichkeit der Stellenannahme	4,75 (3,36)	4,69 (3,40)	0,933	1680 (169)
Wahrscheinlichkeit gemeinsamer Umzug	4,06 (3,48)	4,82 (3,85)	0,073+	1680 (169)
Partner/innen der Zielpersonen[c]				
Wahrscheinlichkeit gemeinsamer Umzug	4,59 (3,38)	4,96 (3,56)	0,425	1626 (164)
Alleinstehende Zielpersonen				
Attraktivität der Stelle	5,32 (3,41)	4,96 (3,22)	0,077+	4128 (418)
Wahrscheinlichkeit der Stellenannahme	5,12 (3,60)	4,91 (3,35)	0,337	4123 (418)

[a] Signifikanzwerte des Geschlechtsunterschieds aus Random-Intercept-Regressionen. [b] Das in der Tabellenkopfzeile ausgewiesene Geschlecht bezieht sich hier auf die Zielpersonen in der Wissenschaft.
*** $p < 0,001$; ** $p < 0,01$; * $p < 0,05$; + $p < 0,1$.

Indessen zeigen sich auch bei standardisierten Stellenangeboten noch Unterschiede in der gemeinsamen Umzugswahrscheinlichkeit. Die Ursachen dafür sollen abschließend in verschiedenen Regressionen analysiert werden, die mit den theoretischen Modellen aus Abschnitt 2 korrespondieren (siehe Tabelle 4). Analysiert wird jeweils die Einschätzung eines gemeinsamen Haushaltsumzugs durch 159 Zielpersonen, für die gültige Angaben zu allen erklärenden Variablen vorliegen.[8] Im Grundmodell repliziert sich auch unter Kontrolle des wissenschaftlichen Status, der Fachrichtung und des Alters der Geschlechtseffekt aus Tabelle 3: Frauen geben tendenziell eine geringere Umzugswahrscheinlichkeit an. Zugleich zeigt sich, dass die Mobilitätsbereitschaft stark vom wissenschaftlichen Status beeinflusst wird: Als umzugsbereit erweisen sich insbesondere Doktorandinnen und Doktoranden ohne Mitarbeiterstelle (Referenzgruppe) und Personen kurz vor Erreichen einer vollen Professur (Privatdozenturen, Juniorprofessuren), während Befragte mit Professur besonders immobil sind (starker negativer Effekt). Dies legt nahe, dass die Partnerschaftskonstellation bedeutsam ist: Personen, deren Partnerin/ Partner eine Professur innehat, dürften besonders große Schwierigkeiten haben, einen

8 Aufgrund des experimentellen Designs sind Stellen- und Befragtenmerkmale nicht korreliert, daher brauchen Befragtenmerkmale nicht unbedingt als Kovariaten berücksichtigt zu werden.

Tabelle 4: Random-Intercept-Regressionen der gemeinsamen Umzugswahrscheinlichkeit (nur befragte Zielpersonen in der Wissenschaft mit Partnerschaft, Koeffizienten und in Klammern Standardfehler)

	I	II	III	IV	V
	Grundmodell	Humankapital	Haushaltsökon./ Verhandlungst.	Geschlechts-rollen	Gesamtmodell
Wissenschaftlerin (1 = ja)	-0,782+ (0,406)	-0,883* (0,404)	-0,682 (0,462)	0,766 (1,213)	0,401 (1,233)
Status (Ref.: Externe Dokt.)					
Doktorand/in bzw. Wiss. Mitarb.	-1,474* (0,699)	-1,543** (0,691)	-1,369+ (0,703)	-1,489* (0,699)	-1,463* (0,700)
Postdoc	-1,640* (0,716)	-1,719* (0,708)	-1,691* (0,725)	-1,545* (0,717)	-1,758* (0,712)
Privatdoz./Juniorprof.[a]	0,981 (0,974)	0,802 (0,965)	0,737 (0,981)	0,748 (0,974)	0,534 (0,976)
Professur	-2,545* (1,035)	-1,830 (1,116)	-2,134+ (1,152)	-2,631* (1,034)	-2,069+ (1,122)
Anzahl Publikationen (Ref.: Unterd.)					
Durchschnittlich		-0,714 (0,469)			-0,755 (0,469)
Überdurchschnittlich		-0,870+ (0,489)			-0,992* (0,498)
Unbefr. Stelle (1 = ja)		-1,483+ (0,772)	-1,110 (0,778)		-1,403+ (0,769)
Partner/in hat unbefr. Stelle (1 = ja)			-0,218 (0,451)		
Altersabstand (Ref.: max. 2 Jahre)					
Partner/in ist mind. 3 Jahre jünger			0,543 (0,506)		0,562 (0,518)
Partner/in ist mind. 3 Jahre älter			1,131+ (0,624)		1,059+ (0,637)
Verheiratet (1 = ja)			0,790 (0,523)	0,888* (0,525)	
Kinder (1 = ja)			-0,620 (0,500)	-0,672 (0,505)	
Traditionelle Rolleneinst.[b]				0,139 (0,398)	-0,00792 (0,404)
Wissenschaftlerin X Trad. Rolleneinst.				-0,815 (0,563)	-0,650 (0,568)
Konstante	5,916*** (0,791)	6,702*** (0,845)	5,730*** (0,928)	5,351*** (1,205)	6,374*** (1,171)
Beobachtungen	1581	1581	1581	1581	1581
Paare	159	159	159	159	159
R^2 *between*	0,279	0,312	0,327	0,307	0,344

Anmerkungen: Jeweils zusätzliche Kontrolle für die Fachrichtung und das Alter. [a] Auch Titular-, Vertretungs- und Gastprofessuren. [b] Additiver Index, siehe Abschnitt 4.
*** $p < 0{,}001$; ** $p < 0{,}01$; * $p < 0{,}05$; + $p < 0{,}1$.

gemeinsamen Umzug durchzusetzen. Bevor die Partnerschaftsstruktur analysiert wird, soll zunächst ein Blick auf Effekte der Humankapitalausstattung geworfen werden (Modell 2). Personen mit überdurchschnittlich hohem Publikationsoutput erweisen sich als weniger mobil. Dieser überraschende Effekt ist möglicherweise damit zu erklären, dass Wissenschaftlerinnen und Wissenschaftler mit besonders produktiven Arbeitsbedingungen weniger umzugsbereit sind. Erwartungsgemäß sind Personen mit unbefristeter Stelle weniger zu einem gemeinsamen Umzug bereit. Unter Kontrolle dieser individuellen Karrieremerkmale geben Frauen immer noch eine geringere Umzugswahrscheinlichkeit an, der Geschlechtseffekt verstärkt sich sogar leicht.

Ob dies durch den Partnerschaftskontext bedingt ist, wird in Modell III durch Einbezug von solchen Variablen betrachtet, die zusätzlich die Konstellation der beiden Karrieren messen. Wie wirkt sich eine unbefristete Beschäftigung der Partnerin/des Partners aus? Der Effekt ist wie erwartet negativ, erreicht aber kein signifikantes Niveau. Ein deutlicher Effekt zeigt sich allerdings für den Altersabstand, der wie erläutert als Proxy für den Karriereabstand herangezogen wird: Personen mit Altersvorsprung – das sind in unserem Sample zu 92 % die männlichen Partner – gehen eher davon aus, dass sie einen beruflichen Haushaltsumzug initiieren werden. Unter Einbezug dieses aus Sicht der Haushaltsökonomie wie Verhandlungstheorie gleichermaßen relevanten Aspekts ist der Geschlechtseffekt nicht mehr signifikant. Weiter ist zu beobachten, dass eine Ehe die vermutete Wahrscheinlichkeit eines gemeinsamen Umzugs erhöht, allerdings ohne dass ein signifikantes Niveau erreicht wird. Kinder erweisen sich eher als bremsend.

Eine alternative Erklärung für die Priorität männlicher Berufsoptionen bieten Geschlechtsrollentheorien (Modell IV). Interessant ist dort vor allem die Interaktion zwischen „Wissenschaftlerin" und traditionellen Rolleneinstellungen. Der Effekt ist negativ, und mit Kontrolle dieser Interaktion ist der Haupteffekt des Geschlechts nicht mehr signifikant. Dies bedeutet, dass – theoriekonform – lediglich traditionell orientierte Personen Umzüge als wahrscheinlicher ansehen, wenn diese zugunsten männlicher (und nicht weiblicher) Berufsoptionen erfolgen. Allerdings verfehlt der Effekt ein statistisch signifikantes Niveau. Dass die Rolleneinstellungen gleichwohl bedeutsam sind, wird an der gegenüber dem Grundmodell erhöhten Varianzaufklärung deutlich (siehe die Werte für R^2 *between* am Tabellenende; diese Werte messen, welcher Anteil der Urteilsvarianz *zwischen* den Befragten durch die jeweiligen Modelle aufgeklärt wird).

Schließlich wird noch ein Gesamtmodell geschätzt, in das alle Variablen einfließen, die sich bislang als bedeutsam erwiesen haben. Von den über Theorien zur Karriereabstimmung motivierten Variablen erweist sich lediglich der Altersabstand als signifikant. Vorausgesetzt, dass dieser tatsächlich den Karriereabstand misst, ist also vor allem die Karrierekonstellation im Haushalt bedeutsam. Bei höheren Fallzahlen dürfte dann vermutlich auch die immer noch mit einem deutlichen negativen Effekt versehene Interaktion von Rolleneinstellungen und Geschlecht ein signifikantes Niveau erreichen, womit ein Ineinandergreifen aller theoretischen Ansätze zu beobachten wäre. Nach unseren Daten bestätigen sich jedenfalls vor allem die geschlechtsneutralen Modelle (Haushaltsökonomie und Verhandlungstheorie), ohne dass eine klare Trennung der beiden Ansätze möglich wäre.

6 Diskussion und Schlussfolgerungen

Die vorliegende Untersuchung zielte darauf ab, mögliche Ursachen für geschlechtsspezifische Karrieremuster im Wissenschaftssystem aufzudecken. Die Studie zur räumlichen Koordination von Doppelkarrieren zeichnet sich dabei durch die Perspektive auf wechselseitig verschränkte Karrieren aus – mit der Möglichkeit, die Situation und Einschätzungen von alleinlebenden Wissenschaftlerinnen und Wissenschaftlern als Kontrastfolie heranzuziehen.

Die Verteilung der tatsächlichen Paarkonstellationen deutet zunächst darauf hin, dass Partnerschaften für die befragten Wissenschaftlerinnen stärker als Bremsen von Karrieren wirken. Gleichwohl bestehen bei der Einschätzung, wie interessant die präsentierten Jobangebote sind, zwischen den Geschlechtern keine großen Unterschiede.

Die plausibelste Erklärung für diese gegenläufigen Ergebnisse ist sicher, dass die standardisierten, hypothetischen Jobangebote und die tatsächlichen Jobangebote, über die man im Laufe einer Karriere entscheiden muss, bei Wissenschaftlerinnen deutlicher auseinanderfallen als bei Wissenschaftlern. Wie erwähnt, gibt es gewichtige Gründe für geschlechtsspezifische Unterschiede in der Nachfrageseite (etwa Diskriminierung), die dazu beitragen könnten, dass trotz der hier gefundenen geringeren Unterschiede in der beruflichen Mobilitätsbereitschaft die bekannten Ungleichheiten im tatsächlichen Karrierestand zu verzeichnen sind.[9] Die Vignettenstudie blendet nicht nur diese Marktstruktur (Opportunitätsstruktur) aus, sondern auch den Suchprozess und seine möglichen geschlechtsspezifischen Varianten. Für das vorliegende Forschungsziel liegt in dieser Ausblendung unzweifelhaft ein analytischer Gewinn. Für die Aufklärung ungleicher Karrierechancen verdienen diese Mechanismen gleichwohl große Aufmerksamkeit, darauf deuten nicht zuletzt auch unsere Ergebnisse hin.

Selbst wenn Wissenschaftlerinnen und Wissenschaftlern die gleichen Stellen angeboten wurden, zeigten sich noch Geschlechtsunterschiede in der Mobilitätsbereitschaft. Diese blieben auch bei Kontrolle der Humankapitalausstattung (Stellenbefristungen, Publikationsoutput) sichtbar, und ihre Ursachen ließen sich erst mit Einbezug von Merkmalen der Haushaltskonstellation aufklären. Somit wird die zentrale These dieses Beitrags gestützt, dass die Rahmung des Entscheidungsverhaltens durch Partnerschaften und Familien für geschlechtsspezifische Karrierechancen relevant ist. Beim Blick auf die genaueren Mechanismen erwies sich vor allem der – über den Altersabstand angenäherte – männliche Karrierevorsprung als erklärungsrelevant. Das ist konform mit gleich zwei Erklärungsansätzen: Weiter vorangeschrittene Karrieren versprechen dem Paar eine sichere Einkommensquelle (neue Haushaltsökonomie) und/oder sie spiegeln eine größere Unabhängigkeit von der Beziehung und damit Verhandlungsmacht wider

9 Kritisch lässt sich anmerken, dass im Faktoriellen Survey lediglich hypothetische Entscheidungen gemessen werden konnten. Allerdings gibt es gute theoretische und empirische Gründe anzunehmen, dass sich hypothetische und tatsächliche Umzugsentscheidungen stark ähneln (Nisic/Auspurg 2009). Die Studie, die den hier vorgenommenen Datenauswertungen zugrunde liegt, ist als prospektives Panel angelegt und wird somit in naher Zukunft Auskunft darüber geben, wie belastbar die Analysen zu hypothetischen Jobangeboten sind.

(Verhandlungstheorie). Die empirische Trennung dieser beiden Ansätze bleibt der künftigen Forschung überlassen, das Faktorielle Survey-Modul bietet auch hierfür interessante Ansatzpunkte (Auspurg/Hinz/Amorelli 2010).[10]

Daneben fanden sich auch Anzeichen für einen Einfluss von Geschlechtsnormen. Nur für Wissenschaftlerinnen wirken sich tendenziell traditionelle Rolleneinstellungen als mobilitäts- und damit karrierehemmend aus. Bremsend wirken hier vermutlich weniger die gemessenen Einstellungen *per se*, sondern das Dilemma für Wissenschaftlerinnen, gleich mehrere Bereiche simultan zu bearbeiten. Zwei Skriptbündel sind miteinander verzahnt und führen letztlich dazu, dass bei Wissenschaftlerinnen das oft beobachtete *cooling out* auftritt (Kahlert 2011). Zum einen sind es die wahrgenommenen Erwartungserwartungen zu den Verantwortlichkeiten für Familien- und Kinderarbeit, mit denen sich Frauen weitaus mehr auseinandersetzen (müssen) als Männer. Die antizipierten und tatsächlichen Auswirkungen von Familienbildung auf Karrieren sind bei Frauen gravierender als bei Männern, wie etwa Findeisen (2011) argumentiert. Zum anderen verlangt ein zweites Skript, eine wissenschaftliche Laufbahn mit bestimmten Stationen und Mobilitätsnachweisen in stark normierter Zeit zu durchlaufen, sodass eine erfolgreiche Koordination von Familienskript und Laufbahnskript unwahrscheinlich erscheint. Übrigens umso mehr, als mit dem „Exzellenzskript" auch in der individuellen Laufbahn herausragende Leistungen zu erbringen sind.

Kommt in dieser Situation noch der Abstimmungsbedarf mit einem Partner hinzu, wird aus dem systembedingten *cooling out* ein vermeintliches *opting out*. Für die in der Wissenschaftslandschaft verbreitete Bemühung, Doppelkarrieren im Sinne der Gleichstellung zu fördern (für einen Überblick Melzer 2010), heißt dies, dass ein Effekt in der gewünschten Weise nur dann erreichbar ist, wenn konsequent Möglichkeiten vorhanden sind, Karriere und Familienleben zu verbinden, und wirklich attraktive Angebote für mitziehende Partner bestehen (Auspurg/Hinz 2011). Alles in allem sprechen unsere Analysen jedenfalls dafür, dass die gewünschte hohe regionale Flexibilität für Wissenschaftlerinnen immer noch mit vergleichsweise hohen Hürden verbunden ist.

Literaturverzeichnis

Abraham, Martin; Auspurg, Katrin & Hinz, Thomas. (2010). Migration Decisions Within Dual-Earner Partnerships: A Test of Bargaining Theory. *Journal of Marriage and Family, 72*(2), 876–892.

Ackers, Louise. (2004). Managing Relationships in Peripatetic Careers: Scientific Mobility in the European Union. *Women's Studies International Forum, 27*(3), 189–201.

Amorelli, Eva; Auspurg, Katrin & Hinz, Thomas. (2012). *Räumliche und institutionelle Koordination von Doppelkarrieren* [Forschungsbericht]. Konstanz: Universität Konstanz.

10 Zugleich wäre es interessant, künftig einmal gezielt Paare mit einem Altersvorsprung der Partnerin zu beobachten. In unserer Stichprobe war das Geschlecht wie in anderen Untersuchungen (Rusconi/Solga 2007) stark mit dem Alters-, damit Karrierevorsprung korreliert.

Auspurg, Katrin & Hinz, Thomas. (2008). Wer beruft Professorinnen? Eine geschlechtsspezifische Analyse der Berufungsverfahren an der Universität Konstanz. *Forschung & Lehre, 6*, 378–381.
Auspurg, Katrin & Hinz, Thomas. (2011). *Unintended Consequences of Supporting Dual Career Couples* [ASA Meeting 2011, Las Vegas].
Auspurg, Katrin; Hinz, Thomas & Amorelli, Eva. (2010). Räumliche und institutionelle Koordination von Doppelkarrieren in der Wissenschaft – eine Forschungsskizze. In Julika Funk, Elke Gramespacher & Iris Rothäusler (Hrsg.), *Dual Career Couples an Hochschulen. Zwischen Wissenschaft, Praxis und Theorie.* (S. 54–74). Opladen: Barbara Budrich.
Auspurg, Katrin & Schönholzer, Thess. (2013). An Heim und Herd gebunden? Zum Einfluss von Pendelstrecken auf geschlechtsspezifische Lohnunterschiede. *Zeitschrift für Soziologie, 42*(2), 138–156.
Bathmann, Nina; Müller, Dagmar & Cornelißen, Waltraud. (2011). Karriere, Kinder, Krisen. Warum Karrieren von Frauen in Paarbeziehungen scheitern oder gelingen. In Waltraud Cornelißen, Alessandra Rusconi & Ruth Becker (Hrsg.), *Berufliche Karrieren von Frauen. Hürdenläufe in Partnerschaft und Arbeitswelt* (S. 105–150). Wiesbaden: VS Verlag.
Becker, Penny E. & Moen, Phyllis. (1999). Scaling Back: Dual-Earner Couples' Work-Family Strategies. *Journal of Marriage and Family, 61*(4), 995–1007.
Becker, Ruth; Hilf, Ellen; Lien, Shih-cheng; Köhler, Kerstin; Meschkutat, Bärbel; Reuschke, Darja & Tippel, Cornelia. (2011). Bleiben oder gehen? Räumliche Mobilität in verschiedenen Lebensformen und Arbeitswelten. In Waltraud Cornelißen, Alessandra Rusconi & Ruth Becker (Hrsg.), *Berufliche Karrieren von Frauen. Hürdenläufe in Partnerschaft und Arbeitswelt* (S. 21–63). Wiesbaden: VS Verlag.
Behnke, Cornelia & Meuser, Michael. (2003). Vereinbarkeitsmanagement. Die Herstellung von Gemeinschaft bei Doppelkarrierepaaren. *Soziale Welt, 54*(2), 163–174.
Bergmann, Barbara R. (1974). Occupational Segregation, Wages and Profits When Employers Discriminate by Race or Sex. *Eastern Economic Journal, 1*(2), 103–110.
Bielby, William T. & Bielby, Denise D. (1992). I Will Follow Him: Family Ties, Gender-Role Beliefs, and Reluctance to Relocate for a Better Job. *American Journal of Sociology, 97*(5), 1241–1267.
Blood, Robert O. & Wolfe, Donald M. (1960). *Husbands & Wives. The Dynamics of Married Living.* Glencoe: Free Press.
Cooke, Thomas J. (2003). Family Migration and the Relative Earnings of Husbands and Wives. *Annals of the Association of American Geographers, 93*(2), 338–349.
Cornelißen, Waltraud; Rusconi, Alessandra & Becker, Ruth. (2011). *Berufliche Karrieren von Frauen. Hürdenläufe in Partnerschaft und Arbeitswelt.* Wiesbaden: VS Verlag.
Dettmer, Susanne. (2006). *Berufliche und private Lebensgestaltung in Paarbeziehungen – Zum Spannungsfeld von individuellen und gemeinsamen Zielen* (Dissertation). Berlin.
Fenstermaker, Sarah. (2002). Work and gender. In Sarah Fenstermaker & Candace West (Hrsg.), *Doing Gender, Doing Differences: Inequality, Power, and Institutional Change* (S. 105–114). New York: Routledge.
Findeisen, Ina. (2011). *Hürdenlauf zur Exzellenz. Karrierestufen junger Wissenschaftlerinnen und Wissenschaftler.* Wiesbaden: VS Verlag.
Geenen, Elke M. (1994). *Blockierte Karrieren. Frauen in der Hochschule.* Opladen: Leske + Budrich.
Hinz, Thomas; Findeisen, Ina & Auspurg, Katrin. (2008). *Wissenschaftlerinnen in der DFG. Förderprogramme, Förderchancen und Funktionen (1991–2004).* Bonn: Wiley.
Hook, Jennifer L. & Chalasani, Satvika. (2008). Gendered Expectations? Reconsidering Single Fathers' Child-Care Time. *Journal of Marriage and Family, 70*(4), 978–990.
Hox, Joop; Kreft, Ita & Hermkens, Piet. (1991). The Analysis of Factorial Surveys. *Sociological Methods & Research, 19*(4), 493–510.

Jöns, Heike. (2011). Transnational Academic Mobility and Gender. *Globalisation, Societies and Education, 9*(2), 183–209.

Jürges, Hendrik. (2006). Gender Ideology, Division of Housework, and the Geographic Mobility of Families. *Review of Economics of the Household, 4*(4), 299–323.

Kahlert, Heike. (2011). *Wissenschaftliche Nachwuchskarrieren zwischen Auf- und Ausstieg.* Opladen: Barbara Budrich.

Kalter, Frank. (1997). *Wohnortwechsel in Deutschland. Ein Beitrag zur Migrationstheorie und zur empirischen Anwendung von Rational-Choice-Modellen.* Opladen: Westdeutscher Verlag.

Kirchmeyer, Catherine. (2006). The Different Effects of Family on Objective Career Success across Gender. A Test of Alternative Explanations. *Journal of Vocational Behavior, 68*(2), 323–346.

Krampen, Günter. (1979). Eine Skala zur Messung der normativen Geschlechtsrollen-Orientierung (GRO-Skala). *Zeitschrift für Soziologie, 8*(3), 254–266.

Krimmer, Holger; Stallmann, Freya; Behr, Markus & Zimmer, Anette. (2003). *Karrierewege von ProfessorInnen an Hochschulen in Deutschland. Projekt Wissenschaftskarriere.* Münster: Institut für Politikwissenschaft.

Kulis, Stephen & Sicotte, Diane. (2002). Women Scientists in Academia. Geographically Constrained to Big Cities, College Clusters, or the Coasts? *Research in Higher Education, 43*(1), 1–30.

Ledin, Anna; Bornmann, Lutz; Gannon, Frank & Wallon, Gerlind. (2007). A Persistent Problem. Traditional Gender Roles Hold Back Female Scientists. *EMBRO Reports, 8*(11), 982–987.

Leemann, Regula J. (2010). Gender Inequalities in Transnational Academic Mobility and the Ideal Type of Academic Entrepreneur. *Discourse: Studies in the Cultural Politics of Education, 31*(5), 609–625.

Leyman, Anik. (2009). Home Sweet Home? International Mobility Among Flemish Doctoral Researchers. In Agnieszka Klucznik-Töro, Andrea Csépe & Dorota Kwiatkowska-Ciotucha (Hrsg.), *Higher Education, Partnership, Innovation* (S. 67–74). Budapest: Publikon Publisher.

Lind, Inken. (2004). *Aufstieg oder Ausstieg? Karrierewege von Wissenschaftlerinnen. Ein Forschungsüberblick* (CEWS-Beiträge Frauen in Wissenschaft und Forschung No. 2). Bielefeld: Kleinen.

Lundberg, Shelly & Pollack, Robert A. (2003). Efficiency in Marriage. *Review of Economics of the Household, 1*(3), 153–167.

Manser, Marilyn & Brown, Murray. (1980). Marriage and Household Decision-Making: A Bargaining Analysis. *International Economic Review, 21*(1), 31–44.

Marwell, Gerald; Rosenfeld, Rachel & Spilerman, Seymour. (1979). Geographic Constraints on Women's Careers in Academia. *Science, 205*(4412), 1225–1231.

Melzer, Kerstin. (2010). Die Dual Career Landschaft in der Bundesrepublik. In Elke Gramespacher, Julika Funk & Iris Rothäusler (Hrsg.), *Dual Career Couples an Hochschulen. Zwischen Wissenschaft, Praxis und Politik* (S. 149-159). Opladen: Barbara Budrich.

Mincer, Jacob. (1978). Family Migration Decisions. *Journal of Political Economy, 86*(5), 749–773.

Nisic, Natascha. (2010). Mitgegangen – mitgefangen? Die Folgen von Haushaltsumzügen für die Einkommenssituation von Frauen in Partnerschaften. *Kölner Zeitschrift für Soziologie und Sozialpsychologie, 62*(3), 515–549.

Nisic, Natascha & Auspurg, Katrin. (2009). Faktorieller Survey und klassische Bevölkerungsumfragen im Vergleich – Validität, Grenzen und Möglichkeiten beider Ansätze. In Peter Kriwy & Christiane Gross (Hrsg.), *Klein aber fein! Quantitative empirische Sozialforschung mit kleinen Fallzahlen* (S. 211–235). Wiesbaden: VS Verlag.

Ott, Notburga. (1992). *Intrafamily Bargaining and Household Decisions.* Berlin, New York: Springer.

Romanin, Susanne & Over, Ray. (1993). Australian Academics: Career Patterns, Work Roles, and Family Life-Cycle Commitments of Men and Women. *Higher Education, 26*(4), 411–429.

Rosenfeld, Rachel A. & Jones, Jo Ann. (1987). Patterns and Effects of Geographic Mobility for Academic Women and Men. *The Journal of Higher Education, 58*(5), 493–515.

Rusconi, Alessandra. (2002a). *Academic Dual-Career Couples in the U.S. Review of the North American Social Research* (Arbeitsbericht der Arbeitsgruppe „Wissenschaftspolitik" der Jungen Akademie). Berlin. Zugriff am 3. April 2013 unter www.wzb.eu/sites/default/files/%2Bwzb/bal/aam/rusconi_ja_usresearch.pdf.

Rusconi, Alessandra. (2002b). *„Dual Careers" – Insights from Social Research in Western Europe and Germany* (Arbeitsbericht der Arbeitsgruppe „Wissenschaftspolitik" der Jungen Akademie). Berlin. Zugriff am 3. April 2013 unter www.wzb.eu/sites/default/files/%2Bwzb/bal/aam/rusconi_ja_europeresearch.pdf.

Rusconi, Alessandra. (2012). Zusammen an die Spitze? Der Einfluss der Arbeitsbedingungen im Paar auf die Verwirklichung von Doppelkarrieren. In Sandra Beaufays, Anita Engels & Heike Kahlert (Hrsg.), *Einfach Spitze? Neue Geschlechterperspektiven auf Karrieren in der Wissenschaft* (S. 257–279). Frankfurt/M.: Campus.

Rusconi, Alessandra & Solga, Heike. (2007). Determinants of and Obstacles to Dual Careers in Germany. *Zeitschrift für Familienforschung, 19*(3), 311–334.

Rusconi, Alessandra & Solga, Heike. (2008a). *A Systematic Reflection upon Dual Career Couples* (WZB Discussion Paper SP I 2008-505). Zugriff am 3. April 2013 unter http://bibliothek.wzb.eu/pdf/2008/i08-505.pdf.

Rusconi, Alessandra & Solga, Heike. (2008b). Herausforderung Doppelkarriere. Auch in Akademikerpaaren steckt die Frau beruflich zurück. *WZB Mitteilungen* (119), 15–18.

Rusconi, Alessandra & Solga, Heike. (Hrsg.). (2011). *Gemeinsam Karriere machen. Die Verflechtung von Berufskarrieren und Familie in Akademikerpartnerschaften.* Opladen: Barbara Budrich.

Schulz, Florian & Blossfeld, Hans-Peter. (2006). Wie verändert sich die häusliche Arbeitsteilung im Eheverlauf? Eine Längsschnittstudie der ersten 14 Ehejahre in Westdeutschland. *Kölner Zeitschrift für Soziologie und Sozialpsychologie, 58*(1), 23–49.

Shauman, Kimberlee A. (2010). Gender Asymmetry in Family Migration: Occupational Inequality or Interspousal Comparative Advantage? *Journal of Marriage and Family, 72*(2), 375–392.

Shauman, Kimberlee A. & Noonan, Mary C. (2007). Family Migration and Labor Force Outcomes. *Social Forces, 85*(4), 1735–1764.

Shauman, Kimberlee A. & Xie, Yu. (1996). Geographic Mobility of Scientists: Sex Differences and Family Constraints. *Demography, 33*(4), 455–468.

Sjaastad, Larry A. (1962). The Costs and Returns of Human Migration. *Journal of Political Economy, 70*(5), 80–93.

Solga, Heike; Rusconi, Alessandra & Krüger, Helga. (2005). Gibt der ältere Partner den Ton an? In Heike Solga & Christine Wimbauer (Hrsg.), *„Wenn zwei das Gleiche tun ...": Ideal und Realität sozialer (Un-)Gleichheit in Dual Career Couples* (S. 27–52). Opladen: Barbara *Budrich.*

Solga, Heike & Wimbauer, Christine. (2005). „Wenn zwei das Gleiche tun ...": Ideal und Realität sozialer (Un-)Gleichheit in Dual Career Couples. Eine Einleitung. In Heike Solga & Christine Wimbauer (Hrsg.), *„Wenn zwei das Gleiche tun ...": Ideal und Realtität sozialer (Un-)Gleichheit in Dual Careeer Couples* (S. 9–26). Opladen: Barbara Budrich.

Spitze, Glenna. (1984). The Effect of Family Migration on Wives' Employment: How Long Does It Last? *Social Science Quarterly, 65*(1), 21–36.

Statistisches Bundesamt. (2013). *Frauenanteile akademische Laufbahn.* Zugriff am 3. April 2013 unter www.destatis.de/DE/ZahlenFakten/GesellschaftStaat/BildungForschungKultur/Hochschulen/Tabellen/FrauenanteileAkademischeLaufbahn.html.

Thibaut, John W. & Kelley, Harold H. (1959). *The Social Psychology of Groups*. New York: John Wiley & Sons.
Timmermans, Harry; Borgers, Aloys; van Dijk, Joan & Oppewal, Harmen. (1992). Residential Choice Behaviour of Dual Earner Households: A Decompositional Joint Choice Model. *Environment and Planning, 24*(4), 517–533.
Walther, Kathrin & Lukoschat, Helga. (2008). *Kinder und Karrieren: Die neuen Paare. Eine Studie der EAF im Auftrag der Bertelsmann-Stiftung*. Gütersloh: Verlag Bertelsmann Stiftung.
Wennerås, Christine & Wold, Agnes. (1997). Nepotism and Sexism in Peer-Review. *Nature, 387*, 341–343.
West, Candace & Zimmerman, Don H. (1987). Doing Gender. *Gender & Society 1*(2), 125–151.

Zu den Personen

Katrin Auspurg, Dr., geb. 1974. Wissenschaftliche Mitarbeiterin am Arbeitsbereich für empirische Sozialforschung, Universität Konstanz. Arbeitsschwerpunkte: Methoden der empirischen Sozialforschung, Soziale Ungleichheit, Familien- und Bildungssoziologie.
Kontakt: Universität Konstanz, Fach 40, 78457 Konstanz
E-Mail: katrin.auspurg@uni-konstanz.de

Thomas Hinz, Prof. Dr., geb. 1962. Professur für empirische Sozialforschung an der Universität Konstanz. Arbeitsschwerpunkte: Methoden der empirischen Sozialforschung, Arbeitsmarktsoziologie, Wirtschaftssoziologie, Wissenschaftssoziologie.
Kontakt: Universität Konstanz, Fach 40, 78457 Konstanz
E-Mail: thomas.hinz@uni-konstanz.de

Eva Amorelli, M.A., geb. 1981. Wissenschaftliche Mitarbeiterin am Arbeitsbereich für empirische Sozialforschung, Universität Konstanz. Arbeitsschwerpunkte: Doppelkarrieren, Familiensoziologie.
Kontakt: Universität Konstanz, Fach 40, 78457 Konstanz
E-Mail: eva.amorelli@uni-konstanz.de

Heike Trappe

Väter mit Elterngeldbezug: zur Relevanz sozialstruktureller und ökonomischer Charakteristika im Partnerschaftskontext[1]

Zusammenfassung

Mit der seit dem Jahr 2007 in Deutschland geltenden Neuregelung von Elterngeld und Elternzeit sollte neben anderen Zielen eine stärkere Einbeziehung von Vätern in die Betreuung ihrer Kinder erreicht werden. Untersucht wird die Inanspruchnahme des Elterngeldes durch Väter unter Berücksichtigung eigener und auf die Partnerin bezogener sozialstruktureller Merkmale und ökonomischer Ressourcen. Auf der Basis des Datensatzes „Junge Familien 2008" (Rheinisch-Westfälisches Institut für Wirtschaftsforschung) werden die Determinanten eines Partnerantrags analysiert. Auf der Grundlage von durch die Elterngeldstellen erhobenen Daten für zwei ausgewählte norddeutsche Bundesländer wird der Frage nachgegangen, wodurch sich die Väter voneinander unterscheiden, welche für maximal zwei Monate oder einen längeren Zeitraum Elterngeld beanspruchen. Die Ergebnisse der empirischen Analysen belegen, dass ökonomische Abwägungen innerhalb der Partnerschaft von erheblicher Bedeutung für die Entscheidung zum Elterngeldbezug des Vaters und dessen Dauer sind.

Schlüsselwörter
Elterngeld, Väterbeteiligung, Partnermonate, regionale Unterschiede

Summary

Fathers who claim parental allowance: On the relevance of social and economic characteristics of couples

The reform of parental leave and parental allowance which was introduced in Germany in 2007 aimed, among other things, at increasing fathers' take up of parental leave. This article investigates fathers' take up of parental allowance in the context of the couple's social characteristics and economic resources. Based on survey data (Young Families 2008, Rheinisch-Westfälisches Institut für Wirtschaftsforschung) the determinants of fathers taking parental leave will be analyzed. The second research question focuses on the driving forces behind men's decisions to take more time off than the 'daddy quota'. Here the analysis is based on register data for two federal states in northern Germany. Empirical results confirm that economic considerations within the couple are of major importance for men's decisions to claim the parental allowance and for how long.

Keywords
parental allowance reform, fathers' take up, daddy quota, regional variation

1 Einleitung

Zu Beginn des Jahres 2007 wurde in Deutschland die bislang existierende Regelung zu Erziehungsgeld und Elternzeit durch eine Neuregelung von Elterngeld und Elternzeit abgelöst (Bundeselterngeld- und Elternzeitgesetz vom 5. Dezember 2006). Damit sollte

1 Mein ausdrücklicher Dank gilt Manuela Schicka (Dokotorandin im Programm NCCR Lives, Universität Genf), die entscheidend an der Aufbereitung der Daten und an vorläufigen Analysen beteiligt war.

nicht nur eine rhetorische Wende eingeleitet werden. Neben anderen Zielen stand auch eine stärkere Einbeziehung von Vätern in die Betreuung ihrer Kinder auf der politischen Agenda. Der Kern der Neuregelung war die Umstellung von einer pauschalen Transfer- auf eine Lohnersatzleistung.

Insgesamt ging es dabei um drei Ziele. Erstens sollte durch die Anknüpfung an das vorherige Erwerbseinkommen ein sogenannter ökonomischer Achterbahneffekt im Anschluss an die Geburt eines Kindes vermieden werden. Dieser resultierte häufig aus der Reduzierung der Erwerbsbeteiligung. Damit ging gleichzeitig die vor allem an Frauen adressierte Forderung zur Aufrechterhaltung ihrer ökonomischen Selbstständigkeit einher: Durch eine Verkürzung der Bezugsdauer finanzieller Leistungen sollte eine Reduzierung der Dauer von Erwerbsunterbrechungen erreicht werden. Zweitens verband sich mit der Elterngeldreform die vage Hoffnung auf die Erhöhung der Geburtenrate, da mit der unterstellten besseren finanziellen Absicherung im Anschluss an die Geburt weniger Gründe für den fortwährenden Aufschub von Geburten in ein höheres Lebensalter bestehen sollten. Drittens ging es explizit um eine stärkere Einbeziehung von Vätern in die Betreuung ihrer Kinder während der ersten Lebensmonate und zwar durch die mögliche Aufstockung der Bezugsdauer des Elterngeldes von zwölf auf vierzehn Monate bei Inanspruchnahme der sogenannten Partner- oder Vätermonate.

Seit der Neuregelung von Elterngeld und Elternzeit vor mehr als sechs Jahren ist um die Wirksamkeit dieser Maßnahme und die Erreichung der skizzierten Ziele sowohl in den Medien als auch in den Sozialwissenschaften eine anhaltende und kontroverse Debatte entstanden (z. B. Bode/Neubacher 2010; Henninger/Wimbauer/Dombrowski 2008a; Wiechmann/Oppen 2008). Seitens der Sozialwissenschaften wurden frühzeitig unrealistische Erwartungen gedämpft und es wurde darauf hingewiesen, dass das Elterngeld nur „ein Teil in einem großen Puzzle ist“ (Neyer 2006: 3), dessen isolierte Betrachtung zu Fehlschlüssen führen kann. Auffallend an der Debatte ist, dass bislang wenig empirisch gesichertes Wissen vorliegt und somit viel Raum für Spekulationen und mediale Übertreibungen bleibt. Hinzu kommt die Diskussion um die mit dem Elterngeld verbundenen Kosten. Noch bevor eine umfassende Evaluation der Elterngeldreform erfolgen konnte, trat aus Gründen der Kostenersparnis zu Beginn des Jahres 2011 bereits eine Neuregelung mit Elterngeldkürzungen in Kraft, die insbesondere diejenigen empfindlich trifft, die Arbeitslosengeld II, Sozialhilfe oder einen Kinderzuschlag beziehen (Bundesministerium für Familie, Senioren, Frauen und Jugend 2011).

Der vorliegende Beitrag untersucht die Inanspruchnahme des Elterngeldes durch Väter. Im Zentrum der Betrachtung steht die sozialstrukturelle Zusammensetzung der Väter, die Elterngeld beanspruchen. Dabei wird ausdrücklich auf den partnerschaftlichen Kontext, in dem diese Männer leben, Bezug genommen. Hier erfolgt eine Beschränkung auf heterosexuelle Partnerschaften, da die Fallzahlen keine eigenständigen Analysen für gleichgeschlechtliche Partnerschaften von Männern zulassen. Zunächst geht es um die Frage, welche Väter überhaupt einen Partnerantrag stellen. In einem zweiten Schritt wird – bezogen auf die ausgewählten Bundesländer Mecklenburg-Vorpommern (MV) und Schleswig-Holstein (SH) – der Frage nachgegangen, wodurch sich die Väter voneinander unterscheiden, welche für zwei Monate oder für einen längeren Zeitraum Elterngeld beanspruchen. Wer sind die sogenannten neuen Väter und wer ist die „Avantgarde“ unter ihnen und unterbricht bzw. reduziert die Erwerbstätigkeit für einen über die Partnermonate hinausgehenden Zeitraum?

Im folgenden Abschnitt werden der theoretische Hintergrund der Studie und die zentralen Hypothesen vorgestellt. Daran schließt sich ein Überblick über den Forschungsstand zur Inanspruchnahme der Elternzeit und des Elterngeldes durch Väter in Deutschland an. Der Beschreibung der verwendeten Daten, der Analysestrategie und der Methoden folgt eine Darstellung der Ergebnisse der empirischen Analysen. Abgeschlossen wird der Beitrag durch eine Diskussion der Ergebnisse.

2 Theoretischer Hintergrund

Die im Kontext der Elterngeldreform deutlich gestiegene Inanspruchnahme der Elternzeit durch Väter wird seitens politischer Entscheidungsträger/innen immer wieder als Erfolg vermeldet (Bundesministerium für Familie, Senioren, Frauen und Jugend 2010, 2012). Der Anteil der Väter, die unter der alten Regelung Erziehungsgeld erhielten, schwankte in den Jahren vor 2007 zwischen ein und drei Prozent (Geisler/Kreyenfeld 2011). Im Jahr 2007 betrug der Anteil der Väter, die Elterngeld bezogen, durchschnittlich 13 Prozent, stieg im Jahr 2008 auf 16 Prozent und erhöhte sich bis zum Jahr 2012 auf 22 Prozent (Statistisches Bundesamt 2008, 2009, 2010, 2011, 2012a, 2013). Dieser starke Anstieg der Väterbeteiligung in Deutschland in einem sehr kurzen Zeitraum wurde auch im europäischen und außereuropäischen Ausland mit Interesse registriert (Bennhold 2010a, b). Zur Dauer des Elterngeldbezugs weist die amtliche Statistik hingegen kaum Veränderungen im Zeitverlauf aus: Drei von vier Vätern beziehen Elterngeld für maximal zwei Monate, während neun von zehn Müttern dies für mindestens zwölf Monate tun. Ein genauerer Blick in die Elterngeldstatistik zeigt, dass sich die durchschnittliche Dauer des Elterngeldbezugs bei Vätern im Zeitverlauf verringert hat. Dementsprechend hat der Anteil der Väter mit einem maximal zweimonatigen Elterngeldbezug kontinuierlich zugenommen. Von allen Vätern, die ihren Elterngeldbezug im Jahr 2008 beendeten, beanspruchten 64 Prozent diese Leistung für höchstens zwei Monate. Im Jahr 2012 traf dies bereits auf 78 Prozent der Väter zu (Statistisches Bundesamt 2009, 2010, 2011, 2012a, 2013). Eine im Verlauf der Zeit steigende Väterbeteiligung am Elterngeld bei durchschnittlich sinkender Bezugsdauer kennzeichnet die Entwicklung. Empirische Analysen sollten sich insbesondere unter Gleichstellungsaspekten nicht allein auf die Väterbeteiligung, sondern auch auf die Dauer der väterlichen Elternzeit konzentrieren.

Abbildung 1: Väter mit Elterngeldbezug nach Bundesland, 2007-2012 (vollendete Elterngeldperioden)

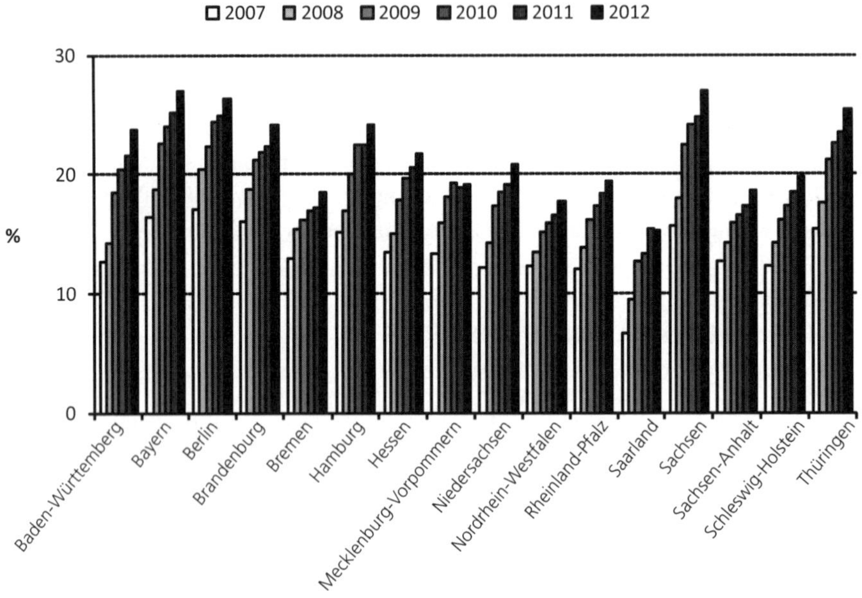

Quelle: Statistisches Bundesamt (2008, 2009, 2010, 2011, 2012a, 2013)

Abbildung 1 zeigt darüber hinaus, dass es eine beachtliche regionale Variabilität bei der Inanspruchnahme des Elterngeldes durch Väter gibt. Die Spitze der Väterbeteiligung wird durch die Stadtstaaten Berlin und Hamburg sowie die Bundesländer Bayern und Sachsen markiert, während das Saarland und Bremen am unteren Ende des Spektrums liegen.

Für ein besseres Verständnis der Entscheidungen von Vätern für oder gegen den Elterngeldbezug und hinsichtlich dessen Dauer werden ökonomische Theorien zur innerfamilialen Arbeitsteilung und die These des Wertewandels näher beleuchtet.

2.1 Ökonomische Theorien zur Arbeitsteilung: Haushaltsökonomie und Ressourcentheorie

Innerhalb der neuen Haushaltsökonomie wird davon ausgegangen, dass alle Personen im Haushalt danach streben, den gemeinsamen Haushaltsnutzen zu maximieren (Becker 1991; Berk/Berk 1983). Es wird zunächst geschlechtsneutral argumentiert, dass Partnerin und Partner sich entsprechend ihrer Fähigkeiten und Stärken entweder auf bezahlte Erwerbsarbeit oder unbezahlte Reproduktionsarbeit spezialisieren. Diese Strategie der Arbeitsteilung trägt zu einer Erhöhung der Wohlfahrt der gesamten Familie bei. Gesellschaftliche Normen bleiben in dieser Betrachtung ebenso unberücksichtigt wie innerfamiliale Machtverhältnisse und Aushandlungsprozesse (England/Budig 1997). Eine Einschränkung der Erwerbsarbeit geht mit Opportunitätskosten einher, die aus dem Einkommensausfall, reduzierten Karrierechancen und einer möglichen Entwertung erworbener Qualifikationen resultieren. *Gemäß dieser theoretischen Perspektive sollten Väter vor allem dann Elterngeld beziehen oder dies für einen längeren Zeitraum tun, wenn sie bereits vor der Geburt des Kindes nicht oder in deutlich geringerem Umfang als ihre Partnerin erwerbstätig waren.* (Hypothese 1).

An den Macht- und Aushandlungsaspekt knüpft die Verhandlungs- bzw. Ressourcentheorie unmittelbar an (Blood/Wolfe 1960; Ott 1992), indem sie individuelle ökonomische Ressourcen wie Bildung, Beruf und Einkommen ins Zentrum der Betrachtung rückt. Beide, Partnerin und Partner, streben eine Maximierung ihres individuellen Nutzens an und setzen ihre jeweiligen Ressourcen in innerpartnerschaftlichen Aushandlungen mitunter auch strategisch ein (Lundberg/Pollak 1996). Die Partnerin/der Partner mit den besseren Chancen für eine Verwertung der Ressourcen auf dem Arbeitsmarkt ist in der günstigeren Verhandlungsposition, um die unbezahlte Arbeit an die/den jeweils andere/n zu verweisen oder an Dritte zu delegieren (Mannino/Deutsch 2007). Eine ökonomische Abhängigkeit zwischen Partnerin und Partner, die beispielsweise aus geschlechtsspezifischen Einkommensunterschieden resultieren kann, führt dazu, dass die andere Person mehr Zeit in Haushalt und Kinderbetreuung investiert. *Spezifischer als aus einer allgemein familienökonomischen Perspektive lässt sich aus einem verhandlungstheoretischen Ansatz ableiten, dass eine relativ zur Partnerin ungünstigere ökonomische Situation des Mannes (z. B. gemessen an Bildung, Erwerbsstatus oder Einkommen) mit einer schwächeren Verhandlungsposition einhergeht und daher seinen Elterngeldbezug oder dessen längere Dauer wahrscheinlicher macht. Da der Einkommensersatz durch das Elterngeld lediglich etwa zwei Drittel beträgt, kann darüber hinaus angenommen werden, dass die Höhe des gemeinsamen Einkommens die Entscheidung des Vaters für einen Elterngeldbezug erleichtert.* (Hypothese 2).

Beiden theoretischen Perspektiven ist gemeinsam, dass sie nicht zwischen Hausarbeit und Kinderbetreuung unterscheiden, dass alle Tätigkeiten im Haushalt als eher unangenehm bewertet werden und dass die besondere emotionale Komponente, die vielen Aspekten der Kinderbetreuung innewohnt (im Sinne von Freude und emotionaler Verbundenheit), kaum beachtet wird. Doch gerade die Spezifik der Eltern-Kind-Beziehung ist relevant, da dieser Beitrag untersucht, welche Gruppen von Männern Zeit mit ihren sehr kleinen Kindern verbringen und wie die Elternzeit innerhalb der Partnerschaft aufgeteilt wird. Entscheiden sich Männer für einen über die Partnermonate hinausgehenden Elterngeldbezug, dann impliziert das gleichzeitig eine Verkürzung des maximal einjährigen Elterngeldbezugs der Partnerin. Die Entscheidung über die Dauer ist daher Gegenstand der partnerschaftlichen Aushandlung. In Situationen, in denen die Aufteilung des Elterngeldbezugs innerhalb der Partnerschaft nicht weitgehend ökonomisch bestimmt ist (da Partnerin und Partner beispielsweise über vergleichbare ökonomische Ressourcen verfügen), lässt sich erwarten, dass internalisierten Überzeugungen und Einstellungen ein besonderes Gewicht zukommt.

2.2 These des Wertewandels

Soziologinnen und Soziologen haben wiederholt auf die Relevanz gesellschaftlicher Normen, Werte und Institutionen für die Aufteilung von bezahlter und unbezahlter Arbeit innerhalb der Partnerschaft hingewiesen (Risman 2004). Geteilte Rollenvorstellungen innerhalb der Partnerschaft sind eine Voraussetzung für die Vermeidung immer wiederkehrender Konflikte über die innerfamiliale Arbeitsteilung. Ein egalitäres Geschlechterrollenverständnis zwischen Partnerin und Partner erhöht die Chance auf eine gleichmäßige Aufteilung der Hausarbeit und Kinderbetreuung (Bianchi et al. 2000; Geist 2005).

Gerade in Bezug auf Elternschaft und die Partizipation von Vätern an der Kinderbetreuung ist davon auszugehen, dass es hier nicht allein um rationale Abwägungen, sondern auch um identitätsstiftende Aufgabenbereiche geht, die internalisierten Überzeugungen von Weiblichkeit und Männlichkeit folgen (Coltrane 2009). Diese Überzeugungen, so wird vielfach argumentiert (z. B. Pfau-Effinger 2005), sind auch Ausdruck kultureller Konstruktionen von Kindheit, Mutterschaft und Vaterschaft. Das Erledigen bzw. Unterlassen bestimmter Tätigkeiten im Haushalt und bei der Kinderbetreuung erfüllt wesentliche Funktionen der Reproduktion weiblicher und männlicher Geschlechterrollen.

Gemäß der These des Wertewandels, nach der Werte, die auf Partizipation, Selbstverwirklichung und Lebensqualität gerichtet sind, Priorität erlangen, wird postuliert, dass der zunehmende Wunsch vieler Väter, an der Erziehung und Betreuung ihrer Kinder aktiv teilzuhaben, einem universellen Trend folgt (Inglehart/Norris 2003). Avantgardisten dieser Entwicklung sollen jüngere und insbesondere hochgebildete Männer sein. Als Ausdruck dessen gilt, dass diese Gruppen am stärksten moderne Einstellungen zur Frauenerwerbsbeteiligung und zur innerfamilialen Arbeitsteilung aufweisen (Lück 2009). Unter der Annahme, dass diese Wertorientierungen sich zumindest partiell auch im Verhalten widerspiegeln, stünden die aus der Wertewandelthese ableitbaren Erwartungen im deutlichen Gegensatz zur ökonomisch motivierten Hypothese, dass Väter mit guter und verglichen mit der Partnerin besserer Ressourcenausstattung ihre Erwerbstätigkeit aufgrund der hohen Opportunitätskosten eher nicht für die Kinderbetreuung unterbrechen. *Im Sinne der Wertewandelthese sollten insbesondere gut ausgebildete Männer mit modernen Geschlechterrollenvorstellungen aktiv an der Kinderbetreuung teilhaben wollen. Allerdings kommt die Wertewandelthese vor allem dann zum Tragen, wenn es sich um innerhalb der Partnerschaft geteilte Wertorientierungen handelt. Es reicht nicht aus, wenn Väter Erziehungsverantwortung übernehmen wollen, Mütter müssen dies auch zulassen.*[2] (Hypothese 3).

Männer mit modernen Einstellungen zur partnerschaftlichen Arbeitsteilung und zu Geschlechterrollen sind gemäß der Wertewandelthese am ehesten bereit, ihre Erwerbstätigkeit für die Betreuung kleiner Kinder zu unterbrechen oder zu reduzieren. Da diese Einstellungen in den hier verfügbaren Daten nicht gemessen werden, können

2 Für diesen Hinweis bin ich Frau Dr. Stefanie Gundert (IAB Nürnberg) dankbar.

nur näherungsweise Angaben herangezogen werden, die nach dem gegenwärtigen Forschungsstand mit modernen Wertorientierungen in Verbindung gebracht werden. Daher erwarte ich eine Entscheidung für einen Elterngeldbezug des Vaters bzw. für eine mehr als zweimonatige Nutzung des Elterngeldes, wenn das Paar in einer nichtehelichen Lebensgemeinschaft lebt (Wengler/Trappe/Schmitt 2009), wenn der Mann über ein hohes Bildungsniveau verfügt (Inglehart/Norris 2003), wenn das Paar in einer urbanen Region lebt (Lesthaeghe/Neidert 2009), wenn das Paar eine ungewöhnliche (nicht der gängigen Norm entsprechende) Alterskonstellation aufweist (Rusconi/Solga 2007)[3] oder wenn das Paar in Ostdeutschland lebt, da hier insbesondere Männer Auffassungen einer egalitären Arbeitsteilung innerhalb der Partnerschaft stärker teilen (Bauernschuster/Rainer 2012; Wengler/Trappe/Schmitt 2009).

3 Forschungsstand

Seit Anfang 2007 ersetzt das einkommensabhängige Elterngeld das bisher gewährte Erziehungsgeld. „Es sieht einen Lohnersatz von bis zu 67 Prozent des in den letzten zwölf Monaten durch Erwerbstätigkeit durchschnittlich erzielten Einkommens bis zu einem Höchstbetrag von maximal 1.800 Euro vor" (Jurczyk/Rauschenbach 2009: 353).[4] Zwei Partnermonate erhöhen die mögliche Bezugsdauer des Elterngeldes von 12 auf 14 Monate.[5] Diese verfallen, falls die Partnerin/der Partner nicht ebenfalls Elterngeld beantragt.[6] „Die Monate des Elterngeldbezugs können beliebig zwischen Müttern und Vätern aufgeteilt oder auch gemeinsam genommen werden; eine Berufstätigkeit kann in Teilzeit bis zu 30 Wochenstunden ausgeübt werden" (Jurczyk/Rauschenbach 2009: 353). Das Elterngeld betrug bis zum Ende des Jahres 2010 auch für nicht erwerbstätige Elternteile mindestens 300 Euro monatlich und wurde nicht auf einkommensabhängige Sozialleistungen angerechnet (Bundesministerium für Familie, Senioren, Frauen und Jugend 2007, 2011). Die Elternzeit für vor der Geburt des Kindes erwerbstätige Eltern garantiert einen Kündigungsschutz sowie eine Rückkehr auf einen gleichwertigen Arbeitsplatz und beträgt weiterhin drei Jahre (Bundesministerium für Familie, Senioren, Frauen und Jugend 2007).

---

3 Die Autorinnen argumentieren, dass die Entscheidung einer Frau für einen jüngeren Partner bzw. eines Mannes für eine ältere Partnerin und damit für eine nicht der gängigen Norm entsprechende Alterskonstellation auch Ausdruck stärker egalitärer Vorstellungen von Geschlechterrollen sei (Rusconi/Solga 2007: 315).

4 Dies war zumindest bis zum Ende des Jahres 2010 der Fall, denn die nachfolgenden Kürzungen traten zum 1.1.2011 in Kraft (Bundesministerium für Familie, Senioren, Frauen und Jugend 2011).

5 Der umstrittene Charakter der Regelung über die Partnermonate kam in einem Normenkontrollantrag des Landessozialgerichts Niedersachsen-Bremen zum Ausdruck. Darin beanstandeten die Sozialrichter/innen, dass mit der Regelung zu den Partnermonaten zu sehr in die innere Aufgabenteilung der Familie eingegriffen werden würde. Dies wurde vom Bundesverfassungsgericht im September 2011 jedoch zurückgewiesen (Bundesverfassungsgericht 2011).

6 Dies gilt nicht bei Alleinerziehenden, die ebenfalls Anspruch auf 14 Monate Elterngeldbezug haben (Bundesministerium für Familie, Senioren, Frauen und Jugend 2007).

Da die Elterngeldreform erst mit Beginn des Jahres 2007 wirksam wurde, bezieht sich ein Großteil der existierenden Studien noch auf den vorherigen Zeitraum, in dem die Inanspruchnahme des Erziehungsgeldes und der Erziehungszeit durch Väter sehr gering war. Dies wird nicht zuletzt auf den geringen Transferbetrag zurückgeführt, der unabhängig von der Höhe des vorherigen Einkommens gewährt wurde (Geisler/Kreyenfeld 2011).[7] Weitere Gründe für die Nichtinanspruchnahme des Erziehungsurlaubs durch Väter waren neben den befürchteten finanziellen Einbußen die Angst vor Karriereeinbrüchen und vor dem Verlust des Arbeitsplatzes (Vaskovics/Rost 1999). Geisler und Kreyenfeld (2011) kommen auf der Basis ihrer Analysen der Mikrozensen 1999 bis 2005 zu dem Ergebnis, dass vorwiegend Männer Erziehungsurlaub beanspruchten, die in größeren Städten lebten, im öffentlichen Dienst beschäftigt und nicht verheiratet waren, jedoch nicht notwendigerweise die hochqualifizierten Väter, wie gemäß der Wertewandelthese vermutet wurde. Darüber hinaus zeigt sich, dass sowohl eine höhere Qualifikation als auch ein höheres Alter der Partnerin einflussreiche Faktoren sind, was auf die Relevanz der innerpartnerschaftlichen Macht- und Ressourcenverteilung verweist.

Einige Studien wenden sich der Väterbeteiligung an der Betreuung ihrer Kinder seit der Elterngeldreform zu, von denen hier nur die auf der Basis von Individualdaten durchgeführten Untersuchungen resümiert werden.[8] Geisler und Kreyenfeld (2012) erweitern ihre Analysen auf Basis des Mikrozensus auf den Zeitraum bis 2009 und kommen zu dem Ergebnis, dass vor allem hochqualifizierte Väter bzw. jene, die eine höhere Qualifikation als ihre Partnerin haben, von der Reform profitiert haben. Da sie das Einkommen nicht berücksichtigen, ist dieses Ergebnis sowohl mit einem verstärkten ökonomischen Anreiz des Elterngeldes für diese Gruppen von Männern als auch mit einer normativen Interpretation kompatibel. Ebenfalls auf der Basis des Mikrozensus für das Jahr 2008 kommt Reich (2011) zu dem Schluss, dass Väter in Elternzeit häufig älter, im öffentlichen Dienst, unbefristet oder in großen Betrieben beschäftigt sind und mehrheitlich in größeren Städten leben. Sie findet auch Hinweise auf einen U-förmigen Zusammenhang von Bildung und Einkommen zur väterlichen Inanspruchnahme von Elternzeit, d. h. auf eine höhere Konzentration am oberen und unteren Bereich der Bildungs- und Einkommensverteilung. Darüber hinaus zeigt sie, dass von der Erwerbstätigkeit und vom Einkommen der Partnerin eine positive Wirkung ausgeht, sodass ihre Ergebnisse insgesamt die Ressourcenperspektive stützen (Reich 2011). Die Befunde von Pull und Vogt (2010), die auf der Basis einer nicht repräsentativen Online-Erhebung aus dem Jahr 2008 ermittelt wurden, weisen in eine ähnliche Richtung, denn ökonomische Determinanten sind für die Beanspruchung der Elternzeit relevanter als Persönlichkeitsmerkmale des Vaters. Kluve und Tamm (2013) vergleichen in ihrem quasi-experimentellen Design zur Evaluation der

7 Allerdings war die Dauer des maximal zweijährigen Bezugs des Erziehungsgeldes an die Höhe des während der Elternzeit erzielten Familieneinkommens gekoppelt. Davon profitierten besonders untere Einkommensgruppen, da sie seltener die für den Bezug des Erziehungsgeldes zugrunde gelegten Einkommensgrenzen überschritten (Bundesministerium für Familie, Senioren, Frauen und Jugend 2007).

8 Argumentationen auf der Basis von Aggregatdaten lassen keine kausalen Erklärungen zu und werden daher nicht näher betrachtet (vgl. Henninger/Wimbauer/Dombrowski 2008b; Jurczyk/Rauschenbach 2009; Schutter/Zerle-Elsäßer 2012).

Elterngeldreform die Eltern von Kindern, die im letzten Quartal des Jahres 2006 geboren wurden, mit den Eltern von Kindern, die im ersten Quartal des Jahres 2007 geboren wurden. Sie kommen zu dem Ergebnis, dass die Reform keinen signifikanten Einfluss auf die Erwerbsbeteiligung der Väter oder auf ihre zeitliche Einbindung in die Kinderbetreuung hatte. Hier ist allerdings die zeitliche Begrenzung der Studie in Rechnung zu stellen. Auf Basis derselben Daten wurde festgestellt, dass insbesondere unverheiratete sowie hochgebildete Väter Elterngeld beziehen, ein Ergebnis, das in Richtung der Wertewandelthese weist (Rheinisch-Westfälisches Institut für Wirtschaftsforschung 2008, 2009). Hier lassen sich auch die Ergebnisse von Pfahl und Reuyß (2010), basierend auf einer Befragung aus dem Jahr 2008, einordnen: Elterngeld beziehende Väter sind besonders häufig in Großbetrieben, in der öffentlichen Verwaltung oder bei Dienstleistungsunternehmen beschäftigt, leben in Großstädten und sind mehrheitlich gut qualifiziert. Wrohlich et al. (2012) zeigen mit ihrer aktuellen Evaluationsstudie des Elterngeldes auf der Basis des Sozio-oekonomischen Panels und dessen Erweiterung „Familie in Deutschland", dass Väter in Elternzeit häufiger in Ost- als in Westdeutschland leben, selten einen Migrationshintergrund haben und häufig bereits älter sind. Ihr zentrales Ergebnis lautet, dass Väter in Elternzeit, gerade an Werktagen, tatsächlich mehr Zeit mit ihren Kindern verbringen und Mütter entsprechend weniger, da sie häufiger als andere Mütter erwerbstätig sind. Das Ergebnis eines größeren zeitlichen Engagements von Vätern in der Kinderbetreuung nach der Elterngeldreform wird auch durch die Analysen von Schober (2012) bestätigt und von ihr auf die Veränderung normativer Erwartungen zurückgeführt.

4 Daten, Analysestrategie und Methode

4.1 Verwendete Datensätze

Für die empirischen Analysen zur Inanspruchnahme des Elterngeldes durch Väter und zur Aufteilung der Bezugsmonate innerhalb der Partnerschaft werden verschiedene Datensätze genutzt. Zunächst werden mit dem auf einer bundesweiten Befragung basierenden Datensatz „Junge Familien 2008" wesentliche Bestimmungsfaktoren eines bewilligten Partnerantrags analysiert (Rheinisch-Westfälisches Institut für Wirtschaftsforschung 2008). Für die Untersuchung eines mindestens dreimonatigen Elterngeldbezugs durch Väter werden im Zusammenhang mit der Beantragung des Elterngeldes von den Behörden erhobene Informationen in Mecklenburg-Vorpommern (MV) und Schleswig-Holstein (SH) verwendet.[9] Demnach wird eine zweistufige Analysestrategie verfolgt, mit der zunächst die allgemeinen Faktoren des Elterngeldbezugs durch Väter dargestellt werden sollen. Anschließend werden in einer Fallstudie die ökonomischen

9 Mein ausdrücklicher Dank für die unkomplizierte Bereitstellung der Daten gilt an dieser Stelle Herrn Dr. Jochen Kluve vom Rheinisch-Westfälischen Institut für Wirtschaftsforschung (RWI Essen), Herrn Dr. Heiko Will vom Landesamt für Gesundheit und Soziales Mecklenburg-Vorpommern sowie Herrn Wolfgang Rätsch vom Landesamt für soziale Dienste Schleswig-Holstein.

Bedingungen des Elterngeldbezugs in einem ländlich geprägten ostdeutschen Flächenland und einem ländlich geprägten angrenzenden westdeutschen Flächenland genauer untersucht. Die Auswahl der beiden Bundesländer orientiert sich sowohl an Aspekten der Datenverfügbarkeit als auch daran, dass diese beiden Flächenländer strukturell ähnlich sind, jedoch unterschiedliche Traditionen der Erwerbstätigkeit von Müttern und der Erwerbsarrangements innerhalb der Partnerschaft aufweisen.

Der Datensatz „Junge Familien 2008" ist das Ergebnis einer vom RWI Essen im Auftrag des Bundesfamilienministeriums durchgeführten bundesweiten Befragung von Eltern, die im ersten Quartal 2007 ein Kind bekommen haben. Die Zielpersonen wurden mithilfe der Elterngeldstellen und Allgemeiner Ortskrankenkassen ermittelt. Die Befragung erfolgte im gesamten Bundesgebiet mit Ausnahme der Länder Bremen, Sachsen-Anhalt und Thüringen. „Innerhalb der teilnehmenden Länder wurde die Stichprobe der zu befragenden Eltern zufällig aus der Grundgesamtheit aller Eltern gezogen, die einen Antrag auf Elterngeld gestellt hatten und deren Kind im 1. Quartal 2007 geboren wurde" (Rheinisch-Westfälisches Institut für Wirtschaftsforschung 2008: 90).[10] Die schriftliche Befragung wurde im Mai und Juni 2008 durchgeführt, weil zu diesem Zeitpunkt sichergestellt sein konnte, dass die meisten Eltern ihren Elterngeldbezug bereits abgeschlossen hatten. Befragt wurden ausschließlich Mütter, was insofern wichtig ist, als damit lediglich näherungsweise Angaben über deren Partner vorliegen. Das Sample bezieht sich auf alle Frauen, die mit einem Partner zusammenlebten.

Die Daten der Elterngeldstellen, die mir von den genannten Landesämtern zur Verfügung gestellt wurden, beziehen sich auf alle Kinder, die in den Jahren 2007, 2008 und 2009 in MV und SH geboren wurden und für die ein Antrag auf Elterngeld gestellt wurde. Enthalten sind Informationen der Antragsteller/innen zum Familienstand, zum Alter, zum Erwerbsstatus, der ein Jahr vor der Geburt des Kindes bestanden hat, und zur Anzahl der Kinder im Haushalt. Außerdem sind die genauen Elterngeldbeträge sowie die Anzahl der Bezugsmonate verzeichnet. Die exakten Elterngeldbeträge lassen in Kombination mit dem Erwerbsstatus Rückschlüsse auf das vorherige Erwerbseinkommen mit sehr geringen Anteilen fehlender Werte zu. Die genauen Elterngeld- bzw. Einkommensangaben sowie die Möglichkeit, die Aufteilung der Bezugsmonate innerhalb des Elternpaares rekonstruieren zu können, verdeutlichen das große Potenzial dieser Daten. Ihr Nachteil besteht darin, dass nur dann Informationen zu den Partner/innen vorliegen, wenn diese tatsächlich einen Elterngeldantrag gestellt haben. Insofern ist es nicht – wie in skandinavischen Ländern – möglich, auch Mütter und Väter ohne Elternzeit- und Elterngeldbezug zu berücksichtigen.

In das Analysesample gehen nur gegengeschlechtliche Paare ein, bei denen beide Elternteile einen Elterngeldantrag gestellt haben und sich die Bezugsdauer untereinander aufteilen. Darüber hinaus wird das Sample auf Paare beschränkt, bei denen der Vater im Jahr vor der Geburt des Kindes erwerbstätig war. Die hier erfolgende Kombination aus Surveydaten und amtlich erhobenen Daten zur Untersuchung der Väterbeteiligung

10 2 050 verwertbare Interviews wurden ausgehend von der Bruttostichprobe (N=6000) erzielt (Rheinisch-Westfälisches Institut für Wirtschaftsforschung 2008).

am Elterngeld erweist sich als sinnvolle Strategie, die Vorzüge beider Datensätze miteinander zu verbinden.

4.2 Operationalisierung der Variablen

Für die Untersuchung der Inanspruchnahme des Elterngeldes durch den Partner wird die subjektive Information der Frau zur Bewilligung eines gestellten Partnerantrags herangezogen, die in dichotomer Form erhoben wurde. Für die Analyse der Aufteilung der Bezugsdauer wurde eine Variable aus den Registerdaten gebildet, welche die Ausprägungen „Partner nimmt ein oder zwei Monate Elterngeld" bzw. „Partner nimmt mehr als zwei Monate Elterngeld" voneinander unterscheidet.[11]

Sowohl im Datensatz „Junge Familien 2008" als auch in den amtlichen Daten für MV und SH sind einige Informationen enthalten, die näherungsweise mit einem Wertewandel in Verbindung gebracht werden können. Dazu zählen die Partnerschaftsform, die Anzahl der Kinder im Haushalt, die Alterskonstellation innerhalb der Partnerschaft, die Wohnortregion (alle Datensätze) sowie die Wohnortgröße und die Bildungskonstellation innerhalb der Partnerschaft (nur „Junge Familien 2008"). Bezogen auf die *Partnerschaftsform* werden Ehen und nichteheliche Lebensgemeinschaften voneinander unterschieden, wobei davon ausgegangen wird, dass Väter in nichtehelichen Lebensgemeinschaften in höherem Umfang und länger Elterngeld beanspruchen als verheiratete Väter. Die *Anzahl der im Haushalt lebenden Kinder* bildet sicherlich ökonomische Restriktionen, aber auch eine generelle Familienorientierung ab. Männer mit einer geringen Kinderzahl sollten eher dazu in der Lage sein, ihre Einstellungen bezüglich einer engagierten Vaterschaft auch realisieren zu können. Das *Alter von Partnerin und Partner* wurde in Gruppen zusammengefasst (unter 30, 30–34, 35 und älter). Ein jüngeres Alter wird häufig mit moderneren Vorstellungen von Geschlechterrollen in Verbindung gebracht, jedoch sind Ältere mehrheitlich bereits besser in das Erwerbssystem integriert. Auf der Paarebene wurde die Altersdifferenz zwischen Partnerin und Partner in folgender Weise bestimmt: Der gängigen Altersnorm entspricht, dass der Mann gleichaltrig oder bis zu drei Jahre älter als die Partnerin ist. Insbesondere ein im Vergleich zur Partnerin jüngeres Alter des Mannes wird mit egalitären Orientierungen assoziiert (Rusconi/Solga 2007), die einen väterlichen Elterngeldbezug erleichtern könnten. Bezogen auf die *Region des Wohnorts* werden Ost- und Westdeutschland bzw. entsprechend dem Fallstudiendesign MV und SH analytisch getrennt. Dabei geht es sowohl um die näherungsweise Abbildung von Wertorientierungen hinsichtlich der partnerschaftlichen Arbeitsteilung sowie von Opportunitätsstrukturen zur Verbindung von Erwerbstätigkeit und Familie. Die *Größe des Wohnorts* wird in drei Kategorien berücksichtigt (unter 20 000 Einwohner/innen, 20 000 bis unter 100 000 Einwohner/innen, 100 000 Einwohner/innen und mehr). Dabei wird davon ausgegangen, dass Menschen mit egalitären Wertorientierungen vermehrt in urbanen Regionen wohnen. Allerdings wird dabei möglicherweise vernachlässigt, dass gerade Familien auch häufig in Randgebieten urbaner Zentren leben. Die *Bildungskon-*

11 Eine Beschreibung der verwendeten Samples findet sich in den Tabellen A1 und A2 im Anhang.

stellation innerhalb der Partnerschaft wird anhand der Schulbildung bestimmt. Es wird unterschieden, ob Partnerin und Partner über den gleichen Schulabschluss verfügen oder ob eine/r von beiden einen höheren Abschluss aufweist. Eine hohe Bildung wird sehr häufig als Proxy für egalitäre Einstellungen und Werte verwendet.

Zur Auseinandersetzung mit der ökonomischen Perspektive werden Informationen über den Erwerbsstatus und die Einkommenssituation des Paares genutzt. Die *Erwerbsrelation innerhalb der Partnerschaft* wird ein Jahr vor der Geburt des Kindes in folgender Weise berücksichtigt: beide erwerbstätig, beide nicht erwerbstätig, Frau erwerbstätig/Mann nicht, Mann erwerbstätig/Frau nicht. Zusätzlich wird in den amtlichen Daten für die beiden Bundesländer danach unterschieden, ob es sich um eine abhängige oder selbstständige Erwerbstätigkeit handelt und welche Art der Nichterwerbstätigkeit vorliegt (Ausbildung, Arbeitslosigkeit, sonstige Nichterwerbstätigkeit). In den Befragungsdaten („Junge Familien 2008“) wird die *Einkommenssituation* im Jahr vor der Geburt ausgehend von den erhobenen Einkommensklassen durch einen groben Indikator abgebildet (beide etwa gleiches Einkommen, Frau bzw. Mann verdient mehr). Zusätzlich wird die Höhe des Haushaltsnettoeinkommens kontrolliert, um Unterschiede in der Elterngeldnutzung durch Väter entlang der Einkommensverteilung deutlich zu machen. Ein wesentlicher Vorteil der amtlichen Daten liegt in den sehr viel genaueren Einkommensangaben. Um Unterschiede klar erkennbar zu machen, wurden diese gruppiert. Darüber hinaus wird berücksichtigt, wie hoch der Anteil des Erwerbseinkommens der Frau verglichen mit dem ihres Partners ist. Väter sollten insbesondere dann Elterngeld beziehen und dies für einen längeren Zeitraum tun, wenn sie in einer ungünstigeren ökonomischen Position als ihre Partnerin sind.

4.3 Methode

Für die empirischen Analysen der jeweils dichotomen abhängigen Variablen werden logistische Regressionen genutzt. Bei der Ermittlung der Determinanten eines bewilligten Partnerantrags werden die demographischen Informationen bzw. die Merkmale, die mit Wertorientierungen in Verbindung gebracht werden können, in das Modell eingeführt und abschließend um die ökonomischen Charakteristika ergänzt. Des Weiteren wurde überprüft, ob die Entscheidung des Partners für die Inanspruchnahme des Elterngeldes in Ost- und Westdeutschland in ähnlicher Weise durch die Einkommensrelation innerhalb der Partnerschaft beeinflusst wird. Dazu dient ein abschließendes Modell mit Interaktionstermen.

In den Modellen zur Aufteilung der Partnermonate mit der abhängigen Variablen, dass der Partner mehr als zwei Monate Elterngeld bezieht, wurden die Informationen aus den beiden Bundesländern gepoolt. In einem ersten Modell wurde der Einfluss der Erwerbs*beteiligung* von Partnerin und Partner überprüft, während in zwei weiteren Modellen der Einfluss des Erwerbs*einkommens* beider im Zentrum des Interesses steht. Des Weiteren wird durch die Berücksichtigung von Interaktionstermen zwischen ökonomischen Ressourcen und dem Bundesland überprüft, ob die Entscheidung über die Dauer der Elternzeit mit den regionalen Opportunitätsstrukturen variiert.[12]

5 Ergebnisse

5.1 Determinanten eines bewilligten Partnerantrags

Nach Angaben der Erhebung „Junge Familien 2008" wurde von 34 Prozent der Paare ein Partnerantrag gestellt, der auch bewilligt wurde.[13] Signifikante Ost-West-Unterschiede gibt es hier nicht. Von den Vätern, die Elterngeld beanspruchten, tat dies die überwiegende Mehrheit (64 Prozent) für maximal zwei Monate.

Modell 1 (Tabelle 1) berücksichtigt soziodemographische Merkmale des Paares sowie das Erwerbsarrangement.[14] Unter Kontrolle dieser Merkmale haben Väter in Ostdeutschland eine signifikant höhere Chance Elterngeld zu beziehen als Väter in Westdeutschland. Die Partnerschaftsform hat entgegen den Erwartungen keinen nachweisbaren Einfluss. Väter von zwei Kindern stellen signifikant seltener einen Partnerantrag als Väter von nur einem Kind. Die Aussichten eines Elterngeldbezugs erhöhen sich mit steigendem Alter der Väter, was eher für die Relevanz der Arbeitsmarktintegration als für den Wertewandel spricht. Der Altersabstand innerhalb des Paares ist ebenso wie die Größe des Wohnorts statistisch nicht signifikant. Im Einklang mit der Wertewandelthese steht, dass Väter dann häufiger einen Partnerantrag stellen, wenn Partnerin und Partner über einen hohen Bildungsabschluss verfügen oder wenn der Mann einen höheren Abschluss als die Frau hat. Aber auch eine verglichen mit dem Partner höhere Schulbildung der Frau wirkt sich positiv auf den Elterngeldbezug des Partners aus. Bei Paaren, die ein Jahr vor der Geburt dem männlichen Alleinverdienermodell folgten, ist der Elterngeldbezug durch Väter sehr viel unwahrscheinlicher als bei Doppelverdienerpaaren (um 42 Prozent geringer). Eine alleinige Erwerbstätigkeit der Frau wirkt sich hingegen stark positiv auf einen Elterngeldbezug des Partners aus. Ausgehend von Modell 1 ist der Eindruck bezüglich der Relevanz der Wertewandelthese gemischt, denn vermutete Einflüsse einer nichtehelichen Lebensform oder eines städtischen Lebens zeigen sich nicht. Die Auswirkungen der Erwerbsbeteiligung des Paares stehen hingegen im Einklang mit ressourcentheoretischen Überlegungen (Hypothese 2).

In Modell 2 werden zusätzlich die Einkommensrelation innerhalb der Partnerschaft und die Höhe des Haushaltseinkommens berücksichtigt. Die zuvor beschriebenen Ef-

12 Die Ergebnisse dieser Analysen werden nur im Falle signifikanter Interaktionseffekte ausgewiesen.

13 Dieser Wert liegt deutlich über den Angaben der amtlichen Statistik für 2007 und 2008. Hier ist aber zu berücksichtigen, dass alleinerziehende Mütter ausgeschlossen wurden, denn das Sample bezieht sich nur auf zusammenlebende Paare.

14 Dargestellt sind hier Odds Ratios sowie 95%-Konfidenzintervalle (Wald). Odds Ratios über einem Wert von 1 zeigen einen positiven Einfluss an, während Odds Ratios unterhalb von 1 einen negativen Effekt darstellen. Beinhaltet das Konfidenzintervall den Wert 1, so handelt es sich um keinen statistisch signifikanten Effekt ($p<0,05$).

fekte zeigen sich im Wesentlichen auch in diesem Modell. Lediglich der Einfluss des Erwerbsarrangements ist leicht abgeschwächt, da Erwerbsbeteiligung und relatives Nettoeinkommen in Zusammenhang stehen. Verglichen mit Paaren mit etwa gleichem Nettoeinkommen vor der Geburt ist die Chance eines Elterngeldbezugs durch Väter mehr als doppelt so hoch, wenn die Frau mehr verdient als ihr Partner, und deutlich niedriger, wenn dies umgekehrt ist. Dies gilt unabhängig von der Höhe des Haushaltseinkommens. Ökonomische Ressourcen des Paares sind daher von überragender Bedeutung, wenn es um die Entscheidung geht, einen Partnerantrag zu stellen und den damit verbundenen Einkommensausfall zu kalkulieren (Hypothese 2).

Tabelle 1: Determinanten eines bewilligten Partnerantrags in Deutschland – Logistische Regressionen, Odds Ratios (95 % Konfidenzgrenzen in Klammern)

	Modell 1	Modell 2	Modell 3
	Exp(B) (95 % Konf.-Grenzen)	Exp(B) (95 % Konf.-Grenzen)	Exp(B) (95 % Konf.-Grenzen)
Region des Wohnorts (Ref. Westdeutschland - WD)			
Ostdeutschland (OD)	1,37 (1,01–1,86)	1,38 (1,01–1,89)	-
Partnerschaftsform (Ref. Ehe)			
nichteheliche Lebensgemeinschaft (NEL)	0,92 (0,70–1,21)	0,86 (0,65–1,13)	0,85 (0,64–1,13)
Anzahl der Kinder im Haushalt (Ref. 1 Kind)			
2 Kinder	0,79 (0,62–1,01)	0,83 (0,65–1,07)	0,84 (0,66–1,08)
3 + Kinder	0,86 (0,62–1,21)	0,92 (0,65–1,30)	0,96 (0,68–1,36)
Altersgruppe des Mannes (Ref. unter 30 Jahre)			
30 bis 34 Jahre	1,37 (1,00–1,89)	1,39 (1,00–1,92)	1,40 (1,01–1,94)
35 + Jahre	1,55 (1,13–2,14)	1,62 (1,16–2,26)	1,62 (1,16–2,27)
Altersdifferenz des Paares (Ref. Mann gleichaltrig/bis 3 J. älter als Frau)			
Mann mehr als 3 J. älter als Frau	0,98 (0,78–1,24)	1,01 (0,79–1,27)	1,01 (0,80–1,28)
Mann mind.1 J. jünger als Frau	1,13 (0,85–1,51)	1,09 (0,81–1,45)	1,07 (0,80–1,43)
Schulbildung von Partnerin und Partner (Ref. beide Realschule)			
beide Hauptschule	1,31 (0,79–2,15)	1,37 (0,83–2,27)	1,36 (0,82–2,26)
beide Abitur/Studium	2,14 (1,59–2,88)	2,24 (1,64–3,05)	2,25 (1,65–3,07)
höherer Abschluss Frau	1,37 (1,00–1,87)	1,29 (0,94–1,78)	1,29 (0,94–1,77)
höherer Abschluss Mann	1,56 (1,08–2,25)	1,62 (1,12–2,36)	1,61 (1,11–2,33)
andere	1,64 (0,93–2,90)	1,53 (0,86–2,73)	1,47 (0,82–2,64)
Wohnortgröße (Ref. unter 20 000 EW)			
20 000–99 999 EW	1,01 (0,77–1,33)	0,99 (0,75–1,30)	0,98 (0,75–1,30)
100 000 + EW	1,15 (0,90–1,48)	1,16 (0,90–1,49)	1,16 (0,90–1,49)
keine Angabe	1,03 (0,67–1,61)	1,02 (0,65–1,59)	0,96 (0,61–1,51)

	Modell 1	Modell 2	Modell 3
	Exp(B) (95 % Konf.-Grenzen)	Exp(B) (95 % Konf.-Grenzen)	Exp(B) (95 % Konf.-Grenzen)
Erwerbstätigkeit von Partnerin und Partner ein Jahr vor Geburt (Ref. beide erwerbstätig)			
beide nicht erwerbstätig	1,06 (0,61–1,84)	0,96 (0,52–1,76)	1,01 (0,55–1,87)
M. erwerbst., F. nicht	0,58 (0,43–0,78)	0,66 (0,48–0,91)	0,67 (0,49–0,93)
F. erwerbst., M. nicht	2,44 (1,49–3,99)	1,70 (1,00–2,90)	1,77 (1,04–3,04)
keine Angabe	0,26 (0,17–0,39)	0,26 (0,17–0,39)	0,25 (0,17–0,39)
Relation der Nettoeinkommen im Jahr vor Geburt (Ref. beide etwa gleich)			
Frau verdient mehr		2,11 (1,41–3,18)	-
Mann verdient mehr		0,67 (0,51–0,89)	-
keine Angabe		0,94 (0,69–1,29)	-
Haushaltseinkommen im Jahr vor der Geburt (Ref. 2 000 bis unter 3 000 Euro)			
unter 2 000 Euro		0,95 (0,69–1,31)	0,93 (0,67–1,29)
über 3 000 Euro		0,87 (0,67–1,14)	0,87 (0,66–1,13)
keine Angabe		1,08 (0,68–1,71)	1,08 (0,68–1,72)
Interaktion Wohnregion + Einkommensrelation (Ref. WD, beide etwa gleiches Einkommen)			
OD, F. verdient mehr			2,32 (1,49–3,62)
WD, F. verdient mehr			4,20 (1,17–15,1)
OD, M. verdient mehr			0,63 (0,47–0,86)
WD, M. verdient mehr			0,47 (0,19–1,13)
OD, keine Angabe			0,82 (0,58–1,15)
WD, keine Angabe			0,35 (0,14–0,87)
OD, beide etwa gleich			1,08 (1,00–1,89)
Konstante	0,23	0,28	0,37
Likelihood Ratio	158,61	192,17	200,75
Df	20	26	29
Cox & Snell R^2	0,08	0,10	0,10
N m. bewilligtem Partnerantrag/N	635/1 865	635/1 865	635/1 865

Quelle: Befragung „Junge Familien 2008", eigene Berechnungen

Im abschließenden Modell 3 wird mittels eines Interaktionseffekts geprüft, ob die Einkommensrelation innerhalb der Paare in Ost- und Westdeutschland gleichermaßen relevant für den Elterngeldbezug des Vaters ist. Obgleich es keine signifikanten Unterschiede zwischen beiden Landesteilen gibt, deutet sich an, dass ein höheres Einkommen der Frau einen Elterngeldbezug des Partners insbesondere für in Westdeutschland lebende Paare wahrscheinlicher werden lässt, während in Ostdeutschland lebende Paare dadurch weniger stark beeinflusst werden.

5.2 Determinanten eines mehr als zweimonatigen Elterngeldbezugs durch Väter

Im bundesweiten Vergleich der Wirtschaftskraft rangieren die beiden für eine genauere Analyse der Dauer des Elterngeldbezugs ausgewählten norddeutschen Flächenländer im Mittelfeld (SH) bzw. auf einem der hinteren Plätze (MV) (Initiative Neue Soziale Marktwirtschaft 2012). Beide gelten als ländlich geprägte und eher strukturschwache Bundesländer. Jedoch war die Arbeitslosenquote in MV im Untersuchungszeitraum (2007–2009) mit etwa 14 bis 16 Prozent fast doppelt so hoch wie in SH (Bundesagentur für Arbeit 2010: 178). Dass mehr Männer in MV als in SH beim Bezug des Elterngeldes nur den Mindestbetrag von 300 Euro und deutlich weniger Männer den Höchstbetrag von 1 800 Euro erhielten (Statistisches Bundesamt 2008, 2009, 2010), ist auf die für die neuen Bundesländer noch immer charakteristische ungünstigere Arbeitsmarktlage und die niedrigeren Erwerbseinkommen in MV zurückzuführen.

Wie im gesamten Bundesgebiet bezog auch in MV und SH die große Mehrheit der Väter in den Jahren 2007 bis 2009 kein Elterngeld (vgl. Abbildung 2). In MV ist der Elterngeldbezug etwas stärker ausgeprägt als in SH. Im Zeitverlauf ist ein positiver Trend feststellbar, der sich fast ausschließlich im kurzzeitigen Elterngeldbezug widerspiegelt. Während beispielsweise in MV bei 27 Prozent aller im Jahr 2009 geborenen Kinder der Partner Elterngeld für ein oder zwei Monate erhielt, gilt eine längere Bezugsdauer nur für neun Prozent der Kleinkinder.[15]

Abbildung 2: Dauer des Elterngeldbezugs bei Vätern

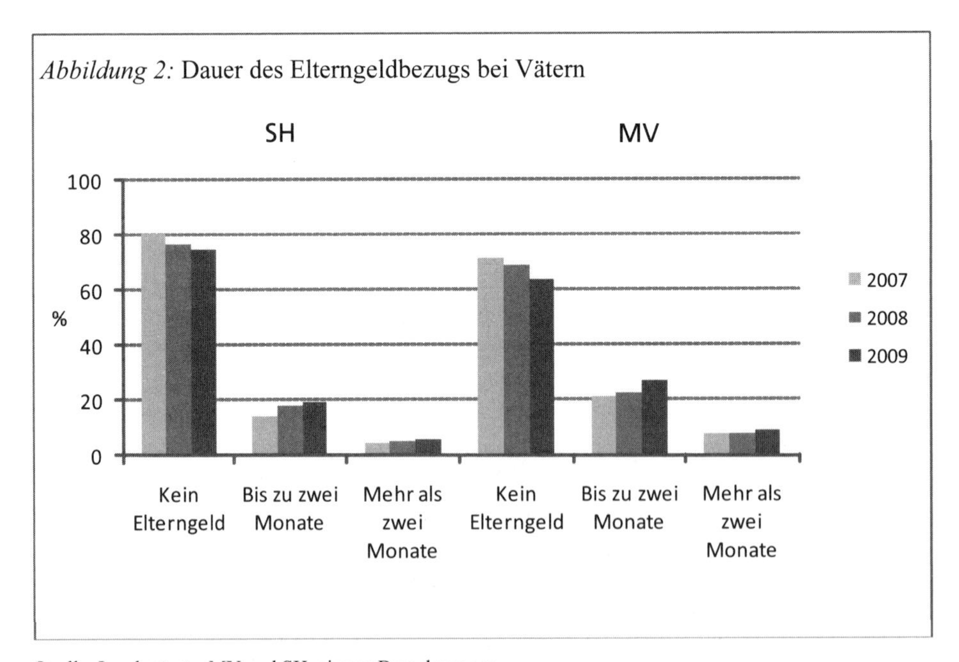

Quelle: Landesämter MV und SH, eigene Berechnungen

15 Wiederum liegen diese Angaben über denen der amtlichen Statistik, da alleinerziehende Frauen aus der Darstellung ausgeschlossen wurden.

Im Folgenden wird es also um den Vergleich der Paare, in denen der Partner ein oder zwei Monate Elterngeld bezieht, mit den Paaren gehen, in denen dies länger der Fall ist. Es wurde bereits darauf hingewiesen, dass die steigende Väterbeteiligung am Elterngeld von einer im Zeitverlauf abnehmenden Bezugsdauer begleitet ist. Unter Gleichstellungsaspekten und im Hinblick auf den Stand der internationalen Forschung ist es wesentlich, empirische Analysen auch auf die Dauer der von Vätern genutzten Elternzeit zu richten. Dafür werden die folgenden Analysen auf vor der Geburt des Kindes erwerbstätige Väter begrenzt. Dadurch erfolgt eine Fokussierung auf die Gruppen von Vätern, bei denen der Elterngeldbezug mit einer Einschränkung der Erwerbstätigkeit im Sinne einer Elternzeit verbunden ist und bei denen sich damit auch die alltägliche Praxis verändert.[16] Mehr als drei Viertel der Paare mit Partnerantrag teilen die Gesamtdauer des Elterngeldbezugs so auf, dass die Frau genau 12 Monate und der Mann genau zwei Monate Elterngeld bezieht. Alle anderen Kombinationen, bei denen die Elternzeit so aufgeteilt wird, dass der Vater mehr als zwei Monate nimmt, sind eher selten.

Tabelle 2: Determinanten eines mehr als zweimonatigen Elterngeldbezugs bei Paaren mit Partnerantrag und vor der Geburt des Kindes erwerbstätigem Partner in MV und SH – Logistische Regressionen, Odds Ratios (95 % Konfidenzgrenzen in Klammern)

	Modell 1	Modell 2	Modell 3
	Exp(B) (95 % Konf.-Grenzen)	Exp(B) (95 % Konf.-Grenzen)	Exp(B) (95 % Konf.-Grenzen)
Region des Wohnorts (Ref. SH)			
MV	1,00 (0,92–1,09)	1,03 (0,95–1,13)	0,99 (0,91–1,08)
Partnerschaftsform (Ref. Ehe)			
NEL	1,06 (0,97–1,16)	1,09 (0,99–1,19)	1,05 (0,96–1,15)
Jahr der Geburt des Kindes (Ref. 2007)			
2008	0,95 (0,86–1,04)	0,95 (0,86–1,05)	0,95 (0,86–1,04)
2009	0,91 (0,83–1,00)	0,92 (0,83–1,01)	0,91 (0,83–1,01)
Anzahl der Kinder im Haushalt (Ref. 1 Kind)			
2 Kinder	1,12 (1,02–1,22)	1,02 (0,93–1,11)	1,11 (1,01–1,21)
3 + Kinder	1,46 (1,28–1,67)	1,30 (1,13–1,48)	1,43 (1,25–1,63)
Altersgruppe des Mannes (Ref. unter 30 Jahre)			
30 bis 34 Jahre	0,97 (0,86–1,10)	0,99 (0,88–1,13)	1,00 (0,88–1,13)
35 + Jahre	1,20 (1,05–1,36)	1,23 (1,08–1,40)	1,23 (1,08–1,41)

16 In Übereinstimmung mit familienökonomischen Erwartungen (Hypothese 1) beanspruchen vor der Geburt des Kindes nicht erwerbstätige Männer deutlich häufiger mindestens drei Monate Elterngeld als vor der Geburt erwerbstätige Männer (37 Prozent der nicht erwerbstätigen Männer verglichen mit 23 Prozent der erwerbstätigen Männer). Dafür mag relevant sein, dass Personen, die einen Anspruch auf Arbeitslosen- und Elterngeld haben, dieses gleichzeitig oder zunächst das Eltern- und dann das Arbeitslosengeld beziehen können (Bundesministerium für Familie, Senioren, Frauen und Jugend 2011).

	Modell 1	Modell 2	Modell 3
	Exp(B) (95 % Konf.-Grenzen)	Exp(B) (95 % Konf.-Grenzen)	Exp(B) (95 % Konf.-Grenzen)
Altersdifferenz des Paares (Ref. Mann gleichaltrig/bis 3 J. älter als Frau)			
Mann mehr als 3 J. älter als Frau	1,09 (0,99–1,19)	1,08 (0,98–1,18)	1,08 (0,98–1,18)
Mann mind. 1 J. jünger als Frau	1,14 (1,02–1,28)	1,14 (1,02–1,29)	1,15 (1,02–1,29)
Erwerbsstatus der Frau ein Jahr vor der Geburt (Ref. abhängig erwerbstätig)			
selbstständig	3,05 (2,63–3,54)	2,86 (2,46–3,32)	2,99 (2,58–3,47)
in Ausbildung	4,68 (3,82–5,74)	3,06 (2,45–3,83)	4,12 (3,32–5,12)
arbeitslos	1,30 (1,04–1,63)	0,86 (0,68–1,10)	1,14 (0,90–1,44)
nicht erwerbstätig	1,97 (1,72–2,26)	1,40 (1,20–1,63)	1,77 (1,51–2,06)
Erwerbsstatus des Mannes ein Jahr vor der Geburt (Ref. abhängig erwerbstätig)			
selbstständig	0,86 (0,77–0,96)	0,81 (0,73–0,91)	0,82 (0,73–0,92)
Erwerbseinkommen des Mannes ein Jahr vor der Geburt (Ref. 1 001–2 000 Euro)			
bis zu 1 000 Euro		1,12 (1,00–1,25)	1,04 (0,93–1,17)
mehr als 2 000 Euro		0,94 (0,85–1,04)	1,10 (0,99–1,23)
Anteil des Erwerbseinkommens der Frau am Erwerbseinkommen des Partners (Ref. 80–119 %)			
< 50 %		1,75 (1,54–1,99)	
50–79 %		0,97 (0,86–1,10)	
≥ 120 %		1,22 (1,08–1,38)	
Summe der Erwerbseinkommen von Partnerin und Partner (Ref. 2 001–3 000 Euro)			
bis zu 2 000 Euro			1,24 (1,08–1,41)
3 001–4 000 Euro			0,96 (0,86–1,07)
mehr als 4 000 Euro			1,02 (0,88–1,18)
Konstante	0,21	0,17	0,19
Likelihood Ratio	572,45	677,13	591,12
Df	15	20	20
Cox & Snell R^2	0,04	0,04	0,04
N mit Elterngeldbezug > 2 Mon./N mit Elterngeldbezug	3 500/1 5479	3 500/1 5479	3 500/1 5479

Quelle: Daten des Elterngeldbezugs in MV, bereitgestellt durch das Landesamt für Gesundheit und Soziales (LAGuS), Daten des Elterngeldbezugs in SH, bereitgestellt durch das Landesamt für soziale Dienste, eigene Berechnungen

Vor diesem Hintergrund wird nun gefragt, in welcher Weise ökonomische Ressourcen des Paares einen über die Zwei-Monats-Norm hinausgehenden Elterngeldbezug des Vaters beeinflussen (Tabelle 2). Alle drei Modelle machen deutlich, dass es zwischen den beiden norddeutschen Bundesländern, dem Jahr der Geburt des Kindes und der Partnerschaftsform keine signifikanten Unterschiede im Hinblick auf die Dauer der Elternzeit gibt. Interessanterweise zeigt sich, dass eine längere Elternzeit des Vaters vor allem bei Kindern höherer Ordnungszahl zu verzeichnen ist. Dies könnte signalisieren, dass Mütter mit mehreren Kindern ihren Partnern dies eher zutrauen. Es könnte aber auch ein stärkeres Bedürfnis nach aktiver Vaterschaft anzeigen oder insbesondere bei drei und mehr Kindern im Haushalt auf eine notwendige Entlastung der Partnerin verweisen. Ältere Männer nehmen öfter eine längere Elternzeit. Gleiches gilt für Partnerschaften mit einem gegenüber der Partnerin jüngeren Mann. Während ein höheres Lebensalter auf eine stabilere Erwerbsintegration hindeutet, könnte eine der gängigen Altersnorm widersprechende Alterskonstellation der Partnerschaft auch Ausdruck egalitärer Orientierungen sein. Eine vor der Geburt des Kindes selbstständige Erwerbstätigkeit steht sowohl bei Männern als auch bei Frauen einer längeren Erwerbsunterbrechung entgegen. Wenn Frauen vor der Geburt des Kindes selbstständig waren, ist es deutlich wahrscheinlicher, dass ihre Partner länger Elternzeit nehmen. Gleiches gilt auch, wenn sich Frauen in einer Ausbildungsphase befanden. Dieser Effekt lässt sich als Unterstützung in besonderen Lebenssituationen interpretieren. Erstaunlicherweise zeigt sich der mit familienökonomischen Erwägungen nicht kompatible Befund, dass auch eine Nichterwerbstätigkeit der Frau mit einer längeren Elternzeit des Partners korreliert. Weiterführende Analysen belegen, dass es sich hier insbesondere um Frauen in familienbedingten Erwerbsunterbrechungen handelt, die ein weiteres Kind bekamen. In der Vergleichsgruppe der abhängig Beschäftigten sind überwiegend Frauen vor der Geburt ihres ersten Kindes. Vieles spricht dafür, dass sich gerade unter den Doppelverdienerpaaren, die ein erstes Kind bekommen und sich für einen väterlichen Elterngeldbezug entscheiden, die „12+2“-Norm besonders stark etabliert hat. Gerade diese Paare scheinen sich mit einer längeren Elternzeit des Mannes schwer zu tun. Seitens der Väter mag dies in der mangelnden Erfahrung der Sorge für ein Kleinkind begründet liegen, seitens der Mütter ist zu berücksichtigen, dass eine mehr als zweimonatige Elternzeit des Partners ihre Bezugsdauer des Elterngeldes verkürzt. In Modell 2 und 3 (Tabelle 2) wird zusätzlich zur Erwerbssituation auch die Einkommenssituation des Paares berücksichtigt. Bei gleichzeitiger Kontrolle des anteiligen Einkommens der Frau geht vom Erwerbseinkommen des Mannes kein signifikanter Einfluss auf die Dauer der Elternzeit aus. Dahinter verbirgt sich jedoch ein interessanter Interaktionseffekt mit dem Bundesland. Weiterführende Analysen weisen aus, dass in SH ein niedriges Einkommen des Mannes dessen längere Elternzeit besonders wahrscheinlich macht, während dies in MV vor allem für gut verdienende Männer gilt. Dies verweist auf unterschiedliche Opportunitätsstrukturen der Einkommenserzielung (vgl. Tabelle A2). Modell 2 zeigt darüber hinaus, dass, verglichen mit einer Situation, in der Partnerin und Partner etwa gleich hohe Nettoeinkommen erzielen, ein besonders geringer und ein besonders hoher Einkommensanteil der Frau eine längere Elternzeit des Vaters positiv beeinflussen. Während Letzteres im Einklang mit ressourcentheoretischen Überlegungen steht, steht eine längere Elternzeit ökonomisch überlegener Männer diesen Überlegungen entgegen. Eine längere Elternzeit des Partners bei Paaren, in denen die Frau sehr wenig zum Haushaltseinkommen beiträgt, kommt überwiegend durch Paarkonstellationen zustande, in denen die Frau familienbedingt nicht erwerbstätig war.

In Modell 3 wird überprüft, ob die Dauer der Elternzeit des Vaters auch mit der Höhe des Haushaltsnettoeinkommens variiert. Verglichen mit einem mittleren Haushaltseinkommen erhöht ausschließlich ein geringes gemeinsames Einkommen die Wahrscheinlichkeit einer längeren Elternzeit des Vaters. Es spricht also wenig dafür, dass diejenigen, die einen zeitweiligen Einkommensausfall am ehesten verkraften könnten, häufiger eine längere Elternzeit des Vaters realisieren. Vor dem Hintergrund der stark selektiven längerfristigen Nutzung der Elternzeit durch Väter ist weder die These einer „exklusiven Emanzipation" (Henninger/Wimbauer/Dombrowski 2008a) noch die einer Avantgarde der Geschlechtergleichstellung zutreffend.

6 Diskussion

Die Ergebnisse der vorliegenden Untersuchung unterstreichen, wie wichtig es ist, den Elterngeldbezug von Vätern nicht allein auf der Individualebene, sondern im Partnerschaftskontext zu analysieren. In mehrfacher Hinsicht hat sich gezeigt, dass erst die Berücksichtigung der Charakteristika und Ressourcen von Partnerin *und* Partner ein angemessenes Verständnis von der Entscheidung zugrunde liegenden Aushandlungen und Abstimmungen ermöglicht.

Vor dem Hintergrund der dynamischen Entwicklung der Väterbeteiligung beim Elterngeldbezug wurde die sozialstrukturelle Zusammensetzung dieser Gruppe genauer analysiert. Dabei wurde deutlich, dass ein Partnerantrag für einen Elterngeldbezug insbesondere dann gestellt wird, wenn es sich um das erste Kind handelt, der Mann bereits etwas älter ist, über eine hohe Schulbildung verfügt, die Partnerin vor der Geburt erwerbstätig war und ein verglichen mit dem Partner höheres Einkommen aufwies. Damit finden sich wenige Befunde, die in die Richtung eines Wertewandels weisen, sondern es zeigt sich eine Unterstützung von Vorhersagen der ökonomischen Ressourcentheorie. Dies mag zum einen daran liegen, dass Wertewandel mit den hier verfügbaren Informationen nur näherungsweise untersucht werden konnte. Zum anderen mag es aber auch dadurch begründet sein, dass Wertewandel und Ressourcenausstattung sich in der Realität nicht so sehr als Alternativen, sondern vielmehr in ihrem komplexen Zusammenwirken darstellen. So könnten beispielsweise jüngere, egalitär eingestellte Väter aufgrund ihrer noch geringen Etabliertheit im Erwerbssystem vor einer längeren Elternzeit zurückschrecken. Zum anderen könnte die subjektive Erfahrung einer als bereichernd, aber möglicherweise auch als anstrengend erlebten Zeit mit dem Kind nachhaltige Auswirkungen auf die Einschätzung innerhalb der Familie erbrachter Leistungen und auch auf individuelle Wertorientierungen haben.

Im Kontext des bundesweiten Trends einer rückläufigen durchschnittlichen Bezugsdauer des Elterngeldes durch Väter und einer immer deutlicheren Etablierung einer ungeschriebenen „12+2-Monatsnorm" des Elterngeldbezugs verdienen gerade die Paare, die sich für eine über die Partnermonate hinausgehende väterliche Elternzeit entscheidende Beachtung. Hier spielen ökonomische Erwägungen ebenfalls eine herausragende Rolle.

Vor der Geburt des Kindes nicht erwerbstätige Männer beziehen deutlich länger Elterngeld als erwerbstätige Männer. Werden die Analysen jedoch – wie im vorliegenden Fall – auf Paare konzentriert, bei denen ein Elterngeldbezug des Vaters auch eine Reduzierung seiner Erwerbsbeteiligung nach sich zieht, so zeigen sich interessante Ergebnisse, die über ausschließlich ökonomisch basierte Erklärungen hinausweisen. Exemplarisch für Mecklenburg-Vorpommern und Schleswig-Holstein hat sich gezeigt, dass eine höhere Anzahl von Kindern im Haushalt eine längere Elternzeit des Vaters unterstützt – eine Tendenz, die sich auch bundesweit nachweisen lässt (Statistisches Bundesamt 2012b). Darüber hinaus haben die Analysen belegt, dass die Entscheidung für einen längeren Elterngeldbezug des Mannes mitunter dazu dient, die spezifische Lebenssituation der Partnerin, beispielsweise die Beendigung einer Ausbildung oder die mit einer selbstständigen Tätigkeit verbundenen Unwägbarkeiten, abzusichern. In diesem Sinne bestätigt sich, dass Paare eben nicht nur Wirtschafts-, sondern auch Solidargemeinschaften sind. Andererseits wurde jedoch auch deutlich, dass gerade eine abhängige Erwerbstätigkeit der Frau eine nur kurzzeitige Elternzeit des Partners begünstigt. Gleiches gilt für ein mittleres Gesamteinkommen des Paares. Es sind also sehr spezifische Paarkonstellationen, innerhalb derer sich vor der Geburt des Kindes erwerbstätige Männer eine längere berufliche Auszeit nehmen. Unter welchen konkreten Bedingungen *beide*, Partnerin und Partner, eine stärker egalitäre Aufteilung der Elternzeit befürworten (z. B. exklusive Partnermonate versus zeitgleiche Nutzung), wurde bislang sozialwissenschaftlich kaum untersucht (vgl. Richter 2012).

Die für die beiden norddeutschen Bundesländer ermittelten Unterschiede zur Dauer des Elterngeldbezugs durch Väter sind teilweise auch Ausdruck unterschiedlicher struktureller Gegebenheiten, die unter anderem durch das Ausmaß der Arbeitslosigkeit oder die Höhe der erzielbaren Einkommen geprägt werden. Vor diesem Hintergrund erscheint es wichtig, auch andere, stärker städtisch geprägte Regionen in künftigen Untersuchungen zu berücksichtigen. Allein die erhebliche regionale Variabilität beim Anteil der Väter, die Elterngeld beziehen, verweist auf die Bedeutsamkeit lokaler Opportunitätsstrukturen (vgl. Abbildung 1).

Letztlich bleibt festzuhalten, dass eine höhere Beteiligung von Vätern an Elterngeld und Elternzeit einen Beitrag dazu leistet, dass Erziehungsarbeit, sowohl gesellschaftlich als auch innerhalb der Partnerschaft, nicht allein Frauen zugewiesen wird. Die bislang sehr selektive längerfristige Nutzung der Elternzeit durch Väter stimmt im Hinblick auf dieses Ziel eher nachdenklich. Ob sich langfristige Wirkungen für die Vater-Kind-Beziehung entfalten, bleibt abzuwarten. Erste Untersuchungsergebnisse geben diesbezüglich Anlass zu vorsichtigem Optimismus (Schober 2012; Wrohlich et al. 2012).

Literaturverzeichnis

Bauernschuster, Stefan & Rainer, Helmut. (2012). Political Regimes and the Family: How Sex-role Attitudes Continue to Differ in Reunified Germany. *Journal of Population Economics, 25*(1), 5–27.

Becker, Gary S. (1991). *A Treatise on the Family.* Cambridge, MA: Harvard University Press.

Bennhold, Katrin. (2010a, 17. Januar). In Germany, a Tradition Falls, and Women Rise. *New York Times*. Zugriff am 6. März 2013 unter www.nytimes.com/2010/01/18/world/europe/18iht-women.html?_r=1.

Bennhold, Katrin. (2010b, 9. Juni). In Sweden, Men Can Have It All. *New York Times*. Zugriff am 6. März 2013 unter www.nytimes.com/2010/06/10/world/europe/10iht-sweden.html.

Berk, Richard A. & Fenstermaker Berk, Sarah. (1983). Supply-Side Sociology of the Family: The Challenge of the New Home Economics. *Annual Review of Sociology, 9*, 375–395.

Bianchi, Suzanne M.; Milkie, Melissa A.; Sayer, Liana C. & Robinson, John P. (2000). Is Anyone Doing the Housework? Trends in the Gender Division of Household Labor. *Social Forces, 79*(1), 191–228.

Blood, Robert O. & Wolfe, Donald M. (1960). *Husbands and Wives. The Dynamics of Married Living.* Glencoe, IL: The Free Press.

Bode, Kim & Neubacher, Alexander. (2010). *Familie: Kind im Mann.* Zugriff am 6. März 2013 unter www.spiegel.de/spiegel/0,1518,druck-730442,00.html.

Bundesagentur für Arbeit. (2010). Arbeitsmarkt 2010. *Amtliche Nachrichten der Bundesagentur für Statistik.* Zugriff am 6. März 2013 unter http://statistik.arbeitsagentur.de/Statischer-Content/Arbeitsmarktberichte/Jahresbericht-Arbeitsmarkt-Deutschland/Generische-Publikationen/Arbeitsmarkt-2010.pdf.

Bundesministerium für Familie, Senioren, Frauen und Jugend. (2007). *Elterngeld und Elternzeit.* Zugriff am 6. März 2013 unter www.tu-berlin.de/fileadmin/i31/Elterngeld_und_Elternzeit.pdf.

Bundesministerium für Familie, Senioren, Frauen und Jugend. (2010). *Unsere Familienleistungen wirken, denn sie schaffen Zeit für Verantwortung.* Zugriff am 6. März 2013 unter www.bmfsfj.de/BMFSFJ/Presse/pressemitteilungen,did=165262.html.

Bundesministerium für Familie, Senioren, Frauen und Jugend. (2011). *Elterngeld und Elternzeit – Das Bundeselterngeld- und Elternzeitgesetz.* Zugriff am 6. März 2013 unter www.bmfsfj.de/BMFSFJ/familie,did=89272.html.

Bundesministerium für Familie, Senioren, Frauen und Jugend. (2012). *Das Elterngeld ist ein Erfolgsmodell.* Zugriff am 6. März 2013 unter www.bmfsfj.de/BMFSFJ/Presse/pressemitteilungen,did=184506.html.

Bundesverfassungsgericht. (2011, 14. September). *Normenkontrollantrag betreffend die Regelung der Bezugszeit von Elterngeld – „Partnermonate" – unzulässig* (Pressemitteilung Nr. 59/2011). Zugriff am 6. März 2013 unter www.bundesverfassungsgericht.de/pressemitteilungen/bvg11-059.html.

Coltrane, Scott. (2009). Fatherhood, Gender and Work-Family Policies. In Janet C. Gornick & Marcia K. Meyers (Hrsg.), *Gender Equality: Transforming Family Divisions of Labor* (S. 385–409). London/New York: Verso.

England, Paula & Budig, Michelle J. (1997). Gary Becker on the Family. His Genius, Impact, and Blind Spots. In Dan Clawson (Hrsg.), *Required Reading: Sociology's Most Influential Books* (S. 95–112). Amherst, MA: University of Massachussetts Press.

Geisler, Esther & Kreyenfeld, Michaela. (2011). Against All Odds: Fathers' Use of Parental Leave in Germany. *Journal of European Social Policy, 21*(1), 88–99.

Geisler, Esther & Kreyenfeld, Michaela. (2012). *How Policy Matters: Germany's Parental Leave Benefit Reform and Fathers' Behavior 1999–2009* (Working Paper 021). Rostock: Max Planck Institute for Demographic Research (MPIDR).

Geist, Claudia. (2005). The Welfare State and the Home: Regime Differences in the Domestic Division of Labour. *European Sociological Review, 21*(1), 23–41.

Henninger, Annette; Wimbauer, Christine & Dombrowski, Rosine. (2008a). Geschlechtergleichheit oder „exklusive Emanzipation"? Ungleichheitssoziologische Implikationen der aktuellen familienpolitischen Reformen. *Berliner Journal für Soziologie, 18*(1), 99–128.

Henninger, Annette; Wimbauer, Christine & Dombrowski, Rosine. (2008b). Demography as a Push toward Gender Equality? Current Reforms of German Family Policy. *Social Politics, 15*(3), 287–314.

Inglehart, Ronald & Norris, Pippa. (2003). *Rising Tide: Gender Equality and Cultural Change around the World.* Cambridge, UK: Cambridge University Press.

Initiative Neue Soziale Marktwirtschaft. (2012). *Bundesländerranking 2012.* Zugriff am 6. März 2013 unter www.bundeslaenderranking.de.

Jurczyk, Karin & Rauschenbach, Thomas. (2009). Elternzeit als Impuls für väterliches Engagement. Ein Vorreiter der Väterpolitik? In Karin Jurczyk & Andreas Lange (Hrsg.), *Vaterwerden und Vatersein heute: Neue Wege – neue Chancen!* (S. 345–368). Gütersloh: Bertelsmann Stiftung.

Kluve, Jochen & Tamm, Marcus. (2013). Parental Leave Regulations, Mothers' Labor Force Attachment and Fathers' Childcare Involvement: Evidence from a Natural Experiment. *Journal of Population Economics, 26*(3), 983–1005.

Lesthaeghe, Ron & Neidert, Lisa. (2009). US Presidential Elections and the Spatial Pattern of the American Second Demographic Transition. *Population and Development Review, 35*(2), 391–400.

Lück, Detlev. (2009). *Der zögernde Abschied vom Patriarchat: Der Wandel von Geschlechterrollen im internationalen Vergleich.* Berlin: edition sigma.

Lundberg, Shelly & Pollak, Robert A. (1996). Bargaining and Distribution in Marriage. *Journal of Economic Perspectives, 10*(4), 139–158.

Mannino, Clelia & Deutsch, Francine. (2007). Changing the Division of Household Labor: A Negotiated Process Between Partners. *Sex Roles, 56*(5–6), 309–324.

Neyer, Gerda. (2006). Elterngeld nur ein Teil in einem großen Puzzle: Sozialpolitik und ihr Effekt auf die Geburtenentwicklung in den nordischen Ländern. *Demografische Forschung aus erster Hand, 3*(2), 3.

Ott, Notburga. (1992). *Intrafamily Bargaining and Household Decisions.* Berlin, Heidelberg, New York: Springer.

Pfahl, Svenja & Reuyß, Stefan. (2010). Das neue Elterngeld: Erfahrungen und betriebliche Nutzungsbedingungen von Vätern. In Bernhard Badura, Helmut Schröder, Joachim Klose & Katrin Macco (Hrsg.), *Fehlzeiten-Report 2010* (S. 225–233). Berlin, Heidelberg, New York: Springer.

Pfau-Effinger, Birgit. (2005). Culture and Welfare State Policies: Reflections on a Complex Interrelation. *Journal of Social Policy, 34*(1), 3–20.

Pull, Kerstin & Vogt, Ann-Cathrin. (2010). Viel Lärm um Nichts? *Soziale Welt, 61*(2), 121–137.

Reich, Nora. (2011). Predictors of Fathers' Use of Parental Leave in Germany. *Population Review, 50*(2), 1–22.

Rheinisch-Westfälisches Institut für Wirtschaftsforschung (RWI). (2008). *Evaluation des Gesetzes zum Elterngeld und zur Elternzeit, Endbericht* (Studie im Auftrag des BMFSFJ). Essen: RWI Essen.

Rheinisch-Westfälisches Institut für Wirtschaftsforschung (RWI). (2009). *Evaluationsbericht Bundeselterngeld- und Elternzeitgesetz 2009* (Studie im Auftrag des BMFSFJ). Essen: RWI Essen.

Richter, Robert. (2012). *Väter in Elternzeit: Umsetzungen und Strategien zwischen Familie und Beruf* (Dissertation Universität Paderborn). Zugriff am 7. März 2013 unter digital.ub.uni-paderborn.de/ubpb/urn/urn:nbn:de:hbz:466:2-9359.

Risman, Barbara J. (2004). Gender as a Social Structure. Theory Wrestling with Activism. *Gender and Society, 18*(4), 429–450.

Rusconi, Alessandra & Solga, Heike. (2007). Determinants of and Obstacles to Dual Careers in Germany. *Zeitschrift für Familienforschung, 19*(3), 311–336.

Schober, Pia S. (2012). *Parental Leave Policies and Child Care Time in Couples after Childbirth* (SOEPpaper 434). Berlin: DIW.

Schutter, Sabina & Zerle-Elsäßer, Claudia. (2012). Das Elterngeld: Wahlfreiheit und Existenzsicherung für (alle) Eltern? *WSI-Mitteilungen, 65*(3), 216–225.

Statistisches Bundesamt. (2008). *Statistik zum Elterngeld – Elterngeld für Geburten 2007: Anträge von Januar 2007 bis Juni 2008.* Zugriff am 27. Februar 2013 unter https://destatis.de/DE/Publikationen/Thematisch/Soziales/Elterngeld/ElterngeldGeburtenJ_5229201079004.pdf?__blob=publicationFile.

Statistisches Bundesamt. (2009). *Statistik zum Elterngeld – Beendete Leistungsbezüge 2008.* Zugriff am 27. Februar 2013 unter https://destatis.de/DE/Publikationen/Thematisch/Soziales/AlteAusgaben/ElterngeldGemeldeteBeendeteBezuegeJAlt.html?nn=72062.

Statistisches Bundesamt. (2010). *Statistik zum Elterngeld – Beendete Leistungsbezüge 2009.* Zugriff am 27. Februar 2013 unter https://destatis.de/DE/Publikationen/Thematisch/Soziales/AlteAusgaben/ElterngeldGemeldeteBeendeteBezuegeJAlt.html?nn=72062.

Statistisches Bundesamt. (2011). *Statistik zum Elterngeld – Beendete Leistungsbezüge 2010.* Zugriff am 27. Februar 2013 unter https://destatis.de/DE/Publikationen/Thematisch/Soziales/AlteAusgaben/ElterngeldGemeldeteBeendeteBezuegeJAlt.html?nn=72062.

Statistisches Bundesamt. (2012a). *Statistik zum Elterngeld – Beendete Leistungsbezüge 2011.* Zugriff am 27. Februar 2013 unter https://destatis.de/DE/Publikationen/Thematisch/Soziales/AlteAusgaben/ElterngeldGemeldeteBeendeteBezuegeJAlt.html?nn=72062.

Statistisches Bundesamt. (2012b). *Pressekonferenz „Elterngeld – wer, wie lange und wie viel? am 27. Juni 2012 in Berlin.* Zugriff am 7. März 2013 unter https://www.destatis.de/DE/PresseService/Presse/Pressekonferenzen/2012/Elterngeld/statement_egeler_elterngeld_PDF.pdf?__blob=publicationFile.

Statistisches Bundesamt. (2013). *Statistik zum Elterngeld – Gemeldete beendete Leistungsbezüge 2012.* Zugriff am 27. Februar 2013 unter https://destatis.de/DE/Publikationen/Thematisch/Soziales/Elterngeld/ElterngeldGemeldeteBeendeteBezuegeJ5229207127004.pdf?__blob=publicationFile.

Vaskovics, Laszlo & Rost, Harald. (1999). *Väter und Erziehungsurlaub.* Stuttgart: Kohlhammer.

Wengler, Annelene; Trappe, Heike & Schmitt, Christian. (2009). Alles wie gehabt? Zur Aufteilung von Hausarbeit und Elternaufgaben in Partnerschaften. *Zeitschrift für Bevölkerungswissenschaft, 34*(1–2), 57–78.

Wiechmann, Elke & Oppen, Maria. (2008). *Gerechtigkeitsvorstellungen im Geschlechterverhältnis – Das Beispiel „Elterngeld"* (WZB Discussion Paper SP III 101). Berlin: WZB.

Wrohlich, Katharina; Berger, Eva; Geyer, Johannes; Haan, Peter; Sengül, Denise; Spieß, C. Katharina & Thiemann, Andreas. (2012). *Elterngeld Monitor* (Politikberatung kompakt 61). Berlin: DIW.

Zur Person

Heike Trappe, Prof. Dr., Universitätsprofessorin für Soziologie mit dem Schwerpunkt Familiendemographie, Institut für Soziologie und Demographie der Universität Rostock. Arbeitsschwerpunkte: Lebensverlaufs-, Familien- und Arbeitsmarktforschung.

Kontakt: Universität Rostock, Institut für Soziologie und Demographie, Ulmenstr. 69, 18057 Rostock

E-Mail: heike.trappe@uni-rostock.de

Anhang

Tabelle A1: Determinanten eines bewilligten Partnerantrags – Beschreibung des Samples

Bewilligter Partnerantrag	
ja	34,0
nein	66,0
Region des Wohnorts	
Westdeutschland	85,8
Ostdeutschland	14,2
Partnerschaftsform	
verheiratet	80,3
nichteheliche Lebensgemeinschaft (NEL)	19,7
Anzahl der Kinder im Haushalt	
1 Kind	55,1
2 Kinder	31,5
3 und mehr Kinder	13,4
Altersgruppe des Mannes	
unter 30 Jahre	20,3
30 bis 34 Jahre	28,7
35 Jahre und älter	51,0
Altersdifferenz innerhalb des Paares	
Mann gleichaltrig oder bis zu drei Jahre älter als Frau	42,9
Mann mehr als drei Jahre älter als Frau	39,1
Mann mindestens ein Jahr jünger als Frau	18,0
Schulbildung von Partnerin und Partner	
beide Hauptschulabschluss	6,3
beide Realschulabschluss	22,1
beide Abitur und/oder Studium	32,2
Frau hat höheren Schulabschluss	22,7
Mann hat höheren Schulabschluss	12,8
andere	3,9
Wohnortgröße	
unter 20 000 EinwohnerInnen	46,0
20 000 bis unter 100 000 EinwohnerInnen	19,8
100 000 EinwohnerInnen und mehr	27,9
keine Angabe	6,3
Erwerbstätigkeit von Partnerin und Partner ein Jahr vor der Geburt	
beide nicht erwerbstätig	3,8
beide erwerbstätig	61,8
Mann erwerbstätig, Frau nicht	17,6

Frau erwerbstätig, Mann nicht	4,1
keine Angabe	12,7
Relation der Nettoeinkommen ein Jahr vor der Geburt	
beide etwa gleiches Einkommen	28,3
Frau verdient mehr	8,0
Mann verdient mehr	36,6
keine Angabe	27,1
Haushaltseinkommen ein Jahr vor der Geburt	
unter 2 000 Euro	25,1
2 000 bis unter 3 000 Euro	30,5
über 3 000 Euro	36,8
keine Angabe	7,6
Fallzahl	1.865

Quelle: Befragung „Junge Familien 2008", eigene Berechnungen

Tabelle A2: Determinanten der Aufteilung des Elterngeldbezugs bei Paaren mit Partnerantrag und vor der Geburt des Kindes erwerbstätigem Partner – Beschreibung des Samples

	Mecklenburg-Vorpommern (MV)	Schleswig-Holstein (SV))	Insgesamt
Dauer des Elterngeldbezugs durch Partner			
1–2 Monate	77,3	77,4	77,4
mehr als 2 Monate	22,7	22,6	22,6
Jahr			
2007	29,6	29,2	29,4
2008	36,6	34,7	35,3
2009	33,8	36,1	35,3
Partnerschaftsform			
verheiratet	62,8	77,3	72,1
nichteheliche Lebensgemeinschaft (NEL)	37,2	22,7	27,9
Anzahl der Kinder im Haushalt			
1 Kind	55,5	60,1	58,5
2 Kinder	34,8	30,2	31,8
3 und mehr Kinder	9,7	9,7	9,7
Altersgruppe der Frau			
unter 30 Jahre	41,0	26,9	32,0
30 bis 34 Jahre	37,8	39,9	39,2
35 Jahre und älter	21,2	32,2	28,8
Altersgruppe des Partners			
unter 30 Jahre	21,6	12,8	15,9
30 bis 34 Jahre	35,3	30,6	32,3

35 Jahre und älter	45,1	56,6	51,8
Altersdifferenz innerhalb des Paares			
Mann gleichaltrig o. bis zu drei Jahre älter als Frau	45,3	43,3	44,0
Mann mehr als drei Jahre älter als Frau	39,3	41,2	40,5
Mann mindestens ein Jahr jünger als Frau	15,4	15,5	15,5
Erwerbsstatus der Frau ein Jahr vor der Geburt			
abhängige Erwerbstätigkeit	80,6	82,1	81,6
selbstständig	5,7	5,1	5,3
in Ausbildung	4,2	1,8	2,6
arbeitslos	5,8	1,3	3,0
andere Nichterwerbstätigkeit	3,7	9,7	7,5
Erwerbsstatus des Partners ein Jahr vor der Geburt			
abhängige Erwerbstätigkeit	84,2	85,5	85,0
selbstständig	15,8	14,5	15,0
Erwerbstätigkeit von Partnerin und Partner ein Jahr vor der Geburt			
beide erwerbstätig	86,3	87,2	86,9
Mann erwerbstätig, Frau nicht erwerbstätig	13,7	12,8	13,1
Erwerbseinkommen der Frau ein Jahr vor der Geburt			
keines	14,0	13,1	13,4
bis zu 1 000 Euro	30,3	26,9	28,1
1 001–2 000 Euro	47,2	43,4	44,8
mehr als 2 000 Euro	8,5	16,6	13,7
Erwerbseinkommen des Partners ein Jahr vor der Geburt			
bis zu 1 000 Euro	29,4	18,3	22,4
1 001–2 000 Euro	52,4	42,9	46,3
mehr als 2 000 Euro	18,2	38,8	31,3
Anteil des Erwerbseinkommens der Frau am Erwerbseinkommen des Partners			
weniger als die Hälfte (Frau verdient deutlich weniger)	25,8	35,0	31,7
50–79 Prozent (Frau verdient weniger)	19,3	18,4	18,7
80–119 Prozent (beide verdienen etwa gleich)	31,2	26,9	28,4
120 Prozent und mehr (Frau verdient mehr)	23,7	19,7	21,2
Summe der Erwerbseinkommen von Partnerin und Partner			
bis zu 2 000 Euro	30,2	18,0	22,5
2 001–3 000 Euro	40,2	32,4	35,2
3 001–4 000 Euro	20,7	32,8	28,4
mehr als 4 000 Euro	8,9	16,8	13,9
Fallzahl	5.593	9.886	15.479

Quelle: Daten des Elterngeldbezugs in MV, bereitgestellt durch das Landesamt für Gesundheit und Soziales (LAGuS), Daten des Elterngeldbezugs in SH, bereitgestellt durch das Landesamt für soziale Dienste, eigene Berechnungen

Cornelia Behnke, Diana Lengersdorf, Michael Meuser

Egalitätsansprüche vs. Selbstverständlichkeiten: Unterschiedliche Rahmungen väterlichen Engagements bei Paaren aus den westlichen und den östlichen Bundesländern[1]

Zusammenfassung

Hinsichtlich der Figur des Familienernährers stehen die Menschen im Osten und Westen Deutschlands seit dem Ende des Zweiten Weltkriegs in unterschiedlichen Traditionen. Infolgedessen wird ein Engagement des Vaters in der Haus- und Familienarbeit durch west- und ostdeutsche Paare unterschiedlich gerahmt. Anhand von Material aus biographisch-narrativen Paarinterviews wird gezeigt, dass die westdeutschen Paare das väterliche Engagement vor dem Hintergrund partnerschaftlicher Egalitätsansprüche betrachten, die ostdeutschen Paare es hingegen pragmatisch motivieren und als eine in der (ostdeutschen) Tradition stehende Selbstverständlichkeit darstellen. Die ihrer Ansicht nach für den Westen typische demonstrative Inszenierung einer neuen Väterlichkeit erfährt Ablehnung. Im Vergleich der unterschiedlichen Rahmungen erscheint der mit dem Etikett „aktive Vaterschaft" verbundene Anspruch einer Modernisierung von Geschlechterverhältnissen als Ausdruck einer hegemonialen westlichen Perspektive.

Schlüsselwörter
Vaterschaft, Hegemonie, Ost-West-Vergleich, männlicher Alleinernährer, geschlechtliche Arbeitsteilung

Summary

Demanding equality vs. a matter of course: Different framings of paternal involvement among couples in west and east Germany

With regard to the figure of the male breadwinner, people in the eastern and western areas of Germany have been living in different traditions since the end of World War II. As a result, west German and east German couples frame paternal commitment to domestic and family work differently. By bringing in material from biographical/narrative interviews with spouses we show that couples in west Germany frame paternal involvement in the context of gender equality standards, east German couples, on the other hand, frame it pragmatically and, referring to the tradition (in east Germany), as a matter of course. For them the figure of the 'new father' appears to be a kind of staging, seen as typical for the West. Comparing the different framings, the approach of modernizing gender relations by referring to the label of 'active fatherhood' can be analyzed as an expression of a Western hegemony.

Keywords
fatherhood, hegemony, east-west comparison, male breadwinner, gendered division of labour

1 Der neue Vaterschaftsdiskurs

Die erste Dekade des 21. Jahrhunderts wird man dereinst im historischen Rückblick möglicherweise als die Dekade der „Entdeckung" des Vaters in der Familie bezeichnen.

[1] Für wertvolle Hinweise zur Überarbeitung des Manuskripts danken wir den anonymen GutachterInnen.

Seit Ende der 1990er Jahre werden vermehrt neue Vaterschaftskonzepte diskutiert (Cyprian 2007: 25; Oechsle/Müller/Hess 2012b: 9f.; Williams 2008). Die Diskursfiguren des „neuen", „aktiven", „engagierten" oder „involvierten" Vaters werden populär. Die deutsche Familienpolitik hat den Vater als Adressaten familienpolitischer Programme entdeckt (Ehnis/Beckmannn 2010), sie fördert, wie auch die EU (Hofäcker 2007: 162), eine aktive Teilhabe der Väter am Familienleben.[2] Vaterschaft erfährt eine gesellschaftliche Aufwertung (Seiffge-Krenke 2009: 215f.). Vor diesem Hintergrund wird die Familienforschung des Umstands gewahr, dass in ihrem Terrain die Männer das „‚vernachlässigte' Geschlecht" sind (Tölke/Hank 2005). Dies wird sich angesichts des rezenten Booms an wissenschaftlicher „Väterliteratur" (vgl. bspw. Ehnis 2009; Jurczyk/Lange 2009; Oechsle/Müller/Hess 2012a; Walter/Eickhorst 2012) wahrscheinlich schon bald ändern. Väterforschung ist international ein expandierendes Feld (Seward/Richter 2008).

Der neue – populäre wie wissenschaftliche – Vaterschaftsdiskurs ist zugleich ein Diskurs über geschlechtlich konnotierte Ungleichheiten in Paararrangements. Indem er ein wie unscharf auch immer formuliertes Gegenbild zur die bürgerliche Geschlechterordnung prägenden Figur des Ernährers der Familie entwirft, knüpfen sich an die neuen Väterbilder Erwartungen an Geschlechtergerechtigkeit im privaten Zusammenleben von Mann und Frau. Ein stärkeres Engagement des Vaters in der Familie, möglicherweise verbunden mit einer Reduzierung von Erwerbsarbeitszeiten, wird, so eine verbreitete Annahme, nicht nur die Qualität der Kinderbetreuung erhöhen, wie dies insbesondere die psychologische Väterforschung betont (Nickel 2002; Seiffge-Krenke 2009), sondern auch egalitäre Geschlechterarrangements befördern (Haas/Hwang 2008; Maříková 2008).

Des Weiteren ist der neue Vaterschaftsdiskurs insofern Teil eines Männlichkeitsdiskurses, als in ihm auch neue Leitbilder von Männlichkeit verhandelt werden (Behnke/Meuser 2012; Matzner 2007).[3] In der Parsons'schen Familiensoziologie, die man als eine soziologische Elaboration des traditionellen bürgerlichen Familienbildes lesen kann, wird die erwachsene männliche Geschlechtsrolle an die Funktion des Ernährers gebunden (Parsons/Bales 1955). Sie ist in der Berufswelt verankert: „in his job and through it by his status-giving and income-earning functions for the family" (Parsons/Bales 1955: 15). Die Relativierung der Ernährerfunktion im rezenten Vaterschaftsdiskurs rührt mithin an die Grundlage tradierter Männlichkeitskonstruktionen.

Betrachtet man die Wirkmächtigkeit der Figur des Familienernährers, stehen allerdings die Menschen im Osten und Westen Deutschlands seit dem Ende des Zweiten Weltkriegs in unterschiedlichen Traditionen (Schmitt/Trappe 2010; Schneider 1994; Scholz 2005). Während im Westen die Versorgerehe lange Zeit staatlich gefördertes Familienmodell war, spielte im Osten die Figur des Vaters als Ernährer der Familie eher eine

2 Nimmt man die seit Einführung des Elternzeit- und Elterngeldgesetzes im Jahr 2007 stetig wachsende Zahl der Väter, die Elternzeit in Anspruch nehmen, als Indikator – für die im Jahr 2010 geborenen Kinder liegt der Wert bei 25,3 Prozent; die durchschnittliche Bezugsdauer beträgt 3,3 Monate (Statistisches Bundesamt 2012: 6, 14) –, ist sie damit erfolgreich.

3 Dieser Aspekt wird insbesondere in der skandinavischen Väterforschung betont, in welcher der dort festgestellte Bedeutungsgewinn der Figur des fürsorglichen Vaters als Indikator eines moderaten Bedeutungsverlusts des Leitbildes der hegemonialen Männlichkeit gesehen wird (Almqvist 2008; Johansson 2011).

untergeordnete Rolle. Zwar waren Männlichkeitskonstruktionen auch hier berufszentriert, es fehlte jedoch angesichts der nahezu vollständigen Inklusion der Frauen (und eben auch der Mütter) in die Erwerbsarbeit die für den Westen typische Reklamierung der Ernährerfunktion für die Seite der Männer (Scholz 2004, 2005). Vor dem Hintergrund dieser doppelten Erwerbsarbeit waren (und sind) die Väter im Osten – möglicherweise unabhängig von ihren Intentionen – stärker in Familienpflichten eingebunden, als dies im Westen der Fall war (und ist), ohne dass dadurch zwingend die geschlechtstypische Arbeitsteilung im Osten aufgehoben gewesen wäre (vgl. Engler 1999; Helfferich et al. 2004: 39ff.; Heß 2010a: 248). Den Daten des vom Deutschen Jugendinstitut durchgeführten Familiensurveys zufolge findet sich das „traditionelle Muster der geschlechtstypischen Arbeitsteilung“ in den östlichen Bundesländern in geringerem Maße als in den westlichen (Huinink/Röhler 2005: 124), insbesondere die Kinderbetreuung ist in höherem Maße partnerschaftlich geteilt (Heß 2010a: 248). Dem korrespondiert der statistische Befund, dass der Anteil der Väter, die Elterngeld beziehen, im Osten höher ist als im Westen (Statistisches Bundesamt 2012: 6ff.).[4] Wie Klärner und Keim (2011: 138) auf der Basis einer vergleichenden qualitativen Studie feststellen, ist ein egalitäres Partnerschaftsarrangement im Osten nicht nur „sehr viel verbreiteter“, sondern auch „selbstverständlicher“ als im Westen. Auch zwei Jahrzehnte nach der Wende sind diese geschlechterkulturellen Unterschiede nicht nivelliert. Hinsichtlich der Erwerbstätigkeit von Müttern und der familialen Arbeitsteilung zeichnen sich die in der DDR begründeten Strukturen und Muster durch eine starke Kontinuität aus. Heß sieht hier einen „eigenen besonderen ostdeutschen Entwicklungsweg [...] – geschlechterkulturelle Leitbilder und Werte aus der DDR haben die kulturellen Orientierungen vieler Ostdeutscher nachhaltig geprägt“ (Heß 2010a: 251).[5]

Diese unterschiedlichen Traditionen sind nicht ohne Auswirkungen darauf, wie ein alltägliches Engagement des Vaters in der Haus- und Familienarbeit auch heute noch durch west- und ostdeutsche Paare gerahmt wird. Die unterschiedlichen Rahmungen werden wir im Folgenden erläutern. Empirische Grundlage ist ein qualitatives Forschungsprojekt über Alltagspraxen und Deutungsmuster von Vaterschaft, welche mittels qualitativer Paarinterviews erhoben wurden (s. u.). Der im Mittelpunkt dieses Beitrags stehende Ost-West-Vergleich zielt nicht darauf ab, Unterschiede im zeitlichen Ausmaß der väterlichen Beteiligung zu erfassen (vgl. hierzu Grunow 2007; Heß 2010b: 106ff.; Huinink/Röhler 2005: 117ff.). Unsere Untersuchung war vielmehr darauf gerichtet zu rekonstruieren, welche Formen von Vaterschaft heute empirisch vorfindbar sind und welche Bedeutung diese Praxen für die befragten Paare selbst haben. Der Ost-West-Vergleich stellt dabei nur eine Vergleichsdimension dar. Weitere Vergleichsdimensionen waren die Milieuzugehörigkeit der Befragten sowie die Arbeitszeitarrangements der Väter. Das Forschungsinteresse galt insgesamt der Frage, wie Vaterschaft heute vor dem Hintergrund unterschiedlicher sozialer Zugehörigkeiten und kultureller Traditionen er-

4 Für die Väter der im Jahr 2008 geborenen Kinder lagen die Werte bei 24 Prozent für die ostdeutschen Bundesländer (ohne Berlin) und 20 Prozent für die westdeutschen (Statistisches Bundesamt 2010: 5).

5 Auf die Existenz unterschiedlicher Geschlechterkulturen in Ost- und Westdeutschland und deren Bedeutung für die alltägliche Lebensführung weisen auch Hofmeister/Baur/Röhler (2009: 199) hin.

lebt und gedeutet wird. Im Folgenden werden wir versuchen aufzuzeigen, inwieweit die Organisation des familialen Lebens durch die unterschiedlichen Traditionen in Ost- und Westdeutschland geprägt ist und an welchen Stellen sich Enttraditionalisierungen andeuten. Nach einigen Bemerkungen zum methodischen Vorgehen werden wir anhand von Fallbeispielen typisch westliche, dann typisch östliche Rahmungen skizzieren, um abschließend zu diskutieren, inwiefern der mit dem Etikett „aktive Vaterschaft" verbundene Anspruch einer Modernisierung von Geschlechterverhältnissen Ausdruck einer hegemonialen westlichen Perspektive auf väterliches Engagement ist.

2 Methodisches Vorgehen zur Untersuchung von Paararrangements

Vor dem skizzierten Hintergrund einer zumindest in bestimmten Teilen der Gesellschaft stattfindenden Diskursivierung von Vaterschaft bzw. eines auch wiederum in Teilen der Gesellschaft gewandelten Verständnisses von Vaterschaft wurden in einem Forschungsprojekt mit qualitativ-rekonstruktivem Zuschnitt mittels autobiographisch-narrativer Paarinterviews Alltagspraxen und Deutungsmuster von Vaterschaft aus der Perspektive der Akteure untersucht.[6] Praxen und Deutungsmuster von Vaterschaft wurden im Kontext der Paarbeziehung thematisiert. Unsere Forschungsfrage hebt auf die Erfassung impliziter Wissensbestände ab, daher musste die Forschungssituation so gestaltet sein, dass die Untersuchungspersonen hinreichend Raum erhielten, um das Forschungsthema gemäß ihrer eigenen Relevanzsetzungen zu entfalten. Das von uns gewählte biographische Paarinterview ist ein geeignetes Verfahren zur Rekonstruktion von Paararrangements. Es stellt eine Mischform aus autobiographisch-narrativem Interview und Gruppendiskussionsverfahren dar und hat sich bereits in einem anderen Forschungskontext zu sogenannten Doppelkarrierepaaren als äußerst produktiv erwiesen (vgl. Behnke/Meuser 2003a, 2003b, 2005). Die Paare wurden von uns aufgefordert, gemeinsam ihre Paargeschichte zu erzählen. Nach einer kurzen Erläuterung der Forschungsfrage fragten wir als Einstieg in die Erzählung nach der Entwicklung der Paargeschichte vom Zeitpunkt der Familienplanung bzw. der ersten Schwangerschaft an. Bereits in der Reaktion auf unsere Erläuterung des Forschungsansinnens – als Ausgangspunkt postulierten wir einen Wandel der Vaterrolle – zeigten sich erste Unterschiede zwischen unseren westdeutschen und ostdeutschen InterviewpartnerInnen. Während von den westdeutschen InterviewpartnerInnen die Frage nach dem Wandel der Vaterrolle als relevant und sinnvoll erachtet wurde, reagierten die ostdeutschen InterviewpartnerInnen eher reserviert. Bereits an dieser Stelle, noch vor Beginn des eigentlichen Interviews, dokumentiert sich ein gemeinsam geteilter Relevanzrahmen unter den Westdeutschen, in diesem Falle dem westdeutschen Forschungsteam und den westdeutschen Interviewten, der allerdings nicht von Beginn an

6 Das an der TU Dortmund von 2009 bis 2012 durchgeführte Forschungsprojekt „Gewinne und Verluste. Ambivalenzen einer stärkeren Involvierung des Vaters im familialen Binnenraum" wurde von der Deutschen Forschungsgemeinschaft gefördert.

zum Gegenstand methodischer Reflexionen gemacht wurde. Durch das Forschungsteam wurde so zunächst ein spezifischer Diskurs, nämlich der westdeutsch geprägte Diskurs über aktive Vaterschaft, als allgemein gültig unterstellt. Man kann dies als Dokument einer nicht intendierten, in die Routinen der Forschungspraxis eingelassenen kulturellen Hegemonie des Westens sehen. Wir werden darauf zurückkommen.

Die interviewten Paare entwickelten ihre Paargeschichte in gemeinsamer Interaktion in Form einer Stegreiferzählung. Neben der biographischen Erzählung erhielten wir somit zusätzlich die Interaktion der beiden PartnerInnen in der Interviewsituation als eine weitere Datenquelle. Bei der gemeinschaftlichen Produktion der Paargeschichte wenden sich die PartnerInnen sowohl an die Interviewerin als auch wechselseitig aneinander. Die PartnerInnen müssen sich in situ auf eine gemeinsame Geschichte einigen, dabei werden sowohl gemeinsam geteilte Deutungen als auch Divergenzen deutlich. Die Auswertung der interaktiven Erzählung erfolgte in Anlehnung an die dokumentarische Methode der Interpretation (vgl. Bohnsack 2003; Bohnsack/Nentwig-Gesemann/Nohl 2007). Ausgewählte Textpassagen wurden einer feingliedrigen formalen und inhaltlichen Analyse unterzogen. Gegenstand der Interpretation waren sowohl die zwischen den PartnerInnen verhandelten Themen als auch die Diskursorganisation, d. h. die Art und Weise, wie die Themen kommunikativ entfaltet wurden.

Die Auswahl der InterviewpartnerInnen erfolgte in einer Kombination aus selektivem und theoretischem Sampling (vgl. Glaser/Strauss 1967, 1979). Zunächst wurde nach bestimmten Selektionskriterien vorgegangen, um dann das Sample um solche Fälle zu erweitern, die im Sinne einer minimalen und maximalen Vergleichsgruppenbildung notwendig waren. Gemeinsames Merkmal der von uns interviewten Paare ist, dass sich diese in der vergleichsweise betreuungsintensiven Phase von Elternschaft befinden, d. h., sie haben Kinder im Baby-, Kindergarten- oder Grundschulalter. Die meisten Paare sind zwischen 30 und 40 Jahren und haben ein bis drei Kinder. Weitere entscheidende Kriterien für die Auswahl der Paare waren die Ermöglichung eines Ost-West-Vergleichs sowie eines Milieuvergleichs. Milieu verstehen wir im Sinne Karl Mannheims (1980) als einen konjunktiven Erfahrungsraum, d. h. als eine durch gemeinsame soziale und kulturelle Hintergründe, Erfahrungen und Wissensbestände konstituierte Verbundenheit der Individuen (vgl. auch Bohnsack 2003: 111f.). Bei der Stichprobenbildung haben wir nach Bildungsmilieus unterschieden. Unsere InterviewpartnerInnen gehören zu gleichen Anteilen der gebildeten Mittelschicht sowie dem einfachen Angestellten- und ArbeiterInnenmilieu an. Die befragten Paare entstammen vorwiegend größeren Städten bzw. kleinen Gemeinden in Großstadtnähe. Insgesamt führten wir 36 Interviews. Im Fokus unserer folgenden Ausführungen steht, wie bereits erwähnt, anhand einiger ausgewählter Fallbeispiele aus unserem Sample der Ost-West-Vergleich. Um die Typik dieser Dimension deutlich zu machen, vernachlässigen wir in diesem Beitrag die Unterschiede, die der Milieugebundenheit der InterviewpartnerInnen geschuldet sind, und beziehen uns ausschließlich auf Paare, die dem Milieu der gebildeten Mittelschicht angehören.[7]

7 Für eine Milieuunterschiede einbeziehende Darstellung vgl. Behnke 2012.

3 „Da bist du wirklich komplett unambitioniert" – Egalitätsansprüche von westdeutschen Paaren

Die bürgerliche Mittelschicht in Westdeutschland ist in unserem Sample zu einem großen Teil durch LehrerInnen, HochschullehrerInnen und JournalistInnen vertreten. Im Sinne der Bourdieu'schen Unterscheidung von Kapitalsorten (Bourdieu 1988) gehören sie der Fraktion des Bürgertums an, die über viel kulturelles Kapital verfügt. Den Paaren im Westen Deutschlands ist es wichtig, bereits in relativ konsolidierten ökonomischen Verhältnissen zu leben, bevor eine Familie gegründet wird. In der bürgerlichen Mittelschicht ist der Zeitpunkt, der als passend für die Gründung einer Familie erachtet wird, noch immer stark an die berufliche Positionierung des Mannes gebunden. Die Figur des Mannes als Ernährer der Familie ist mithin noch immer virulent. Dies zeigt sich auch dort, wo traditionelle Rollenmodelle durchaus kritisch reflektiert werden. Das im Folgenden porträtierte Paar Hoffmann ist insofern exemplarisch für die gebildete Mittelschicht im Westen Deutschlands, als beide PartnerInnen einen Hochschulabschluss haben; Frau Hoffmann ist zudem promoviert. Beide arbeiten im Bereich der Medien, er als freiberuflicher Mitarbeiter, sie als fest angestellte Redakteurin. Das Paar ist verheiratet und hat zwei Kinder, zum Interviewzeitpunkt erwartet die Frau das dritte Kind. Modernisierte Geschlechterverhältnisse und aktive Vaterschaft sind für dieses Paar relevante Referenzgrößen. Herr Hoffmann hat, was von beiden PartnerInnen sehr positiv dargestellt wird, bei beiden Kindern für mehrere Monate in Form von Elternzeit hauptverantwortlich die Betreuung übernommen. Gleichwohl ist die Chiffre des Familienernährers für ihn von Bedeutung, wie das folgende Zitat illustriert:[8]

Hm: ( ) Das hat vielleicht auch etwas- (der späte) Zeitpunkt etwas zu tun mit- mit ner beruflichen Situation, wo man vielleicht diese Entscheidung dann erst trifft, wenn äh (.) man (.) so stabil is im Beruf und ähm sich so (.)

Y1: └ Mhm └wenn man schon so 'n bisschen arriviert is im

Hw: └Mhm

Hm: sich so reingekämpft hat und-und das Einkommen stabil is, dass auch die wirtschaftliche Lei- Grundlage (.) Also das war für mich schon (.)

Hw: └Für dich war des wichtig ne?

Hm: └Also die (w-w-) das Familienbild ganz klassisch ähm (.)

Hw: └(leichtes Lachen)

Hm: ich muss in der Lage sein eine Familie zu ernähren, ähm das is schon ein (.) ein Selbstverständnis was-was da is, auch wenn du das lustig findest, (lacht)

Y1: └Mhm

8 Die Transkription der Paarinterviews folgt dem für Gruppendiskussionen entwickelten Transkriptionsschema (Bohnsack 2003: 235). Notiert – und durch ein Häkchen (└) markiert – werden u. a. Überlappungen und Anschlüsse bei SprecherInnenwechsel sowie Verzögerungspausen; „(.)" markiert eine Pause unter einer Sekunde.

Dieser Interviewpartner hat, trotz zeitweilig gelebter aktiver Vaterschaft, ein, wie er selbst formuliert, durchaus „klassisches“ Selbstverständnis, das für ihn allerdings reflexiv verfügbar ist. Gemäß diesem in der Tradition der bürgerlichen Familie stehenden Selbstverständnis sollte ein Mann in der Lage sein, von seinem Einkommen eine Familie zu ernähren. Seine Frau zeigt gegenüber dieser Chiffre mehr Distanz („für dich war des wichtig ne?“). Herr Hoffmann signalisiert seiner Frau durch sein Lachen, dass er durchaus in der Lage ist, dieses „klassische“ Selbstverständnis zu ironisieren. Dennoch steht er dazu: „Auch wenn du das lustig findest“.

Typisch für die bürgerliche Mittelschicht im Westen Deutschlands ist eine Orientierung am Gleichheitsideal. Die praktizierte Form der partnerschaftlichen Arbeitsteilung muss allerdings nicht zwangsläufig diesem Ideal entsprechen. Tatsächlich finden wir in diesem Milieu häufig eher traditionelle Arrangements mit dem Mann in der Funktion des Haupternährers und der Frau als Hauptverantwortlicher für die Familienarbeit (vgl. auch Klärner/Keim 2011). Gleichwohl ist es den Paaren wichtig, zu betonen, dass sie in ihren partnerschaftlichen Arrangements dem Prinzip der Gleichheit verpflichtet und emanzipiert von traditionellen Rollenzuweisungen sind. Koppetsch/Burkart (1999) sprechen in diesem Zusammenhang von der „Illusion der Emanzipation“. Die „Konsensfiktionen“, die ihnen zufolge typischerweise die Partnerschaftsarrangements im individualisierten akademischen Milieu tragen, zeigen sich auch in unseren Interviews. Vor diesem Hintergrund fällt auf, dass es allgemein Aufgabe der Frauen ist, die Leistungen der Männer auf dem Feld der Familienarbeit anerkennend herauszustellen bzw. darauf hinzuweisen, dass der Partner zumindest prinzipiell bereit *wäre*, die Hauptverantwortung für die Familienarbeit zu übernehmen. Exemplarisch für eine solche Darstellung von weiblicher Seite ist das folgende Zitat. Es stammt von dem Paar Igler. Herr Igler ist in Vollzeit tätiger Professor, Frau Igler ist auf Teilzeitbasis tätige Buchhändlerin. Das Paar ist verheiratet und hat miteinander zwei Kinder:

Iw: Ja wobei man auf der anderen Seiten auch sagen muss is (.) wir haben auch (.) einfach knallhart geguckt, was verdienst du, was verdien ich, und das war denke ich auch ganz klar, dass du trotzdem dass du der der Hauptverdiener bleiben wirst, weil mit einem

Im: └Ja-ja klar ja-ja

Iw: Buchhandelsgehalt hätten wir keine Familie ernähren können, also das war äh irgendwie auch klar. Wäre die Situation anders gewesen hättest du glaub ich überhaupt gar kein Problem damit gehabt (lacht) zu sagen (.)

Im: └Nöö hättst du mehr verdient (.) Es war rein (.) Also von-

Iw: └Mhm

Im: meiner Seite aus war's rein die Frage wer verdient mehr.

Iw: └Also da bist du wirklich komplett unambitioniert. Also des is (.)

Y1: └Mhm (.) Mhm also Sie hätten auch gesacht ich mach Familienarbeit jetzt für'n für paar Jahre?

Im: └Ja (.) ja (.) ja └ja also das war wirklich (.) Also hätte-hätte sie in 'ner Bank gearbeitet oder was weiß ich meinetwegen irgendwie weiß der Himmel was, irgendwas wo man richtig viel Geld verdient, klar (ja) also wär überhaupt kein Problem gewesen

Die Interviewpartnerin konstruiert hier den Fall, dass ihr Mann, wenn es ökonomisch rational wäre, hauptverantwortlich Familienarbeit leisten würde, als völlig problemlos. Sie charakterisiert ihren Partner als einen Mann, für den die Position des Familienernährers nicht symbolisch im Sinne von Statusrelevanz aufgeladen ist („da bist du wirklich komplett unambitioniert"). Herr Igler bestätigt die Konstruktion seiner Frau, der zufolge das praktizierte Arrangement ausschließlich pragmatischen Überlegungen geschuldet ist („rein die Frage wer verdient mehr"). Frau Igler entlastet mit ihrer Darstellung ihren Partner in der Interviewsituation von einem etwaigen Rechtfertigungsdruck. Er kann nun, ohne befürchten zu müssen, auf Zweifel zu stoßen, seine Bereitschaft zur Familienarbeit explizieren. Diese gilt durch die Darstellung seiner Frau als verbürgt. Frau und Herr Igler konstruieren gemeinsam ein auf Egalität beruhendes partnerschaftliches Arrangement. Die Glaubwürdigkeit (für die Interviewerin, aber auch für das Paar selbst) wird aber vor allem durch Frau Igler erzeugt.

Dieses Paar lebt ein Arrangement mit einer eher traditionellen Arbeitsteilung. Der Mann ist beruflich sehr gut positioniert und fungiert als Hauptemährer der Familie. Seine Partnerin hat eine deutlich weniger gut dotierte berufliche Position und arbeitet auf Teilzeitbasis. Die Hauptverantwortung für die Kinderbetreuung obliegt klar ihr; der regelmäßige Beitrag ihres Partners in der Familienarbeit besteht darin, an einem Nachmittag in der Woche vorzeitig die Arbeit zu beenden und die Kinderbetreuung zu übernehmen. Für dieses Paar besteht ein Spannungsverhältnis zwischen Gleichheitsansprüchen und tatsächlich gelebtem Arrangement. Frau Igler versucht dieses Spannungsverhältnis aufzulösen, indem sie auf die *potenzielle* Bereitschaft ihres Partners für hauptverantwortliche Familienarbeit verweist.

Im Milieu der westdeutschen bürgerlichen Mittelschicht fällt es typischerweise den Frauen zu, die Herausforderungen, die durch die Familiengründung auf die Männer zukommen, zu charakterisieren und positiv herauszustreichen. Exemplarisch dafür steht ein LehrerInnenehepaar mit einem kleinen Kind, das Paar Gabriel. Das Paar erwartet zum Interviewzeitpunkt ein zweites Kind. Wie die erste Schwangerschaft, so verläuft auch die zweite Schwangerschaft nicht ganz unkompliziert. In dieser Situation schildert Frau Gabriel ihren Mann als „verantwortungsvoll, liebevoll und umsorgend". Dass diese Dimension seines Verhaltens in der Perspektive der Partnerin nicht unbedingt zum selbstverständlichen Repertoire eines Mannes gehört, dokumentiert sich in ihrer überaus positiven Bewertung. Die Partnerin lobt das Verhalten ihres Mannes in dieser Situation ganz explizit: Ihr Mann habe diese Zeit „sehr bravourös gemeistert". Der Mann lässt diese Charakterisierung seiner Qualitäten durch seine Partnerin unkommentiert. Quasi im Gegenzug streicht er dafür heraus, wie überzeugt er bereits vor Geburt des ersten Kindes von der Eignung seiner Frau für die Kinderbetreuung war und dass er mit dieser Eignung nicht konkurrieren könne. Zwischen den PartnerInnen besteht Einigkeit darüber, dass die Frau in Sachen Fürsorgearbeit als „ein bisschen kompetenter" (Burkart 2007: 88) gelten darf. Bei den Paaren aus den bildungsbürgerlichen Milieus im Westen Deutschlands findet sich, bei aller kritischen Reflexion des Geschlechterverhältnisses, nach wie vor eine Fortführung der Tradition der bürgerlichen Familie, verbunden mit einer ausgeprägten Sphärentrennung. Zwar ist die Sphäre des Hauses heute für die Männer nicht mehr „eine arbeitsfreie Idylle" (Hausen 1988), sie ist aber immer noch eine Domäne der Frauen.

4 „Klar wie's Amen in der Kirche" – Selbstverständlichkeiten von ostdeutschen Paaren

Die von uns interviewten Paare aus den östlichen Bundesländern haben ihre eigene Kindheit noch in der DDR erlebt. Die Berufstätigkeit beider Eltern sowie die Inanspruchnahme öffentlicher Betreuung in Krippe und Kita sind für nahezu alle unsere InterviewpartnerInnen aus dem Osten Deutschlands eine Selbstverständlichkeit. Häufig wird in diesem Zusammenhang positiv hervorgehoben, dass die eigenen Kinder so aufwachsen wie sie selbst einst aufwuchsen. Die eigene Lebensführung steht also in einer Kontinuität („so, wie, wie ich im Prinzip auch aufgewachsen bin").

Im Unterschied zu den westdeutschen Paaren wird in den Erzählungen der ostdeutschen Paare der beruflichen Positionierung der PartnerInnen – vornehmlich des Mannes – keine besonders hohe Bedeutung für die Realisierung des Familienwunsches zugesprochen. Ebenso ist die Figur des Ernährers der Familie kein relevantes Thema (vgl. auch Helfferich et al. 2004) und es existieren auch keine konkreten Vorstellungen darüber, wie eine Alleinernährerfamilie praktisch organisiert ist. Dieser Befund korrespondiert mit einem im Vergleich zu den „Westpaaren" in unserem Sample niedrigen Anteil an Legalisierungen der Partnerschaft durch eine Ehe. Während bei den „Westpaaren" nur ein Paar nicht verheiratet war, finden wir bei den „Ostpaaren" diese Form des Zusammenlebens bei der Hälfte der Paare.[9] Unsere Daten stützen den Befund, dass das Modell einer doppelten Vollerwerbstätigkeit in den östlichen Bundesländern noch immer Bestand hat und sowohl die Erwerbstätigkeit von Frauen als auch die öffentliche Betreuung der Kinder bis heute im hohen Maße akzeptiert ist (Scholz 2004: 55; Klärner/Keim 2011).

Väterliches Engagement innerhalb der Familie wird vor diesem Hintergrund eher in der Manier einer beiläufigen Selbstverständlichkeit praktiziert. Dennoch stellen westdeutsche Diskurse und Praktiken einen Referenzrahmen für die Positionierung der ostdeutschen Väter dar. Diese zwei Aspekte sollen im Folgenden anhand von zwei Fallbeispielen, den Paaren Obermeier und Naumann, aufgezeigt werden. Herr und Frau Obermeier sind beide Mitte dreißig und seit 14 Jahren ein Paar. Sie arbeiten als Ärzte in unterschiedlichen Kliniken in Vollzeit. Das Paar hat zwei gemeinsame Kinder im

9 Dies korrespondiert dem von Konietzka und Kreyenfeld (2010: 125) auf der Basis von Daten des Statistischen Bundesamtes erhobenen Befund, dass der Anteil nichtehelicher Geburten 2004 in „Westdeutschland" bei 22 Prozent lag, in „Ostdeutschland" hingegen bei 60 Prozent.

Alter von sechs und vier Jahren. Bei beiden Kindern hat Frau Obermeier etwas mehr als ein Jahr beruflich ausgesetzt, dann aber ihren beruflichen Werdegang fortgesetzt. Derzeit befindet sie sich in der Phase der Facharztausbildung, während ihr Mann bereits als Chirurg tätig ist. Für das Paar war es, wie Herr Obermeier formuliert, „klar wie's Amen in der Kirche", dass ihre Kinder jeweils mit gut einem Jahr in die Kita kommen. Dort bzw. im Hort werden sie bis 16 Uhr betreut und anschließend von einem der Großelternpaare abgeholt. Die Großeltern sind ein wesentlicher Bestandteil des Betreuungssystems, Herr Obermeier spricht vom „Regelmodell Großeltern". Herr oder Frau Obermeier übernehmen die Kinder dann nach Beendigung ihres Dienstes, wobei sich die Zuständigkeit nach dem jeweiligen Dienstende der PartnerInnen richtet. Soweit handelt es sich um ein in der Tradition der DDR stehendes Arrangement. Parallel dazu existiert allerdings – zumindest auf männlicher Seite – auch ein anderes Idealbild, nämlich das Ideal eines Arrangements geschlechtsspezifischer Aufgabenteilung in der Tradition der bürgerlichen Familie. Auf die Frage nach Plänen und Wünschen für die Zukunft skizziert Herr Obermeier ein Sehnsuchtsbild, sein „non plus ultra", nämlich ein „Hausmuttchen".

Om: Aber das-das-das non plus ultra wär natürlich wenn ich jetzt jemanden hätte äh son-son Hausmuttchen sag ich jetzt mal ja die den ganzen Tag zu Hause ist die zu Hause den Haushalt-

Y1: └Ja

Om: machen kann dass ich mich damit nicht belasten muss die sich äh-ähm um die Kinder kümmert den ganzen Tag aber das ist definitiv äh (.) nie nen Gesprächsthema gewesen dass das irgendwie dass du das machen würdest oder sowas sondern äh wir hatten ja (.) die Ziele vor Augen wir wollen beide oder hatten beide nen Beruf vor Augen oder die Berufung wie auch immer vor Augen und äh wollen der auch nachkommen und da geht das nicht dass das so ist und damit sind andere Leute vor uns klar gekommen damit werden wir och klar kommen

Herr Obermeier ist sich bewusst, dass er seinen Wunsch nach einem „Hausmuttchen" nicht wird realisieren können, da beide PartnerInnen immer schon gleichermaßen beruflich orientiert waren. Gleichwohl entfaltet er an dieser Stelle unkommentiert von seiner Frau seinen Wunsch. Diese erhebt keine Einwände, obwohl das Bild des „Hausmuttchens" auch ihre Lebenszusammenhänge betrifft. Dies lässt entweder den Schluss zu, dass der Wunsch ihres Mannes auch aus ihrer Sicht legitim ist, zumindest keiner Korrektur in der Interviewsituation bedarf, oder dass sie sich sicher ist, dass ihr Mann um die Unerfüllbarkeit seines Wunsches zumindest in der Partnerschaft mit ihr weiß. Auch dann bestünde keine Notwendigkeit, die Äußerung ihres Mannes zu kommentieren. Herr Obermeiers Wunsch entspricht dem Ideal eines traditionellen bürgerlichen Familienmodells mit der sorgenden und den Mann von allen Familienarbeiten entlastenden Hausfrau. Vor dem Hintergrund der in den östlichen Bundesländern üblichen und auch vom Paar Obermeier im Modus der Selbstverständlichkeit praktizierten Lebensführung mit doppelter Erwerbstätigkeit und Inanspruchnahme öffentlicher Betreuung kann diese Orientierung in Ostdeutschland als enttraditionalisiert bezeichnet werden. Der Mann bricht, wenn auch nur in seinen Wünschen, mit der bei ostdeutschen Paaren üblichen

Organisation des familialen Lebens.

Zu einem in der ostdeutschen Tradition verorteten Verständnis von Vaterschaft zählt auch, nicht viel Aufhebens darum zu machen, dass man(n) sich an Kinderbetreuung und Familienarbeit beteiligt (Scholz 2004). Das männliche Engagement in der Haus- und Familienarbeit wird in den Interviews eher beiläufig erwähnt und nicht geschlechterpolitisch oder mit Gleichheitsansprüchen gerahmt. Im Gegensatz zu unseren westdeutschen, bildungsbürgerlichen InterviewpartnerInnen wird väterliches Engagement nicht als ein Akt männlicher Emanzipation und auch nicht als ein Beitrag zu einem geschlechtergerechten Familienarrangement präsentiert. Wenn man Kinder hat, so der Tenor, dann ist es selbstverständlich, dass auch der Vater Arbeiten im Rahmen der Kinderpflege und -betreuung übernimmt. Ostdeutsche Väter befremdet das Aufheben, das ihrer Wahrnehmung nach westdeutsche Väter um ihr Engagement machen; es erscheint ihnen als übertrieben. Das, was den westdeutschen Vätern als neu erscheint, wird von den ostdeutschen Vätern als selbstverständlich empfunden. Diese Haltung kommt bei dem folgenden Fallbeispiel, dem Paar Naumann, deutlich zum Ausdruck.

Herr Naumann ist 38 Jahre alt und seit zwölf Jahren mit seiner drei Jahre jüngeren Frau zusammen. Das Paar hat zwei Kinder im Alter von zwei Jahren und einem halben Jahr. Frau Naumann ist Heilpraktikerin und ihr Mann Personalleiter. Herr Naumann ist kontinuierlich in Vollzeit tätig, während seine Frau zum Interviewzeitpunkt wegen der Betreuung des jüngsten Kindes in Teilzeit freiberuflich tätig ist. In der folgenden Interviewpassage arbeitet Herr Naumann sich an seinem Bild der „Westmänner“ ab.

Nm: ähm (.) es gibt aber son Intrend und das sind Sachen die mir nie nicht also die mir noch nie gepasst haben (.) das ist also inzwischen ja son Intrend geworden ist (.) das äh Väter äh-äh so im

Y1: └aha

Nm: Prinzip zwei Monate also da gehts gar nicht um die um die Elternzeit im Sinne der der Mutter glaube ich sondern um äh (3) das machen halt alle und wenn ich in sein will muss ichs auch machen

Y1/Nw: Mhm.

Nm: das ist aber mehr so in diesem in diesem Vätern und Mütterkreisen (2)

Y1: Mhm.

Nm: so (.) das jeder jetzt also (.) das werden Sie jetzt nur bedingt verstehen (1) aber ich hab mich früher fürchterlich drüber aufgeregt wenn man dann äh (.) also es gibt so zwei das ist keine Ost-West das ist mehr Erziehungs-äh-frage aber so diese-diese typischen Äußerungen (.) die ich dann im Fernsehen und die schreib ich eben persönlich Westmännern zu aber das hat nix mit dass die schlechter oder besser sondern einfach nur (.)

Y1: └Ja └aha

Nm: ich hab schon mal ne Windel gewechselt (2) wo ich dann so denke na sag mal also das-davon geh ich mal aus. also dass jemand der ein Kind der also wenn man sowas betonen muss und das

Y1: └Mhm.

Nm: war zum Beispiel so ne Zeitlang so ne In(.)geschichte wo jeder den modernen Vater

Y1: Mhm (.) mhm

Nm: spielen wollte oder musste das also jeder also natürlich hab ich Windeln gewechselt also nicht dass ich ansatzweise das hab ich ja vorhin mit diesem 90-10 zum Ausdruck gebracht (.) äh meiner Frau da Konkurrenz machen könnte

Auch hier haben wir es mit einer Passage zu tun, die bis auf ein „mhm“ zu Beginn von der Partnerin unkommentiert bleibt. Herr Naumann kann also relativ ungestört seine Sicht der Dinge entfalten, die – ebenso wie bei dem zuvor dargestellten Paar Obermeier – Aspekte beinhaltet, die seine Frau bzw. die Partnerschaft betreffen. Während sich im „Westen“ eine diskursive Zuständigkeit der Frauen für die Darstellung des Gleichheitsideals zeigte, wird bei den Paaren im „Osten“ eine gewisse Dominanz auf Seiten der Männer deutlich, wenn es um die Darstellung zentraler Leitbilder geht. Herr Naumann zeichnet das Bild von „Westmännern“, die in seiner Wahrnehmung in ihrem väterlichen Engagement von *Moden und Fassaden* bestimmt sind. Er betont den Inszenierungscharakter des väterlichen Engagements dieser Männer. Ihnen ginge es vor allem darum, als moderner Vater *wahrgenommen* zu werden. Dieser „westlichen“ Inszenierungspraxis, in der alltägliche Aufgaben der Kinderpflege und -betreuung demonstrativ als besondere Leistungen dargestellt würden („ich hab schon mal ne Windel gewechselt“), stellt er eine aus seiner Sicht für den Osten typische, im Modus der Selbstverständlichkeit praktizierte Väterlichkeit gegenüber.

Über die hier exemplarisch vorgestellten Paare hinaus zeigt sich, dass „aktive Vaterschaft“ in Ostdeutschland mit einer deutlich größeren Selbstverständlichkeit praktiziert wird als im Westen – Väter sind alltäglich und ohne dies als etwas Besonderes herauszustellen in der familiären Sphäre tätig. Das heißt nicht unbedingt, dass sie mehr Familienarbeit leisten als die westdeutschen Väter; Herr Naumann übernimmt dem eigenen Bekunden zufolge 10 Prozent („90-10“). „Aktive Vaterschaft“ ist jedoch in den östlichen Bundesländern weniger symbolisch aufgeladen als im „Westen“ und auch in geringerem Maße ein Diskussionsgegenstand zwischen den PartnerInnen.

5 Schlussbetrachtung: Unterschiedliche Rahmungen aktiver Vaterschaft und westliche Hegemonie

Der von uns vorgenommene Ost-West-Vergleich zeigt unterschiedliche Rahmungen väterlicher Praxis auf. Die kritische Betrachtung der „Westmänner“ durch Herrn Naumann ist nicht auf die Qualität oder Quantität westdeutschen väterlichen Tuns gerichtet, sondern auf die Art, wie die „Westmänner“ Vaterschaft symbolisch in Besitz nehmen („einem Intrend folgend“). Die ostdeutschen Väter sehen einen Unterschied zwischen der eigenen, im Modus der Selbstverständlichkeit praktizierten und einer primär auf

Außenwirkung bedachten Väterlichkeit, die sie als eine typische Haltung von „Westmännern“ wahrnehmen. Hier zeigt sich ein weiteres Mal, inwieweit die Chiffre des aktiven Vaters primär kennzeichnend für westdeutsche Diskurse ist. Von der Einführung der Partnermonate im Elternzeit- und Elterngeldgesetz bis hin zur Aktivierung von Vätern über Plakate und Internetseiten des Bundesfamilienministeriums, stets gelten die Bemühungen der Erzeugung einer bestimmten Haltung zur Familie, weg vom Alleinernährer und hin zum sich innerhalb der Familie engagierenden Vater. Das – auch von vielen westdeutschen Paaren unseres Samples – postulierte Gleichheitsideal soll sich auch in der Erziehungsarbeit wiederfinden. Für die Paare aus den östlichen Bundesländern ist die Involviertheit des Vaters in Familienpflichten allerdings bereits seit Jahrzehnten selbstverständlich. Jedoch rahmen sie sie nicht geschlechterpolitisch als einen Beitrag zu mehr Geschlechtergerechtigkeit. Vor dem Hintergrund der eingangs erwähnten Befunde einer stärkeren Beteiligung ostdeutscher Väter an Familienarbeiten lässt sich schlussfolgern, dass die in unseren Interviews vorgefundene geringe Präsenz des *Diskurses* aktiver Vaterschaft bei den ostdeutschen Paaren nicht als ein „Modernisierungsdefizit“ in dem Sinne verstanden werden darf, dass ostdeutsche Väter einem Wandel der Vaterrolle hin zu mehr Fürsorglichkeit gegenüber weniger aufgeschlossen wären als westdeutsche. Und wenn sie ihr Engagement in der Familie nicht oder in einem geringerem Maße als die Väter aus der gebildeten Mittelschicht im Westen als einen Beitrag zu einem egalitären Geschlechterarrangement begreifen und darstellen, folgt daraus nicht, dass die Arrangements in den ostdeutschen Familien ein höheres Maß an Ungleichheit aufweisen. Im Gegenteil verhält es sich so, dass die stärker pragmatisch motivierte, nicht mit geschlechterpolitischen Ansprüchen verknüpfte Beteiligung der ostdeutschen Väter an Familienarbeiten egalitäre Arrangements nachhaltiger fundiert als die geschlechterpolitisch „aufgeklärte“ Haltung westdeutscher Väter.[10]

Daher wurde auch unsere Forschungsfrage nach dem Wandel von Vaterschaft unter Verweis auf aktuelle familienpolitische Diskurse zu Beginn eines jeden Interviews von den Paaren aus den östlichen Bundesländern eher mit Zurückhaltung aufgenommen, jedenfalls nicht, wie von den westdeutschen InterviewpartnerInnen, als fraglos relevant ratifiziert. Dass sich in Sachen Vaterschaft etwas ändert, war hier kein zwischen Interviewerin und Interviewten geteilter Referenzrahmen. Bei den westdeutschen Paaren hingegen stieß dieser Hinweis durchgängig, unabhängig von der Milieuzugehörigkeit, auf Zustimmung. Es bestand gewissermaßen ein in der Zugehörigkeit zu einem gemeinsamen konjunktiven Erfahrungsraum fundierter Konsens zwischen der Interviewerin und den Interviewten.

Die unterschiedlichen Rahmungen väterlichen Engagements seitens der westdeutschen und der ostdeutschen Interviewten stehen nicht ebenbürtig nebeneinander. Während in den westdeutschen Erzählungen der Osten als Referenzrahmen kaum eine Rolle spielt, nehmen die meisten ostdeutschen Paare – in kritischer Abgrenzung, bisweilen auch positiv – auf westdeutsche Leitbilder oder Modelle Bezug. In der ostdeutschen

10 Eine stärker pragmatisch motivierte Übernahme von Familienaufgaben zeigt sich auch bei westdeutschen Vätern aus dem einfachen Angestellten- und dem ArbeiterInnenmilieu (Behnke 2012).

Abgrenzungsarbeit von westdeutschen Darstellungspraktiken dokumentiert sich insofern eine kulturelle Hegemonie westdeutscher Leitbilder, als auch eine selbstbewusst vertretene differente Rahmung aktiver Vaterschaft nicht umhin kann, sich in Negation zum im Westen dominierenden Verständnis zu positionieren. Es ist ein allgemeines Kennzeichen hegemonialer Verhältnisse, dass selbst alternative oder oppositionelle Positionen zumindest dergestalt an die hegemoniale Praxis gebunden sind, dass sie sich auf diese beziehen müssen (Williams 1977: 114). Noch in der Negation des hegemonialen Projekts erweist sich dessen Macht.

Den Paaren aus den westlichen Bundesländern ist es wiederum nicht möglich, die Hegemonie des eigenen Diskurses wahrzunehmen. So finden wir in den Interviews keine Äußerungen, die auf eine Auseinandersetzung westdeutscher Paare mit Formen von Vaterschaft oder Familien- und Paararrangements hindeuten, wie sie in den östlichen Bundesländern gelebt werden. Mit Bourdieu (1997: 165) lässt sich diese Konstellation als die symbolische Dimension von Macht fassen. Die Machtverhältnisse erscheinen aus der Perspektive der Privilegierten als ganz natürlich. Genau in dieser Fraglosigkeit dokumentiert sich die Hegemonie des Westens.

Mit der Art, wie wir das Thema in den Interviews eingeführt haben – durch den Verweis auf den aktuellen gesellschaftlichen und politischen Vaterschaftsdiskurs –, haben wir implizit die westdeutsche Perspektive als Referenzrahmen gesetzt und damit selbst die zuvor skizzierte westliche Hegemonie praktiziert, was uns aber erst im Zuge der Interpretation der Interviews bewusst wurde. Eine bisweilen aufgetretene Reserviertheit ostdeutscher InterviewpartnerInnen – verglichen damit, wie die westdeutschen Paare unser Forschungsanliegen aufgenommen haben – mag darin begründet sein. Möglicherweise ist diese Reserviertheit Ausdruck dessen, dass die InterviewpartnerInnen meinten, nicht sicher sein zu können, richtig verstanden zu werden. Im Sinne des Bourdieu'schen Reflexivitätspostulats (Bourdieu/Wacquant 1996) ist es wichtig, solche in die wissenschaftlichen Werkzeuge eingegangenen kulturellen Selbstverständlichkeiten bei der Dateninterpretation nicht nur zu berücksichtigen, sondern sie zu einem Gegenstand der Interpretation zu machen – gewissermaßen als Korrektiv gegen einen in modernisierungstheoretischen Zusammenhängen nicht selten anzutreffenden hegemonialen Diskurs, der, mit einem westlichen Verständnis von Tradition und Enttraditionalisierung operierend, ostdeutsche Verhältnisse und Entwicklungen nach westlichen Kriterien bemisst.

Literaturverzeichnis

Almqvist, Anna-Lena. (2008). Why Most Swedish Fathers and Few French Fathers Use Paid Parental Leave: An Explanatory Qualitative Study of Parents. *Fathering, 6*, 192–200.

Behnke, Cornelia. (2012). *Partnerschaftliche Arrangements und väterliche Praxis in Ost- und Westdeutschland. Paare erzählen.* Opladen, Berlin, Toronto: Verlag Barbara Budrich.

Behnke, Cornelia & Meuser, Michael. (2003a). Karriere zu zweit – Projekt oder Problem? Zum Verhältnis von beruflichem Erfolg und Lebensform. In Ronald Hitzler & Michaela

Pfadenhauer (Hrsg.), *Karrierepolitik. Beiträge zur Rekonstruktion erfolgsorientierten Handelns* (S. 189–200). Opladen: Leske + Budrich.
Behnke, Cornelia & Meuser, Michael. (2003b). Vereinbarkeitsmanagement. Die Herstellung von Gemeinschaft bei Doppelkarrierepaaren. *Soziale Welt, 54*, 164–174.
Behnke, Cornelia & Meuser, Michael. (2005). Vereinbarkeitsmanagement. Zuständigkeiten und Karrierechancen bei Doppelkarrierepaaren. In Heike Solga & Christine Wimbauer (Hrsg.), *„Wenn zwei das Gleiche tun ...“ – Ideal und Realität sozialer (Un-)Gleichheit in Dual Career Couples* (S. 123–139). Opladen, Farmington Hills: Verlag Barbara Budrich.
Behnke, Cornelia & Meuser, Michael. (2012). “Look here mate! I'm taking parental leave for a year” – Involved Fatherhood and Images of Masculinity. In Mechtild Oechsle, Ursula Müller & Sabine Hess (Hrsg.), *Fatherhood in Late Modernity. Cultural Images, Social Practices, Structural Frames* (S. 129–145). Opladen, Berlin, Toronto: Verlag Barbara Budrich.
Bohnsack, Ralf. (2003). *Rekonstruktive Sozialforschung. Einführung in qualitative Methoden*. 5. Aufl. Opladen: Leske + Budrich.
Bohnsack, Ralf; Nentwig-Gesemann, Iris & Nohl, Arnd-Michael. (2007). (Hrsg.). *Die dokumentarische Methode und ihre Forschungspraxis. Grundlagen qualitativer Sozialforschung*. Wiesbaden: VS Verlag.
Bourdieu, Pierre. (1988). *Die feinen Unterschiede. Kritik der gesellschaftlichen Urteilskraft*. 2. Aufl. Frankfurt/M.: Suhrkamp.
Bourdieu, Pierre. (1997). Die männliche Herrschaft. In Irene Dölling & Beate Krais (Hrsg.), *Ein alltägliches Spiel. Geschlechterkonstruktion in der sozialen Praxis* (S. 153–207). Frankfurt/M.: Suhrkamp.
Bourdieu, Pierre & Wacquant, Loïc J. D. (1996). *Reflexive Anthropologie*. Frankfurt/M.: Suhrkamp.
Burkart, Günter. (2007). Das modernisierte Patriarchat. Neue Väter und alte Probleme. *WestEnd. Neue Zeitschrift für Sozialforschung, 4*(1), 82–91.
Cyprian, Gudrun. (2007). Väterforschung im deutschsprachigen Raum – ein Überblick über Methoden, Ergebnisse und offene Fragen. In Tanja Mühling & Harald Rost (Hrsg.), *Väter im Blickpunkt. Perspektiven der Familienforschung* (S. 23–48). Opladen: Verlag Barbara Budrich.
Ehnis, Patrick. (2009). *Väter und Erziehungszeiten. Politische, kulturelle und subjektive Bedingungen für mehr Engagement in der Familie*. Sulzbach: Helmer.
Ehnis, Patrick & Beckmannn, Sabine. (2010). „Krabbeln lerne ich bei Mama, laufen dann bei Papa“. Zur Einbeziehung von Vätern bei Elterngeld und Elternzeit – eine kritische Betrachtung. *Feministische Studien, 28*, 313–324.
Engler, Wolfgang. (1999). *Die Ostdeutschen. Kunde von einem verlorenen Land*. Berlin: Aufbau Verlag.
Glaser, Barney & Strauss, Anselm. (1967). *The Discovery of Grounded Theory. Strategies for Qualitative Research*. New York, Chicago: Aldine.
Glaser, Barney & Strauss, Anselm. (1979). Die Entdeckung gegenstandsbezogener Theorie: Eine Grundstrategie qualitativer Sozialforschung. In Christel Hopf & Elmar Weingarten (Hrsg.), *Qualitative Sozialforschung* (S. 91–111). Stuttgart: Klett-Cotta.
Grunow, Daniela. (2007). Wandel der Geschlechterrollen und Väterhandeln im Alltag. In Tanja Mühling & Harald Rost (Hrsg.), *Väter im Blickpunkt. Perspektiven der Familienforschung* (S. 49–76). Opladen: Verlag Barbara Budrich.
Haas, Linda & Hwang, C. Philip. (2008). The Impact of Taking Parental Leave on Fathers's Participation in Childcare and Relationships with Children: Lessons from Sweden. *Community, Work & Family, 11*, 85–104.
Hausen, Karin. (1988). „... eine Ulme für das schwanke Efeu“. Ehepaare im deutschen Bildungsbürgertum. Ideale und Wirklichkeiten im späten 18. und 19. Jahrhundert. In Ute

Frevert (Hrsg.), *Bürgerinnen und Bürger. Geschlechterverhältnisse im 19. Jahrhundert* (S. 85–117). Göttingen: Vandenhoeck & Ruprecht.

Helfferich, Cornelia; Klindworth, Heike & Wunderlich, Holger. (2004). *Männer Leben. Eine Studie zu Lebensläufen und Familienplanung. Basisbericht.* Köln: BZGA.

Heß, Pamela. (2010a). Noch immer ungeteilt? Einstellungen zu Müttererwerbstätigkeit und praktizierte familiale Arbeitsteilung in den alten und neuen Bundesländern. *Feministische Studien, 28*, 243–256.

Heß, Pamela. (2010b). *Geschlechterkonstruktionen nach der Wende. Auf dem Weg einer gemeinsamen politischen Kultur?* Wiesbaden: VS Verlag.

Hofäcker, Dirk. (2007). Väter im internationalen Vergleich. In Tanja Mühling & Harald Rost (Hrsg.), *Väter im Blickpunkt. Perspektiven der Familienforschung* (S. 161–204). Opladen: Verlag Barbara Budrich.

Hofmeister, Heather; Baur, Nina & Röhler, Alexander. (2009). Versorgen oder Fürsorgen? Vorstellungen der Deutschen von den Aufgaben eines guten Vaters. In Paula-Irene Villa & Barbara Thiessen (Hrsg.), *Mütter – Väter: Diskurse, Medien, Praxen* (S. 194–212). Münster: Westfälisches Dampfboot.

Huinink, Johannes & Röhler, Alexander. (2005). *Liebe und Arbeit in Paarbeziehungen. Zur Erklärung geschlechtstypischer Arbeitsteilung in nichtehelichen und ehelichen Lebensgemeinschaften.* Würzburg: Ergon.

Johansson, Thomas. (2011). The Construction of the New Father: How Middle-Class Men Become Present Fathers. *International Review of Modern Sociology, 37*, 111–126.

Jurczyk, Karin & Lange, Andreas. (Hrsg.). (2009). *Vaterwerden und Vatersein heute. Neue Wege – neue Chancen!* Gütersloh: Bertelsmann Stiftung.

Klärner, Andreas & Keim, Sylvia. (2011). (Re-)Traditionalisierung und Flexibilität. Intergenerationale Unterstützungsleistungen und die Reproduktion von Geschlechterungleichheiten in West- und Ostdeutschland. In Peter A. Berger, Karsten Hank & Angelika Tölke (Hrsg.), *Reproduktion von Ungleichheit durch Arbeit und Familie* (S. 121–144). Wiesbaden: VS Verlag.

Konietzka, Dirk & Kreyenfeld, Michaela. (2010). Familienformen und Lebensbedingungen in Ost und West. Zur sozioökonomischen Lage von Müttern in Deutschland, Frankreich und Russland. In Peter Krause & Ilona Ostner (Hrsg.), *Leben in Ost- und Westdeutschland. Eine sozialwissenschaftliche Bilanz der deutschen Einheit 1990–2010* (S. 123–143). Frankfurt/M., New York: Campus.

Koppetsch, Cornelia & Burkart, Günter. (1999). *Die Illusion der Emanzipation. Zur Wirksamkeit latenter Geschlechtsnormen im Milieuvergleich.* Konstanz: UVK.

Mannheim, Karl. (1980). Eine soziologische Theorie der Kultur und ihrer Erkennbarkeit. In Karl Mannheim, *Strukturen des Denkens* (S. 155–322). Frankfurt/M.: Suhrkamp.

Maříková, Hana. (2008). Caring Fathers and Gender (In)Equality. *Polish Sociological Review. 162, 135-152.*

Matzner, Michael. (2007). Männer als Väter – ein vernachlässigtes Thema soziologischer Männerforschung. In Mechthild Bereswill, Michael Meuser & Sylka Scholz (Hrsg.), *Dimensionen der Kategorie Geschlecht. Der Fall Männlichkeit* (S. 223–240). Münster: Westfälisches Dampfboot.

Nickel, Horst. (2002). Väter und ihre Kinder vor und nach der Geburt. Befunde zum Übergang zur Vaterschaft aus deutscher und kulturvergleichender Perspektive. In Heinz Walter (Hrsg.), *Männer als Väter. Sozialwissenschaftliche Theorie und Empirie* (S. 555–584). Gießen: Psychosozial-Verlag.

Oechsle, Mechtild; Müller, Ursula & Hess, Sabine. (Hrsg.). (2012a). *Fatherhood in Late Modernity. Cultural Images, Social Practices, Structural Frames.* Opladen, Berlin, Toronto: Verlag Barbara Budrich.

Oechsle, Mechtild; Müller, Ursula & Hess, Sabine. (2012b). Fatherhood in Late Modernity. In Mechtild Oechsle, Ursula Müller & Sabine Hess (Hrsg.), *Fatherhood in Late Modernity. Cultural Images, Social Practices, Structural Frames* (S. 9–36). Opladen, Berlin, Toronto: Verlag Barbara Budrich.

Parsons, Talcott & Bales, Robert. (1955). *Family, Socialization and Interaction Process.* Glencoe, Ill.: Free Press.

Schmitt, Christian & Trappe, Heike. (2010). Die Bedeutung von Geschlechterarrangements für Partnerschaftsdauer und Ehestabilität in Ost- und Westdeutschland. In Peter Krause & Ilona Ostner (Hrsg.), *Leben in Ost- und Westdeutschland* (S. 227–243). Frankfurt/M., New York: Campus.

Schneider, Norbert F. (1994). *Familie und private Lebensführung in West- und Ostdeutschland. Eine vergleichende Analyse des Familienlebens 1970–1992.* Stuttgart: Enke.

Scholz, Sylka. (2004). *Männlichkeit erzählen. Lebensgeschichtliche Identitätskonstruktionen ostdeutscher Männer.* Münster: Westfälisches Dampfboot.

Scholz, Sylka. (2005). „Der Mann, der große Ernährer der Familie, das ist in den Köpfen nicht so drin“ – Identitätskonstruktionen ostdeutscher Männer. In Eva Schäfer, Ina Dietzsch, Petra Drauschke, Iris Peinl, Virginia Penrose, Sylka Scholz & Susanne Völker (Hrsg.), *Irritation Ostdeutschland. Geschlechterverhältnisse seit der Wende* (S. 135–146). Münster: Westfälisches Dampfboot.

Seiffge-Krenke, Inge. (2009). Veränderungen der Vaterschaft. In Olaf Kapella, Christiane Rille-Pfeifer, Marina Rupp & Norbert F. Schneider (Hrsg.), *Die Vielfalt der Familie* (S. 203–219). Opladen: Verlag Barbara Budrich.

Seward, Rudy & Richter, Rudolf. (2008). International Research on Fathering: An Expanding Horizon. *Fathering, 6*, 87–91.

Statistisches Bundesamt. (2010). *Elterngeld für Geburten 2008 nach Kreisen.* Wiesbaden: Statistisches Bundesamt.

Statistisches Bundesamt. (2012). *Elterngeld für Geburten 2010 nach Kreisen.* Wiesbaden: Statistisches Bundesamt.

Tölke, Angelika & Hank, Karten. (Hrsg.). (2005). *Männer – Das „vernachlässigte“ Geschlecht in der Familienforschung.* Wiesbaden: VS Verlag.

Walter, Heinz & Eickhorst, Andreas. (Hrsg.). (2012). *Das Väter-Handbuch. Theorie, Forschung, Praxis.* Gießen: Psychosozial-Verlag.

Williams, Raymond. (1977). *Marxism and Literature.* Oxford: Oxford University Press.

Williams, Stephen. (2008). What is Fatherhood? Searching for the Reflexive Father. *Sociology, 42*, 487–502.

Zu den Personen

Cornelia Behnke, Dr. phil, Professorin für Soziologie in der Sozialen Arbeit. Arbeitsschwerpunkte: Soziologie der Geschlechterverhältnisse, Qualitative Methoden der Sozialforschung.
Kontakt: Katholische Stiftungsfachhochschule München, Preysingstraße 83, 81667 München
E-Mail: cornelia.behnke@ksfh.de

Diana Lengersdorf, Dr. phil., Juniorprofessorin für Geschlecht, Technik und Organisation an der Humanwissenschaftlichen Fakultät und der zentralen Einrichtung Gender Studies in Köln (GeStiK) der Universität zu Köln. Arbeitsschwerpunkte: Soziologie der Geschlechterverhältnisse, Soziologie sozialer Praktiken, Techniksoziologie, Organisationssoziologie, Qualitative Methoden.

Kontakt: Universität zu Köln, Humanwissenschaftliche Fakultät & Zentrale Einrichtung Gender Studies in Köln (GeStiK), Gronewaldstraße 2, 50931 Köln
E-Mail: diana.lengersdorf@uni-koeln.de

Michael Meuser, Dr. phil., Professor für Soziologie der Geschlechterverhältnisse an der Fakultät für Erziehungswissenschaft und Soziologie. Arbeitsschwerpunkte: Soziologie der Geschlechterverhältnisse, Soziologie des Körpers, Wissenssoziologie, Methoden qualitativer Sozialforschung.
Kontakt: Universität Dortmund, Emil-Figge-Str. 50, 44227 Dortmund
E-Mail: michael.meuser@tu-dortmund.de

Britt Hoffmann

Extremfokussierung in der Kinderwunschbehandlung. Ungleiche biographische und soziale Ressourcen der Frauen[1]

Zusammenfassung

Seit den 1970er Jahren ist die ungewollte Kinderlosigkeit von Paaren mit reproduktionsmedizinischen Maßnahmen (Insemination, IVF, ICSI) behandelbar. Der Krankheitswert der Indikation ungewollte Kinderlosigkeit bleibt allerdings umstritten. Zudem ist die Behandlung wenig erfolgssicher, jedoch potenziell bis zur Menopause der Frauen wiederholbar. Die Patientinnen müssen ihren Behandlungsplan entlang eigener Relevanzen gestalten. Im Umgang mit der reproduktionsmedizinischen Behandlung bringen Frauen ungleiche biographische und soziale Voraussetzungen mit. Dabei können manche Frauen in die Gefahr einer Extremfokussierung auf den unerfüllten Kinderwunsch und dessen Behandlung geraten. Anhand zweier Fallporträts auf der Basis einer prozessualen und kontrastierenden Analyse autobiographisch-narrativer Interviews (Schütze) sollen biographische Orientierungen und Paarkonzeptionen als biographische und soziale Kontexte dargestellt werden, die einerseits eine Extremfokussierung begünstigen, andererseits helfen, das der Behandlung innewohnende Krisenpotenzial erfolgreich zu bearbeiten.

Schlüsselwörter
Reproduktionsmedizin, IVF, überwertiger Kinderwunsch, psychische Belastung, Extremfokussierung

Summary

Over-focussing on the treatment of involuntary childlessness. Women's biographical and social resources

Medical treatment of involuntary childlessness has been available since the 1970s by means of artificial insemination (insemination, IVF, ICSI). Involuntary childlessness, however, remains controversial as an indication for treatment covered by statutory health insurance. Further, treatment has a low success rate, but can potentially be repeated until women reach menopause. Therefore, women are required to design their treatment plan along their specific preferences and concerns. Women have different biographical and social prerequisites when dealing with reproductive medical treatment, and they are at risk of over-focussing on their involuntary childlessness and its treatment. Based on two case studies derived from a procedural and contrast analysis of autobiographical/narrative interviews (Schütze), biographical orientations and relationship concepts are to be presented as biographical and social contexts which, on the one hand, encourage over-focussing and, on the other hand, help to successfully handle the crisis potential incurred in the treatment.

Keywords
reproductive medicine, IVF, excessive desire to have children, psychological strain, over-focussing

1 Ich bedanke mich bei den interviewten Frauen für ihre Bereitschaft, ihre Lebensgeschichte zu erzählen, und bei den beiden anonymen GutachterInnen für ihre wertvollen Hinweise bei der Fertigstellung dieses Aufsatzes.

1 Einführung

„Weil sie sich ohne ein eigenes Kind nicht vollwertig fühlen, laufen Frauen heute in die Labors der In-vitro-Befruchter und preisen die Segnungen dieser Wissenschaft. Die alte Ideologie feiert Hochzeit mit dem technischen Fortschritt, das ist alles" – mit dieser These der Zementierung traditioneller Geschlechterbilder vertritt Ingrid Strobl (1989: 33) die frühe feministische Kritik an modernen Reproduktionstechnologien[2]. Anders als die Reform des § 218 im Jahr 1975 bedeutete die Reproduktionstechnologie zur Zeit ihrer Etablierung in den 1970er und 1980er Jahren in der bundesdeutschen feministischen Debatte keinen Zugewinn an Selbstbestimmung für Frauen (Die Grünen 1986). Befürchtet wurden die Festschreibung und Verstärkung alter Frauen- und Mutterschaftsideale und damit traditioneller Geschlechterungleichheiten. Mit Verfahren der In-vitro-Fertilisation (IVF) und der vorgeburtlichen Diagnostik (PND) würden Frauen ihrer Körperlichkeit enteignet werden, sie seien stärker an das Kontroll- und Informationsmonopol der ÄrztInnen gebunden und es bestehe die Gefahr einer Kommerzialisierung, beispielsweise durch den Verkauf von Eizellen gesunder Frauen oder durch Leihmutterschaft (Corea 1986; Mies 1986; Kontos 1986; auch Graumann/Schneider 2003: 10). Im Gegensatz dazu verwiesen Feministinnen in angelsächsischen und angloamerikanischen Ländern auf die der Biotechnologie innewohnenden Potenziale zum Abbau von Geschlechtsstereotypen und -ungleichheiten und betonten liberale Werte wie „Fortpflanzungsfreiheit", „persönliche Entscheidungsfreiheit" und das „Recht auf Selbstbestimmung" von Frauen in der Reproduktionsmedizin (vgl. Hofmann 2003: 92ff.). In dieser kontroversen Debatte forderten Brunhilde Arnold und Christine Vogt (1986), Reproduktionstechnik nicht einzig als patriarchale, frauenkontrollierende Macht zu diskutieren. Frauen seien insbesondere dann „willfährig" (Arnold/Vogt 1986: 103), wenn sie Kinderlosigkeit als Verfehlen des Lebenszieles ansehen und es ihnen an Wissen über Lebensentwürfe und Lebenswerke gewollt kinderloser Frauen fehle. Demnach begegneten Frauen als potenzielle Nutzerinnen den Problematiken der Reproduktionsmedizin mit ungleichen Voraussetzungen und dies zulasten derjenigen Frauen, für die die Mutterrolle die zentrale biographische Identifikationsfigur darstellt.

Maßnahmen der Reproduktionsmedizin wie die In-vitro-Fertilisation (IVF) oder die Intrazytoplasmatische Spermieninjektion (ICSI) gelten inzwischen als Standardverfahren zur medizinischen Behandlung der ungewollten Kinderlosigkeit. Im Jahr 2009 wurden 72 984 künstliche Befruchtungen (IVF/ ICSI, Kryokonservierung, GIFT) dokumentiert (DIR 2012). Die mithilfe dieser Verfahren geborenen Kinder nehmen einen Anteil von 1,9 Prozent[3] aller Lebendgeburten des Jahres in Deutschland ein.

2 Ingrid Stobl trat hiermit auf dem Zweiten Bundesweiten Kongress „Frauen gegen Gen- und Reproduktionstechnologien" im Oktober 1988 in Frankfurt/Main auf. Hier und auch schon auf dem ersten Kongress 1985 in Bonn versammelten sich mehr als 2 000 Frauen protestierend gegen moderne Gen- und Reproduktionstechnologien (Bradish/Feyerabend/Winkler 1989: 15; Die Grünen 1986).

3 Eigene Berechnungen auf der Basis der dokumentierten Lebendgeburten des Deutschen IVF-Registers im Jahr 2009 (DIR 2012) im Verhältnis zur Anzahl aller Lebendgeburten 2009 in Deutschland (Statistisches Bundesamt; Zugriff am 16. Januar 2013 unter www.destatis.de).

ÄrztInnen befinden sich in der Reproduktionsmedizin in einer anderen Situation als bei der Behandlung herkömmlicher Erkrankungen:

a) Reproduktionsmedizinische Behandlungen sind nicht zwingend notwendig. Weil auch ein Leben ohne Kind für Individuen und Paare ein gewolltes und sozial akzeptables Lebensmodell sein kann, erzeugt Kinderlosigkeit nicht per se Leiden; eine medizinische Intervention ist daher nicht selbstverständlich geboten. Die gesellschaftspolitische Debatte zur ungewollten Kinderlosigkeit ist entsprechend von Ambivalenzen um den Krankheitswert gezeichnet: Ungewollte Kinderlosigkeit wird nicht nur als behandlungsbedürftige Krankheit verstanden, sondern auch als Funktionsstörung, die nicht grundsätzlich behandlungsbedürftig ist, oder sogar als Lebensumstand, mit dem sich Betroffene im Normalfall arrangieren sollten (Krones et al. 2006). Auf der Ebene der Gesetzlichen Krankenversicherung (GKV) fallen ungewöhnliche finanzielle und individuelle Begrenzungen der Kostenübernahme bei künstlichen Befruchtungen auf. Seit 2004 werden laut § 27a SGB V bei maximal drei Behandlungsversuchen nur je 50 Prozent der Kosten von den Krankenkassen übernommen[4]. Auch gelten Altersgrenzen. Frauen müssen zwischen 25 und 40 und Männer zwischen 25 und 50 Jahre alt sein. Zudem müssen die Paare miteinander verheiratet sein. Nach einer Entscheidung des Bundesverfassungsgerichts[5] liegen künstliche Befruchtungen „in einem Grenzbereich zwischen Krankheit und solchen körperlichen und seelischen Beeinträchtigungen eines Menschen, deren Beseitigung oder Besserung durch Leistungen der gesetzlichen Krankenversicherung nicht von vornherein veranlasst ist" (mehr dazu bei Rauprich 2008).

b) Der Behandlungserfolg ist sehr unsicher, die Behandlung selbst aber wiederholbar: Künstliche Befruchtungen (IVF/ICSI) führen pro Behandlungsversuch nur bei ca. 17 Prozent der Fälle zum gewünschten Kind (DIR 2012). Bei Inanspruchnahme muss sich daher die Mehrheit der Paare mit einem Behandlungsmisserfolg auseinandersetzen und dann überlegen, ob sie einen weiteren Behandlungsversuch unternehmen will. Die Behandlung ist grundsätzlich bis zum Eintritt in die Menopause wiederholbar.

Diese besondere Kombination aus einer vagen medizinischen Indikation und einer eher geringen Erfolgsaussicht bei grundsätzlicher Wiederholbarkeit hat gegenüber reproduktionsmedizinischen Behandlungen in der Frauen- und Geschlechterforschung zu immer differenzierterer Kritik geführt. Unter anderem wurde auf die *Verstrickungsgefahr* in der Anwendung der IVF-Behandlungen hingewiesen. Beck-Gernsheim (1991) arbeitete bezüglich der Behandlungsbeendigung die Problematik der Selbstverschuldung heraus:

> „Wo Unfruchtbarkeit früher vorgegebenes Schicksal war, wird sie heute in gewissem Sinn zur ‚selbstgewählten Entscheidung'. Denn diejenigen, die aufgeben, bevor sie nicht noch die neuste und allerneuste Methode versucht haben (ein Kreislauf ohne Ende), sind nun ‚selber schuld'. Sie hätten es ja noch weiter versuchen können." (Beck-Gernsheim 1991: 54).

4 Pläne von Bundesfamilienministerin Kristina Schröder (CDU) sehen vor, dass Bund und Länder zukünftig die Hälfte der Kosten übernehmen, die derzeit die Paare tragen. Die politische Entscheidungsfindung ist noch nicht abgeschlossen (Zugriff am 21. Juni 2012 unter www.faz.net/aktuell/politik/inland/plaene-der-familienministerin-schroeder-will-kuenstliche-befruchtung-bezuschussen-11543707.html).

5 Bundesverfassungsgericht, Urteil v. 28.2.2007, Az. 1 BvL 5/03. Siehe auch Rauprich 2008: 39.

Auf der Grundlage ihrer empirischen Ergebnisse betonen Fränznick/Wieners (2001), dass die Wiederholbarkeit der Behandlungen zu einer Falle des Automatismus führe: dem Zwang, alles zu versuchen, verbunden mit einen Kontrollverlust gegenüber der Dynamik des medizinischen Kreislaufes. Zu den sozialen Mechanismen, die diese Falle konstellieren, gehören das allgemeine Vertrauen in die medizintechnische Machbarkeit, die Erfolgsmeldungen in der Presse, die Selbstverständlichkeit der Behandlungsroutine im medizinischen Alltag verbunden mit der zeitlichen Enge für ÄrztInnen-PatientInnen-Gespräche, außerdem der Erwartungsdruck in Richtung einer Behandlung, der aus dem sozialen Umfeld hervorgeht, und die Notwendigkeit aufwendiger Legitimierung bei Behandlungsaustritt. Nach Sorg/Fränznick (2002) entsteht ein *Behandlungssog* durch die bleibende Hoffnung, man könne jeden neuen Behandlungsversuch positiv beeinflussen. Der Kreislauf von Behandlung, Hoffen, Enttäuschung und neuer Hoffnung beim nächsten Behandlungsversuch verhindere die innere Auseinandersetzung mit der bleibenden ungewollten Kinderlosigkeit. Grundsätzlich „alle [Frauen], die sich in eine sogenannte Kinderwunschbehandlung begeben, können in einen solchen Automatismus von Behandlungen geraten“ (Sorg/Fränznick 2002: 90). Unklar bleibt, welche eigenen Ressourcen Frauen diesem sogenannten Behandlungssog entgegenbringen können, wenn sie eine Kinderwunschbehandlung mit ungleichen biographischen und sozialen Voraussetzungen in Anspruch nehmen.

Ein ähnliches Phänomen wurde in der psychosomatischen Forschung mit dem sogenannten überwertigen oder auch fixierten Kinderwunsch beschrieben. Stauber (1991) beschreibt Patientinnen mit überwertigem Kinderwunsch als Gruppe mit massivem Leidensdruck, die nur invasive Methoden für die Gewinnung eines eigenen Kindes um jeden Preis schätzen, dabei grenzenlos risikobereit seien und nach häufigen Wechseln einen Arzt suchen, der seinerseits nur die Geburt eines Kindes als Erfolg seines Tuns begreift. Psychoanalytische Ansätze wie von Frick-Bruder (1989) deuten die Kinderwunschfixierung oder auch das Kinderwunsch-Syndrom (Auhagen-Stephanos 2002) als Ausdruck ungelöster innerer Konflikte meist aus der frühen Kindheit und unterdrückter Ambivalenzen gegenüber einem Kind. Dagegen ist nach Hölzle (1990: 99, 193) die Überwertigkeit nicht als Ausdruck einer neurotischen oder depressiven Persönlichkeitsstruktur, sondern als Resultat jahrelanger frustrierender Bemühungen in der Kinderwunschbehandlung zu verstehen. Der Kontrollverlust über die Fruchtbarkeit infolge jahrelanger erfolgloser Behandlungen begünstige eine gesteigerte, einseitig positiv ausgerichtete Kinderwunschmotivation im Sinne einer Attraktivitätssteigerung des unsicher gewordenen Objektes. Inzwischen versteht die psychosomatische Forschung im Zuge der „Entpathologisierung“ (Brähler/Felder 2000: 127; Strauss/Brähler/Kentenich 2004: 29) steriler Paare auch die Kinderwunschfixierung nicht mehr als Ursache, sondern vielmehr als Folge der Sterilität und erfolglosen Kinderwunschbehandlung.

Die Aufmerksamkeit für die Problematik des überwertigen Kinderwunsches in der Kinderwunschbehandlung hat sich bis in die neuere Forschung gehalten. Rauprich/Berns/Vollmann (2011) finden in ihrer quantitativ-standardisierten PatientInnenbefragung (N =1 590) bei nahezu der Hälfte der Befragten das subjektive Gefühl, während der Behandlung die Kontrolle über die Situation verloren zu haben. 74 Prozent der Befragten haben die Erfahrung gemacht, dass ihr Kinderwunsch dermaßen übermächtig geworden ist, dass andere Ziele in ihrem Leben in den Hintergrund geraten sind. Für 80 bis 85 Prozent der PatientInnen sei es schwer oder sehr schwer, die erfolglosen Behandlungszyklen endgültig zu beenden.

Insgesamt bedeutet die Inanspruchnahme reproduktionsmedizinischer Behandlungen für viele Paare sicherlich die positive Chance, bei Störungen ihrer Fertilität doch noch das gewünschte eigene Kind zu bekommen. Diesem Potenzial zum Abbau ungleicher biologischer Reproduktionschancen stellten, wie angeführt, feministische Kritikerinnen schon früh die Gefahr der Medikalisierung des weiblichen Gebärvermögens gegenüber und sahen die Medizintechnik einer traditionellen Frauenideologie verhaftet. Spätere Debatten verwiesen auf spezifische Implikationen der Anwenderinnenpraxis wie die Kinderwunschfixierung oder den Kontrollverlust und schrieben diese Verstrickungsgefahren vornehmlich der Anreizstruktur und Charakteristika des medizinischen Angebotes zu. Die Offenheit für alternative Lebenspläne, ein realistischer Umgang mit den begrenzten Erfolgsquoten der Behandlung sowie geplante Behandlungsgrenzen auf Seiten der Paare gelten als Voraussetzung für den Erhalt von Autonomie bei wiederholt erfolglosen Behandlungszyklen (Groß 2004: 929). Es bleibt jedoch weitgehend ungeklärt, unter welchen sozialen und biographischen Voraussetzungen den Betroffenen dieser Umgang mit der Behandlung gelingen kann beziehungsweise wie sie umgekehrt den Verstrickungsgefahren der Kinderwunschbehandlung ohne biographischen Neuentwurf erliegen. Der Umgang mit der Behandlung etwa hinsichtlich der Durchführung der Behandlungsversuche in Austarierung mit den Aufgaben in anderen Lebensbereichen, der Beachtung der behandlungsimmanenten Belastungen oder der Art und Weise der endgültigen Behandlungsbeendigung bei Erfolglosigkeit hat jeweils eine sehr unterschiedliche individuelle Ausprägung. Die Biographieanalyse kann das Verständnis der Behandlungsgeschichten im Kontext der jeweiligen Lebenssituationen erweitern.

Das übergeordnete Erkenntnisinteresse der Untersuchung bezieht sich auf die differentiellen Umgangsweisen von ungewollt kinderlosen Frauen mit erfolglosen Maßnahmen der künstlichen Befruchtung (Insemination, IVF, ICSI) und fragt nach denjenigen ungleichen sozial-struktuellen, institutionellen und lebensgeschichtlichen Zusammenhängen, die diese Umgangsweisen bestimmen. Der vorliegende Aufsatz behandelt ein Teilergebnis der Untersuchung[6]. Hier soll am Fallbeispiel die Entwicklung einer *Extremfokussierung*[7] auf den unerfüllten Kinderwunsch und dessen Behandlung nachgezeich-

6 Die Studie ist noch nicht veröffentlicht.

7 Entsprechend der Methodologie qualitativer Sozialforschung ist die Fragestellung weitgehend offen gewählt. Die analytische Aufmerksamkeit für das Phänomen, das ich als Extremfokussierung bezeichnen möchte, hat sich bei der Auswertung des Datenmaterials sukzessive entwickelt. Im Zuge dessen habe ich die Fragestellung gezielter auf Prozesse der Extremfokussierung und alternative Prozessverläufe, die sich in der Anwenderinnenpraxis im Umgang mit der Reproduktionsmedizin herstellen, gerichtet. Ich benutze den Begriff der „Extremfokussierung" statt den des „überwertigen Kinderwunsches", um mich von einer normativ wertenden Zuschreibung zu distanzieren, die angibt, es gäbe eine normale und gesunde Kinderwunschintensität. Der Begriff Extremfokussierung beschreibt einen Prozess der Intensivierung der Aufmerksamkeit auf den

net werden, die in ihrem Erscheinungsbild dem in der bisherigen Forschung bezeichneten Phänomen des überwertigen Kinderwunsches oder der Kinderwunschfixierung sehr nahekommt. Die Extremfokussierung stellt sich als massiver Leidensprozess der Frau dar, in dem die Betroffene eine zunehmend extreme Aufmerksamkeitsfokussierung auf den Kinderwunsch und dessen Behandlung entwickelt, sich mit hoher Erwartung in die Erfolgsaussichten nächster Behandlungsversuche verstrickt und letztendlich das Scheitern der Behandlung als biographischen Orientierungszusammenbruch erlebt. Zur Veranschaulichung der Nicht-Zwangsläufigkeit derart schwieriger Leidensprozesse soll eine maximal unterschiedliche Fallentwicklung mit ihren konstituierenden Merkmalen knapp skizziert werden, die durch einen *kritisch-distanzierten Umgang* mit den erfolglosen Maßnahmen der künstlichen Befruchtung gekennzeichnet ist und in der die Frau das Scheitern der Behandlung letztlich gut in die Textur ihres Lebens integrieren kann. Als zentrale Bedingungskonstellationen für derartig unterschiedliche Fallentwicklungen stellen sich die frühen biographischen Orientierungsrahmen der Frauen auf Familie und Beruf und die späteren Paarkonzeptionen heraus. Sie zeigen sich in dem einen Fall als Risikokonstellationen, in dem anderen als Ressourcen für den Umgang mit wiederholt erfolglosen Behandlungszyklen. Die divergenten Fallverläufe machen sichtbar, dass Frauen mit unterschiedlicher biographischer Kontextuierung den Schwierigkeiten und Ambivalenzen erfolglos verlaufender reproduktionsmedizinischer Behandlungen ungleich ausgesetzt sind.

2 Methodisches Vorgehen

Die angewandte Methode der Biographieanalyse auf der empirischen Basis von autobiographisch-narrativen Interviews (Schütze 1981, 1984, 2006) verbindet interpretative Traditionslinien – insbesondere der Phänomenologie, des symbolischen Interaktionismus und der Ethnomethodologie. Sie gehört also dem interpretativen Forschungsparadigma an. Die Primärdaten in Form von selbstläufig – also weitgehend ohne Intervention der Interviewerin oder des Interviewers – erzählten Lebensgeschichten repräsentieren komplexe Fallentfaltungen und eröffnen den Blick für jene sozialen und biographischen Prozesse, die den reproduktionsmedizinischen Behandlungen vorausgehen, sie begleiten und ihnen folgen. Dazu gehören auch die durchaus schon frühzeitig angelegten biographischen Orientierungen auf Familie und Beruf und die späteren Konzeptionen der Paarbeziehung, wie sie sich in den lebensgeschichtlichen Sachverhaltsdarstellungen der befragten Frauen präsentieren. Der biographieanalytische Ansatz nimmt zunächst die Eigensicht der Frauen als Anwenderinnen der Medizintechnik zum Ausgangspunkt der Analyse. Davon ausgehend werden jene ungleichen sozialen und biographischen Zusammenhänge rekonstruiert, aus denen heraus sich die subjektiven Handlungsorientierungen entwickelt haben. Neben den Inhalten (*was* erzählt wird) wird gleichermaßen

Kinderwunsch und des Leidensdrucks aus Sicht der betroffenen Frauen (genauer im Abschnitt 3.1).

die formal-sprachliche Struktur der Darstellung (*wie* erzählt wird) betrachtet. Die analytische Beschränkung auf den subjektiv gemeinten Sinn kann so durch die Einbeziehung von Aspekten der Rationalisierung, der Ausblendung, der Distanzierung oder des Nicht-Bemerkten überwunden werden (Schütze 2005: 229ff.). Entlang des Einzelfalles werden das Geschehen und Erleben der ungewollten Kinderlosigkeit und der erfolglosen Behandlung in ihrem Verlauf und ihrer Veränderung im Gesamtzusammenhang der individuellen Biographie prozessanalytisch betrachtet und den Arbeitsschritten der Biographieanalyse unterzogen – der Textsortenanalyse, der strukturellen Beschreibung und der analytischen Abstraktion (Perleberg/Schütze/Heine 2006). Das vorläufige Problemverständnis des jeweiligen Umganges mit den Maßnahmen der Reproduktionsmedizin wird dann in systematischen Fallvergleichen weiter dimensional ausdifferenziert. Der systematische Fallvergleich dient dazu, denkbare Alternativen des Umganges mit der Reproduktionsmedizin zu erfassen, also die Spannweite der theoretischen Varianz im Sinne von Glaser/Strauss (1967).

Der im Folgenden dargestellte Fall der Marianne Stein[8] wurde nach prozessanalytischer und fallvergleichender Bearbeitung aus einem Sample von insgesamt achtzehn autobiographisch-narrativen Interviews mit Frauen ausgewählt, deren reproduktionsmedizinische Behandlung ohne Erfolg (ohne die Geburt eines Kindes) verlief und die aus ihrer Sicht endgültig abgeschlossen ist. Der Kontakt zu dieser Informantin kam wie bei weiteren neun Informantinnen über ein einschlägiges Internetforum zustande (www.wunschkinder.net; www.klein-putz.de, www.9monate.de). Weitere sechs Informantinnen wurden über eine Anzeige in der Mitgliederzeitung „Endo-Info" der Selbsthilfeorganisation Bundesvereinigung Endometriose e.V. und weitere zwei nach Vermittlung durch zwei Beraterinnen des Beratungsnetzwerkes Kinderwunsch Deutschland (BKiD e.V.) kontaktiert. Der Fall Marianne Stein repräsentiert die Entfaltung einer sogenannten Extremfokussierung als eine von vier im Material rekonstruierten Alternativen der Haltung zum Kinderwunsch und zur reproduktionsmedizinischen Behandlung. Am Fallbeispiel der Carmen Richter soll anschließend eine ausbalanciert-kritische Haltung knapp kontrastierend angedeutet werden. In der Gesamtvarianz des Datenmaterials konnten weiterhin die Haltung des Circulus vitiosus und die ambivalente Haltung herausgearbeitet werden. Entlang der Chronologie der lebensgeschichtlichen Ereignisse werden zunächst die biographischen Voraussetzungen der Frauen vor Beginn der reproduktionsmedizinischen Behandlung und die Einbettung des Kinderwunsches in das Kompendium identitätsrelevanter Merkmale dargestellt. Danach folgt die Rekonstruktion der Art und Weise des Umganges mit Maßnahmen der künstlichen Befruchtung und ihrer Beendigung mit deren spezifischen soziobiographischen Einwirkungen, Herausforderungen und Handlungsstrategien.

8 Die Namen der Informantinnen sowie alle weiteren persönlichen Daten sind maskiert.

3 Ergebnisse

3.1 Der Fall Marianne Stein: Die Haltung der Extremfokussierung

3.1.1 Biographische Voraussetzungen vor der reproduktionsmedizinischen Behandlung

Marianne Stein kommt Anfang der 1970er Jahre als letztes von insgesamt sieben Kindern in einer ländlichen Umgebung der DDR zur Welt. Die positiv erlebte Kindheit ist von einem engen Miteinander der Geschwister und der weiteren Großfamilie und dem gemeinsamen Erleben und Entdecken der dörflichen Umgebung geprägt. Diesen zentralen Erfahrungszusammenhang betont sie sprachlich mit der Wiederholung, dass „immer" Kinder im Haus gewesen seien („es waren immer Kinder bei uns im Haus – immer" MS: 20–21). Ihre Schulzeit beschreibt Marianne Stein mit der Aufzählung der Mitgliedschaft in gängigen Sozialisationsinstanzen der DDR wie Arbeitsgruppen, JungpionierInnen, FDJ[9] nur in stark geraffter Form und evaluiert dieses institutionelle Ablaufschema[10] als unproblematisch. Nach Beendigung der Schule ergreift sie in einem selbstbestimmten beruflichen Handlungsschema[11] die Ausbildung zur Einzelhandelskauffrau, die sie am Heimatort erfolgreich absolviert. Bei der Beschreibung dieser Berufsentscheidung stellt sie allein diejenigen Motive heraus, die sie am ehesten mit Orientierungen des Sich-Kümmerns und Versorgens ihrer Familienangehörigen verbinden kann, wie die zu DDR-Zeiten schwierige Beschaffung guter Kleidungsstücke für die Kinder ihrer Geschwister. Von ihrer Familienorientierung unabhängige andere Sinnhorizonte, die etwa ihrer beruflichen Identitätsentwicklung hätten neuartige Impulse geben können, bleiben unerwähnt.

Als Marianne Stein dann erzählen will, wie sie ihren ersten Freund und späteren Ehemann während ihres ersten Ausbildungsjahres kennenlernt und er nach offenbar nur kurzer Zeit in ihr Elternhaus mit einzieht, muss sie in einer komplexen Hintergrundkonstruktion erzählen, dass ihre Mutter inzwischen verstorben war.[12] So wird in der

9 Die staatlichen Jugendorganisationen der Jung- und ThälmannpionierInnen, der fast alle Schulkinder in der DDR angehörten, waren der Freien Deutschen Jugend (FDJ) angegliedert.

10 Die biographische Prozessstruktur des institutionellen Ablaufschemas ist die lebensgeschichtliche Ausrichtung auf die Erfüllung institutionell vorgegebener normativer Erwartungen wie beispielsweise in der Ausbildungs- und Berufskarriere (Schütze 1981).

11 Die biographische Prozessstruktur des Handlungsschemas bezeichnet in der Biographieanalyse nach Schütze (1981) die selbstgesteuerte und handlungsorientierte Haltung zu den lebensgeschichtlichen Abläufen. Der Gegensatz dazu ist die biographische Prozessstruktur der Verlaufskurve des Erleidens (siehe Fußnoten 13 und 14).

12 Die Aussparung dieses relevanten Lebenseinschnittes an entsprechender Stelle ist wahrscheinlich ihrem Bemühen geschuldet, die Lebensereignisse vor der reproduktionsmedizinischen Behandlung in einem unproblematischen Licht darzustellen und davon die reproduktionsmedizinische Behandlung als die Schattenseite ihres Lebens abzugrenzen. Schütze (1984: 103) spricht hier von einer autobiographischen Thematisierung, also demjenigen Gesichtspunkt, unter dem Marianne Stein ihre Lebensgeschichte selbst sieht und formulieren möchte. An ungeordneten Stellen der Sachverhaltsdarstellung, wie hier in der chaotischen Gestalt einer Hintergrundkonstruktion, zeigen sich solche tatsächlich abgelaufenen Erleidensprozesse in Diskrepanz zur autobiographischen Thematisierung schließlich doch.

Darstellung erst nachträglich deutlich, dass der Tod ihrer Mutter für die damals Sechzehnjährige eine sehr leidvolle Erfahrung war. Dominant in der Erfahrungs- und Erlebnisabfolge wird hier Marianne Steins Übernahme der bislang mütterlichen häuslichen und innerfamiliären Aufgaben. Offenbar waren fast alle Geschwister ausgezogen, daher obliegen ihr als einzigem im Elternhaus verbliebenem Mädchen wie selbstverständlich die komplette Haushaltsführung und zugleich die Sorge um den älteren Bruder. Zwar hadert sie durchaus mit dieser Übernahme der mütterlichen Aufgaben und erlebt diese im Vergleich zu Gleichaltrigen als Verhinderung ihrer Adoleszenz („Warst die einzige Frau noch im Haus. (-) Musstest dich von heute auf morgen um alles kümmern. (-) Haushalt. (..) Wenn andere sich schön zur Disco fertig gemacht haben, hast du noch dagestanden und hast (-) irgendwas gemacht.“ MS: 59–62). Im Wesentlichen aber akzeptiert sie diesen innerfamilialen Delegationsprozess, der ihr angesichts ihrer Geschlechtszugehörigkeit mit den daran gebundenen sozialen Zuständigkeitsregeln als quasi naturgegeben und folgerichtig erscheint. Marianne Stein übernimmt unhinterfragt das traditionelle Familienmodell ihrer Eltern, in dem für die innerfamiliären Aufgaben ausschließlich ihre Mutter als Frau zuständig war, die selbst keiner eigenen Berufstätigkeit nachging und die zentrale Bezugsperson für die Kinder blieb. Die Relevanz des Vaters im innerhäuslichen Bereich bleibt auch über den Tod der Mutter hinaus deutlich abgestuft.[13]

Als Marianne Steins heutiger Ehemann circa zwei Jahre nach dem Tod der Mutter in ihr Elternhaus mit einzieht, stirbt bald auch ihr Vater. Vor seinem Tod hat er Marianne Stein das elterliche Wohnhaus überschrieben. Offenbar ist an diese testamentarische Regelung die lebenslange Betreuung des behinderten Bruders geknüpft. Als Marianne Stein als Folge der politischen Wende 1989 zunächst ihre Arbeit verliert, kann sie diese Erfahrung als Teil einer kollektiven Verlaufskurvenerfahrung[14] sinnvoll in ihr Leben einbetten und alsbald handlungsschematisch auf dem Weg einer Umschulung zur Hotelfachfrau überwinden. Hatte der erste berufsbiographische Entwurf noch starke familienbezogene Sinnbezüge, ist dieser neue Entwurf vorrangig pragmatisch-situativer Art („und hab eigentlich erstmal richtig Geld verdient“ MS: 81). Zwar kann sie ihre finanzielle Sicherheit wiedererlangen, doch entwickelt sich ihr neuer Beruf nicht zum eigenständigen, identitätsfördernden Thema ihrer Biographie.

Während dieses wenig identitätsstiftenden beruflichen Handlungsschemas richten Marianne Stein und ihr Freund größere Umbauarbeiten am Haus auf die erwartete Familiengründung aus. Nach dem Beginn ihrer Tätigkeit als Hotelfachfrau wird das Thema der Familiengründung im Sinne einer traditionellen lebenszyklischen Ablauflogik von Berufsfindung – Heirat – Kinder dominant. Marianne Stein heiratet mit Anfang zwan-

13 Dieses traditionelle Familienmodell war in der DDR weniger üblich als in der Bundesrepublik. Für die Mehrheit der Frauen dominierte die Doppelorientierung an Beruf und Familie. Dennoch ist es im speziellen Fall der Marianne Stein der sozialisationswirksame Kontext ihrer Herkunftsfamilie.

14 Die biographische Prozessstruktur der Verlaufskurve bezeichnet in der Biographieanalyse einen Erleidensprozess, in dem sich die Betroffenen übermächtigen Ereignissen gegenüber ausgeliefert fühlen und eigene Handlungsmuster zusammenbrechen (Schütze 2006). Dieser kann im Zuge der Verwicklung in größere gesellschaftliche Prozesse, wie hier der Massenarbeitslosigkeit nach der innerdeutschen Wende 1989, kollektiv geteilt sein.

zig. Die in der Sachverhaltsdarstellung selbstverständliche Verknüpfung der Heirat mit dem Kinderwunsch macht deutlich, dass dem Handlungsentwurf des Kinderkriegens keine explizite Entscheidung vorausging. Schon seit Beginn ihrer Beziehung verhütet das Paar eine Schwangerschaft nur mit geringstem Aufwand. Nach der Hochzeit geben sie das minimale Verhütungsverhalten ganz auf. Ihr Kinderwunsch ist vorprädikativ, ihrem Lebensentwurf schon frühzeitig selbstverständlich inhärent.

Marianne Stein entwickelt circa zwei Jahre nach der Heirat ein Problembewusstsein bezüglich der Zeugungsfähigkeit, als ihr auffällt, dass nun schon fast ihr ganzer FreundInnen- und Bekanntenkreis Kinder hat oder schwanger ist. Dass sich ihre Problemwahrnehmung im Zuge des sozialen Vergleichs mit Gleichaltrigen entwickelt, zeigt auch eine gewisse homogene Sichtweise ihres sozialen Umfeldes darauf an, dass und wann eine Schwangerschaft lebenszyklisch einzutreten habe. Marianne Stein wendet sich an ihre Frauenärztin, die – vielleicht weil die biologische Zeit für das Kinderkriegen noch nicht drängt – erst nach einem Jahr befundloser Diagnostik eine Überweisung zu einer Fachärztin für Reproduktionsmedizin ausstellt.

An der Schwelle zur Reproduktionsmedizin bringt Marianne Stein als zentrale biographische Voraussetzung eine frühe Monofokussierung auf die Mutterschaft innerhalb eines traditionell-bürgerlichen Familienmodells mit, gegenüber der sie andere biographische Relevanzen wie die der beruflichen Entwicklung deutlich nachgeordnet behandelt. Diese Monofokussierung erschließt sich lebensgeschichtlich als Teil des Delegationsprozesses einer traditionellen Mutter- und Hausfrauenrolle durch ihre Herkunftsfamilie an sie („Und es war ja auch nie nur eins geplant. Bei meinem Mann das waren vier Geschwister. Wir waren sieben Geschwister.“ MS: 421–422). Die Eheschließung zieht aus der angestrebten Familiengründung ihre zentrale Legitimation und Sinnerfüllung. Dem gegenüber verfügt Marianne Stein nicht über die Ressource eines von der Familiengründung unabhängigen, eigenständigen Themas, beispielsweise in Bezug auf ihre Beruflichkeit.

3.1.2 Die medizinisch-institutionelle Prozessierung und ihre soziale und biographische Einbettung

Nach der Abklärungsdiagnostik der Fachärztin für Reproduktionsmedizin erfährt Marianne Stein von der Zeugungsunfähigkeit ihres Mannes. Eine spontane Schwangerschaft ist damit ausgeschlossen.

> „Du hattest mit allem gerechnet, aber nicht damit. (I: Hm) Also (...) Na ja (-) ich erstmal losgeheult und rausgerannt. (-) Und hab mich da auf den Flur gesetzt. Da war erstmal (Lied) aus. Da ging erstmal gar nichts.“ (MS: 130–134).

Dieser für das Paar schockierende Befund leitet bei Marianne Stein plötzlich und unvorbereitet den biographischen Prozess einer *Verlaufskurve des Erleidens*[15] ein, die durch

15 Das Verlaufskurvenkonzept ist ein grundlagentheoretisches Konzept zur Beschreibung chaotischer und ungeordneter Ausschnitte sozialer Realität. Es wurde auf der Grundlage von Vorarbeiten der

die Perspektive des Ausgeliefertseins gegenüber als übermächtig erlebten Ereignissen und den Verlust von selbstgesteuerten Handlungskompetenzen gekennzeichnet ist (Schütze 2006). Ihre biographischen Voraussetzungen wirken hier nun als besonderes *Verlaufskurvenpotenzial,* der lebensgeschichtliche Bedingungsrahmen für das Wirksamwerden einer Verlaufskurvenerfahrung (Schütze 2006): Mit der biographischen Voraussetzung ihrer Monofokussierung auf die frühe Mutterschaft droht ihr biographischer Entwurf zusammenzubrechen. Die Reproduktionsmedizin avanciert schnell zum alleinigen Hoffnungsträger. Ohne Abwägung ergreift das Paar die Behandlungsmaßnahmen wie eine Art Rettungsanker („Da haben wir gar nicht drüber nachgedacht. (..) Auch ich nicht, dass ich da jetzt/ was da alles auf mich zukommt. Das war mir eigentlich egal.“ MS: 846–847). Die Verlaufskurve stabilisiert sich.

Ingesamt unternimmt Marianne Stein in den kommenden vier Jahren fünf erfolglose Behandlungsversuche mit Maßnahmen der künstlichen Befruchtung[16]. Von Beginn an gelingt ihr keine zeitlich selbstbestimmte Behandlungsplanung, in der sie die Behandlungswiederholungen mit ihrem psychischen Befinden und einer reflexiven Bearbeitung der erfolglosen Behandlungsversuche, ihres Leidens an der Kinderlosigkeit und der Entwicklung einer biographischen Neuausrichtung hätte abstimmen können. Für den ersten Behandlungsversuch muss das Paar aufgrund der damals geltenden Zuzahlungsbestimmungen fast ein Jahr lang die finanziellen Mittel ansparen. Als der Versuch scheitert, gelingt es Marianne Stein durch die Aussicht auf eine Behandlungswiederholung, ein labiles Gleichgewicht der Verlaufskurvenerfahrung wiederherzustellen. Doch haben die Krankenkassen inzwischen die Leistungen aus dem Katalog der GKV gestrichen. Weil dem Paar eine Eigenfinanzierung nicht möglich ist, setzt Marianne Stein dem drohenden Behandlungsende eine Klage beim Sozialgericht entgegen. Die gerichtlichen Auseinandersetzungen nötigen Marianne Stein zu einer erneuten „Zwangspause“ (MS: 165). Auffällig ist die hohe Risikobereitschaft, die Marianne Stein gegenüber Behandlungsrisiken zeigt: Die Krankenkassen hatten die Finanzierung der ICSI-Methode vorübergehend ausgesetzt,

Chicago-Soziologie von Anselm Strauss für Erleidensprozesse bei Krankheiten entwickelt und von ihm als „trajectory" (Verlaufskurve) bezeichnet (Strauss et al. 1985). Fritz Schütze hat das Konzept für die Methodik der Biographieanalyse aufgegriffen und auf der Basis zahlreicher empirischer Arbeiten auf der prozessanalytischen Ebene hinsichtlich seiner sequenziellen Ordnungsstruktur weiter ausdifferenziert (Schütze 2006: 212ff.). Für den biographischen Prozess der Verlaufskurve sind folgende Stadien ausgearbeitet worden (Schütze 1981: 95ff.): 1) Aufbau eines Verlaufskurvenpotenzials, 2) plötzliche Grenzüberschreitung des Wirksamwerdens des Verlaufskurvenpotenzials mit der Erfahrung des Schocks, 3) Versuch des Aufbaus eines labilen Gleichgewichtes der Alltagsbewältigung, 4) Entstabilisierung der Verlaufskurve („Trudeln") durch erneute unkontrollierbare Ereigniskaskaden und Anstrengungen der Bewältigung, 5) Zusammenbruch der Alltagsorganisation und der Selbstorientierung, Erfahrungen der Fremdheit sich selbst gegenüber und der vollständigen Handlungsunfähigkeit, 6) Versuche der theoretischen Verarbeitung des Orientierungszusammenbruchs und der Verlaufskurve, 7) praktische Versuche der Bearbeitung und Kontrolle der Verlaufskurve. Die Stadien der Verlaufskurvenentfaltung müssen nicht in dieser Reihenfolge aufeinanderfolgen, können sich auch mehrmals wiederholen oder ausgelassen werden (etwa das Stadium der Bearbeitung). Es gibt begleitende Prozesse wie die unerwartete Transformation der Verlaufskurve auf andere Lebensbereiche, die bisher nicht betroffen waren.

16 Es handelt sich um vier Behandlungen mit den Methoden ICSI (Intrazytoplasmatische Spermieninjektion) kombiniert mit TESE/MESA (der operativen Entnahme von Spermien aus dem Nebenhoden oder Hodengewebe) und eine Behandlung nach Kryokonservierung der befruchteten Eizelle.

weil sich wissenschaftliche Zweifel an deren Unbedenklichkeit für die Gesundheit der auf diese Weise gezeugten Kinder ergeben hatten. Die eventuell erhöhte Fehlbildungsrate sei Marianne Stein „egal" gewesen („Ist mir doch egal. Ich will das jetzt." MS: N: 679). Auch das erhöhte Mehrlingsrisiko der künstlichen Befruchtung[17] ging sie in den weiteren Behandlungen sogar mit einer gewissen Vorfreude auf mehrere Kinder ein („Wenn's auch Drillinge werden, na und. Dann hab ich drei." MS: N: 681). Weiterhin wird eine zügige Aufmerksamkeitsfokussierung auf die medizinischen Körpervorgänge deutlich: Marianne Stein übernimmt einen medizinisch-objektivierenden Blick auf ihren eigenen Körper, indem sie sich in ihrer Beobachtung der körperinneren Prozesse medizinische Evaluationskriterien aneignet, aber Aspekte des inneren Erlebens weitgehend ausblendet („Denkst gleich beim ersten Mal, das klappt und so. (..) Na ich musste denn (-) diese Hormonspritzen (und alles) /Eizellen waren auch kein Problem, hatte ich auch genug. Befruchtung hatte geklappt. (...) Dann wurden se eingesetzt" MS: 156–158). Später im Nachfrageteil des Interviews kommentiert Marianne Stein, dass sie sich für die Behandlungen körperlich gequält habe. Beim Spritzesetzen sei sie „fast gestorben" (MS: 594), sie sei „fett" (MS: 603) geworden und bei der Follikelstimulation habe sie Schmerzen gehabt. Dieses Körpererleben erzählt sie jedoch im Darstellungsduktus, alles Mögliche für ein Kind investiert zu haben, während andere Frauen ihre Kinder ungewollt bekämen. Für ihre Haltung zum eigenen Körper bleibt auch in dieser nachträglichen Beschreibung das intensive Ringen um sein Funktionieren auch unter Qualen bestimmend. Zu ihrem Körper entwickelt sie eine instrumentelle Haltung, in der sie ihren unbedingten Wunsch nach einem eigenen Kind dem eigenen körperlichen und psychischen Wohlbefinden überordnet.

Nach dem Erfolg der Klage auf Kostenübernahme unternimmt das Paar sofort den zweiten Behandlungsversuch. Das Scheitern dieses Versuches führt zu einer starken psychischen Destabilisierung, woraufhin ihr Hausarzt Marianne Stein zu einer ärztlichen Psychotherapeutin überweist. Zu dem Zeitpunkt wird Marianne Stein sich in ihrem Leidensprozess selbst fremd und kann sich kaum mehr als Akteurin ihrer eigenen Lebensgeschichte begreifen. Zur Beschreibung ihres eigenen Befindens muss sie auf die Perspektive der Psychotherapeutin zurückgreifen („Und die hat festgestellt, dass ich eigentlich damit gar nicht klar komme." MS: 196). Dem Arbeitsbündnis mit der Psychotherapeutin fehlt es allerdings an zeitlichem Freiraum zur Entfaltung der notwendigen biographischen Arbeit. Zu sehr steht Marianne Stein unter dem Druck der sie behandelnden Reproduktionsmedizinerin, die ihr wegen der anstehenden Gesundheitsreform rät, die verbleibenden zwei Behandlungsversuche schnellstmöglich durchzuführen („‚Warten Sie nich solange! Wenn die Gesundheitsreform kommt und sie kriegen's nich mehr <u>bezahlt</u>.' fing die immer an." MS: 216–217). Die Reproduktionsmedizinerin erkennt hier nicht die Notwendigkeit der psychischen Verarbeitung der erfolglosen Behandlungen. Die Komplexität des subjektiven Leidens an der Kinderlosigkeit wird vereinfacht als medizinisch behandelbares Problem behandelt. Mögliche Aspekte der

17 Die durchschnittliche Mehrlingsrate nach künstlicher Befruchtung liegt bei über 20 Prozent (DIR 2012). Marianne Stein lässt sich sogar drei befruchtete Eizellen einsetzen, die Höchstzahl des legalen Embryonentransfers.

gemeinsamen Arbeitsbeziehung, wie etwa die Besprechung des Umgehens mit dem negativen Behandlungsergebnis, die Verabredung einstweiliger Behandlungspausen, die Tröstung und ein umsichtiges Hinweisen auf alternative biographische Planungen bleiben außer Acht. Marianne Stein verfängt sich in der impliziten Erfolgsverheißung der Reproduktionsmedizin und erlebt sie als Kontrollgewinn.

„Na ja dann haben wir dann 'n dritten Versuch in Angriff genommen. ((zündet eine neue Zigarette an)) Es war dann immer so, wenn ich wusste es geht weiter, da ging's wieder. Da war das auch psychisch/ da haste wieder/ war halt warst du immer in so 'nem Loch und irgendwann warst du draußen und so jetzt geht's weiter/ jetze/ jetzt klappt's auch. Weil aller guten Dinge sind drei. Jetz kann da nischt passiern." (MS: 201–206).

Die Behandlungsversuche werden jetzt gemäß der Logik eines Glücksspiels reklassifiziert, nach der nicht allein die einfache Hoffnung, sondern in der Manier einer Spielerin/eines Spielers magische Symboliken der Zahlenreihenfolge die Erfolgserwartung bestimmen.

Zusätzlich findet Marianne Stein auch in ihrem Ehemann keinen signifikanten Anderen für die Entwicklung einer biographischen Neuorientierung. Zwischen dem Ehepaar stellt sich im Behandlungsverlauf vielmehr eine Kommunikationsanomie ein, in der ihr Mann der Enttäuschung seiner Frau einzig mit dem schnellen Entschluss zur Behandlungswiederholung begegnet. Auch ihm fehlen die Ressourcen für einen reflexiven Umgang mit der bleibenden Kinderlosigkeit oder für einen Neuentwurf der Paarbiographie. Entsprechend fehlen in der Sachverhaltsdarstellung Marianne Steins Schilderungen darüber, wie ihr Mann die erfolglosen Behandlungen erlebt hat und wie sie die Aussicht auf eine bleibende Kinderlosigkeit gemeinsam kommunikativ bearbeitet haben. Auch dass die Ursache der Kinderlosigkeit auf der Seite des Mannes diagnostiziert wurde, wird kein offenes Thema zwischen dem Paar. Beide konzentrieren sich wie selbstverständlich auf die mit der nächsten künstlichen Befruchtung verbundene Hoffnung auf ein biologisch eigenes Kind. Der dritte erfolglose Behandlungsversuch wirkt sich auf den psychischen Zustand von Marianne Stein verheerend aus und leitet eine Extremfokussierung ein.

„Und dann warst du ja dann mittlerweile schon so, dass du nur noch (-) von dem (-) Drang bestimmt warst: ‚Du willst jetzt 'n Kind!' Das war ganz schlimm. Da hat sich alles danach gerichtet. Egal was du gemacht hast." (MS: 222–224).

Im Zuge des Rhythmus aus wiederholter Erfolglosigkeit und erneuter Hoffnung entwickelt sich bei Marianne Stein ein extremer „Drang", endlich ein eigenes Kind zu bekommen. Angesichts der Bedeutungssteigerung des begehrten Kindes bleiben kaum andere biographische und soziale Wertigkeiten, wie die partnerschaftliche Beziehung oder berufsbiographische Thematisierungslinien, neben dem Kinderwunsch bestehen. Zugleich verändern sich die sozialen Beziehungen Marianne Steins: Sie entwickelt intensive Neidgefühle gegenüber anderen Frauen sowie das starke Empfinden, ein ungerechtes Schicksal zu erleiden. Zusätzlich entwickelt sie eine spezifische Wahrnehmungsfokussierung und sensible Verletzungsdisposition gegenüber Kindern anderer Frauen, die ungefähr in demselben Alter sind, wie ihre Kinder gewesen wären, hätte dieser oder jener medizinische Behandlungsversuch geklappt. Von ihrem sozialen Umfeld einschließlich ihrer Geschwister, die offenbar alle eine eigene Familie gegründet haben, zieht sie sich vollständig zurück und begibt sich in eine soziale Position des „no one to turn to" (Sacks 1966[18]). Ihr fehlen damit signifikante Andere zur Bearbeitung ihrer Kinderlosigkeit.

Marianne Stein erlebt intensive Angst- und Panikgefühle vor der endgültigen Kinderlosigkeit, die zusätzlich von der ablaufenden Behandlungszeit angetrieben werden („Da hast du richtig Panik gehabt davor. Eigentlich hast du dich gefreut, dass du weitermachen kannst. (.) Auf der anderen Seite hast du auch richtig Angst gehabt. 'Wenn das jetzt nicht klappt, was dann?'" MS: 278–280). Von der Krankenkasse ist noch ein letzter Behandlungsversuch bewilligt. Mit der Formulierung „wenn das jetzt nicht klappt, dann ist das Lied aus. Dann geht gar nichts mehr." (MS: 277–278) stellt sie dar, dass ihr im Falle der endgültig erfolglosen Therapie keinerlei innere Bilder für ein Leben ohne Kind zur Verfügung stehen. Diese Aussicht ist derart bedrohlich, dass sie sogar Suizidgedanken entwickelt:

> „Da hab da wirklich manchmal drüber nachgedacht ‚Jetzt nimmst du 'n Strick und hängst dich hin' (-) oder ‚Schmeißt dich mit vorn Zug.' oder ‚Fährst mit Auto vorm Baum.' oder / hab ich mir immer gesagt ‚Also nee, das willst du nich. Das geht nich.' Weil das war so 'n Teil in meinem Leben, was/ das gehört einfach dazu und das wolltest du. Und wenn das nich geht dann/ willst du auch gar nicht weitermachen." (MS: 285–290).

Sie befindet sich in einer „Hop-oder-Top-Situation", entweder alles oder nichts. Um die Situation wieder kontrollieren zu können, startet sie eine intensive Informationssuche nach weiteren medizinischen und außermedizinischen Möglichkeiten, die Entstehung einer Schwangerschaft durch den letzten Behandlungsversuch günstig zu beeinflussen. Dieses Strohhalm-Handlungsschema steht zugleich im Zeichen des Vertrauensverlustes zu ihrer behandelnden Ärztin. In dieser Zeit ist sie mehrere Male bei der Psychotherapeutin. Die therapeutische Arbeit kann aber wieder wegen des Drängens der Ärztin zur baldigen Behandlungswiederholung wiederum nicht wirksam werden.

Das Scheitern des letzten Behandlungsversuches erlebt Marianne Stein als Zusammenbruch ihrer Alltags- und Selbstorientierung („Ist 'ne Welt zusammengebrochen. Da hab ich mich da tagelang zuhause auf die Couch gesetzt. Ich wollte keinen sehen, keinen hören." MS: 318–319). Durch die Kryokonservierung einiger überschüssiger Eizellen beim letzten Versuch eröffnet sich jedoch wiederum eine neue Möglichkeit künstlicher Befruchtung. Im Zuge einer erneuten Diagnostik in einer anderen reproduktionsmedizinischen Praxis wird dann jedoch bei Marianne Stein selbst eine Grunderkrankung[19] festgestellt, die jegliche Aussicht auf Behandlungserfolg zunichte macht. Zudem wird ihr eröffnet, dass sie angesichts dieser Erkrankung nie eine Empfängnis- und Austra-

18 „The Search for Help. No One to Turn to" lautet der Titel der Doktorarbeit von Harvey Sacks, der die Anrufe von Freitod-Beabsichtigenden bei der Telefonseelsorge untersucht.
19 Aus Gründen der Anonymisierung wird auf die Bezeichnung der Erkrankung verzichtet.

gungschance gehabt hatte. Marianne Stein reagiert mit einer massiven psychischen Destabilisierung und dem Zusammenbruch ihrer Handlungs- und Orientierungskompetenzen („hatte ich ’n Nervenzusammenbruch. Da ging gar nichts mehr“ MS: 356). Auf ihren Wunsch interveniert ihr Hausarzt eine Zeitlang mit starken Psychopharmaka („Mein Mann hat Tabletten gekriegt, die er mir zuteilen musste. [Der Arzt] sagte: ‚Gib die ja nich auf einem Haufen deiner Frau, sonst hast du sie morgen nich mehr.‘ Der kannte mich eigentlich (-) sehr gut.“ MS: 337–359).

Bei Behandlungsabschluss ist Marianne Stein Anfang dreißig. Zum Interviewtermin über zwei Jahre später steht ihre notwendige biographische Arbeit noch immer still. Insbesondere ihr eigentheoretisches Festhalten an einem traditionell-bürgerlichen Familienmodell (bzw. am Modell einer modernen Kleinfamilie) und ihre traditionelle Geschlechtskonzeption blockieren einen biographischen Neuentwurf:

„Aber der Wurm, der da gewesen wäre, den hätte es nur gegeben, weil's uns gibt. Das wär das Einzige gewesen, was wirklich/ was es wirklich so nur gegeben hätte, weil's uns gibt. Und das war eigentlich (-) immer ganz wichtig für uns. Das sollte ja immer. Wie wenn das eigentlich so klassisch/ klassisch ist. So das ist jetzt die Krönung des Ganzen." (MS: 416–420).

Marianne Steins Ehe sollte in der Elternschaft ihre Vollendung finden, die Einzigartigkeit der Paarverbindung sollte im gemeinsamen und genetisch eigenen Kind Ausdruck finden. Diese Theorie der Sinneinheit von Liebe, Ehe und Elternschaft zeigt ihre starke Orientierung an traditionellen Beziehungsnormen, mit der sie andere Modelle gemeinsamer Lebensführung von Mann und Frau abwehrt. Die Konzeption von Familie als Beziehung der Eltern zum genetisch eigenen Kind wird zu einer Art Immunisierungstheorie, die die Entwicklung von Lebensmodellen sozialer Elternschaft durch Adoption verhindert. Ihre derzeitige Paarbeziehung wertet Marianne Stein im Vergleich zu einer gleichsam „echten“ Ehe stark ab: „Wenn wir jetzt, wenn wir manchmal so abends hier sitzen wie die zwei Alten aus der Muppet-Show, die da oben auf ihrer Kanzel sitzen“ (MS 423–424). Die doppelte Symbolik des Bildes der „zwei Alten aus der Muppet-Show“ liegt zum einen in der sozialen Außenseiterposition ihrer Paarbeziehung. Wie die beiden Alten sei das Paar nun dazu bestimmt, das wirkliche Leben wie unbeteiligte Zuschauer zu beobachten. Es gelingt Marianne Stein nicht, die Sinneinheit von Ehe und Elternschaft zu entkoppeln, um ihre Paarbeziehung als eigenständig wertvoll erfahren zu können. Zum anderen sieht Marianne Stein sich und ihren Mann vorzeitig an einem biographischen Endpunkt angelangt, eine biographische Zukunft scheint aus ihrer Sicht für das Paar zusammengebrochen zu sein.

Zusätzlich definiert Marianne Stein ihre Geschlechtsidentität als Frau weiterhin ganz zentral über die Gebärfähigkeit.

„(Ja) Bist du überhaupt ´ne Frau? (..) Wieso bist du eigentlich ´ne Frau, wenn du keine Kinder kriegen kannst? Weil du kriegst das ja schon als kleines Kind schon (…) so eingeimpft, dass du als Frau/ spielst mit Puppen. Das ist ja eigentlich deine Rolle im Leben, die du zu bestreiten hast. Als Frau Kinder zu kriegen, Hausfrau zu sein, Mutter zu sein. (-) Und eigentlich/ du planst dein ganzes Leben in die Richtung." (MS: 404–409).

Die Kinderwunschbehandlung stand somit auch im Dienste der Reparatur ihrer beschädigten Geschlechtsidentität. Die endgültige, nun auch eigene Sterilität stellt ihre Geschlechtsidentität grundsätzlich infrage. Zwar reflektiert sie ihre frühen Sozialisationsbedingungen, die zur Herausbildung ihrer Geschlechtsidentität geführt haben, jedoch ohne sie in Zweifel zu ziehen. Marianne Stein fehlt eine neue Geschlechtskonzeption, die unabhängig von ihrer Gebärfähigkeit bestehen kann.

Zusammenfassend stellt sich der Umgang von Marianne Stein mit dieser Situation als die Entwicklung einer Extremfokussierung auf die Reproduktionsmedizin und den Kinderwunsch dar. Diese extreme Fokussierung ist gekennzeichnet durch einen massiven Leidensdruck, der sich mit wiederholt erfolglosen reproduktionsmedizinischen Behandlungen bis zu Gefühlen der Angst und Panik steigert und die psychische Integrität Marianne Steins stark gefährdet. Erlebt wird eine Bedeutungssteigerung des ersehnten Kindes, wobei andere biographische Thematisierungslinien, wie die partnerschaftliche Beziehung oder berufsbiographische Aspekte, verkümmern. Es dominieren die Erfahrung eines inneren Kontrollverlustes und die Ausrichtung auf ein Strohhalm-Handlungsschema, indem sie ihr Handeln auf die Suche nach jeder erdenklich erscheinenden Möglichkeit ausrichtet, eine Schwangerschaft zu erzielen. Die behandelnde Ärztin wird zur zentralen Hoffnungsträgerin, dies jedoch mit äußerster Fragilität der Vertrauensbeziehung. Es entwickelt sich ein zunehmend instrumenteller Umgang mit dem eigenen Körper, indem die eigenen Zumutbarkeitsgrenzen hinsichtlich der psychischen und physischen Belastungen deutlich erhöht werden. Es zeigt sich eine hohe Bereitschaft, medizinische Risiken einzugehen. In der Extremfokussierung verändern sich die sozialen Beziehungen der Frau, sie gerät in eine soziale Außenseiterinposition mit einer massiven Aufmerksamkeitserhöhung und Verletzungsdisposition gegenüber Frauen mit kleinen Kindern. Die Sinn- und Legitimationsbasis der Partnerschaft wird dermaßen infrage gestellt, dass die Partnerschaft in ihrem Fortbestand grundsätzlich gefährdet ist. Im Fall der Marianne Stein stellt sich eine Kommunikationsanomie zwischen dem Paar ein, in der es dem Paar unmöglich erscheint, biographische Alternativen zu entwickeln. Der Prozess der Extremfokussierung wird vor dem lebensgeschichtlichen Hintergrund plausibel, dass Marianne Stein ihre biographische Orientierung frühzeitig zentral auf die eigene Mutterschaft ausgerichtet hat und die Konzeption ihrer Ehe von Normierungen eines traditionellen Partnerschafts- und Familienmodells mit stereotyper Geschlechtsrollendefinition geprägt ist. Zusätzlich steht der Prozessverlauf der Extremfokussierung stark unter dem subjektiven Eindruck ablaufender Zeit zur Realisierung einer Schwangerschaft.

3.2 Der Fall Carmen Richter: die ausbalanciert-kritische Haltung

Im ausgewählten Kontrastfall kann sich die betroffene Frau von der Erfolgsverheißung der Reproduktionsmedizin distanzieren und auch mit Unterstützung des Partners neue biographische Themen finden.

3.2.1 Die biographischen Voraussetzungen vor der reproduktionsmedizinischen Behandlung

Carmen Richter kommt in den 1960er Jahren als Nachzüglerin in einer Familie mit insgesamt fünf Kindern zur Welt. Ihr Vater führt als Arzt eine eigene Praxis. Ihre Mutter arbeitet darin als angelernte Sprechstundenhilfe mit, unterbrochen von Zeiten der Geburt und Betreuung ihrer Kinder. Carmen Richters positive Kindheitserinnerungen sind geprägt durch den relativen Wohlstand ihrer Eltern, die Großzügigkeit ihres Elternhauses, das Beisammensein mit den Geschwistern und Nachbarskindern sowie ihre positive Beziehung zu weiteren Bezugspersonen, die als Angestellte im Haus ihrer Eltern tätig sind.[20] Kurz vor ihrem Abitur lernt sie ihren späteren Ehemann kennen und beschreibt ihn in Gegensatzanordnung zu ihrer eigenen sozialen Herkunft und Bildungsaspiration: Anders als sie habe er kein Studium angestrebt, sondern eine Berufsausbildung gemacht. Da sie sich zukünftig nicht als beruflich höher positioniert als ihren Mann sehen will, bricht sie ihr Studium ab und absolviert ebenfalls eine Berufsausbildung. Diese Anpassungsleistung ist auch Ausdruck ihres traditionellen Familien- und Partnerschaftskonzeptes, in dem sie sich vorrangig als baldige Mutter und Hausfrau sieht und ihrem Mann die Karriere überlassen will. Als sich ihr Mann aus ihrer Sicht überraschend von ihr scheiden lässt, als sie Ende zwanzig ist, bricht ihr Lebensentwurf zusammen („Also das war schon ziemlich heftig. (-) Sprich (-) mit diesem Mann wollte ich Kinder, hatte keine. Wobei es nicht unbedingt die Entscheidung war, mit diesem Mann jetzt Kinder haben zu wollen, sondern einfach überhaupt so dieses Bild so von Familie haben wollen, Kinder haben wollen, zu verwirklichen." CR: 129–132). Die biographische Verlaufskurve des Erleidens wird virulent.

Carmen Richter kann mithilfe ihrer tragfähigen sozialen Beziehungen zu ihrer Herkunftsfamilie und zu FreundInnen diese Verlaufskurve zugunsten eines komplexen Wandlungsprozesses ihrer Identität (Schütze 1991) bearbeiten und überwinden. Erst über sich selbst verwundert, dann zunehmend zielstrebig verfolgt sie die Idee, sie könne ihr Leben noch einmal neu anfangen und nun studieren. Zusätzlich macht ihr zweiter Ehemann, den sie circa ein Jahr nach ihrer Scheidung kennenlernt, sie mit einem neuartigen Partnerschaftsmodell vertraut, in dem beide die gleichberechtigte Freiheit zur selbstbestimmten Persönlichkeits- und Identitätsentwicklung wertschätzen. Auch lernt sie über ihre positive und innige Beziehung zum Sohn ihres zweiten Mannes das Modell sozialer Mutterschaft kennen. Im Zuge dieses doppelten Wandlungsprozesses in Beruf und Partnerschaft positioniert sie auch ihren Kinderwunsch neu: Die fraglos-selbstverständliche Kopplung von Liebe und Elternschaft wird gelöst, ein gemeinsames Kind wird nur zur optionellen Variante der Lebensplanung, die begründet werden kann und muss. Zudem ist ihr Kinderwunsch nun in andere, davon unabhängige lebensgeschichtliche Themen, wie die Identifizierung mit einer sinnerfüllten Berufslaufbahn, eingeflochten:

20 Die unterschiedliche Informationsdichte der Informantinnen zum Beispiel zur sozialen Herkunft und zum Beruf der Eltern ist Resultat der eigenen Relevanzsetzungen in den Sachverhaltsdarstellungen.

„Und hab dann auch zu mir gesagt: ‚Okay, du willst ´n Kind.'. Aber dieses ausschließliche Warten auf ein Kind und nichts machen, weil es lohnt ja nicht, dass du was anfängst, weil du kriegst ja sowieso bald ´n Kind, das machste nicht mehr." (CR: 338–341).

3.2.2 Die medizinisch-institutionelle Prozessierung und ihre soziale und biographische Einbettung

Carmen Richter beginnt mit Mitte dreißig ihre ungefähr sechsjährige reproduktionsmedizinische Behandlung. Während dieser Zeit bleibt der berufliche und private Wandlungsprozess ihrer Identität überwiegend ihrer zweiten biographischen Verlaufskurve des Erleidens, die im Zuge der erfolglosen Behandlung entsteht, übergeordnet. Sie unternimmt insgesamt mehrere hormonelle Stimulationsbehandlungen, vier oder fünf Inseminationen und drei künstliche Befruchtungen (IVF, ICSI).

Sie entwickelt im Wesentlichen eine ausbalanciert-kritische Haltung zur Reproduktionsmedizin, in der sie das eigene Behandlungsmanagement vorrangig daran ausrichtet, die behandlungsbezogenen psychischen, physischen und organisatorischen Belastungen mit den Erfordernissen anderer Lebensbereiche, wie ihrem Beruf, auszubalancieren. Es dominieren eine eigene sorgsame Wachsamkeit gegenüber den behandlungsbezogenen Belastungen und das Bemühen, die eigene psychische Versehrbarkeit zu schützen. Mehrmals legt sie selbstbestimmt sogar mehrjährige Behandlungspausen ein. Sie kündigt Arbeitsbeziehungen zu verschiedenen ÄrztInnen, die ihren umfassenden Erwartungen an das Arbeitsbündnis nicht entgegenkommen, wie etwa hinsichtlich der umfassenden Aufklärung, der Beachtung ihrer aktuellen biographischen Situation mit ihren parallelen Aufgaben, der Beachtung der Qualität ihrer Paarbeziehung und der möglichen behandlungsabhängigen Beeinträchtigung der Beziehung (etwa im Bereich der Sexualität) oder der ärztlichen Berücksichtigung ihres psychischen Erlebens der Behandlung. Gegenüber ihrem eigenen Körper nimmt sie ein schützend-reflexives Verhältnis ein, wobei Befürchtungen um potenzielle Langzeitschäden der Hormonbehandlungen maßgeblich zur Distanzierung von der Reproduktionsmedizin beitragen.

Als Carmen Richter mit knapp 40 Jahren ihre biologische Altersgrenze für eine Schwangerschaft in den Blick nimmt und erneut eine Praxis für Reproduktionsmedizin aufsucht, spitzt sich angesichts der ablaufenden Zeit die Verlaufskurve des Erleidens dramatisch zu. Im Zuge der drei kurz aufeinanderfolgenden erfolglosen künstlichen Befruchtungen fokussiert sie sich vorübergehend auf die Behandlung, stellt andere Lebensbereiche zurück und entwickelt einen instrumentellen Blick auf ihren Körper. Ihre starke psychische Destabilisierung kann sie schließlich mithilfe ihres Mannes, der ihre tiefgehende biographische Arbeit am individuellen Lebensentwurf und auch am paarbiographischen Entwurf anstößt, und mit den Sinnressourcen ihres anhaltenden beruflichen Wandlungsprozesses in Form einer akademischen Laufbahn bearbeiten. Sie beendet die Behandlung endgültig, obwohl eine medizinische Weiterbehandlung noch möglich gewesen wäre.

Die zentralen Ressourcen für diesen geordneten und selbstbestimmten Rückzug aus der Reproduktionsmedizin sind ihre befriedigende Berufskarriere und das eher partnerschaftliche Beziehungskonzept, das sie und ihr Mann teilen. Darin wird Eigenständigkeit und Selbstverwirklichung großer Wert beigemessen, ein gemeinsames Kind ist zur Option geworden. Mit Unterstützung ihres Mannes und vor dem Hintergrund ihrer positiven Beziehung zu ihrem Stiefsohn entwickelt Carmen Richter ein neues Zukunfts- und Lebensmodell der weiterführenden akademischen Karriere kombiniert mit dem Vorhaben der Adoption eines Kindes.

4 Fazit

Die eingangs zitierte feministische Kritik an der Implementierung von Reproduktionstechnologien in der Medizin zielte auf eine damit verbundene fortwährende Herstellung und Legitimierung geschlechtsspezifischer Ungleichheiten zu Lasten der Frau. Sie unterstellt aber auch, dass Frauen als Projektionsflächen für neue biomedizinische Machbarkeiten dienen und sozialen Normierungen erliegen. Die Frauen- und Geschlechterforschung bearbeitete seither zunehmend differenziert die Ambivalenzen und die sozialen wie emotionalen Auswirkungen der Anwendung der Technik auf ihre konkreten Nutzerinnen (vgl. Graumann/Schneider 2003; Brähler/Ströbel-Richter/Hauffe 2002; Bockenheimer-Lucius/Thorn/Wendehorst 2008; Kuhlmann/Kollek 2002). Auch der lebensweltliche Kontext, in dem Paare Kinder bekommen, ist seit der Etablierung der Reproduktionsmedizin einem sozialen Wandel unterworfen. Die Familiensoziologie beobachtet in den letzten 30 bis 40 Jahren eine wachsende Enttraditionalisierung und Pluralisierung von Lebens- und Familienformen, in der das Modell der bürgerlichen Kleinfamilie an Bindekraft verloren hat und der selbstverständliche Verweisungszusammenhang von Ehe und Familie brüchig geworden ist (vgl. Lenz 2009: 12ff.). Die Elternschaft ist zu einer Option unter mehreren geworden. Es stellt sich vor diesem Hintergrund die Frage, mit welchen subjektiven Handlungsorientierungen und Sinnressourcen Frauen dem Angebot reproduktionsmedizinischer Methoden begegnen und wie sich das Zusammenspiel aus unterschiedlichen biographischen und sozialen Kontextuierungen der Frauen und den spezifischen Ambivalenzen und Risiken der Reproduktionsmedizin gestaltet.

Die qualitative Biographieforschung ermöglicht es, die differenziellen Umgangsweisen der von ungewollter Kinderlosigkeit betroffenen Frauen mit den medizintechnischen Behandlungsmöglichkeiten im Kontext ihrer jeweiligen Lebensgeschichte zu analysieren. Die hier skizzierte Untersuchung geht der Frage nach, warum Frauen den Belastungen und Problematiken der reproduktionsmedizinischen Behandlung ungleich ausgesetzt sind. Dazu untersucht sie jene sozialen und biographischen Bedingungen, die dazu beitragen, dass einige Frauen eine erfolglose reproduktionsmedizinische Behandlung ihrer ungewollten Kinderlosigkeit schwer verarbeiten, sich zunehmend enger in die geringen Erfolgsaussichten der Behandlung verstricken und kaum einen biographischen Neuentwurf entwickeln können. Andere Frauen können dagegen – auch das wird erklärbar – das Scheitern der Behandlung gut biographisch verarbeiten und sich von dem Kreislauf vergeblicher Behandlungswiederholungen distanzieren.

Eine biographische Gesamtformung, die – wie bei Marianne Stein – monolinear auf die Mutterschaft ausgerichtet ist und keine von der Familiengründung unabhängigen Thematisierungslinien enthält, kann zu einer Extremfokussierung auf den unerfüllten Kinderwunsch und die reproduktionsmedizinische Behandlung führen. Die Extremfokussierung tritt in Form eines massiven Leidensdrucks der betreffenden Frau in Erscheinung, eines gesteigerten Dranges nach einem eigenen Kind, einer starken Relevanzabwertung anderer Lebensbereiche, einer Aufmerksamkeitsfokussierung auf junge Mütter und kleine Kinder mit entsprechender Verletzungsdisposition und sozialem Rückzugsverhalten, einer Instrumentalisierung des eigenen Körpers und der Bereitschaft, auch bei medizinischen Risiken und kleiner werdenden Erfolgschancen medizinisch Mögliches nicht unversucht zu lassen. Eine monolineare Ausrichtung auf die Mutterschaft entsteht insbesondere bei früher und alternativloser Einsozialisierung in traditionelle Frauenleitbilder und Geschlechtskonzeptionen sowie einer Orientierung des Paares an dem Konzept einer traditionell-bürgerlichen Kleinfamilie. Dieses Konzept, das in Frauenbiographien erkennbar ist, ist gekennzeichnet durch eine komplementäre und geschlechtsspezifische Sphären- und Aufgabentrennung, die der Frau vorzugsweise die Zuständigkeit für den familialen Binnenraum, die Haus- und Kinderarbeit, die Emotionalität und Fürsorge zuschreibt und dem Mann die Rolle des im außerhäuslich-öffentlichen Bereich tätigen Familienernährers (Wimbauer 2003: 77). Die Elternschaft gilt hier als Vollendung und eigentlicher Zweck der Ehe (Lenz 2009: 12). Mit dieser biographischen Ausrichtung bringen Frauen wenig Flexibilität und biographische Verarbeitungsmöglichkeit in die reproduktionsmedizinische Behandlung ein.

Rauprich/Berns/Vollmann (2011) bezweifeln, dass die Patientinnen unter dem Druck des übermächtigen Kinderwunsches in der Lage seien, eine autonome Entscheidung über eine Behandlungswiederholung oder -beendigung zu treffen. Sie empfehlen die Entwicklung von Kriterien, die Patientinnen bei derartigen Einschränkungen ihrer Entscheidungsfähigkeit von der Behandlung ausschließen. Das ist aber rechtlich und praktisch kaum durchsetzungsfähig. Zudem entwickelt sich die Vollgestalt einer Extremfokussierung auf den Kinderwunsch erst während der Behandlungen und ist vorab nicht eindeutig prognostizierbar. Auch ist die Extremfokussierung unter Beachtung ihrer biographischen Entstehungsvoraussetzungen durchaus als nachvollziehbares und zweckgerichtetes Verhalten zu verstehen. Innerhalb des biographischen Orientierungsrahmens der monolinearen Ausrichtung auf die Mutterschaft macht die klare Entscheidungspräferenz zur Behandlungswiederholung durchaus Sinn. Demgegenüber werden Behandlungsrisiken und -belastungen sowie ein Setzen von Grenzen nicht hoch geschätzt. Notwendig werden beim Scheitern der Behandlung dann eine tiefgehende biographische Arbeit an den bisherigen identitätskonstituierenden Merkmalen und eine Neuausrichtung des biographischen Entwurfs.

In der ärztlichen Praxis kann die Kenntnis derjenigen biographischen und sozialen Konstellationen, die den Umgang der Patientinnen mit den Behandlungsangeboten beeinflussen, eine Ausrichtung auf eine rein biowissenschaftlich standardisierte Versorgung flexibilisieren und die Beteiligten für die psychosozialen Aspekte der Behandlung sensibilisieren. Aufgabe der Behandlungspraxis muss es sein, die ungleichen biographischen Ressourcen der Paare frühzeitig zu erkennen und etwa im Rahmen einer psychosozialen Beratung zum Gegenstand biographischer Arbeit zu machen.

Literaturverzeichnis

Arnold, Brunhilde & Vogt, Christine. (1986). Kinderwunsch, Kinderlosigkeit und weibliche Identität. In Die Grünen im Bundestag. AK Frauenpolitik und Sozialwissenschaftliche Forschung und Praxis für Frauen e.V. (Hrsg.), *Frauen gegen Gentechnik und Reproduktionstechnik. Dokumentation zum Kongreß vom 19.–21.4. 1985 in Bonn* (S. 98–105). Köln: Kölner Volksblatt.

Auhagen-Stephanos, Ute. (2002). *Wenn die Seele nein sagt. Unfruchtbarkeit – Deutung, Hoffnung, Hilfe.* München: Kösel.

Beck-Gernsheim, Elisabeth. (1991). *Technik, Markt und Moral. Über Reproduktionsmedizin und Gentechnologie.* Frankfurt/M.: Fischer.

Bockenheimer-Lucius, Gisela; Thorn, Petra & Wendehorst, Christiane. (Hrsg.). (2008). *Umwege zum eigenen Kind. Ethische und rechtliche Herausforderungen an die Reproduktionsmedizin 30 Jahre nach Louise Brown.* (Göttinger Schriften zum Medizinrecht Band 3). Göttingen: Universitätsverlag.

Bradish, Paula; Feyerabend, Erika & Winkler, Ute. (Hrsg.). (1989). *Frauen gegen Gen- und Reproduktionstechnologien. Beiträge vom 2. bundesweiten Kongreß Frankfurt 28.–30.10.1988.* München: Frauenoffensive.

Brähler, Elmar & Felder, Hildegard. (2000). *Auswirkungen und Belastungen durch medizinische Behandlung bei unerfülltem Kinderwunsch. Abschlussbericht an das Bundesministerium für Bildung und Forschung.* Leipzig: Univ.-Klinikum. Zugriff am 11. Januar 2013 unter http://edok01.tib.uni-hannover.de/edoks/e001/321587715.pdf.

Brähler, Elmar; Ströbel-Richter, Yve & Hauffe, Ulrike. (Hrsg.). (2002). *Vom Stammbaum zur Stammzelle. Reproduktionsmedizin, Pränataldiagnostik und menschlicher Rohstoff.* Gießen: Psychosozial-Verlag.

Corea, Gena. (1986). Die Zukunft unserer Welt. In Die Grünen im Bundestag. AK Frauenpolitik und Sozialwissenschaftliche Forschung und Praxis für Frauen e.V. (Hrsg.), *Frauen gegen Gentechnik und Reproduktionstechnik. Dokumentation zum Kongreß vom 19.–21.4.1985 in Bonn* (S. 22–27). Köln: Kölner Volksblatt.

Die Grünen im Bundestag. AK Frauenpolitik und Sozialwissenschaftliche Forschung und Praxis für Frauen e.V. (Hrsg.). (1986). *Frauen gegen Gentechnik und Reproduktionstechnik. Dokumentation zum Kongress vom 19.–21.4.1985 in Bonn.* Köln: Kölner Volksblatt.

DIR (Deutsches IVF Register). (2012). Jahrbuch 2011. *Journal für Reproduktionsmedizin und Endokrinologie, 9 (Supplementum 1)*, 1–40. Zugriff am 11. Januar 2013 unter: www.deutsches-ivf-register.de/pdf-downloads/dirjahrbuch2011-d.pdf.

Fränznick, Monika & Wieners, Karin. (2001). *Ungewollte Kinderlosigkeit. Psychosoziale Folgen, Bewältigungsversuche und die Dominanz der Medizin.* Weinheim u. a.: Juventa.

Frick-Bruder, Viola. (1989). Die Betreuung des infertilen Paares unter Einbeziehung psychosomatischer und psychodynamischer Aspekte. In Carl Schirren, Gerhard Bettendorf, Freimut Leidenberger & Viola Frick-Bruder (Hrsg.), *Unerfüllter Kinderwunsch. Leitfaden für Diagnostik, Beratung und Therapie in der Praxis* (S. 139–146). Köln: Deutscher Ärzte-Verlag.

Glaser, Barney G. & Strauss, Anselm L. (1967). *The discovery of grounded theory. Strategies for qualitative research.* Chicago: Aldine Pub. Co.

Graumann, Siegrid & Schneider, Ingrid. (2003). Einleitung: Zwischen Verkörperung und Entkörperung – Entwicklungen in Biomedizin und feministischer Theorie. In Siegrid Graumann & Ingrid Schneider (Hrsg.), *Verkörperte Technik – Entkörperte Frau. Biopolitik und Geschlecht* (S. 9–18). Frankfurt/M.: Campus.

Groß, Jessica. (2004). Psychosomatik und Reproduktionsmedizin. In Maria J. Beckermann & Friederike M. Perl (Hrsg.), *Frauen-Heilkunde und Geburts-Hilfe. Integration von Evidence-Based Medicine in eine frauenzentrierte Gynäkologie* (S. 922–953). Basel: Schwabe.

Hofmann, Heidi. (1999). *Die feministischen Diskurse über Reproduktionstechnologien. Positionen und Kontroversen in der BRD und den USA.* Frankfurt/M., New York: Campus.

Hofmann, Heidi. (2003). Feministische Diskurse über moderne Reproduktionstechnologien. In Siegrid Graumann & Ingrid Schneider (Hrsg.), *Verkörperte Technik – Entkörperte Frau. Biopolitik und Geschlecht* (S. 81–94). Frankfurt/M.: Campus.

Hölzle, Christina. (1990). *Die psychische Bewältigung der In-Vitro-Fertilisation. Eine empirische Studie zu Kinderwunsch und Stressverarbeitungsmechanismen von Sterilitätspatientinnen.* Münster: LIT.

Kontos, Silvia. (1986). Wider die Dämonisierung medizinischer Technik. In Die Grünen im Bundestag. AK Frauenpolitik und Sozialwissenschaftliche Forschung und Praxis für Frauen e.V. (Hrsg.), *Frauen gegen Gentechnik und Reproduktionstechnik. Dokumentation zum Kongreß vom 19.–21.4. 1985 in Bonn* (S. 137–148). Köln: Kölner Volksblatt.

Krones, Tanja; Neuwohner, Elke; El Ansari, Susan; Wissner, Thomas & Richter, Gerd. (2006). Kinderwunsch und Wunschkinder. Möglichkeiten und Grenzen der In-vitro-Fertilisations-Behandlung. *Ethik in der Medizin, 18*(1), 51–62.

Kuhlmann, Ellen & Kollek, Regine. (Hrsg.). (2002). *Konfiguration des Menschen. Biowissenschaften als Arena der Geschlechterpolitik.* Opladen: Leske + Budrich.

Lenz, Karl. (2009). *Soziologie der Zweierbeziehung. Eine Einführung.* 4. Aufl. Wiesbaden: VS Verlag.

Mies, Maria. (1986). Reproduktionstechnik als sexistische und rassistische Bevölkerungspolitik. In Die Grünen im Bundestag. AK Frauenpolitik und Sozialwissenschaftliche Forschung und Praxis für Frauen e.V. (Hrsg.), *Frauen gegen Gentechnik und Reproduktionstechnik. Dokumentation zum Kongreß vom 19.–21.4. 1985 in Bonn* (S. 44–49). Köln: Kölner Volksblatt.

Perleberg, Katrin; Schütze, Fritz & Heine, Viktoria. (2006). Sozialwissenschaftliche Biographieanalyse von chronisch kranken Patientinnen auf der empirischen Grundlage des autobiographisch-narrativen Interviews. *Psychotherapie und Sozialwissenschaft: Zeitschrift für qualitative Forschung und klinische Praxis, 8*, 95–145.

Rauprich, Oliver. (2008). Sollen Kinderwunschbehandlungen von den Krankenkassen finanziert werden? Ethische und rechtliche Aspekte. In Gisela Bockenheimer-Lucius, Petra Thorn & Christiane Wendehorst (Hrsg.), *Umwege zum eigenen Kind. Ethische und rechtliche Herausforderungen an die Reproduktionsmedizin 30 Jahre nach Louise Brown* (S. 31–61). (Göttinger Schriften zum Medizinrecht Band 3). Göttingen: Universitätsverlag Göttingen.

Rauprich, Oliver; Berns, Eva & Vollmann, Jochen. (2011). Information provision and decision-making in assisted reproduction treatment. Results from a survey in Germany. *Human Reproduction, 26*(9), 2382–2391.

Sacks, Harvey. (1966). *The Search for Help. No One to Turn to* (Unveröffentlichte Dissertation, University of California, Berkeley). University Microfilms, Ins. Ann Arbor, Michigan.

Schütze, Fritz. (1981). Prozeßstrukturen des Lebenslaufs. In Joachim Matthes, Arno Pfeifenberger & Manfred Stosberg (Hrsg.), *Biographie in handlungswissenschaftlicher Perspektive. Kolloquium am Sozialwissenschaftlichen Forschungszentrum der Universität Erlangen-Nürnberg* (S. 67–156). Nürnberg: Verlag der Nürnberger Forschungsvereinigung.

Schütze, Fritz. (1984). Kognitive Figuren des autobiographischen Stegreiferzählens. In Martin Kohli & Günther Robert (Hrsg.), *Biographie und soziale Wirklichkeit. Neue Beiträge und Forschungsperspektiven* (S. 78–117). Stuttgart: Metzler.

Schütze, Fritz. (1991). Biographieanalyse eines Müllerlebens. In Hans-Dieter Scholz (Hrsg.), *Wasser- und Windmühlen in Kurhessen und Waldeck-Pyrmont* (S. 206–227). Kaufungen: Axel Eibing-Verlag.

Schütze, Fritz. (2005). Eine sehr persönlich generalisierte Sicht auf qualitative Sozialforschung. *Zeitschrift für qualitative Bildungs-, Beratungs- und Sozialforschung, 6*(2), 211–248.

Schütze, Fritz. (2006). Verlaufskurven des Erleidens als Forschungsgegenstand der interpretativen Soziologie. In Heinz-Hermann Krüger & Winfried Marotzki (Hrsg.), *Handbuch erziehungswissenschaftlicher Biographieforschung* (S. 205–237). Wiesbaden: VS Verlag.

Sorg, Brigitte & Fränznick, Monika. (2002). Frauen in der Reproduktionsmedizin. Hoffnungen – Entscheidungszwänge – Behandlungsspiralen. In Elmar Brähler, Yve Ströbel-Richter & Ulrike Hauffe (Hrsg.), *Vom Stammbaum zur Stammzelle. Reproduktionsmedizin, Präimplantationsdiagnostik und menschlicher Rohstoff* (S. 75–96). Gießen: Psychosozial-Verlag.

Stauber, Manfred. (1991). Kinderwunschbehandlungen aus psychosomatischer Sicht. Ergebnisse und Schlussfolgerungen. In Manfred Stauber, Fried Conrad & Gerhard Haselbacher (Hrsg.), *Psychosomatische Gynäkologie und Geburtshilfe 1990/91* (S. 22–36). Berlin u. a.: Springer.

Strauss, Anselm; Fagerhaugh, Shizuko; Suczek, Barbara & Wiener, Carolyn. (1985). *Social Organisation of Medical Work.* Chicago, London: University of Chicago Press.

Strauss, Bernhard; Brähler, Elmar & Kentenich, Heribert. (2004). *Fertilitätsstörungen – psychosomatisch orientierte Diagnostik und Therapie. Leitlinie und Quellentext.* Stuttgart, New York: Schattauer.

Strobl, Ingrid. (1989). Gentechnologie: Instrument der Auslese. In Paula Bradish, Erika Feyerabend & Ute Winkler (Hrsg.), *Frauen gegen Gen- und Reproduktionstechnologien.* Beiträge vom 2. bundesweiten Kongreß Frankfurt 28.–30.10.1988 (S. 30–35). München: Frauenoffensive.

Wimbauer, Christine. (2003). *Geld und Liebe. Zur symbolischen Bedeutung von Geld in Paarbeziehungen.* Frankfurt/M.: Campus.

Zur Person

Britt Hoffmann, M.A., Jg. 1976, wiss. Mitarbeiterin am Institut für Sozialmedizin und Gesundheitsökonomie der Medizinischen Fakultät Magdeburg. Arbeitsschwerpunkte: Versorgungsforschung, Qualitative Sozialforschung.
Kontakt: Institut für Sozialmedizin und Gesundheitsökonomie, Medizinische Fakultät Magdeburg, Leipziger Str. 44, 39120 Magdeburg
E-Mail: Britt.Hoffmann@med.ovgu.de

Transkriptionszeichen

(-)	kurze Pause
(..)	mittlere Pause
(...)	längere Pause
(Lied)	Text undeutlich zu verstehen
((weinend bis +))	nicht-sprachliche Ausdrucksform
<u>aber</u>	<u>besondere Betonung</u>
aber	lauter gesprochen
ging/ aber	Selbstkorrektur des Satzaufbaus
I:	Interviewerin